D1695776

Die Krise der öffentlichen Vernunft

Ingolf U. Dalferth

Die Krise der öffentlichen Vernunft

Über Demokratie, Urteilskraft und Gott

EVANGELISCHE VERLAGSANSTALT
Leipzig

Ingolf U. Dalferth, Dr. theol., Dr. h.c. mult, Jahrgang 1948, war von 1995 bis 2013 Ordinarius für Systematische Theologie, Symbolik und Religionsphilosophie an der Universität Zürich und von 1998 bis 2012 Direktor des Instituts für Hermeneutik und Religionsphilosophie der Universität Zürich. Von 2007 bis 2020 lehrte er als Danforth Professor of Philosophy of Religion an der Claremont Graduate University in Kalifornien.

Dalferth war mehrfach Präsident der Europäischen Gesellschaft für Religionsphilosophie, von 1999 bis 2008 Gründungspräsident der Deutschen Gesellschaft für Religionsphilosophie und 2016/2017 Präsident der Society for the Philosophy of Religion in den USA. Er war Lecturer in Durham, Cambridge, Manchester und Oxford, Fellow am Collegium Helveticum in Zürich, am Wissenschaftskolleg zu Berlin, am Center for Subjectivity Research in Kopenhagen und am Institut für Religionsophilosophische Forschung in Frankfurt sowie von 2017 bis 2018 Leibniz-Professor in Leipzig. Von 2000 bis 2020 war er Hauptherausgeber der »Theologischen Literaturzeitung«.

Dalferth erhielt in den Jahren 2005 und 2006 die Ehrendoktorwürden der Theologischen Fakultäten von Uppsala und Kopenhagen.

Bibliographische Information der Deutschen Nationalbibliothek:
Die Deutsche Nationalbibliothek verzeichnet diese Publikation in der Deutschen Nationalbibliographie; detaillierte bibliographische Daten sind im Internet über http://dnb.de abrufbar.

© 2022 by Evangelische Verlagsanstalt GmbH · Leipzig
Printed in Germany

Das Werk einschließlich aller seiner Teile ist urheberrechtlich geschützt. Jede Verwertung außerhalb der Grenzen des Urheberrechtsgesetzes ist ohne Zustimmung des Verlags unzulässig und strafbar. Das gilt insbesondere für Vervielfältigungen, Übersetzungen, Mikroverfilmungen und die Einspeicherung und Verarbeitung in elektronischen Systemen.

Das Buch wurde auf alterungsbeständigem Papier gedruckt.

Cover: Kai-Michael Gustmann, Leipzig
Satz: Friederike Arndt · Formenorm, Leipzig
Druck und Binden: CPI books GmbH, Leck

ISBN 978-3-374-07056-5 // eISBN (PDF) 978-3-374-07057-2
www.eva-leipzig.de

VORWORT

Zu den merkwürdigen Zügen theologischer Staats- und Gesellschaftsreflexion gehört aus religionsphilosophischer Sicht, dass immer wieder versucht wird, die dominierenden Formen politischer Herrschaft in der jeweiligen Zeit theologisch zu legitimieren, ohne sich durch die Widersprüche zwischen dem jeweils Legitimierten davon abhalten zu lassen. Monarchie, Aristokratie, Diktatur und Demokratie wurden so schon theologisch als die adäquate Form der Herrschaft aus christlicher Sicht vertreten, und jeweils beanspruchte man, damit den entscheidenden Punkt getroffen zu haben. Doch das ist nur die eine Seite. Neben der das jeweils Faktische legitimierenden Argumentation gibt es stets auch Ansätze, die das Bestehende kontrafaktisch im Licht einer christlichen Alternative kritisieren und verändern wollen. Es soll gerade nicht so bleiben, wie es ist, sondern anders, besser, freier, gerechter werden. Theologische Legitimation des Vorfindlichen steht so neben der theologischen Anleitung zur Revolutionierung der Verhältnisse.

Mit der Unterscheidung von konservativem und progressivem Denken ist diese Differenz nicht zureichend erfasst. Zu verschieden ist das, was man theologisch zu legitimieren sucht, und zu verschieden das, was man theologisch als Alternative vor Augen stellt. Eine geradlinige Herleitung aus christlichen Grundüberzeugungen scheint in beiden Fällen eine Chimäre. Angesichts der sich widersprechenden Vielfalt der vertretenen Positionen erwecken theologische Argumente auf beiden Seiten den Eindruck der Beliebigkeit. Nichts erscheint unmöglich, und nichts zwingend.

Weit überzeugender ist es, die jeweilige Form politischer Herrschaft nicht theologisch herleiten zu wollen, sondern sie als selbst zu verantwortende Eigengestaltung menschlichen Zusammenlebens zu begreifen. Als die ersten Freigelassenen der Schöpfung sind Menschen dazu bestimmt, sich selbst zu bestimmen. Sie können sich nicht auf vorgegebene Regeln und Gesetze berufen, die sie nur befolgen, sondern sie sind dazu fähig und verpflichtet, sich die Regeln ihres Zusammenlebens nach bestem Wissen und Gewissen selbst zu geben. Menschen sind geschaffen, um sich selbst zu erschaffen. Nicht dass es sie gibt, wohl aber, wie sie leben und zusammenleben, liegt in ihrer eigenen Verantwortung. Dieser können sie sich nicht entziehen. Niemand lebt, ohne es auf eine bestimmte Weise zu tun. Stets könnten Menschen auch anders leben, und nie leben sie so, dass es nicht besser, gerechter, zuträglicher für sie selbst und andere wäre, wenn sie es täten. Deshalb müssen sie nicht nur sich selbst gegenüber rechtfertigen, wie sie leben, wenn sie nicht nur Getriebene ihrer Umstände sein wollen, sondern auch denen gegenüber, die von ihrem Lebensstil betroffen sind und Antworten verlangen. Das können sie nur, wenn sie vor ihrer faktischen Lage nicht die Augen verschließen und die Möglichkeiten ausloten, die sie haben. Erst wenn man weiß, was der Fall ist und was möglich wäre, kann man rechtfertigen, warum man so und nicht anders lebt, nicht mehr so leben will, wie man lebt, oder anders leben sollte, als man es tut.

Wer zu diesen Erkundungen des Möglichen und der kritischen Auseinandersetzung mit der Wirklichkeit des Zusammenlebens der Menschen theologisch einen Beitrag leisten will, muss sich auf die konkreten Probleme einlassen, die sich zur jeweiligen Zeit stellen. Für uns gruppieren sich diese heute um die Demokratie, und sie haben mit den Formen der liberalen Demokratie zu tun, die sich bei uns herausgebildet haben. Zu deren Stärken, Schwierigkeiten und Grenzen wäre viel zu sagen, was ich nicht thematisieren kann. Ich werde mich allein auf eines ihrer Kernstücke konzentrieren: das Konzept der deliberativen Demokratie, in dem der Austausch vernünftiger Gründe in öffentlichen Debatten im Zentrum steht. Meine Überlegungen befassen sich mit der Krise der deliberativen Demokratie, die für die gegenwärtige Krise der liberalen Demokratie überhaupt symptomatisch ist. Es geht um die Themen Öffentlichkeit, öffentliche Vernunft, die Bedeutung kritischer Urteilskraft und die Frage, ob im Horizont dieser Demokratiekonzeption die Gottesthematik noch eine Rolle spielen kann. Kann man in einer deliberativen Demokratie überhaupt öffentlich von Gott sprechen, oder muss man sich, wie Habermas rät, mit der radikal detranszendentalisierten Sicht unserer gesellschaftlichen Situation in der Spätmoderne abfinden? Kann von Gott allenfalls noch privat die Rede sein – ohne von anderen zu erwarten, dass sie zuhören, weil die Geschichte gezeigt habe, dass Gott öffentlich irrelevant ist und im demokratischen Diskurs keine Rolle mehr spielen darf?

Die folgenden Ausführungen haben von vielen profitiert, von meinen Doktoranden, die über Themen der politischen Theologie gearbeitet haben, und von Freunden und Kollegen, mit denen ich das Glück hatte, über diese Themen reden und streiten zu können. Besonderen Dank schulde ich Hartmut von Sass, der eine frühere Version dieses Textes gründlich kritisiert hat. Ohne ihn wäre mir nicht klar geworden, was ich wirklich sagen will. Das jetzt Vorgelegte ist gewiss nicht das, was er vertreten würde. Aber wer jedem Widerspruch aus dem Weg gehen will, braucht nicht zu publizieren.

Ingolf U. Dalferth
Zürich, im September 2021

INHALT

III Die Krise der Vernunft 131

IV Orientierende Urteilskraft 185

V Das Dritte 225

Anhang 289

I Gefährdete Demokratie

1 Politische Herrschaft

Politische Herrschaft ist nie stabil, sondern immer gefährdet. Als Herrschaft von Menschen über Menschen in einem bestimmten Gebiet ist sie durch Strukturen der Über- und Unterordnung charakterisiert, die auch in institutionalisierter Form nur relativ dauerhaft sind. Zu ihren Aufgaben gehört es, in ihrem Bereich den Frieden zu sichern und für Recht und Ordnung sorgen, ohne die Menschen nicht friedlich zusammenleben können. Da diese nicht so sind, wie wir sie gerne hätten, geschieht das nicht von selbst. Der Gebrauch von Zwangsmitteln gehört daher zur politischen Herrschaft. Sie können die Menschen nicht besser machen, als sie sind. Das ist der Irrtum aller politischen Idealisten. Aber sie können helfen, die Übel einzudämmen, die sie sich gegenseitig antun können. Das ist die Position der politischen Realisten.

Nicht immer ist die Förderung von Freiheit und Gerechtigkeit das leitende Motiv politischer Herrschaft. Und schon gar nicht ist diese stets am Gemeinwohl orientiert, dem gemeinen Besten für die Mitglieder eines Gemeinwesens oder dem gemeinen Besten für die ganze Menschheit. Stets aber beansprucht sie die *Macht*, ihren Willen auch gegen Widerstrebende durchzusetzen (Max Weber). Sie tut es als *legitime Herrschaft* in einer Form, die von den betroffenen Personen bejaht wird und sich in sozialen Einrichtungen und Regeln (einer sozialen Ordnung) niederschlägt, die von ihnen als ihre soziale Lebensordnung anerkannt wird.[1] Und sie ist als *politische* Herrschaft durchgehend an der Leitdifferenz zwischen Regierenden und Regierten (Herrschenden und Beherrschten) orientiert.[2]

Die Macht liegt dabei keineswegs nur auf der Seite der Regierenden. Im Gegenteil, unter Bedingungen legitimer Herrschaft muss die Autorität der Regierenden von den Regierten anerkannt werden, um ausgeübt werden zu können, und die Regierenden müssen ihre Autorität legitimieren, um diese

Anerkennung zu erhalten. Geschieht das nicht, wird ihre Macht nicht lange währen. Anders als gewaltbasierte Inanspruchnahme von Macht setzt politische Herrschaft ein gewisses Maß an Dauerhaftigkeit voraus. Der charismatische Herrschaftstyp setzt dabei auf die Loyalität gegenüber der Person des Herrschers, der traditionale Herrschaftstyp auf die Loyalität gegenüber einer Tradition, der legale Herrschaftstyp auf die Legalität der Regierung und Verwaltung, also die Institutionalisierung von Strukturen, Regeln und Verfahren, die den Autoritätsanspruch der Regierung und Behörden gesetzlich legitimieren und ihnen so die Anerkennung durch die Regierten sichern.

In der Fiktion des Gesellschaftsvertrags zur Legitimierung politischer Herrschaft hat das in der Neuzeit den Ausdruck eines freiwilligen, vertraglich geregelten Zusammenschlusses der Menschen zur Sicherung ihrer Interessen bzw. zum Schutz ihres Lebens vor gegenseitigen Übergriffen gefunden – sei es durch Übertragung grundlegender Freiheitsrechte der Selbstverteidigung auf einen gemeinsam anerkannten Dritten (Hobbes), sei es als Ausdruck des Willens gleichberechtigter Individuen, sich nicht länger einer Monarchie oder Aristokratie unterzuordnen, sondern sich selbst eine ihre Freiheit wechselseitig einschränkende Ordnung zu geben (Rousseau). Die Dauerhaftigkeit der dadurch etablierten Ordnung hängt daran, dass alle Beteiligten die legale Ordnung respektieren und im Rahmen der eingegangenen Verpflichtungen die Leistungen erbringen, die von ihnen erwartet werden. Das kann sich jederzeit ändern, aus inneren und äußeren Gründen. Politische Herrschaft ist von der Dynamik gesellschaftlicher Veränderungsprozesse nicht ausgenommen. Ihre Gestalten entstehen, verändern sich und vergehen. Sie lebt von der Akzeptanz der Regierten.[3] Und sie verliert an Einfluss und Kraft, wo man sie nicht mehr akzeptiert, weil man ihren Entscheidungsstrukturen und Entscheidungsträgern nicht mehr traut, das zu leisten, was man von ihnen erwartet: Frieden zu sichern und für Recht und Ordnung zu sorgen.

Die Hauptgefährdung aller politischen Herrschaft ist der Verlust der Akzeptanz durch die Bevölkerung. Sie ist daher immer gut beraten, dafür zu sorgen, dass diese Akzeptanz erhalten bleibt. Doch Pflege und Sicherung der Akzeptanz darf nicht zum Hauptgeschäft einer Regierung werden. Wo Regierungen mehr Energie darauf verwenden, an der Regierung zubleiben, als die Aufgaben in Angriff zu nehmen, um derentwillen es sie gibt, haben sie keine Zukunft. Sie wollen die Gefährdung des Akzeptanzverlusts abwenden, und gefährden sich selbst durch die Art und Weise, in der sie das tun. Man kann seine Akzeptanz verspielen, wenn man die Leistungen nicht erbringt, die rechtmäßig von einer Regierung erwartet werden. Man kann seine Akzeptanz verspielen, wenn man meint, die Bevölkerung durch Gewalt bei der Stange halten zu müssen oder zu können. Und man kann seine Akzeptanz verspielen, wenn man den Weg des geringsten Widerstands wählt, die Bevölkerung also immer dann mit Wohltaten überschüttet, wenn Wahlen anstehen, oder ihr jede Zumutung erspart, um ihre Zustimmung zu erhalten. Im ersten Fall wird einer Regierung Versagen und Inkompetenz zum Vorwurf gemacht, im zweiten Machtmissbrauch und Unmenschlichkeit, im dritten Unehrlichkeit und fehlende Ernsthaftigkeit. In allen drei (und vielen weiteren) Fällen sind es aber häufig gar nicht konkrete Sachgründe, die ausschlaggebend sind, sondern der Verlust der emotionalen Zustimmung. Politische Akzeptanz oder Ablehnung basiert auf Emotionen und nicht primär auf Argumenten. Wo die emotionale Resonanz zwischen Regierung und Regierten verloren geht, beginnt die Endzeit einer politischen Herrschaft.[4]

2 Staat

Politische Herrschaft gewinnt ihre Autorität durch Akzeptanz, aber sie wird nur handlungsfähig, wenn die Loyalität gegenüber dem Regenten, der Tradition oder der Legalität der Regierung in Strukturen überführt wird, die der Herrschaft eine gewisse Dauer verleihen. Um die emotionale Resonanz zwischen Regierung und Regierten auf Dauer zu stellen, hilft es, gemeinsame Aufgaben, Ziele und Absichten zu haben. Wo man sich gemeinsame für das Gleiche einsetzt, kann man mit der Unwahrscheinlichkeit emotionaler Resonanz und der Wahrscheinlichkeit emotionaler Dissonanz besser umgehen.

Das zentrale gemeinsame emotionale Projekt von Regierenden und Regierten ist das Gemeinwesen oder der *Staat* als politische Basis der Gestaltung der gemeinsamen Gegenwart und Zukunft. Der Staat garantiert die Mechanismen der politischen Macht, des sozialen Friedens und des ökonomischen Ausgleichs, seine Symbolisierung des politisch Gemeinsamen formt die Identität der Bürger und auf diese nationalen Symbole (Verfassung, Flagge, Hymne) hin bündeln sich ihre Emotionen. Wenn das in Frage steht und nichts anderes an diese Stelle tritt, schlägt die emotionale Resonanz zwischen Regierenden und Regierten in emotionale Dissonanz um. Politische Herrschaft gefährdet sich im Kern, wenn sie die emotionale Bedeutung des Staates für die gemeinsame Aufgabe ignoriert oder unterschätzt. Erst dadurch kann die Loyalität gegenüber einem Regenten oder einer Tradition in geregelte Anerkennungsverhältnisse überführt werden und sich so etwas wie Legalität ausbilden.

Staaten sind die politische Organisationsform eines Gemeinwesens.[5] Sie setzen nach gängiger Auffassung ein Staatsgebiet, ein Staatsvolk und eine Staatsgewalt voraus[6], organisieren also die politische Herrschaft in einem bestimmten Gebiet für alle, die als Staatsbürger aktiv an der politischen Herrschaft in diesem Bereich mitwirken können.[7] Nicht alle Menschen, die in einem Staatsgebiet leben, gehören dazu und haben als Bürger Anteil an den entsprechenden Rechten und Pflichten.[8] Aber sie alle gehören zum Sozialgefüge der Gesellschaft, in der sie leben. Sie müssen die Verkehrsregeln beachten und Steuern zahlen, auch wenn sie nicht wählen dürfen. Als Organisationsform politischer Herrschaft sind Staaten nicht gleichzusetzen mit der Gesellschaft. Sie und alle anderen gesellschaftlichen Subsysteme setzen diese vielmehr voraus.

Die staatliche Organisation politischer Herrschaft kann verschieden gestaltet sein, aber sie ist immer eingebettet in ein gesellschaftliches System, das auch andere Subsysteme umfasst. Nie ist sie die einzige soziale Organisationsform in der Gesellschaft, sonst wäre sie ununterscheidbar von ihr, aber es gibt sie selbst auch nie nur in einer Form, sonst wäre sie immer gleich. Das aber ist offenkundig nicht der Fall. In der Antike wurden die positiven Staatsformen der Monarchie, Aristokratie und Demokratie von den negativen Formen der Tyrannis, Oligarchie und Ochlokratie unterschieden.[9] In der Gegenwart werden Monarchie und Republik auf der einen der Diktatur auf der anderen Seite gegenübergestellt. Sie alle können durch verschiedene Regierungsformen konkretisiert werden. Es gibt absolute, konstitutionelle oder parlamentarische Monarchien, präsidentielle, parlamentarische oder Räte-Republiken, Militärdiktaturen, Einparteiensysteme oder Autokratien einer Person. Und sie alle bestimmen das Verhältnis der Einzelnen zum Ganzen auf unterschiedliche Weise.

Das gilt nicht nur für verschiedene Staatsformen, sondern auch für verschiedene Versionen derselben Staatsform. Die demokratischen Staatsformen der Moderne belegen das deutlich. So sind liberal-demokratische Staatsformen an der Wahrung der Freiheit des Einzelnen orientiert: Jeder Bürger hat das Recht, frei zu denken und zu reden, sich frei zu bilden und zu betätigen und über sein ökonomisches, soziales und ideelles Eigentum zu verfügen. Soziale Strukturen sind die Folge, nicht die Voraussetzung individueller Freiheit. Jeder ist anders als der andere, aber jeder hat die gleiche Freiheit. Individuelle Freiheit ist die Basis aller Gleichheit und Gerechtigkeit.[10] Verfallsformen der liberalen Demokratie sind der Hyperindividualismus, der nur noch auf die Wahrung der eigenen Freiheitsräume und die Durchsetzung der eigenen Rechte achtet und alle Gemeinschaftspflichten an Experten, Eliten oder Repräsentanten delegiert.[11] Freiheit wird nur noch als individueller Anspruch, tun und lassen zu können, was man will, aber nicht mehr als Eintreten aller Bürger für die gleichen Rechte, Möglichkeiten und Chance eines jeden Bürgers verstanden. Statt eines normativen Ziels für alle wird Freiheit zum Willkürrecht eines jeden verkürzt. Kriterien zur Gestaltung einer Gemeinschaftsordnung lassen sich aus diesem liberalistischen Freiheitskonzept nicht mehr gewinnen.[12]

Sozial-demokratische Staatsformen dagegen gehen von der Gleichheit aller Bürger aus.[13] Jeder Mensch hat unabhängig von seinem ökonomischen, sozialen und ideellen Eigentum die gleichen Rechte, sich politisch zu betätigen. Diese Gemeinsamkeit ist die Basis der Freiheit, die alle auf ihre Weise praktizieren können, solange sie mit der entsprechenden Freiheitspraxis der anderen nicht in Konflikt gerät. Alle sind gleich, aber die Praxis individueller Freiheit hat ihre Grenzen an der gleichen Freiheit der anderen. Gerechtigkeit hat Vorrang vor individueller Freiheit, und gerecht ist nur, was die Gleichheit aller fördert und wahrt.[14] Im ersten Fall ist individuelle Freiheit die Basis der liberalen Gleichheit der Verschiedenen (jeder kann sich so einbringen, wie er will), im zweiten Fall ist die soziale Gleichheit die Basis der illiberalen Einschränkung individueller Freiheit und damit der Gleichstellung der Ungleichen (jeder darf sich nur so einbringen, wie sich auch jeder andere einbringen könnte). Im liberalen Modell ist die Ungleichheit Basis aller Gemeinsamkeiten, im sozialen Modell ist die Gleichheit die Basis der illiberalen Einschränkung von Ungleichheit. Im ersten Fall gehen die

Einzelnen dem Gemeinsamen voraus (Freiheit ist die Basis der Gerechtigkeit), im zweiten Fall geht das Gemeinsame den Einzelnen voraus (Gerechtigkeit ist die Grenze der Freiheit).

Beide Tendenzen sind heute in vielen demokratischen Staatsformen in Europa verknüpft, und viele Spannungen zwischen demokratischen Staaten sind auf die unterschiedliche Gewichtung dieser liberalen (an der Freiheit orientierten) bzw. sozialen (an der Gerechtigkeit orientierten) Tendenzen zurückzuführen. In jedem Fall aber entscheidet die Staatsform auch über mögliche Regierungsformen. Sofern es eine Verfassung gibt, wird das in dieser geregelt. Im Grundgesetz der Bundesrepublik Deutschland etwa wird in Art. 20 GG erklärt: »(1) Die Bundesrepublik Deutschland ist ein demokratischer und sozialer Bundesstaat. (2) Alle Staatsgewalt geht vom Volke aus. Sie wird vom Volke in Wahlen und Abstimmungen und durch besondere Organe der Gesetzgebung, der vollziehenden Gewalt und der Rechtsprechung ausgeübt. (3) Die Gesetzgebung ist an die verfassungsmäßige Ordnung, die vollziehende Gewalt und die Rechtsprechung sind an Gesetz und Recht gebunden. (4) Gegen jeden, der es unternimmt, diese Ordnung zu beseitigen, haben alle Deutschen das Recht zum Widerstand, wenn andere Abhilfe nicht möglich ist.«

Dieser Bestimmung lassen sich fünf Staatsprinzipien entnehmen, die für alles staatliche Handeln unmittelbar verbindlich sind: das Demokratieprinzip (Art. 20, I, II GG), das Rechtsstaatsprinzip (Art. 20, II, III GG), das Sozialstaatsprinzip (Art. 20 I GG), das Bundesstaatsprinzip (Art. 20 I GG) und das Republikprinzip (Art. 20, I). Das Demokratieprinzip besagt, dass alle Staatsgewalt vom Volk ausgeht, das Volk also durch das Volk über das Volk und für das Volk herrscht.[15] Unter dem ›Volk‹ ist dabei keine bestimmte Ethnie verstanden. Ethnische Einheit war das, was die Nationalsozialisten angestrebt hatten. Aber Deutschland hatte noch nie eine ethnisch einheitliche Bevölkerung, und die Bundesrepublik Deutschland hat es stets ausdrücklich abgelehnt, das Staatsvolk in ethnischen Kategorien zu definieren. Die populistischen Versuche, das zu tun, also das ›wahre Volk‹ den anderen gegenüber ethnisch abzugrenzen, operieren nicht nur mit einer ethnischen Fiktion, sondern führen zu einer Spaltung der Gesellschaft und gefährden die Demokratie.[16] Das Rechtsstaatsprinzip betont, dass das nicht als Willkürherrschaft des Volkes geschieht, sondern alle staatliche Gewalt an die Gesetze und die Grundrechte gebunden ist, an die Gewaltenteilung, den Vorrang des Gesetzes (kein Handeln gegen das Gesetz), den Vorbehalt des Gesetzes (kein Handeln ohne Gesetz), das Bestimmtheitsgebot, den Verhältnismäßigkeitsgrundsatz, den Vertrauensschutz und den effektiven Rechtsschutz. Das Sozialstaatsprinzip verpflichtet den Gesetzgeber, die Verwaltung und die Rechtsprechung dazu, nach sozialen Gesichtspunkten zu handeln, also das Existenzminimum der Bürger zu sichern, Daseinsfürsorge zu betreiben, sich für den Schutz der Familie einzusetzen, Krankenversicherung, Rentenversicherung, Arbeitslosenversicherung und Unfallversicherung zu ermöglichen und für soziale Gerechtigkeit zu sorgen.[17] Das Bundesstaatsprinzip sichert die föderale Verfassung der Republik als Bundesstaat, die Gliederung des Bundes in Länder und die Mitwirkung der Länder bei der Bundesgesetzgebung. Und das Republikprinzip legt fest, dass dieser Staat eine Republik ist, in der das Staatsoberhaupt durch Wahl (und nicht durch Geburt) auf Zeit (und nicht auf Lebenszeit) bestimmt wird, die Staatsform der Bundesrepublik also antimonarchisch, antidynastisch, antidespotisch und antitotalitär ist. Die Bundesrepublik kann weder zur Monarchie noch zur Räterepublik werden, sondern ist eine repräsentative Demokratie, in der alle Gewalt vom Volk ausgeht, der Bundespräsident und die Vertreter des Volkes im Parlament auf Zeit gewählt werden und durch die wechselseitige Kontrolle von Legislative, Exekutive und Judikative gewährleistet wird, dass die demokratischen Grundlagen in der Ausübung der Staatsgewalt gewahrt werden.[18] Alle fünf

Staatsprinzipien sind durch die sog. Ewigkeitsklausel von Art. 79 GG davor geschützt, verändert zu werden. Man kann nur die ganze Verfassung ersetzen. Nach Art. 146 GG ist das aber allein durch den Beschluss einer neuen Verfassung durch die einfache Mehrheit aller Deutschen möglich.

In der Form des Staates organisiert sich politische Herrschaft daher so, dass ihr schnelles Ende unwahrscheinlicher und ihre Dauer wahrscheinlicher wird. Sie bleibt gefährdet. Aber sie gewinnt die Stabilität, die sie braucht, um menschliches Zusammenleben in Freiheit und Sicherheit zu ermöglichen.

3 Gesellschaft

Staaten lassen sich anhand ihrer Funktionen und Operationsweisen identifizieren, die sie von anderen gesellschaftlichen Subsystemen als politische Sphäre unterscheiden. Gesellschaften lassen sich so nicht identifizieren. Sie sind kein sozialer Phänomenzusammenhang neben anderen. Kein sozialer Prozess manifestiert die Gesellschaft so, dass ein anderer sie nicht manifestieren würde. Entweder gehört alles Soziale zur Gesellschaft oder nichts, und weil es keine dritte Option gibt und das zweite falsch ist, gilt das erste. *Gesellschaft* fungiert daher als der Grund- und Grenzbegriff der sozialen Wirklichkeit – als Grundbegriff, weil es kein soziales Phänomen gibt, das nicht gesellschaftlich wäre, als Grenzbegriff, weil sie die gesamte Sozialwelt von dem unterscheidet, was nicht zu ihr gehört.

Gesellschaft im soziologischen Sinn ist nach Luhmann das Gesamtsystem sozialer Kommunikation, das sich durch seine Operationen gegen seine Umwelt als soziale Welt abgrenzt, die den sozialen Lebensraum für die Mitglieder dieser Gesellschaft bildet.[19] Die Grundoperation des Gesellschaftssystems ist Kommunikation, die dynamische Einheit von Information, Mitteilung und Verstehen. Sie ist das soziale Grundgeschehen, durch das sich die Gesellschaft permanent autonom reproduziert, indem sie Sinn schafft. Sinn ist das universale Medium der Gesellschaft, das man nicht verneinen kann, weil seine Verneinung selbst ein Sinn-Akt ist. Kommunikation schafft Sinn und Sinn steuert Kommunikation, weil jede Kommunikation durch ihren konkreten Sinn bestimmte Anschlusskommunikationen möglich macht und andere ausschließt. Nicht Menschen kommunizieren also, sondern die Kommunikation kommuniziert. Mit jedem Kommunikationsakt wird die Differenz zwischen sozialem System und Umwelt neu gesetzt und so ein sozialer Sinn-Raum geschaffen, in dem Menschen sinnvoll leben, handeln und interagieren können. Nur in diesem sozialen Raum gibt es Sinn, aber in ihm gibt es auch nichts, was nicht Sinn hätte. Selbst der Gegensatz von Sinn wird hier nur als Sinn thematisierbar. Auch die Differenz zwischen System und Umwelt kann nur innerhalb des Systems thematisiert werden. Sie lässt sich nicht von außen als stabile Gegebenheit beobachten, sondern nur innerhalb des Systems durch die Unterscheidung zwischen der Beobachtung der Umwelt (Fremdreferenz) und der Beobachtung von sich selbst (Selbstreferenz). Sie ist nur da, sofern sie vollzogen wird, und sie wird vollzogen, indem kommuniziert wird. Die Grundgefährdung der Gesellschaft ist daher der Abbruch der Kommunikation. Wo nicht mehr kommuniziert wird, ist sie Vergangenheit. Deshalb sucht sie das um jeden Preis zu verhindern.

Luhmanns abstrakte Weise, von Gesellschaft zu reden, ist nicht die einzige in der Soziologie, und der soziologische Sinn von Gesellschaft ist nicht die einzige Weise von Gesellschaft zu sprechen. In der Ethnologie meint Gesellschaft eine Gruppe von Menschen, die durch gemeinsame Sprache, Traditionen, Erfahrungen, Werte, Überzeugungen und Orientierungen miteinander verbunden sind. Im Verfassungsrecht die Gesamtheit der Bürger, die dem politischen Herrschaftssystem des Staates gegenüberstehen. Im Gesellschaftsrecht eine Vereinigung von mehreren Personen zur gemeinsamen Verfolgung eines gemeinsamen Zwecks (vgl. § 705 BGB). Auch in der Biologie (Pflanzengesellschaft), in akademischen Zusammenhängen (wissenschaftliche Gesellschaft) und im umgangssprachlichen Sinn (feine Gesellschaft, bessere Gesellschaft) ist von Gesellschaft die Rede.[20] Stets geht es dabei um einen Zusammenschluss zu einem bestimmten Zweck oder ein Mit- und Beieinander, meist von Menschen, das dem Überleben dient oder das Leben für alle besser macht, als es für einzelne allein wäre.

Die Vielfalt der Bestimmungen ist nicht zufällig. Sie lässt erkennen, dass man stets von konkreten Standpunkten in bestimmten Zusammenhängen her von Gesellschaft spricht. Es gibt keinen Standpunkt der Gesellschaft *tout court*, von der her man über die Gesellschaft sprechen könnte. Eben das hat Luhmann zu seiner abstrakten Rede von Gesellschaft veranlasst. »Eine Gesellschaft, die sich selbst beschreibt, tut dies intern, aber so, als ob es von außen wäre.«[21] Sie gerät damit in die paradoxe Situation, dass sie durch die Beschreibung das verändert, was sie beschreibt. Die Schlussfolgerung aus dieser paradoxen Situation ist für Luhmann, dass sich die soziologische Beschreibung der Selbstbeobachtung der Gesellschaft als »eine ständige Wiederbeschreibung von Beschreibungen«[22] vollzieht. Sie beschreibt nicht, wie die Gesellschaft sich selbst beobachtet, sondern sie beschreibt, wie die Gesellschaft ihre Selbstbeobachtungen beschreibt.

Eben das aber ist nur möglich von einem bestimmten Standpunkt in der Gesellschaft aus, also weder *from nowhere* noch von einem Ort aus, der zwar in der Gesellschaft, aber nicht in einem ihrer Subsysteme läge. Einen solchen Ort gibt es nicht. Man redet nie einfach nur von der Gesellschaft. Man redet immer *in bestimmter Weise* von ihr, und die zeigt an, von wo aus man spricht. Wer soziologisch von ihr spricht, nimmt eine andere

Perspektive ein als der, der politisch, ökonomisch, rechtlich oder theologisch von ihr spricht. Die soziologische Bestimmung von Gesellschaft macht klar, dass das gar nicht anders möglich ist. Es gibt keinen Standpunkt außerhalb der Gesellschaft, von dem aus man sie thematisieren könnte. Und es gibt keinen Standpunkt innerhalb der Gesellschaft, der nicht in einem der funktionalen Subsysteme der Gesellschaft läge. Sieht man davon ab, wird die Rede von Gesellschaft abstrakt. Will man konkret von ihr reden, muss man vielfältig und multiperspektivisch von ihr sprechen.

Wenn das für die Gesellschaft gilt, dann gilt es auch für ihre Umwelt. Nicht nur die Gesellschaft kommt vielfältig in den Blick, sondern auch das, gegen das sie sich im Prozess ihrer Selbstproduktion durch Kommunikation als ihre Umwelt abgrenzt.[23] Es gibt nicht *die* Umwelt *der* Gesellschaft, sondern nur das, was aus der Perspektive der jeweiligen Teilsphären als Gesellschaft und Umwelt jeweils in den Blick kommt. Nur innerhalb der Gesellschaft zeigt sich, was jeweils deren Umwelt ist.

Wie sich das zeigt, hängt an der Differenzierungsform einer Gesellschaft. In segmentär differenzierten Gesellschaften (Familien, Stämme, Clans) haben Individuen in ihren jeweiligen räumlich voneinander getrennten Gesellschaften die gleiche Rolle, die Differenz zwischen Gesellschaft und Umwelt wird in verschiedenen Gesellschaften also jeweils gleich bestimmt. In stratifikatorisch differenzierten Gesellschaften, in denen es hierarchisch verschiedene soziale Schichten gibt (Adelige, Bürger, Bauern, Besitzlose) gehört jedes Individuum immer nur einem dieser schichtspezifischen Teilbereiche der Gesellschaft an und wird von dort her die Differenz zwischen Gesellschaft und Umwelt unterschiedlich wahrnehmen. In funktional differenzierten Gesellschaften dagegen, in denen autonome Funktionssysteme wie Politik, Recht, Wirtschaft, Wissenschaft, Religion, Medien usf. an die Stelle schichtspezifischer Teilsysteme getreten sind, erfüllen Individuen verschiedene Rollen in verschiedenen Teilsystemen und müssen daher die Kompetenz entwickeln, von unterschiedlichen Standpunkten aus die Differenz von Gesellschaft und Umwelt auf verschiedene Weise thematisieren zu können. Sie haben nicht nur eine komplexe Identität, sondern sie sehen die Welt auch aus verschiedenen Perspektiven, zwischen denen sie wechseln können und übersetzen müssen, und sie müssen immer wieder entscheiden, welche dieser Perspektiven sie in welchen Situationen privilegieren. Die Differenz zwischen Gesellschaft und Umwelt wird daher nicht nur von Verschiedenen verschieden gesehen, sondern sie wird von jedem auf verschiedene Weise wahrgenommen. Das Leben wird damit dynamischer, aber auch komplexer und entscheidungsintensiver. Die Gesellschaft ist nicht mehr der tragende Zusammenhang, der alles Auseinanderstrebende zusammenhält, sondern sie ist selbst der Motor der Veränderung, der niemand zur Ruhe kommen lässt.

Die Geschichte von Gesellschaften verläuft damit in mehrfacher Hinsicht diskontinuierlich. Zum einen ist der Ausdifferenzierungsprozess von segmentär über stratifikatorisch zu funktional differenzierten Gesellschaften kein kontinuierliches Geschehen, sondern verläuft diskontinuierlich über Abbrüche und Neuanfänge. Das Gesellschaftssystem wird nicht intern fortbestimmt, sondern neu strukturiert. Zum anderen betrifft die Veränderung der Organisation bestimmter Teilfunktionen in der Gesellschaft nicht nur diese Sphären, sondern auch die Rolle der Individuen in der Gesellschaft und nötigt sie, die Grenze zwischen der sozialen Welt der Gesellschaft und ihrer Umwelt immer wieder neu zu bestimmen.[24] Was gestern noch nicht als gesellschaftliches Phänomen verstanden wurde, wird heute so verstanden,[25] und während man in segmentär differenzierten Gesellschaften darauf setzen konnte, dass andere die Welt nicht anders sahen, und in stratifikatorisch differenzierten Gesellschaften wusste, das andere sie anders sahen, weiß man in funktional differenzierten Gesellschaften oft nicht, welche der eigenen Sichtweisen man gegenüber den anderen vorziehen soll.

4 Folgen der Ausdifferenzierung

Funktionale Ausdifferenzierung erzeugt für den einzelnen Unübersichtlichkeit, Entscheidungsdruck und Erwartungsunsicherheit. Wusste man früher, dass man in einer gemeinsamen Welt lebte, so weiß man jetzt, dass man in einer anderen Welt lebt als andere und weiß nicht, worauf man sich verlassen kann und wie es weitergehen wird. Veränderungen werden nicht immer durch dasselbe Subsystem vorangetrieben, sondern können in allen Sphären stattfinden. Manchmal treibt die Politik, manchmal die Religion, manchmal die Wirtschaft, manchmal das Recht. Jede Veränderung in einer Sphäre betrifft aber nicht nur diese im Verhältnis zu den anderen Sphären, sondern sie betrifft auch das Verhältnis zu den jeweiligen Individuen und damit deren Sicht des Verhältnisses von Gesellschaft und Umwelt aus der Perspektive dieser Sphäre. Sie können nicht auf ihre Erfahrungen bauen, weil sie durch Ereignisse, über die sie keine Kontrolle haben, und die oft gar nicht ihnen, sondern anderen widerfahren, immer wieder unterbrochen werden. Das macht ihre Erfahrung immer weniger zu einem orientierenden Kompass im Leben. Sie wissen nicht, worauf sie sich wie lange verlassen können. Damit wird die Geschichte von Gesellschaften in der Wahrnehmung der Menschen in unübersichtlicher Weise diskontinuierlich. Sie sind nicht Akteure des Geschehens, sondern verstehen immer erst, wenn überhaupt, im Nachhinein.

Traditionale Gesellschaften manifestieren das deutlicher. Sie versuchen, der Destabilisierung in Teilbereichen der Gesellschaft entgegenzuwirken, indem sie ihre Strukturen nicht modifizieren, sondern stärken und sich bemühen, sie zu erhalten, bis es nicht mehr geht. Dann bricht die ganze Struktur der Gesellschaft zusammen, und es muss eine neue an ihre Stelle treten, wenn Menschen weiterleben wollen. Die Geschichte dieser Gesellschaften ist daher nicht durch kontinuierliche Fortentwicklung, sondern durch Abbrüche und Neuanfänge gekennzeichnet. Bei modernen Gesellschaften, die durch Prozesse der Differenzierung und wachsende Heterogenität, Komplexität und Vielfalt geprägt sind, fällt das nicht so auf, weil sie weit weniger als traditionale Gesellschaften als einheitliche Zusammenhänge in Erscheinung treten. Abbrüche und Neuanfänge finden in ihren ausdifferenzierten Teilbereichen an vielen Stellen statt, ohne dass sich das sogleich zu einem neuen Bild des Ganzen gruppiert. Alles ist ständig in Veränderung, und die wirklichen epochalen Einbrüche kommen erst retrospektiv aus der Distanz in den Blick.[26]

Das System einer funktional ausdifferenzierten Gesellschaft umfasst Subsysteme oder Sphären wie Politik, Wirtschaft, Recht, Religion, Bildung, Medien usf., die sich durch ihre Operationen selbst reproduzieren und nach ihren je eigenen Grundunterscheidungen operieren. Keinem dieser Subsysteme kommt per se Priorität gegenüber den anderen zu. Ausdifferenzierung besagt nicht, dass eines dieser Subsysteme weniger wichtig wäre als ein anderes. Aber häufig dominieren einige über andere (die Politik über die Wirtschaft, das Recht über die Bildung, die Wirtschaft über die Religion) und versuchen, ihre Regeln, Operationsweisen und Leitunterscheidungen auch im Bereich der anderen zur Geltung zu bringen.

Manche Unterscheidungen gewinnen damit an Gewicht, andere verlieren ihre Bedeutung. Was zur Sphäre der Wissenschaft zu rechnen ist und was zur Sphäre der Politik, ist nicht mehr immer klar. Und das gilt ebenso für Wirtschaft, Recht, Kunst oder Religion. Die Unterscheidungen der einen Sphäre (etwa der Biologie oder der Religion) gelten nicht ohne weiteres auch in einer anderen Sphäre (der Gesellschaftspolitik, der Kunst, der Wirtschaft, der Wissenschaft). Jeder Bereich bildet seine eigenen Differenzierungen aus, mit denen er auf Probleme in seinem Bereich zu reagieren versucht. Aber kein Set von Unterscheidungen in einem Bereich gilt ohne weiteres auch in einem der anderen Bereiche. Das ist die Lektion der Moderne, die weithin noch zu lernen ist. Es ist nicht unangemessen, sondern unvermeidlich, dass im Rechtssystem in einer anderen Semantik über Religionen und Weltanschauungsgemeinschaften gesprochen wird als in der Soziologie, Philosophie oder Theologie. Die theologische oder religionsphilosophische Debatte über Religion, Religionen und Religiosität muss sich auch keineswegs an dem ausrichten, was in gesetzlichen Regelungen als Religion oder Weltanschauung bezeichnet wird. Wir können diese soziale Mehrsprachigkeit lernen und haben in der Regel keine Schwierigkeiten, uns im jeweiligen Zusammenhang adäquat zu orientieren und bei Bedarf vom einen in den anderen Unterscheidungszusammenhang zu übersetzen. Aber Probleme treten immer dort auf, wo die Unterscheidungsmuster der einen Sphäre wie selbstverständlich in eine andere Sphäre eingetragen werden und mit den dort gebräuchlichen konfligieren. Dann kommt es zu oft tiefgreifenden Orientierungskrisen.

Das gilt ähnlich für alle Bereiche. Konnte man bis vor kurzem noch sphärenübergreifend einigermaßen zuverlässig zwischen Frauen und Männern unterscheiden, wird einem heute zivilgesellschaftlich nahegelegt, eine sich steigernde Zahl von Differenzierungen zu beachten[27] bis hin zur freien Wahl des Geschlechts.[28] In gesellschaftspolitischem Kontext ersetzt die Konstruktion der eigenen Identität die bisherigen kulturellen Orientierungsunterscheidungen. Wir sind die Summe dessen, was wir selbst und andere aus uns machen, da wir – wie nicht nur Judith Butler betont[29] – unsere sexuelle Identität in Prozessen der Wiederholung und Aneignung aufbauen und durch Korrektur und Ablehnung von Zuschreibungen auch immer wieder umbauen können.[30] Für manche gilt das nicht nur für das soziale Geschlecht (gender) und damit die gesellschaftliche Rolle von Männern und Frauen, sondern auch für das biologische Geschlecht (sex) und damit die sexuelle Binarität, die als gesellschaftlich aufgezwungener »heterosexual contract« verstanden wird[31], auf den man sich nicht festlegen lassen muss, sondern den man verändern kann.[32] Hat man aber die Konstruktion von Sex und Gender erst einmal zum Befreiungsprojekt erklärt, lässt sich die Ausdifferenzierung und Festlegung weiterer Identitätskategorien auf dieser Basis kaum aufhalten.[33] Das kann man gesellschaftspolitisch wollen. Es ändert aber nichts an den biologischen Sachverhalten.[34] Und es müsste auch nichts an den Unterscheidungs- und Operationsweisen der Wirtschaft, der Kunst, des Rechts oder der Religion ändern, wenn diese ihre Operationen nicht an gesellschaftspolitischen Differenzierungen, sondern an ihren jeweils eigenen Unterscheidungen ausrichten. Es erfordert aber von den Gliedern der Gesellschaft eine Flexibilität, die nicht alle aufbringen – weder alle, die auf Veränderungen drängen, noch alle, die es beim Alten belassen wollen.[35] Man muss sich von seiner eigenen Sicht distanzieren, um die differenten Differenzen in unterschiedlichen Sphären der Gesellschaft wahrzunehmen. Und man muss sich immer wieder mit den sich ständig verändernden Unterscheidungszusammenhängen einzelner gesellschaftlicher Sphären vertraut machen, um beim Kommunizieren im Wechsel zwischen den Sphären auch die Unterscheidungen, Regeln und Sprache wechseln zu können. Wer heute nicht viele Sprachen – die Sprachen vieler Sphären und Milieus – spricht, der kann sich auch in seiner eigenen Sprache kaum noch verständlich machen. Das stellt nicht nur hohe Anforderungen an die Einzelnen, es macht vor allem auch die Gesellschaft unübersichtlich, ihre Ordnungsstrukturen labil und die Orientierung in ihr schwierig.

Der Prozess der Ausdifferenzierung der Gesellschaft in der Moderne hat auch das, was unter ›Öffentlichkeit‹ verstanden wird, vielfach bestimmt und damit unbestimmt werden lassen. Jedes Subsystem der Gesellschaft schafft sich durch seine Leitunterscheidungen eine eigene Öffentlichkeit, die sich von den Öffentlichkeiten anderer Subsysteme unterscheidet und nicht bruchlos in diese übergeht. Jeder hat in einer funktional ausdifferenzierten Gesellschaft daher Zugang zu unterschiedlichen Öffentlichkeiten. Um in diesen und zwischen verschiedenen Subsystemen kommunizieren zu können, muss man die verschiedenen Medien, Regeln und Leitunterscheidungen beachten, die jeweils gelten oder gängig sind. So orientiert sich das politische System an der Unterscheidung zwischen *öffentlich* und *privat*, das Wirtschaftssystem an der zwischen *öffentlich* und *geheim* (Betriebsgeheimnis), das Bildungssystem an der zwischen *öffentlich* und *intern* (Expertenwissen) usf. Diese Unterscheidungen sind nicht deckungsgleich. Was politisch privat ist, ist nicht dasselbe wie das, was ökonomisch geheim oder wissenschaftlich intern ist. Der Öffentlichkeitsbegriff ist also vieldeutig und in jedem konkreten Fall präzisierungsbedürftig.

Nicht nur zwischen verschiedenen Gesellschaften[36], sondern auch in jedem Einzelleben innerhalb ein und desselben Gesellschaftssystems sind heute ständig Übersetzungsleistungen zu erbringen, wenn man über die Grenzen der verschiedenen Subsysteme hinweg kommuniziert oder sich selbst zu orientieren sucht. Ohne Übersetzung gibt es keine Kommunikation und keine Orientierung. Diese misslingen, wenn die Leitunterscheidungen der betreffenden Subsysteme nicht beachtet werden. Aber auch wer alles nur durch eine Brille sieht, wird kommunikationsunfähig. Er lebt in einer funktional differenzierten Gesellschaft, als ob sie segmentär oder stratifikatorisch wäre, jeder also genau wüsste, wie er sich privat und öffentlich zu orientieren hat.

Die traditionelle Beschränkung des Öffentlichkeitsbegriffs auf die politische Öffentlichkeit ist daher fragwürdig. Neben ihr gibt es nicht nur die Öffentlichkeitsbereiche der anderen Teilsysteme oder Sphären der Gesellschaft, sondern auch die zivilgesellschaftliche Öffentlichkeiten, die mit keiner von diesen zusammenfallen, aber sie alle begleiten.[37] Und in jeder dieser gesellschaftlichen Sphären gelten andere Grundunterscheidungen, Wahrnehmungsweisen, Kommunikationsstile und Orientierungsverfahren.[38]

5 Abstrakte Alternativen

In den letzten Jahrzehnten hat sich die Situation in beinahe allen Orientierungssphären der Gesellschaft verschärft. Gängige Unterscheidungen werden in Frage gestellt, und neue Unterscheidungen sind von immer geringerer Reichweite, Dauer und Gültigkeit, weil sie nur von einigen, aber nicht von allen oder den meisten akzeptiert werden. Der Hauptgrund dafür ist, dass sie meist positionell konzipiert sind und keine Sensibilität für die dynamische Dialektik des Unterscheidens besitzen. Jede Unterscheidung treibt andere Unterscheidungen hervor, die sie konkretisieren oder problematisieren. Jede Unterscheidung verlangt nach kritischer Konkretion und verkehrt sich in ihr Gegenteil, wenn man sie positionell absolut setzt. Wer *religiös* und *säkular* nur so unterscheidet, dass *säkular* immer *nicht-religiös* und *religiös* immer *nicht-säkular* bedeutet, der wird nicht zu einem starken Säkularitätsverständnis vorstoßen, in dem nicht nur die eine oder andere Seite dieser Unterscheidung, sondern diese insgesamt negiert wird.[39] Wer nur rigide zwischen *wahr* und *falsch* unterscheidet, kann mit notwendigen Fiktionen wie Freiheit, Gott oder Unsterblichkeit (Kant) nicht konstruktiv umgehen.[40] Wer die Unterscheidung zwischen *wahr* und *falsch* rigide zurückweist, kann zwischen *fakes* und *facts*, erfundenen Erzählungen und sachhaltigen Berichten nicht mehr unterscheiden.[41] Wo man nicht mehr über die Kriterien diskutiert, anhand derer unterschieden wird bzw. werden sollte, sondern nur eine Position oder ihr Gegenteil vertritt, verlieren Unterscheidungen ihre Orientierungskraft und werden im Pro und Contra zu dogmatistischen Positionsbekundungen.

Wo das geschieht, erschöpft sich die Kritik anderer Positionen in deren abstrakter Bestreitung. Man kann sie dann nur noch pauschal negieren, aber nicht dialektisch so differenzieren, dass man das Akzeptable und Wichtige vom Inakzeptablen und Ideologischen an ihnen unterscheidet. Weiterführende Diskussionen werden damit unmöglich, weil man nur noch ganz für oder gegen sie sein kann und in kein differenziertes Verhältnis zu ihnen zu treten vermag. Das ist das Kennzeichen zeitgenössischer Debatten in vielen Sphären und Bereichen der Gesellschaft, in denen es in den vergangenen Jahren zu Orientierungskrisen gekommen ist. Das gleichzeitige und gehäufte Auftreten dieser Krisen in unterschiedlichen Gesellschaftsbereichen ist die zentrale Krise der Gesellschaft in der Gegenwart.

Dabei spielt sich immer wieder ein ähnlicher Prozess ab, der von der Dekonstruktion geltender Unterscheidungen (sie könnten anders sein) über deren ideologische Kritik (sie müssten anders sein) zur emanzipatorisch motivierten und gerechtigkeitstheoretisch begründeten Setzung neuer Unterscheidungen führt (sie sollen anders sein). Zunächst werden die gängigen Leitunterscheidungen einer Sphäre – wahr/falsch in der Sphäre des Wissens, gerecht/ungerecht in der Sphäre des Rechts, gut/böse in der Sphäre der Moral, schön/hässlich in der Sphäre der Ästhetik, kunstvoll/banal in der Sphäre der Kunst, progressiv/konservativ in der Sphäre der Politik usf. – als kulturelle Konstrukte dekonstruiert, deren Geltung nur kontingent sei und die auch anders sein könnten. Die Auflösung binärer Unterscheidungen durch multiple Differenzen wird dabei als emanzipatorischer Freiheitsgewinn verstanden, ohne der Reduzierbarkeit komplexer Unterscheidungszusammenhänge auf binäre Unterscheidungen die nötige Aufmerksamkeit zu schenken.[42] Dann wird ihre faktische Geltung als Resultat der historischen Dominanz einer Denkweise, Tradition oder Kultur über andere kritisiert und argumentiert, dass sie aus Gerechtigkeitsgründen zur Berücksichtigung anderer, bisher marginalisierter oder ausgeblendeter Gesichtspunkte durch andere ergänzt oder ersetzt werden müssten. Zwar sind auch diese nur kontingent, aber ihnen wird das größere moralische Recht zugesprochen, weil sie die bisher Benachteiligten, Unterdrückten oder Marginalisierten zur Geltung bringen und ihnen eine Stimme verleihen würden. Da diese Unterscheidungen ihrerseits aber auch nur kontingente Geltung beanspruchen können und es viele gibt, die ihre Sichtweise darin nicht gewürdigt finden, wiederholt sich der Prozess immer wieder. Der Effekt ist, dass keine Unterscheidung von allen akzeptiert wird oder für alle Geltung hat und sich jede Gruppierung und jede Person nur noch an die jeweils eigenen Unterscheidungen hält. Der Abbau gemeinsamer Orientierungsunterscheidungen führt so zum Zerfall eines gesellschaftlichen Konsenses in den jeweiligen Sphären und zur wachsenden Fragmentierung der Gesellschaft mit negativen Folgen für alle.

Auf jeder Stufe dieses Prozesses werden zentrale Fehler begangen, die alle Defizite in der Wahrnehmung von Realität und der Würdigung des Wirklichen belegen. So wird im ersten Schritt die erfahrungsbegründete Differenz zwischen Unterschieden, die wir machen, und Unterschieden, die wir in der uns vorgegebenen Wirklichkeit entdecken, eingezogen und alle Unterscheidungen als kulturelle Konstrukte betrachtet. Dass sie das immer auch sind, muss nicht bestritten werden. Aber nicht alle sind es nur. An unseren Unterscheidungskonstrukten ist vielmehr kritisch zwischen Erfindungen und Entdeckungen, Setzungen und Re-Präsentationen zu unterscheiden, also nicht nur auf den Für-Bezug dieser Unterscheidungen zu achten (Für wen und von wem werden sie gemacht?), sondern auch auf ihren Was-Bezug (Woran und im Hinblick worauf werden sie gemacht?).[43] Weil das Interesse nicht ihrem Sachbezug (Woran wird aus welchen Gründen welche Unterscheidung gemacht?), sondern ausschließlich ihrem Personenbezug (Wer macht weshalb welche Unterscheidung?) gilt[44], werden im zweiten Schritt alle Orientierungsunterscheidungen undifferenziert auf Machtphänomene reduziert. So werden die geltenden wissenschaftlichen, ökonomischen, sozialen, ethischen, ästhetischen, kulturellen und politischen Unterscheidungen als ungerecht kritisiert, weil sie nur die Sicht derer zum Ausdruck bringen, die sich historisch durchgesetzt haben. Diese Kritik ist bei Differenzen, die

35

wir setzen, immer berechtigt, das Recht dieser Kritik aber wird zum Unrecht, wo alles Unterscheiden nur noch als Machtgeschehen ausgegeben wird, ohne zu beachten, dass es um Orientierungen in Wirklichkeitsbereichen geht, die wir durch unsere Unterscheidungen nicht erfinden, sondern uns erschließen, indem wir die dort geltenden Unterscheidungen und Gesetzmäßigkeiten aufzudecken und zu begreifen suchen. Die Verwischung der Realitätsdifferenz zwischen Erfinden und Entdecken im ersten Schritt führt zur Sinnentleerung der Machtkritik im zweiten Schritt. Wo es immer und überall nur noch um Machtfragen geht, verliert die Machtkritik ihre Pointe und befördert ihr Gegenteil, das Ignorieren des Machtaspekts am Unterscheiden, um dessen Sachbezug zur Geltung zu bringen. Doch gerade die Beachtung der zeichentheoretisch begründeten Unterscheidung zwischen Sachbezug (was bzw. woraufhin?) und Gebraucherbezug (von wem bzw. für wen?) an Unterscheidungen ist entscheidend, um die Dialektik dieser Unterscheidungsprozesse zu begreifen, in denen jede Position ihre Gegenposition hervortreibt und befördert. Werden die Differenzen in der einen Hinsicht (Für-Bezug) nicht durch die Einheit in der anderen Hinsicht (Was-Bezug) zusammengehalten, führen diese Prozesse nicht zu einer differenzierteren Wahrnehmung der Wirklichkeit und tragen nicht zum Zusammenwachsen, sondern zur Zersplitterung der Gesellschaft bei.

Es hilft gar nichts, das Problem dadurch lösen zu wollen, dass man an jedem Punkt die alternative Sichtweise zur Geltung zu bringen sucht. Bei jedem einschlägigen Substantiv der deutschen Sprache darauf zu insistieren, die Genderdifferenzen in der Schreibweise oder Aussprache ausdrücklich zu machen, ist kein Weg aus der Krise, sondern deren permanente Perpetuierung. Wo jeder Rekurs auf ein gegenüber Frauen und Männern Drittes selbst unter das Diktat der Unterscheidung des Weiblichen und Männlichen gestellt wird, wo also nicht mehr von *Mensch* gesprochen werden kann, ohne das durch die Unterscheidung von weiblichen und männlichen Menschen, Menschinnen und Menschen zu konkretisieren, da wird die Orientierungskrise nicht überwunden, sondern auf Dauer gestellt. Orientierungsunterscheidungen haben den Effekt, dass es im Hinblick auf sie kein mehr oder weniger gibt. Man ist nicht mehr Mensch oder weniger, wenn man ein bestimmtes Geschlecht, eine bestimmte Hautfarbe, eine bestimmte Bildung, einen bestimmten Beruf, eine bestimmte Herkunft hat. Es ist gerade die Pointe von Orientierungsunterscheidungen, auf beide Seiten des Unterschiedenen dasselbe Licht zu werfen. Gerade indem beide Seiten zusammen in derselben Weise in den Blick genommen werden, wird die Möglichkeit geschaffen, nicht in der abstrakten Entgegensetzung von Alternativen stecken zu bleiben, sondern vom einen zum anderen überzugehen. Wer unter dem Gesichtspunkt *Mensch* in den Blick genommen wird, wird nicht auf eine Seite der Geschlechterdifferenz festgelegt, wie ausdifferenziert auch immer diese sein mag. Alle werden damit angesprochen, und zwar in derselben Weise. Wer von *Himmel und Erde* spricht, versäumt es nicht, auch von Bergen und Tälern, Flüssen und Seen, Meeren und Kontinenten, Tieren, Vögeln und Fischen zu sprechen, sondern verwendet eine Allheits-Formel, die alles umfasst. Wer als *du* oder *ich* zur Sprache kommt, wird nicht auf einen bloßen Gegenstand reduziert, über den gesprochen wird, sondern kommt als Person ins Spiel, die mit anderen über Anwesendes und Abwesendes sprechen kann. Wer zwischen *gut* und *böse* unterscheidet, bestreitet, dass es zwischen den beiden Seiten dieser Unterscheidung Zwischenschritte gibt, aber nicht, dass in der Anwendung dieser Orientierungsunterscheidung auf konkrete Sachverhalte eine Vielzahl von schwer zu fassenden Sachlagen auftreten kann und Klarheit immer erst geschaffen werden muss. Es würde keine Klarheit erzielt, wenn auf der Ebene der Beurteilung von Phänomenen dieselbe Vielfalt und Unklarheit bestünde wie auf der Ebene der Phänomene. Und es wird nicht konkreter geredet, wenn in der Für-Dimension auf Differenzen insistiert wird, die in der Was-Dimension keinen Anhalt haben. Nur wenn die diversitätssensible Fortbestimmung der Gebraucher-Dimension von Unterscheidungen zu einer konkretionssteigernden Fortbestimmung der Sachdimension führt, hat die soziale Dialektik des Gebrauchs von Unterscheidungen einen erkenntnis- und orientierungssteigernden Effekt. Resultiert der Abbau alter und der Aufbau neuer Unterscheidungen nicht in einer besseren Sachorientierung, ist er überflüssig. Man setzt auf Antithesen, ohne zu einer neuen Synthese vorzustoßen. Damit bleibt man in der Orientierungskrise stecken und findet nicht aus ihr heraus.

6 Zeitgenössische Zuspitzungen

Die Krise der Gesellschaft in der Gegenwart verdankt sich zu einem guten Teil der Verkennung dieser tiefgreifenden Dialektik, die Orientierungs- und Unterscheidungsprozesse in den verschiedenen Sphären der Gesellschaft in der Gegenwart kennzeichnet. Einige Hinweise müssen genügen.

Grundlegend sind die Veränderungen im Bereich der gesellschaftlichen Grundoperation der *Kommunikation,* die sich durch die Stichworte *Globalisierung, Digitalisierung* und die *Revolution der Informationstechnologie* anzeigen lassen.[45] Mit Globalisierung ist ganz allgemein »the set of processes« gemeint, »by which more people become connected in more and different ways across ever greater distances.«[46] Globalisierung in diesem Sinn ist kein neues Phänomen, sondern gehört seit langem zur Geschichte der Menschheit. Aufgrund der informationstechnologischen Digitalisierungsrevolution der vergangenen Jahrzehnte können heute im Internet aber mehr Menschen über größere Distanzen schneller als je zuvor miteinander kommunizieren, ohne ihre jeweiligen lokalen Umgebungen verlassen zu müssen. Sie kommunizieren in einer technologisch ermöglichten virtuellen Welt, die sich von der realen grundsätzlich unterscheidet, weil sie keinen konkreten Ort hat und weitgehend unabhängig ist von der konkreten Lokalisierung der Kommunizierenden. »The growing *extensity, intensity,* and *velocity* of global interactions« hat nicht nur zu einer noch nie dagewesenen »*intensification,* or growing magnitude, of interconnectedness« geführt, sondern »patterns of interaction« etabliert, »which transcend the constituent societies and states of the world order.«[47] Die globale Internet-Kommunikation der Gegenwart schafft eine neue virtuelle Welt, die ihren eigenen Regeln folgt und sich nicht als Fortsetzung der historisch gewordenen realen Welt und ihrer Ordnungen verstehen lässt.

Das hat erhebliche politische, rechtliche, ökonomische und kulturelle Folgen. Traditionelle Grenzen zwischen Staaten, Kulturen, Sprachen und Kontinenten stellen heute kaum noch Kommunikationsschranken dar. Ökonomisch, politisch und kulturell kann heute im Prinzip global kommuniziert werden. Doch – und hier zeigt sich die Dialektik dieser Entwicklung – kein Gewinn ohne einen dadurch ermöglichten und eingeleiteten Verlust. Das Internet ist nicht nur ein Medium der befreienden Entschränkung der Kommunikation vom jeweiligen Hier und Jetzt, sondern auch ein Instrument zur ökonomischen Ausnützung und politischen Manipulation von Kommunikationsprozessen. Die Server, über deren Interaktionen es aufgebaut wird, sind große Datensammler. Das dient vor allem denen, die die Kommunikationstechnologie bereitstellen.[48] Ökonomisch lässt sich damit viel Geld verdienen, und politisch ermöglicht es Eingriffe und Restriktionen, die nur die Kommunikation erlauben, die den jeweiligen politischen Regimen genehm ist. Die größeren Möglichkeiten der Kommunikation sind nur zu haben um den Preis einer Verwicklung in ökonomische Ausbeutung und politische Abhängigkeit.

Aber das ist nicht alles. Nach wie vor leben Menschen lokal unter sehr unterschiedlichen Bedingungen.[49] Die Globalisierung der Kommunikation wirkt sich an verschiedenen Orten der Welt daher verschieden aus. Nicht nur existiert ein »digital divide« zwischen Ländern, die Zugang zu den neuen Technologien haben, und denen, die das nicht haben. Es entstehen auch lokal Spannungen zwischen dem konkreten Leben vor Ort im Austausch mit konkreten Partnern (reale Welt) und dem Leben im Internet (virtuelle Welt). Beides beeinflusst sich gegenseitig. Die weltweite Verbindung mit anderen Menschen im virtuellen Raum des Internet bleibt nicht ohne Auswirkung auf die nicht-virtuelle Welt, an der man konkret lebt. Es treten Distanzierungen und Spannungen auf, die nicht immer nur fruchtbar sind. Politische Systemdifferenzen und ökonomische Ungleichheit treten für eine immer größere Zahl von Menschen schärfer in den Blick als in früheren Zeiten.[50] Man partizipiert an Kommunikationszusammenhängen, die weit über den eigenen konkreten Erfahrungshorizont hinausgehen. Das schafft positiv neue Möglichkeiten, aber auch negativ neue Gefahren. »[S]ocial computing and virtual communities not only improve productivity and learning outcomes via collaborative work and learning but also augment human relationships by providing various means of communication that nullify the geographical barriers existing among us.«[51] Das Ferne wird nahe und die eigene Nähe auf das Ferne hin geöffnet. »The essence of virtual communities is that they provide an opportunity for individuals to share experiences and build something greater than the sum of themselves.«[52] Gleichzeitig mit dieser kommunikativen Horizonterweiterung kommt es aber auch zu fragwürdigen Verkürzungen und Engführungen. Man kommuniziert im virtuellen, nicht im realen Raum, und man kommuniziert im virtuellen Raum als virtuelle Figur und nicht als reale Person. Man begegnet nicht anderen Menschen aus Fleisch und Blut, sondern nur deren digitaler Datenspur. Und man ist auch selbst nicht leiblich präsent, sondern nur als Zeichenverwender, der sich für die Kommunikationspartner nur schwer oder gar nicht von einem Sprachroboter, Chatbot oder Smart Speaker unterscheiden lässt. Die Nutzer des Internets »are just a mass of isolated individuals who cannot touch each other, smell each other, and see each other as living persons. Their communication is desensualized.«[53] Das moralische Grundphänomen, dass man dem anderen aufgrund seiner schieren physischen Präsenz Verantwortung schuldet (Levinas), gibt es im Netz nicht. Die global community ist keine wirkliche Gemeinschaft »where everybody is responsible for the wellbeing of the whole community and for all its members, as we saw it in the old commons-based communities.«[54] Man bleibt sich konkret fremd, obwohl man meint, sich besonders nahe zu sein.

Die Dialektik der technologischen Kommunikationsrevolution der Gegenwart darf daher nicht unterschätzt werden. Sie führt nicht nur zu einer globalen Ausweitung der Kommunikation, sondern schlägt vielerorts in das Gegenteil um.[55] Das ist immer dort der Fall, wo die virtuelle Welt globaler Kommunikation dem Regelzusammenhang der realen Welt unterworfen und damit lokalisiert und fragmentiert wird. »Internet fragmentation will bring about a paradoxical de-globalization of the world, as communications within national borders among governmental bodies and large national companies become increasingly localized.«[56] Je deutlicher das globale Kommunizieren konkret lokalisiert wird, desto deutlicher werden die Grenzen der kommunikationstechnologischen Globalisierung, ohne dass bisher erkennbar wäre, wie sich die Spannung zwischen Globalisierung und Lokalisierung, unbegrenzter virtueller Welt und begrenzter realer Welt auflösen ließe.

Dialektische Gegenläufigkeiten dieser Art zeigen sich in anderer Weise auch in der Sphäre der *Ökonomie*. »In economic discourse, globalization refers to the progressive ›networking‹ of national market economies into a single, tightly interconnected global political economy whose accumulation and distribution of resources are increasingly governed by neoliberal principles.«[57] Seit Jahren ist dabei die wachsende ökonomische Ungleichheit infolge der Globalisierung deutlich geworden. Einseitige Abhängigkeitsverhältnisse, die man eher mit dem Zeitalter der Kolonialisierung verbindet, werden neu etabliert. »The Fourth Industrial Revolution is creating smart systems and environments through a holistic digital transformation of the physical world.«[58] Diese Umgestaltung greift überall in das Leben der Menschen ein. Die vierte industrielle Revolution ist »a joint industrial and digital revolution. The revolution will affect all industry sectors and alter our economic and social lives, along with our perception of privacy and security.«[59] Sie unterläuft die moderne Grundunterscheidung zwischen Öffentlichem und Privatem und bezieht das ganze Leben der Menschen so in den ökonomischen Prozess ein, dass eine private Distanzierung davon kaum oder gar nicht mehr möglich ist. Auch wo man meint, sich frei zu entscheiden, folgt man nur der Verführung der Optionen, die einem ökonomisch vorgestellt und nahegelegt werden. Nicht nur wird der Unterschied zwischen Habenden und Nichthabenden damit immer grösser, sondern es wird auch der zwischen Mensch und ökonomischer Ressource immer weniger relevant. Alles dient dem Konsum, dem Geld, der Reichtumsmehrung, und was sich nicht in diese Prozesse überführen lässt, wird unterdrückt, ausgemerzt oder dem Vergehen überantwortet. Die überkommene Ordnung der Moderne, die auf der Unterscheidung zwischen einer gemeinsamen öffentlichen Welt und den individuellen privaten Welten aufgebaut ist, wird damit untergraben und aufgelöst. Alles Private wird aus ökonomischen Gründen öffentlich (Influencer), und alle Öffentlichkeit aus ökonomischen Gründen privatisiert (Neoliberalismus). Das unterminiert die politische Leitdifferenz zwischen Öffentlichem und Privatem, ohne die Demokratien nicht funktionieren können.

All das hat auch dialektische Auswirkungen im Bereich des *Soziallebens* der Gesellschaft. Parallel zur neoliberalen Umgestaltung der Ökonomie haben sich im gesellschaftlichen Raum Bewegungen entwickelt, die als Befreiungsbewegungen auftreten, aber faktisch dazu beitragen, Menschen zu Ressourcen neoliberaler Wirtschaftsprozesse zu machen. Die Ausdifferenzierungen des Feminismus, der kulturelle Erfolg der Schwulen- und Lesbenbewegung, der gesellschaftliche Kampf gegen Diskriminierung, Sexismus, Kolonialismus und Rassismus, die Herausforderungen von Kriegen und Massenmigration, der politische Einsatz für Diversität, Gleichberechtigung und den Schutz der Umwelt, der Kampf gegen die Klimakatastrophe und die Erfahrungen der Covid-19 Pandemie haben sich zu einem Themenbündel verknüpft, das die gesellschaftspolitische Debatte grundlegend verändert hat. Auch hier aber kann man keine einlinige Erfolgsgeschichte erzählen. Die Entwicklung des Gender-Dekonstruktivismus verläuft nicht zufällig parallel »zur Entstehung des neoliberalen Kapitalismus und dessen Idealbild eines flexiblen, nicht festgelegten Individuums.«[60] Der Kampf gegen gesellschaftliche Diskriminierung führt nicht zu deren Ende, sondern zu subtilen und offenen Formen der Gegendiskriminierung. Und der Identitätskonstruktivismus und Transhumanismus der Gegenwart verfolgt das alte utopische Ziel, den Menschen aus seiner Verwurzelung in der Natur und einer gewachsenen Kultur zu ›befreien‹ und von seinen körperlichen Bedingtheiten, natürlichen Beschränktheiten und kulturellen Prägungen unabhängig zu machen.[61] Hier werden alte Träume mit neuen Mitteln weiter geträumt – aber es bleiben Träume. Und sie treiben immer wieder gesellschaftlich das Gegenteil von dem hervor, was sie anstreben.

Der Grund dafür ist nicht nur, dass die berechtigte Kritik von sozialer, ökonomischer, akademischer und politischer Diskriminierung in unberechtigte Gegendiskriminierung umschlägt. Auf die Emanzipation der Frauen, Schwulen und Lesben folgen

Gegenbewegungen wie Antisemitismus, Rassismus oder Misogynie. Doch auch wenn diese ohne sie so nicht möglich gewesen wären[62], sind sie nicht der eigentliche Grund des Scheiterns. Der liegt vielmehr in einem dialektischen Umschlag des emanzipatorischen Prozesses in sein Gegenteil, der aus diesem Prozess selbst erwächst. Die Sehnsucht nach Freiheit wird nicht erst dort besonders drängend, wo man unter Bedingungen der Unfreiheit leben muss, sondern der Wunsch nach Freiheit wird um so unersättlicher, je größer die Freiheit ist, weil die Freiheitserfahrung Erwartungen schürt, die utopisch sind. Und das gilt nicht nur für die Freiheit, sondern auch für Gerechtigkeit und Gleichheit, wie Tocqueville klar erkannt hatte: »[D]er Wunsch nach Gleichheit [wird] um so unersättlicher, je größer die Gleichheit ist.«[63] Es ist die Leidenschaft für Freiheit und Gleichheit selbst, die dialektisch ihr Gegenteil hervortreibt. Der emanzipatorische Impuls erstickt in der Reaktion der Gegenbewegungen, die er durch unkritische Selbstgerechtigkeit auslöst und provoziert. Der Kampf für Gleichheit und Diversität verkehrt sich durch ideologische Übersteigerung in sein Gegenteil.

Das undialektische Gegeneinander von Position und Gegenposition führt aber nicht weiter. Angesichts globaler Phänomene wie Klimawandel, Umweltzerstörung und Virenpandemie weist weder die Entwicklung nationalistischer Ideologien noch die Intensivierung der Diversitätsdebatte einen Weg in die Zukunft. Dafür bedarf es vielmehr einer Rückbesinnung auf die Idee der universellen Menschenrechte und deren Konkretisierung in den verschiedenen kulturellen Kontexten einer global gewordenen Kommunikationswelt.[64] Gelingt es nicht, in den verschiedenen Konfliktfeldern jeweils ein konkretes ›Drittes‹ zu entwickeln, das über die bloße Entgegensetzung der gesellschaftlich konkurrierenden Denkweisen hinausführt, weil es für beide Seiten unverzichtbare Relevanz besitzt, werden sich die gegenwärtigen Krisen der Gesellschaft nicht überwinden lassen.

All das gilt auch für die Sphäre der *Religion*. Auch hier kann man schon lange nicht mehr von einer Homogenität im Denken und Handeln ausgehen, sondern steht mitten in Prozessen zunehmender Polarisierung und Pluralisierung – sowohl auf der Ebene der Phänomene als auch in der Vielfalt ihrer Bearbeitung in Philosophie, Recht, Religionswissenschaft, Theologie, Kultur oder Kunst. Damit aber verlieren vertraute Unterscheidungen wie die zwischen *religiös* und *spirituell*, *religiös* und *säkular*, *heilig* und *profan* oder *immanent* und *transzendent* ihre Orientierungskraft, weil sie von unterschiedlichen Gruppen unterschiedlich verstanden und gebraucht oder ganz verabschiedet werden.[65] Nach wie vor dominieren in den öffentlichen Debatten Sichtweisen, die ihre geistige Heimat im 19. Jahrhundert in der pauschalen Religionskritik von Feuerbach bis Nietzsche haben. Um die sprachkritische Religionskritik des 20. Jahrhunderts, die Religionen nicht als falsch, sondern als sinnlos zu entlarven suchte, ist es dagegen auffällig ruhig geworden. Zu offenkundig ist die Persistenz religiöser Orientierungen in den meisten Kulturen der Welt. Wer meint, aus der besonderen areligiösen Situation Mitteleuropas auf die Signifikanz des Religiösen in anderen Teilen der Welt schließen zu können, irrt sich gründlich. Die entscheidende Veränderung ist nicht, wie es der Positivismus des 19. Jahrhunderts erwartete, dass die Religionen durch die Wissenschaften abgelöst und überwunden würden. Es ist kein Fortschritt über das Religiöse hinaus, sondern ein Fortschritt im Religiösen, eine kulturelle Veränderung, die von der überschaubaren Zahl einiger dominierender Weltreligionen in die explodierende Vielfalt kultureller, spiritueller und religiöser Orientierungen geführt hat, die sich aus ganz verschiedenen Quellen speisen und sich in den überkommenen Kategorien kaum zureichend fassen lassen. Die treibende Dialektik ist nicht die einlinige Überwindung der Religionen durch eine von ihnen unterschiedene Vernunft und Wissenschaft, sondern die Dialektik in und zwischen den Religionen, die zur Ablösung traditionaler durch vernunftgeleitete moderne Religionsformen führt, zur Fragmentierung konfessioneller Traditionen in eine Vielzahl religiöser Eigenbewegungen und zur Pluralisierung von Religionen und spirituellen Lebensorientierungen in einer sich globalisierenden Welt.

In Europa hat sich die religiöse Landschaft durch Migrationsbewegungen, die Säkularisierung der christlichen Traditionen, das Wachsen der muslimischen Bevölkerung und die Ausbreitung spiritueller Lebensorientierungen in vielen Staaten drastisch verändert. Aber auch weltweit stehen Gesellschaften vor der Herausforderung, sich zu immer neuen religiösen Bewegungen und spirituellen Orientierungen in ein Verhältnis setzen zu müssen. Säkulare Staaten, die auf einer Trennung oder wenigstens Unterscheidung zwischen dem politischen und rechtlichen System auf der einen Seite und den Organisationsformen religiöser und nichtreligiöser Weltanschauungen auf der anderen Seite bestehen, haben wachsende Schwierigkeiten, mit der zunehmenden religiösen Vielfalt umzugehen. Auch wenn sie – häufig aus vereins- oder steuerrechtlichen Gründen – auf eine rechtliche Definition von Religion und religiösen Organisationen (Kirchen, Weltanschauungsgemeinschaften) nicht verzichten können, lassen sich die aus den Erfahrungen der europäischen Religionsgeschichte entwickelten Unterscheidungen häufig kaum noch in überzeugender Weise auf die neuen religiösen Phänomene anwenden. Es sind Kategorien und Unterscheidungen, die nicht mehr greifen. Der Islam kennt keine Kirchen, der Buddhismus keine rechtsverbindlichen Glaubensbekenntnisse, der Konfuzianismus keine gelehrte Theologie, der Shintoismus (jedenfalls ursprünglich) keine postmortale Erlösungserwartung, von den vielen Stammes- und Gruppenreligionen in Afrika, Süd- und Mittelamerika oder Asien ganz zu schweigen. Der *Interfaith Calender*, der die »sacred times«, also die Fest- und Feiertage der verschiedenen anerkannten Religionen auflistet[66], führt nicht nur Religionen wie »Judaism, Islam,

Buddhist, Hindu, Christian, Baha'i, Zoroastrian, Sikh, Shinto, Jain, Confucian, Daoist, Native American, Materialism, Secular Humanism« auf, sondern nennt auch Mandean, Yezidi, Kemetic Federation, Wicca, Scientology, Caodai, Society of Humankind, Eckankar, Theosophy, New Age, Temple Zagduku, Qigong/T'ai chi, Raelian Church, Asatru, Hellenismos, Yoruba, Rastafari und Unitarian Universalist. Und seit kurzem sind auch The Church of Satan und die Pastafarians (The Church of the Flying Spaghetti Monster) in manchen Ländern rechtlich zur »family of religions« zu rechnen. Sie alle erfüllen am einen oder anderen Ort die Bedingungen, die sie rechtlich als Religion ausweisen.[67] Sie alle widerlegen die Hauptthese der klassischen Religionskritik, dass Religionen atavistische Relikte einer Vergangenheit sind, die keine Zukunft hat.

Dass man bei der bloßen Negation von Religion nicht stehen bleiben kann, hat sich in der vergangenen 200 Jahren deutlich gezeigt. Damit aber müssen sich auch liberal-säkulare Gesellschaften neu ausrichten. Sie sind nicht einfach die Sozialgestalt menschlichen Miteinanders, in der das Zusammenleben der Menschen vom Balast religiöser Traditionen und ihrer Konflikte befreit ist. Sie sind auch nicht nur das Minimum an rechtlichen Regeln, die es Menschen mit differenten religiösen Überzeugungen erlauben, einigermaßen friedlich zusammen zu leben. Sie drohen vielmehr angesichts der Herausforderungen des religiösen Pluralismus zunehmend selbst zu dem zu werden, von dem sie sich absetzen und was sie nie sein wollten: autoritäre Denk- und Lebensregime. Der Liberalismus der säkularen Vernunft entpuppt sich unter dem Druck des religiösen Pluralismus selbst als ein potentiell oder tatsächlich autoritäres Regime. Die säkulare Ordnung des amerikanischen Republikanismus, die auf der Trennung von Staat und Religion besteht, um den Menschen die freie Ausübung ihrer Religionen zu ermöglichen, die sie in den europäischen Staaten des Ancien Régime nicht hatten, steht heute in Gefahr, in eine religiös repressive Ordnung umzuschlagen, in der man zwar glauben kann, was man will, aber diesen Glauben nicht leben darf, wie man will. [68] Was für die einen ein Fortschritt in der Realisierung und Umsetzung von Freiheit ist, ist für die anderen ein Rückschritt und ein Verlust von Freiheit. Natürlich können Rechtsordnungen nicht identisch sein mit den religiösen Überzeugungen einer bestimmten Gruppe, wenn sie auch für andere verbindlich und damit akzeptabel sein sollen. Aber sie entfremden die Mitglieder eines Gemeinwesens, wenn sie ihnen das untersagen, was diese zur Mitgliedschaft in diesem Gemeinwesen bewogen hat. Auch hier zeigt sich daher, dass der Versuch, Religionskonflikte durch eine säkulare Ordnung zu vermeiden, nicht davor bewahrt, durch diese säkulare Ordnung Religionskonflikte heraufzubeschwören. Die Dialektik der geschichtlichen Prozesse endet an keinem Punkt, sondern treibt immer wieder über jeden erreichten Zustand hinaus.

7 Demokratie

Die Auswirkungen dieser gesellschaftlichen Schwierigkeiten machen sich mehr als in anderen Staatsformen in der Demokratie bemerkbar, in der anders als in anderen Herrschaftssystemen politische Entscheidungen nicht von wenigen anderen, sondern in kollektiven Verfahren in eigener Verantwortung gemeinsam getroffen werden müssen. Demokratie ist die Regierung »of the people, by the people, for the people«, wie es Lincoln am 19. November 1863 in Gettysburg auf den Punkt brachte[69], diejenige Form politischer Herrschaft also, in der ›das Volk‹ (und nicht andere) über sich selbst (und nicht über andere) herrscht. ›Das Volk‹ ist dabei nicht identisch mit der Bevölkerung eines Staates. Nicht jeder, der sich auf dem Territorium eines Staates aufhält, gehört dazu. Das Volk ist vielmehr das Staatsvolk, also die Gesamtheit derer, die nicht nur zu einer bestimmten Gruppe oder einem gesellschaftlichen Funktionsbereich des Gemeinwesens gehören – dem Adel, den Clan-Führern, der Staatspartei, den Technokraten, den Wortführern in den Medien, der Wirtschaft, dem Recht, der Wissenschaft, der Religion oder der Politik –, sondern die als Staatsangehörige oder Vollmitglieder des Gemeinwesens (Bürger) das Recht haben, an dessen grundlegenden Entscheidungsprozessen gleichberechtigt zu partizipieren.[70] Demokratie ist *Selbstherrschaft des Volkes*, diejenige Form politischer Herrschaft also, in der sich der *demos* in einer selbstgewählten Weise in Regierende und Regierte unterscheidet und die Herrschaft über sich in einem kollektiven Entscheidungsverfahren (Wahlen) für eine festgelegte Zeit einigen von sich überträgt, die sie für alle ausüben.[71]

Es ist ein Grundzug von Demokratien, dass sie friedliche Regierungswechsel herbeiführen können. In wiederkehrenden Wahlen wird nach festgelegten Verfahrensregeln über die Verteilung der Macht zwischen Regierenden und Regierten entschieden. Weil Wahlen immer Gewinner und Verlierer haben, das Ergebnis aber von allen akzeptiert werden muss, um einen friedlichen Machtwechsel und eine legitime Regierung zu haben, hängt die Bereitschaft, das Ergebnis auch dann zu akzeptieren, wenn es den eigenen Wünschen und Interessen nicht entspricht, wesentlich an der Legitimität und Korrektheit des Wahlverfahrens.[72] Die Regeln, nach denen verfahren wird, müssen klar sein, und die Befolgung der Regeln muss sich transparent überprüfen lassen. Wer Wahlen verfälscht, zerstört die Legitimationsbasis der Demokratie.

Das gilt auch für alle anderen Versuche, die Verfahren der Demokratie zu missbrauchen, um die Demokratie zu unterhöhlen und abzuschaffen. Das ist eine der gefährlichsten internen Gefährdungen der Demokratie. Man versucht mit demokratischen Mitteln einen Regierungswechsel herbeizuführen, der

dann dazu missbraucht wird, dass künftig kein Regierungswechsel mit demokratischen Mitteln mehr herbeigeführt werden kann. Um das nach den Erfahrungen des Nationalsozialis-
mus zu verhindern, vertritt die Bundesrepublik Deutschland
das Konzept einer »streitbaren« Demokratie. Dieses unterscheidet zwischen politischen Parteien, die sich an die demokratischen Spielregeln halten, und solchen, die das nicht tun, sondern demokratiefeindliche Ansichten vertreten. Extreme Parteien der Rechten und der Linken können so verboten werden.
Diese Verbote können aber nicht von der Politik ausgesprochen
werden, sondern müssen vor unabhängigen Gerichten erfoch-
ten werden. Die Legitimität der Verbote politischer Parteien
hängt daher entscheidend daran, dass die Unabhängigkeit der
Judikative von der Exekutive und Legislative gewahrt wird.[73]
Um Machtmissbrauch einen Riegel vorzuschieben, müssen sich
Legislative, Exekutive und Judikative kritisch gegenseitig kontrollieren. Sonst wächst die Gefahr, dass auf scheinbar demokra-
tischem Weg die Demokratie zerstört werden kann.

Ohne Gewaltenteilung – das ist eine zentrale Lektion der
europäischen Geschichte – gibt es keine funktionierende Demokratie. Die Souveränität der Letztentscheidung liegt aber nicht
bei den drei Gewalten. Von entscheidender Bedeutung ist vielmehr, dass die Souveränität stets beim Volk verbleibt. Sie geht
nicht auf die Regierenden über, liegt aber auch nicht nur bei
den Regierten, sondern bleibt beim Volk, das die Unterscheidung zwischen Regierenden und Regierten setzt und in einem
geordneten Verfahren bestimmten Personen aus seinem Kreis
für eine bestimmte Zeit die Autorität zur Ausübung der politischen Herrschaft überträgt. Deshalb ist es nicht nur wichtig
zu regeln, wie während der Amtszeit einer Regierung der Souverän seine Souveränität ausüben kann[74], sondern auch, unter
welchen Bedingungen beim Ruf »Wir sind das Volk« der Souverän spricht.[75] Das Souveränitätsproblem steht daher im Zentrum der Demokratie.[76]

Ein ›gemeinsamer Wille‹ kann dem Volk allerdings nur statistisch zugesprochen werden. »We, the People«[77] ist nicht weniger eine Fiktion zur Legitimierung politischer Herrschaft als die Berufung auf das Gottesgnadentum absoluter Herrschaft, gegen die es gerichtet war.[78] Es ist die formal-juristische Fiktion eines inklusiven Wir, das alle umfasst, die das Recht haben, im Bereich ihrer *politeia* gemeinsam zu entscheiden, wie sie politische Herrschaft ausüben wollen.[79] Wer dieses Recht hat, definiert die Verfassung, im deutschen Fall Art. 116 GG. Staatsangehörige können dieses Recht in Anspruch nehmen, ohne dass es ihnen in einem besonderen Akt verliehen worden wäre, weil sie es mit dem bloßen Faktum ihres Daseins als Menschen und Bürger dieses Staates haben – als Menschen, die sich zu einem politischen Gemeinwesen zusammenschließen können und müssen, wenn sie in feindlichen Umgebungen überleben wollen (We, the People of the United States), und als Bürger eines solchen Gemeinwesens, die sich selbst die Regeln geben können und müssen, wie sie ihr Gemeinwesen gestalten wollen, wenn sie in ihrem Gemeinwesen frei, gerecht und gut zusammen leben wollen.

Wo dieses Recht unbehindert ausgeübt wird, entstehen politische Gemeinwesen unterschiedlicher Komplexität und Gestalt, in denen die Bürger nach kontroversen öffentlichen Diskussionen nach dem Mehrheitsprinzip Entscheidungen treffen. Aber wie das konkret geschieht und welche Regeln man sich gibt, kann sehr verschieden sein.[80] Die dadurch etablierte politische Herrschaftsordnung kann unterschiedliche Formen annehmen und ist immer auch dadurch bestimmt, dass sie anders ist als andere. Demokratien sind nicht die einzige Form politischer Herrschaft, und es gibt sie nicht nur in einer Gestalt, sondern in sehr verschiedenen.[81]

Allerdings ist der gemeinsame Wille des Volkes in der Demokratie nie nur eine Rechtsfiktion. Wäre er nur das, würden sich Menschen nur oder primär aus rationalen Erwägungen zusammenschließen. Aber das tun sie nicht. Sie suchen Nähe und Gemeinschaft aus vielen Gründen. Sie wollen nicht nur gemeinsam handeln und entscheiden, sie wollen auch gemeinsam erleben, fühlen, lieben, hassen, sich freuen und trauern. Sie wollen ihre Affekte teilen und miteinander nicht nur nach Maßgabe des *logos* und des *ethos*, sondern des *pathos* leben. Deshalb ist in Athen nicht nur das Forum, sondern auch das Theater ein Kernort der Demokratie: der Ort, wo man gemeinsam empfindet, leidet, verstört wird, sich freut. Dort wird der gemeinsame Wille aus einer abstrakten Fiktion zu einem erlebten Affekt. Wer durch Furcht und Mitleid, Schauder und Jammer verbunden wird, der fühlt sich als Gemeinschaft und empfindet sich als Gleicher unter Gleichen, wie ungleich man sonst in anderen Hinsichten und Zusammenhängen auch sein mag. Es ist die gefühlte Gleichheit geteilter Affekte, die als Triebkraft der Demokratie stärker ist als die bloß vernünftige Einstimmung am Leitfaden des Logos oder die Vereinbarung gemeinsamer Verhaltensregeln am Leitfaden des Ethos. »Demokratie begann als affektiver Populismus; sie machte sich von Anfang an die infektiöse Wirkung von Emotionen zunutze.«[82] Der gemeinsame Wille und das Wir der Demokratie ist von Anfang an eine affektive Größe, ein Mitreißen und Mitgerissenwerden, das immer durch die Verführungen der populistischen Instrumentalisierung der Emotionen gefährdet war.[83]

Demokratien sind deshalb auch keine stabilen Größen. Sie entstehen, verändern sich und vergehen. Sie können zu Ende gehen, weil sie von außen und von anderen beendet werden oder weil sie von innen und von ihren eigenen Mitgliedern ausgehöhlt, überspannt und zerstört werden.[84]

Das ist eine alte Einsicht. In den Büchern VIII und IX der *Politeia* beschreibt Platon einen Verfallsprozess politischer Herrschaft, in dem das mythische erste Regime in eine Abwärtsbewegung gerät, weil einige der Wächter auf Abwege geraten und sich nach persönlicher Bereicherung sehnen, so dass es zur Versklavung von Mitbürgern kommt. So entsteht aus der

Aristokratie zunächst die Timokratie, die Herrschaft der Ehre (Sparta), die im Laufe der Zeit zur Oligarchie und aufgrund von deren Unersättlichkeit im Geldmachen zur Plutokratie pervertiert.[85] Daraus erwächst im Gegenzug die Demokratie, die »ohne Unterschied Gleichen und Ungleichen dieselbe Gleichheit zuteilt«[86] und Freizügigkeit und Beliebigkeit fördert.[87] Sie wird zur Ochlokratie[88], der Herrschaft der Masse, des Mobs oder des Pöbels, wenn sie ohne Rückbindung an die Gesetze, die Traditionen und die Götterkulte alle tun und lassen lässt, was sie wollen. Die der Demokratie eigene Unersättlichkeit nach Freiheit[89] resultiert in »Zügellosigkeit, Immoralität, Willkür, Anarchie und Gesetzlosigkeit«[90], wenn die Orientierung am Gemeinwohl verloren geht und Eigennutz und Habsucht das Handeln bestimmen.[91] Indem Demagogen die Freiheitssucht der Menschen und die plebiszitären und populistischen Mechanismen der Pöbelherrschaft zur Förderung ihrer eigenen Macht ausnutzen[92], werden »diktatorial-totalitäre Herrschaftsstrukturen von einzelnen oder einer kleinen Minderheit« etabliert[93], die als Erneuerungsform die Tyrannei hervortreiben.[94] Das Streben des Volkes nach schrankenloser Freiheit endet so in der »unerträglichsten und bittersten Knechtschaft«.[95]

Zu jeder Gestalt politischer Herrschaft – das ist die seit Polybios gängige Sicht[96] – gehört daher neben einer positiven Normalform eine negative Verfallsform: zur Monarchie die Tyrannei, zur Aristokratie die Oligarchie, zur Demokratie die Ochlokratie, die Herrschaft des Pöbels.[97] Platon hält die Demokratie für das schlimmste Regime neben der Tyrannei, weil sie »anarchisch und bunt« ist und durch ihre undifferenzierte Gleichheitspraxis ständig in die Pöbelherrschaft abzugleiten droht und der Tyrannei den Weg bahnt.[98] Zugleich ist sie aber auch das freieste aller Regime, in dem jeder tun und lassen kann, was er will.[99] Nur in ihr ist freies Reden und freies Denken für alle möglich.[100] Das zeichnet Demokratien bis in die Gegenwart aus.[101]

Die fundamentale Bedeutung der Freiheit für die Demokratie zeigt sich daran, dass sie die einzige Herrschaftsform ist, die widersprüchliche Meinungen nicht nur zulässt, sondern fördert. Sie ist keine Plattform zur populistischen Durchsetzung der eigenen Überzeugungen und Interessen. Frei ist nicht der, der Tun und Lassen kann, was er will, auch nicht der, der seine Ansichten anderen aufzwingen kann[102], sondern wer zu seinem eigenen Wünschen und Wollen Nein sagen kann, wer damit rechnet, dass er sich irren und der andere recht haben könnte, und wer daher nicht aufhört, sich selbst gegenüber kritisch und misstrauisch zu bleiben.

Das gilt nicht nur im Verhältnis zu sich selbst, sondern auch im gesellschaftlichen Umgang miteinander. Aus gutem Grund hat sich die Demokratie in der Moderne zu einem System des kontrollierten Misstrauens aller gegen alle entwickelt. Das zeigt sich an der institutionalisierten Möglichkeit der Abwahl der Regierungen, der Funktionsteilung von Exekutive, Legislative, Judikative zur wechselseitigen Kontrolle, und in der Etablierung einer starken medialen Öffentlichkeit zur Kontrolle der Regierenden und Öffentlichen Verwaltungen. Die Pointe dieses institutionalisierten Misstrauens ist nicht das vielzitierte »Vertrauen ist gut, Kontrolle ist besser«, das die Probleme zuerst und vor allem bei den anderen sieht. Es ist die selbstkritische Einsicht in die Notwendigkeit, selbst der Kontrolle zu bedürfen, weil wir uns durch niemand bereitwilliger täuschen lassen als durch uns selbst.

Antidemokratisch sind dementsprechend alle, die die Gesellschaft homogen machen und Debatten auf das beschränken wollen, was sie für richtig und wichtig halten – nicht nur Autokraten und Diktatoren, sondern auch Meinungsmonopole, *cancel culture* und Tugendwächter.[103] Es ist ein Irrtum, Demokratie dadurch schützen zu wollen, dass man anderen vorschreibt, was sie für richtig zu halten haben. Das Gegenteil ist richtig. Jede hat das Recht, sich selbst eine Meinung zu bilden und selbst zu urteilen. Wenn man meint, zur Sicherung des Friedens, zum Schutz vor Gefahren und aus Verantwortung für Gefährdete Einschränkungen der individuellen Grundrechte vornehmen zu müssen, muss man das auf dem Weg über gesetzliche Regellungen machen. Alles andere ist patriarchalische Fürsorge oder moralische Anmaßung, die in Demokratien keinen Ort haben.

Keiner lebt, ohne Ziele zu verfolgen, Ideale zu vertreten und Werte zu verwirklichen. Aber nicht jeder verfolgt dieselben Ziele und orientiert sich an denselben Werten und Idealen. Deshalb braucht es Gesetze, die das friedliche Zusammenleben von Menschen mit differenten Werthaltungen und Lebensorientierungen ermöglicht. Dabei kommt es auf die Wahrung von Differenzen an. *Werte* können nicht verbindlich gemacht werden, und wo es versucht wird, kommt es zu Überzeugungszwang und Tugendterror, die Freiheit zerstören und ein demokratisches Leben aushöhlen. *Normen* dagegen können verbindlich durchgesetzt werden, und wo das mit den entsprechenden institutionellen Absicherungen (Gesetze, Gerichte) geschieht, bildet eine Demokratie rechtstaatliche Strukturen aus. *Ideale* schließlich informieren und orientieren die Urteilskraft und bieten Leitbilder der Lebensorientierung, die man selbst wählen kann und muss und an denen man sich mehr oder weniger deutlich ausrichten kann. Normen, Werte und Ideale sind der Stoff der Kultur, die das innere Zusammenwachsen einer Bevölkerung und die Ausbildung konventioneller Selbstverständlichkeiten und Orientierungen ermöglichen und sich der kritischen Auseinandersetzung mit diesen verdanken. Sie wirken aber nicht von selbst, sondern werden nur wirksam, wo man sich frei für sie entscheidet und sein Leben an ihnen ausrichtet.

Dass die »Unersättlichkeit nach Freiheit« die große Stärke und die große Schwäche der Demokratie ist, hat Platon richtig beobachtet. Alle Demokratien sind gefährdet, aber nicht jede Form der Demokratie steht vor denselben Herausforderungen. Es gibt partizipative, prozedurale und deliberative Formen der

Demokratie. Im Gegensatz zur partizipativen Demokratie, in der das direkte Handeln der Bürger im Zentrum steht, und zur prozeduralen Demokratie, die sich auf die grundlegenden Verfahren der Demokratie (fairen und gleichen Abstimmungen) konzentriert[104], ist die deliberative Demokratie ein normativer Ansatz, der die Gegenseitigkeit des Austausches vernünftiger Gründe in den öffentlichen Debatten betont. Normativ ist dieser Ansatz, weil er nicht nur beschreibt, was der Fall ist, sondern darlegt, was der Fall sein sollte, wenn eine Demokratie lebensfähig bleiben will und nicht in das Räderwerk bloßer Machtausübung der einen über die anderen geraten will.[105] Die Freiheit aller und eines jeden ist nur zu wahren, wenn im politischen Streit nicht Macht, Druck, Geld, Lüge und Durchsetzungsmöglichkeiten ausschlaggebend sind, sondern Argumente, Gründe, Wahrheitsliebe, Ehrlichkeit und Respekt gegenüber Andersdenkenden und Anderslebenden im Zentrum stehen. Wo das nicht der Fall ist, werden Demokratien durch Oligarchen entkernt[106], durch meritologische Eliten missbraucht[107] und als Ochlokratien populistisch manipulierbar.[108] Deliberative Demokratie ist daher diejenige Form der Demokratie, in der es um den Schutz des Freiheitsversprechens geht, mit der eine Demokratie steht und fällt. Sie ist heute die wohl gefährdetste Form der Demokratie, weil ihre Probleme nicht nur technischer, praktischer oder rechtlicher Natur sind und sich anders als in den beiden anderen genannten Formen der Demokratie durch technologische Mittel und angepasste rechtliche Regelungen nicht beheben lassen.[109] Darum steht sie im Folgenden im Zentrum.[110]

8 Deliberative Demokratie

In den Theorien des Gesellschaftsvertrags von Hobbes über Locke und Rousseau bis zu Kant wird staatliche Macht und Zwangsgewalt durch die Zustimmung der Regierten gerechtfertigt. Die zeitgenössische politische Theorie dagegen betont, dass politische Macht und staatliche Zwangsgewalt einer öffentlichen Rechtfertigung bedürfen. Nach John Rawls' Grundsatz der öffentlichen Rechtfertigung (*Principle of Public Justification*) ist ein Zwangsgesetz dann gerechtfertigt, wenn jedes Mitglied der Öffentlichkeit genügend Gründe hat, dieses Gesetz zu billigen.[111]

Theorien, die politische Rechtfertigung in diesem Sinn durch den Austausch von Gründen definieren, fallen unter die Kategorie der *deliberativen Demokratie* und in einigen Fällen spezifischer unter die eines *Liberalismus der öffentlichen Vernunft* (public reason liberalism).[112] Demokratische Legitimität wird in diesen Ansätzen durch den Prozess der öffentlichen Beratung und den Austausch vernünftiger Gründe zwischen Bürgern erreicht. Dabei wird in der Regel betont, dass Entscheidungen auf der Basis demokratischer Beratung dann legitim sind, wenn jeder Bürger in diesem Prozess gleich beteiligt ist und seine Gründe gleich berücksichtigt werden.[113] Das muss nicht bedeuten, dass das Ziel des Beratungsprozesses sein müsse, einen Konsens über Gesetze zu erreichen.[114] Ein Konsens ist nicht unbedingt erforderlich, damit Gesetze legitimiert sind (Legitimität durch Konsens), da der Prozess des Austauschs vernünftiger Gründe selbst das sein kann, was Legitimität schafft (Legitimität durch Verfahren). Demokratische Legitimität hängt nicht am erzielten Konsens, sondern daran, inwieweit die Betroffenen in die Entscheidungsprozesse einbezogen worden sind.[115]

Amy Gutmann und Dennis Thompson identifizieren vier Hauptmerkmale der deliberativen Demokratie. An erster Stelle steht das »*reason-giving* requirement«.[116] Die Bürger müssen *Gründe austauschen*, über Gründe nachdenken und sich gegenseitig Gründe geben. Das zweite und dritte Merkmal besteht darin, dass die Debatte zu einem Ergebnis führt, das für die Bürger *verbindlich* ist und dass dieses Ergebnis in der Zukunft *revidierbar* sein muss. Diese beiden Merkmale markieren den prozessualen Charakter der Demokratie, d.h. Demokratie muss das Ergebnis der Debatten konkret und verbindlich widerspiegeln, ist aber auch fließend und ständig im Wandel begriffen. Das vierte Merkmal ist, dass die Gründe *öffentlich* sein müssen, d.h. dass die Gründe allen Bürgern zugänglich sein müssen, und zwar nicht nur formal, insofern sie in öffentlichen Debatten und an öffentlichen Orten vorgebracht werden, sondern auch inhaltlich, d.h. die Gründe können nicht auf spezielle Kenntnisse (z.B. ein säkulares Geheimwissen oder religiöse Offenbarung) zurückgreifen.[117] Deliberative Theorien, die diesen Öffentlichkeitscharakter von Gründen vertreten, fallen unter das Etikett eines »Liberalismus der öffentlichen Vernunft«.

Dieser deliberative Liberalismus steht aber vor einer praktischen Schwierigkeit. Die Rechtfertigung demokratischer Entscheidungen durch die Beteiligung aller Bürger an Debatten über die relevanten Fragen ist schwierig in einer pluralistischen und diversen Gesellschaft, in der ein breites Spektrum von widersprüchlichen moralischen, religiösen und philosophischen Standpunkten vertreten wird. Denn wer setzt die Themen, über die öffentlich zu diskutieren ist? Wer ist in der Lage, sich aktiv zu beteiligen? Wer kann sich leisten, dabei Meinungen zu vertreten, die von den etablierten Eliten abgelehnt werden? Und was qualifiziert unter Bedingung eines radikalen Pluralismus[118] in einer diversen Gesellschaft einen Grund als ausreichend öffentlich, um in einem Beratungsprozess fungieren zu können? Ein Großteil der Debatte in der politischen Theorie der letzten Jahrzehnte hat sich auf diese Fragen konzentriert.

Diese Fragen sind drängend, weil es in offenen demokratischen Gesellschaften, die kulturelle Diversität und individuelle Meinungsfreiheit fördern, zu einem verstärkten Pluralismus der Ideen und zu einer wachsenden Diversität der Beteiligten kommt, die es immer schwieriger machen, in konkreten Fragen für alle Beteiligten ausreichende Rechtfertigungsgründe zu finden. Die Beratungsprozesse werden immer länger, die angeführten Argumente und Gründe immer vielfältiger, die Wahrscheinlichkeit einer signifikanten Akzeptanz immer geringer und damit die Legitimität demokratischer Entscheidungen immer schwächer.

Darauf kann auf verschiedenen Wegen reagiert werden. Der eine ist der Vorschlag der Philosophie des politischen Liberalismus (Rawls, Habermas), in den demokratischen Deliberationsprozessen nur Gründe zuzulassen, die von keinem vernünftigen Bürger vernünftigerweise abgelehnt werden können. Alles, was sich nicht in einen rationalen Diskurs ›übersetzen‹ lässt, kann in öffentlichen Deliberationen keine Rolle spielen. Dazu gehören vor allem religiöse und weltanschauliche Überzeugungen, aber auch verschwörungstheoretische Ansichten oder lebensweltliche Selbstverständlichkeiten, dass es Mütter und Väter gibt und dass man Familienmitglieder anders behandelt als andere. All das kann man privat meinen, aber in öffentlichen Diskursen nicht als Argument anführen. Für den öffentlichen Diskurs werden rationale und moralische Bedingungen formuliert, die festlegen, welche Art von Argumenten in demokratischen Deliberationen Gehör finden können. Privat kann man meinen und denken was man will, öffentlich sagen kann man nur das, was vernünftig und moralisch akzeptabel ist und von keinem vernünftigen und moralischen Bürger abgelehnt werden kann.

Man kann das als den Versuch einer liberalen Elite verstehen, ihre Vorstellung von deliberativer Demokratie als Grundform von Demokratie auszugeben, die politischen Prozesse also an rationale und moralische Diskurse zurückzubinden, die nach ihren Regeln funktionieren. Alle Bürger sollen an ihnen teilnehmen können, gewiss, aber wer gehört werden will, muss den Regeln dieser Diskurse folgen. Die ausdrückliche Intention, niemand von den deliberativen Prozessen auszuschließen, hat damit aber genau den gegenteiligen Effekt, weil mit Hilfe dieser Bedingungen die Überzeugungen weiter Kreise der Bevölkerung als ernstzunehmende Beiträge und Begründungen in der demokratischen Meinungs- und Willensbildung ausgeschlossen werden. Was den Rationalitäts- und Moralitätstest nicht besteht, verdient nicht, öffentlich ernstgenommen zu werden. Doch wer stellt diesen Rationalitäts- und Moralitätstest auf? Wer führt ihn durch? Wer wertet ihn aus? Und wer setzt seine Ergebnisse um? Tatsächlich werden Versuche dieser Art von vielen als eine Bevormundung durch eine liberale Elite wahrgenommen, die in öffentlichen Debatten nur das zulassen will, was sie als rational und moralisch definiert. Die ökonomischen, politischen und kulturellen Globalisierungsbewegungen der vergangenen Jahrzehnte haben das überdeutlich gemacht. Der antikolonialistische und antirassistische Aufstand vieler aus anderen Kulturtraditionen gegen die westliche Vernunfttradition ist eng mit diesem als übergriffig erlebten Regulierungseingriff westlicher Eliten in das Funktionieren einer Demokratie verbunden.[119]

Dagegen besteht der andere Weg darauf, dass deliberative Demokratie nicht mit Demokratie gleichgesetzt werden darf, sondern ein philosophisches Konstrukt ist, das nicht nur in Großflächenstaaten zum Scheitern verurteilt ist. Die deliberative Demokratiekonzeption des politischen Liberalismus verwechselt philosophische Theorie und politische Praxis. Demokratie ist primär ein politisches Projekt der Selbstorganisation von Macht durch das Volk für das Volk, kein Denkprojekt einer liberalen Intellektuellen-Eilte. Ihr Ziel ist es, durch freie Wahlen Mehrheiten zu generieren, um ein Land regieren zu können. Wahlen aber werden nicht durch Argumente gewonnen, sondern durch vertrauenserweckende Personen, aufwühlende Ereignisse, bewegende Bilder und das Schüren von Emotionen. Alles, was dazu dient, spielt eine weitaus größere Rolle als vernünftige Argumente.[120] In der Demokratie geht es um Mehrheit, nicht um Wahrheit, Vernunft und Moral.[121]

Natürlich ist nicht alles erlaubt. Man kann sich keine Stimmen kaufen, und man darf andere nicht mit Gewalt daran hindern, ihre Ansichten vorzutragen. Der Rahmen, in dem sich alle demokratischen Optionen bewegen, sind nicht die Kriterien der Vernünftigkeit und Moralität, sondern die Menschenrechte und Grundrechte, jedenfalls in Deutschland. In diesem Rahmen aber gibt es keinen Grund, irgendwelche Ansichten auszuschließen oder nur die zuzulassen, die den eigenen Rationalitäts- oder Moralitätsstandards genügen. In einer Demokratie ist niemand einem anderen etwas schuldig, schon gar nicht, dass er ihm vernünftige Gründe bietet, um seine Ansichten vortragen zu können. Man hat keinen Anspruch, dass andere einen anhören oder ernstnehmen müssen. Aber man kann vorbringen, was man will.

Das gilt auch dort, wo Parteien unterschiedliche politische und gesellschaftliche Optionen bündeln und zur Wahl stellen. Ihre Wahlprogramme sind keine vernünftig begründeten Regierungsprogramme, sondern stellen Themen ins Zentrum, die Bürger zu emotionalen Entscheidungen ermuntern oder verführen sollen. Nicht ihr argumentativer Gehalt ist entscheidend, sondern ihr emotionaler Appeal.[122] Da Regierungsmehrheiten in Mehrparteiengesellschaften nur durch Koalitionen und Kompromisse zustandekommen, wird das, wofür man gestimmt hat, selten so umgesetzt. Trotz allen propagandistischen Aufwands sind es nicht die Themen und Argumente, die entscheidend sind, sondern die emotionale Resonanz, die sie auslösen. Wir wählen, was uns anspricht oder am wenigsten abstößt. Die Optionen der Parteien müssen rechtlich zulässig, aber nicht rational oder moralisch begründet sein. Sie müsse sich im Rahmen der Menschenrechte und Grundrechte bewegen. Aber sie müssen keine Rationalitätstests oder Moralitätsprüfungen bestehen. Transzendentales Fliegen, Die Partei, Graue Panther, Die Linke, die Grünen, FDP, AFD, CDU oder wie sie heißen mögen – sie alle spielen auf demselben Parkett unter denselben Bedingungen. Alles kann vorgebracht werden, was nicht dem Rechtsrahmen des Grundgesetztes widerspricht, »die prinzipielle Offenheit für das ganze in der Gesellschaft vorhandene und artikulationsberechtigte Spektrum an Meinungen, Positionen, Ansichten und Präferenzen«[123] muss gewährleistet sein. In einer freiheitlichen Demokratie hat grundsätzlicher jeder Bürger das Recht, seine Meinung zu äußern und in die demokratischen Willensbildungsprozesse einzuspielen – über die Parteien oder auf anderen Wegen. Niemand schuldet hier jemand etwas, aber auch niemand kann anderen vorschreiben, was sie oder wie sie es zu sagen haben. Um mehrheitsfähig zu werden, müssen sie nicht als vernünftig erwiesen werden, sondern mehr Bürger ansprechen und hinter sich versammeln als andere Meinungen.

Menschenrechte und Grundrechte bilden im politischen Leben den Rahmen des Akzeptablen, nicht Rationalität und Moral. Aus anderen als rechtlichen Gründen Meinungen, Ansichten oder Beiträge aus den Willensbildungsprozessen auszuschließen, ist inakzeptabel und arrogant. Wie Horst Dreier zu Recht betont: Religiös »begründete Standpunkte müssen nicht zwingend irrational, säkulare nicht zwingend rational sein. Auch politische Ideologien, szientistische Konzepte, ökonomische Modelle oder philosophische Systeme zeichnen sich keineswegs stets und durchgängig durch vernünftige Argumentation, rationalen Diskurs und die Präsentation guter Gründe aus. Und umgekehrt müssen sich religiöse Standpunkte nicht zwingend als rational unzugänglich erweisen«.[124] Es ist ein grundsätzlicher Fehler, über die rechtlichen Rahmenbedingungen hinaus regulierend in das eingreifen zu wollen, was, wie und von wem gesagt bzw. nicht gesagt werden darf. Die Philosophie des politischen Liberalismus hat hier gegen ihren eigenen Willen einer Entwicklung den Weg geebnet, der zur identitätspolitischen Regulierung öffentlicher Diskurse geführt hat, zu Genderspeak und phobischem Sprachrassismus, Cancel Culture und antikolonialistischem Moralismus, der es praktisch unmöglich macht, sich heute noch in öffentlichen Diskursen zu äußern, ohne einen Shitstorm der Empörten und (wirklich oder vermeintlich) unzulänglich Beachteten in den Sozialen Medien auszulösen. Natürlich wollte der politische Liberalismus das universale Vernunftprogramm der Aufklärung fortsetzen, während andere Bewegungen das durch identitätspolitische Programme ablösen und ersetzen wollen. Aber in beiden Fällen wollte bzw. will man den Diskurs regulieren und steht damit in Spannung zur politischen Ordnung einer freiheitlichen Demokratie.

Politische Demokratie steht und fällt mit der Freiheit und dem Recht aller, an den öffentlichen Willensbildungsprozessen mitzuwirken, und zwar so, wie sie es im Rahmen geltenden Rechts wollen. »In der Offenheit des politischen Entscheidungsprozesses gründet letztlich die Legitimität von Mehrheitsentscheidungen im freiheitlichen und demokratischen Verfassungsstaat.«[125] Nicht der Umbau der freiheitlichen Demokratie in eine deliberative Demokratie kann das Ziel sein. Das Eintreten für das freie Teilhabenkönnen aller Bürger an den Entscheidungsprozessen muss vielmehr mit einem Engagement gekoppelt werden, die Bürger urteilsfähig und die Menschen eigenverantwortlich zu machen – also in die Lage zu versetzen, Unsinn als Unsinn zu erkennen, Fakten und Fiktionen zu unterscheiden und sich nicht hinters Licht führen zu lassen. Nicht der demokratische Prozess darf durch Einschränkungen reguliert werden, sondern die Demokraten müssen urteilsfähig gemacht werden.[126]

9 Identitätspolitische Zersplitterung

All das wird besonders dringend durch eine schon angesproche-
ne Entwicklung, die weit über eine bloß zivilgesellschaftliche
Pluralisierung der Diskurse hinausgeht. Im Gefolge der technologischen Revolution der vergangenen Jahre und der damit
ermöglichten globalen Kommunikation wird auf vielen Feldern
das – als ›europäisch‹ chiffrierte – Denken in Begriffshierarchien,
das Suchen nach Gemeinsamem und das Zielen auf Einheit
durch ein Denken in Alternativen, das Aufbrechen von Dualen,
das Ermöglichen von Vielfalt verdrängt. Nicht die Metapher von
Teil und Ganzem, sondern die von Standpunkt und Horizont
charakterisiert unsere Situation. In einem Horizont kann vieles
nebeneinander stehen, ohne sich zu einem Ganzen zu verknüp-
fen. Jeder Standpunkt hat seinen eigenen Horizont. Es gibt nur
ein Nebeneinander und Miteinander, aber keinen ›Horizont der
Horizonte‹, der alles umfasst.

Um sich in dieser polyzentrischen Welt erfolgreich zurechtzufinden, braucht man technologische Hilfsmittel, aber keine
Einheitsmetaphysik. Technologien optimieren Prozesse, indem
sie lokale Lösungen miteinander vernetzen, ohne ein umfassendes Ganzes vorauszusetzen. Sie denken modular und über
Schnittstellen schrittweise nach vorne, nicht einlinig von oben
nach unten oder von unten nach oben. Das Internet ist die per-
fekte Plattform für solches Denken. Wir können im Netz global
Informationen austauschen und in Sekundenbruchteilen über
Kontinente hinweg mit Menschen in anderen Kulturen kommunizieren. Aber wir kennen oft kaum noch die Nachbarn, mit
denen wir Tür an Tür leben.

Schon lange verschieben sich die Aktivitäten der Wirt-
schafts- und Bildungseliten vom lokalen Interagieren mit konkreten Personen auf digitale Kommunikation in virtuellen
Gemeinschaften weit zerstreuter Akteure, die online Daten-
pakete austauschen und überall und nirgends zuhause sind.[127]

Doch die globale Internet-Mikropolis (Steve Jones) ist mehr als nur eine technische Ausweitung unserer Kommunikationsradien. Anders als die lokalen Interaktionen zwischen Personen kennt sie nicht die Bedürfnisse und Erwartungen, aber auch Kontrollen und Korrekturen, die mit diesen einhergehen. Wir kommunizieren digital mit allen möglichen Menschen, die wir nicht oder kaum kennen. Wir schließen uns zu virtuellen Gemeinschaften zusammen, an denen wir digital partizipieren. Aber die ethische Ursituation, durch die schiere physische Präsenz des anderen zur moralischen Verantwortung genötigt zu sein, findet im Netz nicht statt. Die Anonymität des Internet macht es vielmehr vielen leicht, aus ihrem Herzen keine Mördergrube zu machen. Man sagt, was man denkt, ohne darüber nachzudenken, was man sagt, weil man im Netz fast risikofrei äußern kann, was einem bei einer direkten Begegnung nicht über die Lippen käme.

Allerdings verhalten sich viele auch im Internet oft wie in der analogen Welt. Sie unterschätzen den Unterschied zwischen der realen Welt, in der man es mit konkreten Menschen zu tun hat, und den virtuellen Welten, in denen sie weltweit mit oft unbekannten Partnern kommunizieren. Das macht das Kommunizieren im Internet weiträumiger und offen für vieles, das man früher nicht wahrgenommen oder zur Kenntnis genommen hätte. Das ist in Gewinn, auf den man nicht mehr verzichten will. Aber es macht es auch äußerst täuschungsanfällig, und das ist eine nicht zu verharmlosende Gefahr. Viele vertrauen ihren unbekannten Kommunikationspartnern bis zum Erweis des Gegenteils, anstatt ihnen nicht zu vertrauen, bis es gute Gründe für Vertrauen gibt. Sie gehen wie selbstverständlich davon aus, dass sie mit wirklichen Menschen und nicht nur mit einem Sprachcomputer kommunizieren. Sie meinen, in #-*communities* für die gleichen Interessen zu streiten, auch wenn sie nicht wirklich wissen, ob sie dieselben Ziele verfolgen. Sie agieren nicht als konkrete Personen, sondern als Mitglieder einer abstrakten Gruppe.

Um statistische Informationen zu generieren, genügt es, Menschen anhand äußerer Merkmale wie Geschlecht, Ethnizität, Sprache, Religion, Herkunft usf. in abstrakte Gemeinschaften zu gruppieren. Aber diese Merkmale sind keine realen Gemeinsamkeiten, aus denen sich gemeinsame Überzeugungen, Interessen, Verpflichtungen oder Verantwortlichkeiten ableiten ließen. Keiner hat nur eine Identität. Nicht alle Weißen sind Kolonialisten, nicht alle PoCs Antirassisten, nicht jede marginalisierte Gruppe ist schon deshalb solidarisch mit allen anderen Marginalisierten, und nicht jeder, der für Vielfalt eintritt und gegen Diskriminierung kämpft, streitet für dieselbe Sache. Man meint weltweit mit anderen für dieselbe Sache zu kämpfen. Man meint abzulehnen, was auch sie ablehnen, und anzustreben, was auch sie anstreben. Aber man kennt niemanden wirklich und weiß nicht, ob man tatsächlich die gleichen Ziele verfolgt.

Weil man in diesen abstrakten *communities* mit niemandem wirklich etwas teilt, ist man auch niemandem konkret verantwortlich. Verantwortung wird damit zur Leerformel und Solidarität zur unverbindlichen Zugehörigkeit zu einer abstrakten Gruppe. Man empört sich, ohne selbst wirklich betroffen zu sein.[128] Und man wird zum Vertreter virtueller Gruppeninteressen, für die man sich nie entschieden hat. Das *Wir* dieser Gruppen definiert sich durch Abgrenzung gegen andere. Und weil das stets mit Wertungen verbunden ist, gehört man zu Opfer- oder Tätergruppen, ohne dafür Verantwortung zu tragen.

Die Problematik individueller und kollektiver Identitätsbildungen, die Abgrenzung gegen andere, die Ausgrenzung von anderen und die Pathologisierung des Nicht-Identischen, ist schon lange bekannt.[129] Aber in den letzten Jahren ist das Wunschbild eines bunten und entspannten Multikulturalismus unter der Regenbogenfahne in das immer schärfere Gegeneinander zwischen linker und rechter Identitätspolitik und linkem und rechtem Rassismus zerfallen.[130] »Der linke Rassismus, der darin besteht, einen jeden Angehörigen einer Minderheit als

Repräsentanten einer speziellen ›Kultur‹ zu behandeln, kommt in einem rechten Rassismus zur Vollendung, der jeden Deutschen in einen Bannerträger seiner Nation verwandelt.«[131]

Inzwischen ist durch die #-Blasenbildung in den Social Media allerdings eine Dynamik entstanden, die selbst diese Entgegensetzung zwischen rechts und links alteuropäisch aussehen lässt. Linke Identitätsaktivisten scheinen Rosa Luxemburgs Einsicht längst vergessen zu haben, dass Freiheit immer die Freiheit der Andersdenkenden ist, und rechte Identitäre haben nie verstanden, dass die Freiheit, anders zu denken, verspielt wird, wenn man sie nur sich selbst und nicht auch anderen zugesteht. Am Leitfaden von Gender, Postkolonialismus, Diversität und Rassismus wird in wachsender Aggressivität über sexuelle, geschlechtliche, ethnische und kulturelle Identität gestritten, ohne dass die Frage nach einer Minimalbasis von Gemeinsamkeiten überhaupt noch gestellt geschweige denn beantwortet werden kann. Schon der Versuch, nach einem Gemeinsamen zu fragen, gilt als hinreichender Anlass, sich über Ausgrenzung zu empören.[132] In immer rigoroserer Weise igelt man sich in die moralische Richtigkeit der eigenen Position ein und denunziert jeden Versuch anderer, sich dazu kritisch oder konstruktiv ins Verhältnis zu setzen, als übergriffig.[133]

Dabei bleibt die klassische Differenz zwischen linker und rechter Identitätspolitik durchaus erhalten. Die einen streben nach radikaler Gleichheit, Herrschaftsfreiheit und der Utopie totalen Friedens, die anderen betonen »die unüberbrückbaren Differenzen zwischen Menschen bzw. Ethnien« und bejahen den Kampf »als Grundlage der Erfahrung der eigenen Identität«.[134] Die einen scheitern am Ideal der radikalen Gleichheit aller Identitäten unter Wahrung der unaufhebbaren Unterschiede zwischen jeder und allen anderen. Die anderen scheitern an der Realität des Kampfes, der als Kampf aller gegen alle nur zur gegenseitigen Vernichtung oder zur Herrschaft der einen über die anderen führen kann. Das Ideal der radikalen Gleichheit ist unvereinbar mit dem Streben nach absolut unverwechselbarer Identität, die Realität des Kampfes um die eigene Identität nie zu Ende, solange andere auch um ihre Identität kämpfen. Beide versuchen, Identität am Leitfaden der Differenz zwischen Ich/ andere zu konzipieren. Das aber ist zum Scheitern verurteilt, weil unklar bleibt, im Hinblick worauf man sich von anderen unterscheidet oder mit anderen übereinstimmt. Ohne Rekurs auf ein Drittes, bleibt die Differenz zwischen Ich und anderen im linken wie im rechten Spektrum ohne identitätskonstituierende Kraft.

Als Wolfgang Thierse im Frühjahr 2021 versucht hat, das Recht und die Problematik rechter und linker Identitätspolitik zu benennen, wurde ihm mit einem aggressiven Aufschrei in den Social Media und seiner eigenen Partei geantwortet. Dabei notiert er auf beiden Seiten die berechtigten Anliegen, aber auch nicht zu übersehende Gefahren: »Das Gefährliche und Illusionäre rechter Identitätspolitik besteht darin, dass sie kulturelle nationale Identität als ethnische und kulturelle Homogenität missversteht und als solche durchsetzen will, also nicht Unterscheidung, sondern Ab- und Ausgrenzung betreibt bis zu Intoleranz, Hass und Gewalt gegenüber den ›Anderen‹, den ›Fremden‹.«[135] Entsprechendes gilt auf der Gegenseite. »Identitätspolitik, wenn sie links sein will, stellt auf radikale Weise die Gleichheitsfrage. Sie verfolgt das berechtigte Interesse, für (bisherige) Minderheiten gleiche soziale, ökonomische und politische Rechte zu erringen. Sie ist eine Antwort auf erfahrene Benachteiligungen. In ihrer Entschiedenheit ist sie in der Gefahr, nicht akzeptieren zu können, dass nicht nur Minderheiten, sondern auch Mehrheiten berechtigte kulturelle Ansprüche haben und diese nicht als bloß konservativ oder reaktionär oder gar als rassistisch denunziert werden sollten.«[136]

Das ging vielen zu weit. Nur wer gegen Mehrheiten ist, kann für Minderheiten sein, und für Minderheiten kann man nur sein, wenn man nichts sagt oder tut, was deren Empfindlichkeiten verletzten könnte. Niemand sollte sich das Recht nehmen, für ihre Anliegen zu sprechen, wenn er es nicht in ihrer Sprache und mit ihren Wertungen tut. Dass keine Minderheit für sich selbst kämpfen kann, ohne sich auch gegen andere zu richten, wird dabei geflissentlich ignoriert. Doch das Wunschbild von einem schiedlich-friedlichen Bei- und Nebeneinander der verschiedenen Identitätsgruppen und -grüppchen scheitert an der Realität. Die Welt ist, wie sie ist, und nicht wie wir sie gerne hätten. Solange wir nicht über unbeschränkte Ressourcen verfügen, ist die Bemühung um Teilhabe immer ein Kampf um Teilhabe. In diesem Kampf gibt es wie in jedem Kampf Gewinner und Verlierer. Bei knappen Ressourcen ist der Kampf um Teilhabe nie nur ein Kampf derer, die nicht haben, gegen diejenigen, die haben, sondern zugleich immer auch ein Kampf gegen andere, die um Teilhabe kämpfen. Wenn alle für das Gleiche kämpfen, das aber nicht alle in gleicher Weise haben können, dann kämpfen alle immer auch gegeneinander. Ist das einzige Gemeinsame der Kampf um die eigene Identität, dann gibt es keine *defensible differences* mehr, sondern nur noch konkurrierende Gruppeninteressen. Das ist einer der selbstzerstörerischen Mechanismen identitätspolitischer Machtkämpfe, die auf den Kampf aller gegen alle hinauslaufen, wenn die Vernunft nicht rechtzeitig wieder einsetzt.

Der identitätspolitische Streit der Gegenwart ist ein deutliches Zeichen der ochlotischen Gefährdung der Demokratie. Wo alle nur noch um ihre jeweiligen Identitäten besorgt sind und diese in Dauerdifferenzierung durch Abgrenzung gegen alle anderen zur Geltung zu bringen suchen, atomisiert sich eine Gesellschaft und zerfällt in Singularitäten. Man bemüht sich nicht mehr um das Allgemeine, Gemeinsame, Normale, Durchschnittliche, sondern um das Einzigartige, Regelabweichende, Nicht-Normale, Unvergleichliche. Da man das nur tun kann, indem man es ständig zum Thema macht, resultiert daraus ein nicht enden wollender Wettbewerb um Aufmerksamkeit, Zustimmung und Unterstützung.[137] Jeder kämpft für sich und seine Gruppe, und niemand kümmert sich noch um anderes, es sei denn, es dient der Stärkung der eigenen Identität. Eine Gesellschaft von Einzelnen aber unterscheidet sich kaum von einer ochlotischen Masse. Wo es jedem nur um seine eigene Identität geht, ist das radikale Anderssein das Einzige, was man mit anderen teilt. Das eigene Selbstgefühl muss stimmen, an ihm und nicht am besseren Sachargument misst sich alles. Nur wo das Selbstgefühl stimmt, wird zugestimmt, und wo man das Gefühl hat, die eigenen Gefühle würden verletzt, erfolgt der Aufschrei. Wo aber Gefühle dominieren, bilden sich Interessengruppen nur auf Zeit und solange das Interesse anhält, weil es dem Eigeninteresse dient. Auf dieser Basis lässt sich keine einigermaßen dauerhafte Ordnung begründen. Eine Gesellschaft gefühlsbestimmter Einzelner kann sich jederzeit in einen ochlotischen Mob verwandeln, wie der Sturm auf das Kapitol am 6. Januar 2021 in Washington gezeigt hat. Vermutetes Empathiedefizit ist schlimmer als jede Lüge, und Populisten haben freien Lauf.

Es ist ein Bündel von Entwicklungen, die sich zu einer Krise der deliberativen Demokratie verdichten, die das Potential hat, demokratische Regierungsformen überhaupt in Frage zu stellen. Viele sind den globalen politischen, ökonomischen, ökologischen, sozialen und technologischen Veränderungen geschuldet, unter denen sich Demokratien heute weltweit behaupten müssen. Ihnen wird derzeit zu Recht große Aufmerksamkeit geschenkt. Es sind Herausforderungen, denen sich alle Formen politischer Herrschaft stellen müssen, wenn sie eine Zukunft haben wollen. Aber sie sind nicht die einzigen Herausforderungen von Demokratien. Im Folgenden werde ich mich auf zwei zentrale Bereiche konzentrieren, die das Projekt der deliberativen Demokratie von innen, also von ihren eigenen Anliegen her gefährden: die Krise der Öffentlichkeit und die Krise der öffentlichen Vernunft.

II Die Krise der Öffentlichkeit

1 Vieldeutige Öffentlichkeit

Zentral für eine deliberative Demokratie ist die *Öffentlichkeit*. Die Auseinandersetzung um strittige Themen und der Austausch vernünftiger Gründe zwischen Bürgern muss in demokratischen Prozessen öffentlich sein, damit alle die Chance haben, sich selbst ein Bild zu machen und zu eigenverantwortlichen Entscheidungen zu kommen. Expertenrunden sind wichtig, um Sachfragen zu klären und Entscheidungen vorzubereiten. Und Diskussionen in den vielen mehr oder weniger großen Diskussionszirkeln der Zivilgesellschaft sind wichtig, um die Themen zu entwickeln, die für alle relevant sein könnten oder müssten. Nie werden alle in pluralen Gesellschaften an denselben Fragen interessiert sein, über dasselbe Wissen verfügen oder alles in derselben Weise beurteilen. Zeit, Wissen, Kompetenz und Lust sind knappe Ressourcen. Nicht jeder hält dieselben Fragen für wichtig, nicht alle können oder möchten sich mit jeder Frage beschäftigen, die einige interessiert, und nicht immer lenken laute gesellschaftliche Diskussionen die Aufmerksamkeit auf die wirklich anstehenden Probleme. Die Alltagskommunikation und die Gespräche in den vielen kleinen Kreisen der Gesellschaft sind daher zu Recht vielfältig, inhomogen, auf nur einige beschränkt und mit vielen verschiedenen Themen befasst. Aber an politischen Entscheidungen, deren Konsequenzen alle betreffen, müssen in Demokratien alle beteiligt sein können.

Deshalb braucht es öffentliche Debatten um wichtige Themen und strittige Fragen. Nicht alles, was irgendwo in der Gesellschaft von einigen diskutiert wird, ist für alle relevant. Es wird auch kein Problem allein dadurch gelöst, dass alle ihre Ansichten dazu äußern. Und es ist nicht zu erwarten, dass sich alle auf dieselbe Meinung verständigen. Aber politische Entscheidungen über Fragen, die alle betreffen, sind nur dann nicht leichtfertig, wenn alle, die am Entscheidungsprozess beteiligt und von den Ergebnissen betroffen sind, die Möglichkeit haben, sich eine informierte Meinung zu bilden und ihre eigenen Beiträge beizusteuern. Nur dann können sie verantwortlich mitentscheiden. Und nur dann kann man von ihnen erwarten, dass sie auch Entscheidungen, die nicht ihren Wünschen und Erwartungen entsprechen, akzeptieren.

Es ist daher klug, sich mit anderen auszutauschen, und es schadet allen, wenn man es nicht tut. Jeder weiß manches, aber keiner alles. Nicht jeder achtet auf das, was in einem konkreten Fall wichtig ist. Viele sehen mehr als jeder einzelne. Aber einzelne sehen manchmal auch klarer als die anderen. Nicht jeder, der das meint, tut es allerdings auch. Man sollte immer damit rechnen, dass auch die anderen recht haben könnten. Und man sollte sich nie auf eine Meinung versteifen, ohne auch relevante Gegenmeinungen geprüft zu haben. All das bewahrt nicht vor gravierenden Fehlern. Aber die Gefahr verringert sich, wenn man sich austauscht, das Für und Wider unter verschiedenen Gesichtspunkten erwägt und in gemeinsamen Gedankenexperimenten Probleme identifiziert und mögliche Konsequenzen von Lösungen auslotet. Dafür braucht man die anderen, und dazu bedarf es der Öffentlichkeit.

Doch was ist unter ›Öffentlichkeit‹ zu verstehen? Darauf gibt es nicht nur eine Antwort.[138] *Öffentlich* wird vieles genannt – das, was nicht *im Geheimen* oder *geheim* geschieht; oder das, was nicht *privat* ist; oder das, was *aufrichtig* und *klar* als *offensichtliche Wahrheit* vorgetragen wird; oder das, was *allgemein zugänglich* und *für jedermanns Gebrauch* bestimmt ist; oder das, was *für die Allgemeinheit* und nicht nur für eine besondere Gruppe Relevanz beansprucht; oder das, was in die Domäne der ›öffentlichen Hand‹ fällt, also *staatlicher Kontrolle* unterliegt; oder das, was *dem Nutzen aller* und *den Bedürfnissen aller einzelnen* dient, also über die Austauschprozesse des Marktes vermittelt wird.

Die verschiedenen Oppositionen signalisieren die komplexe Hintergrundgeschichte des Öffentlichkeitsbegriffs. Er hat eine

lange und verschlungene Geschichte.[139] Seine Gegenwartsbe-
deutung aber verdankt er der Aufklärungsepoche, in der er zum
Kampfbegriff des beginnenden bürgerlichen Liberalismus gegen
den herrschenden Absolutismus wurde. Zwei Aspekte standen
dabei im Vordergrund. Auf der einen Seite war ›Öffentlichkeit‹
Synonym für die ›öffentliche Meinung‹, in der Aufrichtigkeit
(und nicht äußerliche Scheinheiligkeit), Ehrlichkeit (und nicht
erzwungene Unwahrhaftigkeit), Klarheit (und nicht opportu-
nistische Schmeichelei) und Eindeutigkeit (und nicht verstel-
lende Zweideutigkeit) herrschen und in der Sachkontroversen
durch rationale Argumente und nicht aufgrund von Status
und Tradition entschieden werden. Auf der anderen Seite war
›Öffentlichkeit‹ das Organ der politischen Kontrolle von Exekutive, Legislative und Jurisdiktion durch ein kritisches Publikum
bzw. durch den Souverän, das Volk, und dessen parlamentarische Vertretung.

Beide Momente hat Habermas im Begriff der *bürgerlichen
Öffentlichkeit* zusammengefaßt und von der repräsentativen
Öffentlichkeit der öffentlichen Machtdarstellung der Herr-
scher des ancien régime abgegrenzt. Modell dieser bürgerlichen
Öffentlichkeit ist das sich in den europäischen Gesellschaften
des 17. und 18. Jahrhunderts um Zeitungen und Zeitschriften
kristallisierende Lesepublikum bürgerlicher Privatleute, aus
dem sich die Bürgergesellschaft der liberalen Tradition entwickelt hat.[140] Neben dieser bürgerlichen Öffentlichkeit gab es aber
immer auch die von ihr unterschiedenen Öffentlichkeitssphären
von Politik, Wirtschaft, Wissenschaft, Kunst oder Religion. Im
Gefolge der Unterscheidung zwischen Staat und Gesellschaft im
19. Jahrhundert haben sich die Momente der *öffentlichen Meinung* und der *politischen Kontrolle* zunehmend verselbständigt,
so dass heute nicht nur zwischen politischer und zivilgesellschaftlicher Öffentlichkeit unterschieden werden muss[141], sondern auch das Verhältnis beider zu den Öffentlichkeitssphären
von Wirtschaft, Wissenschaft, Kunst, Kultur, Religion usf. klä-

rungsbedürftig ist. Und nach wie vor gilt all das als öffentlich, was von anderen, nicht beteiligten Dritten wahrgenommen und beobachtet werden kann. Öffentlichkeit in diesem Sinn heißt, dass etwas vor den Augen anderer – irgendwelcher anderer – stattfinden kann oder soll.

2 Öffentlichkeitsgeneralisierung

Dieser formale Öffentlichkeitsbegriff reicht weit über die klassische Sphäre der bürgerlichen Öffentlichkeit hinaus. Doch mit dem Bezug auf irgendwelche nicht näher qualifizierte Beobachter wird der Öffentlichkeitsbegriff nicht nur generalisiert, sondern zugleich auch politisch entwertet. War öffentliche Meinung ursprünglich qualifizierte Meinung, insofern unterstellt wurde, daß die Öffentlichkeit gebildet[142] und dementsprechend die »in öffentlicher Diskussion erreichte Übereinstimmung vieler automatisch Garant einer höheren Rationalität ihrer Entscheidungen ist«[143], so ist sie jetzt nur noch die Meinung irgendwelcher unbeteiligter Dritter, bei denen eine solche Unterstellung keineswegs gerechtfertigt erscheint, weil ihre Meinung kein sachkundiges Resultat diskursiver Prozesse ist.[144] Unter Bedingungen von Massendemokratie, Massenmedien und weltweiter digitaler Kommunikation in elektronischen Medien hat das weitreichende Folgen.[145] An die Stelle des Ideals einer sachkundigen Öffentlichkeit mündiger Bürger treten #-communities Gleichgesinnter, in denen Emotionen, Gewissheiten und Betroffenheiten eine wichtigere Rolle spielen als Argumente und das Abwägen von Gründen.

Das beschleunigt die Prozesse, durch die sich die politische Realität der Demokratie von den Idealen einer deliberativen Demokratie emanzipiert. Nicht mehr die Volksversammlung auf dem Marktplatz, sondern die Mitgliederversammlung des Vereins wird zum maßgeblichen Öffentlichkeitsmodell. Öffentlichkeit ist nicht mehr der allen zugängliche Raum, in dem gegenteilige Ansichten argumentativ miteinander ringen, sondern ein milieuspezifischer Ort, an dem sich Gleichgesinnte gegenseitig in ihren Ansichten bestärken. War der Marktplatz der Ort, wo sich jeder in Frage stellen lassen musste und sich darin alle gleich waren, sind die #-Gruppen und Netzwerke der Social Media ein Echoraum gegenseitiger Bestätigung, in dem sich Gruppenidentitäten durch gemeinsame Abgrenzung von anderen ausbilden.

Habermas sieht das Problem[146] und sucht es dadurch zu lösen, dass er die Momente der rationalen Argumentation und der politisch-demokratischen Kontrolle generalisiert und in einen formalisierten Öffentlichkeitsbegriff einzuzeichnen sucht. Für jedes Individuum soll gelten, was für die bürgerliche Öffentlichkeit galt: dass alles und nur das gültig ist, dem »alle möglicherweise Betroffenen als Teilnehmer an rationalen Diskursen zustimmen könnten.«[147] Öffentlichkeit wird so als der soziale Raum der Verantwortung verstanden, an dem alle (qua Bürger oder eben schon qua Menchen) lebensweltlich partizipieren, insofern sie eine natürliche Sprache und damit auch die Regeln einer gemeinsamen Kommunikationspraxis ausreichend beherrschen.[148] Wer verständigungsorientiert spricht, konstituiert Öffentlichkeit, weil er darauf setzt, von anderen verstanden zu werden. Ohne Verstehen gibt es kein Zustimmen, wer Zustimmung will, muß seine Meinung verständlich vertreten, und das, so scheint Habermas zu folgern, heißt sie so zu vertreten, daß ihr jeder rational Denkende zustimmen könnte. Nur das kann ihm zufolge öffentliche Geltung beanspruchen, was unabhängig von allen traditionalen, sozialen, politischen, religiösen oder sonstigen Beschränkungen für alle sprechenden Individuen gleichermaßen gilt, weil es sich aus beliebiger Beobachterperspektive rational rechtfertigen lässt – dem also alle möglicherweise Betroffenen als Teilnehmer an rationalen Diskursen zustimmen könnten.

Diese Argumentation privilegiert ein bestimmtes Öffentlichkeitskonzept, das fiktionale Züge hat. Das Konstrukt eines sozialen Raums öffentlicher Verantwortung, der aufgrund der universal geltenden Diskursregeln des gemeinsamen Sprachgebrauchs allen, die mitsprechen können und wollen, zugänglich ist, leidet nicht nur an Unklarheiten im Hinblick auf das Verhältnis von Verstehen und Zustimmen, Verständnis und Einverständnis.[149] Die so charakterisierte Öffentlichkeit ist eine soziale Fiktion. Sie beschreibt nicht, was ist, sondern was sein könnte und sollte. Habermas ist sich dessen bewusst. Er vertritt dieses Öffentlichkeitskonzept daher nicht in deskriptivem, sondern in normativem Sinn als etwas, das sein soll, weil es in einer deliberativen Demokratie unverzichtbar sei.[150]

Doch die Entwicklung des Öffentlichkeitsverständnisses in der Neuzeit ist keineswegs einlinig oder zielgerichtet auf diese normative Fiktion hin verlaufen. Von Anfang an gab es verschiedene Horizonte von Öffentlichkeit, die sich in unterscheidbarer Weise ausprägten, ausdifferenzierten und fortsetzten. Von Anfang an gab es aber auch die Tendenz zur Dominanz einer Art von Öffentlichkeit über die anderen mit der Folge, dass nur oder vor allem das als öffentlich gelten soll, was sie darunter versteht. Die für die gesamte Epoche der Neuzeit, Moderne und Spätmoderne charakteristische Dynamik der Öffentlichkeitserweiterung, die auffällige Tendenz, dass jede erreichte Öffentlichkeit aus sich heraus die Bestrebung nach Erweiterung und Vertiefung von Öffentlichkeit freisetzt, ist deshalb nicht nur als eine Gewinngeschichte zu bilanzieren. Öffentlichkeitserweiterung kann sehr verschieden geschehen und nicht jede Weise ist gleich akzeptabel. Es ist eines, auf die Ausweitung eines Öffentlichkeitshorizontes über alle anderen zu setzen, ein anderes, die Pluralisierung unterschiedlicher Öffentlichkeitshorizonte zu fördern. Das erste führt zur Dominanz einer Modell-Öffentlichkeit über alle anderen, wie es für eine bestimmte Tendenz der Moderne charakteristisch ist, das zweite zu einem Netzwerk-Modell von Öffentlichkeiten, das die spätmoderne Korrektur dieser Tendenz ist. Beide Modelle haben typische Stärken und Gefahren.

3 Vom Marktplatz zum Kaffeehaus

Seit der Antike war in der Gegenüberstellung von πόλις und οἶκος, Staat und Haus der *Marktplatz* der exemplarische lebensweltliche Ort der Öffentlichkeit. Wo Menschen unter den Augen von Dritten miteinander kommunizieren, herrscht Öffentlichkeit, und das gilt exemplarisch für den Markt. Fünf Momente sind für dieses lebensweltliche Marktplatz-Modell der Öffentlichkeit charakteristisch:

(1) Der Marktplatz lebt von der Anwesenheit von Menschen. Er ist der konkrete Schauplatz, auf dem anwesende Menschen miteinander interagieren und sich dabei wechselseitig beobachten. Physische Präsenz, Interaktion und Beobachtung eines anwesenden Publikums definieren den öffentlichen Raum des Marktplatzes.

(2) Der Marktplatz ist Ort der Öffentlichkeit nur, weil und insofern er zugleich auch Ort anderer Aktivitäten ist: von Handel, politischen Entscheidungen und – nicht nur im sokratischen Athen – alltäglichen Bildungsprozessen. Ökonomische, politische und lebensweltliche Vollzüge verschiedenster Art bilden den Rahmen und die Grundlage der Marktöffentlichkeit. Ohne sie gäbe es keine Öffentlichkeit. Diese ist weder eigenständig noch aus sich selbst begründbar, sondern eine Epifunktion dieser Praxisvollzüge: Ort der Öffentlichkeit ist der Marktplatz, weil er Ort öffentlichen Handeltreibens, Entscheidens, Lernens und Lebens ist.

(3) Auf dem Marktplatz kann jeder über alles reden, was für die Ohren Dritter nicht verborgen bleiben soll, und jeder kann sich daran beteiligen. Der Markt ist der Umschlagplatz aller Arten von Informationen, und alle, Bürger und Fremde, Einheimische und Durchreisende können sich einmischen.

(4) Der Marktplatz ist andererseits auch der ›common ground‹, der soziale Raum gemeinsamer Verantwortung, wo Bürger sich versammeln und als Beteiligte und Betroffene über die sie bewegenden Fragen und Themen verhandeln und gemeinsame Entscheidungen fällen.

(5) Schließlich ist der Markt eben deshalb immer auch der Ort gewesen, wo politische Macht demonstriert und Recht und Ordnung öffentlich exekutiert wurden, wo Gericht gehalten wird, Soldaten antreten und sich die wehrfähige Bevölkerung versammelt.

Im Marktplatz-Modell sind also verschiedene Tendenzen angelegt, die sich zu unterschiedlichen Konzepten von Öffentlichkeit entwickeln lassen: der *konkreten Öffentlichkeit* überschaubarer Gesinnungsgruppen, der *Konkurrenzöffentlichkeit* des Tausch- und Warenhandels, der *repräsentativen Öffentlichkeit* öffentlicher Machtdarstellung, der *bürgerlichen Öffentlichkeit* gemeinsamer Verantwortung für das politische und soziale Ganze, der unbeschränkten *Meinungsöffentlichkeit und Meinungsfreiheit*. Diese können nicht nur in Konkurrenz zueinander treten, indem Gemeinschaftsbindung gegen Verantwortung für das Ganze, ökonomischer Erfolg gegen Gemeinsinn, Machtrepräsentation gegen Meinungsfreiheit, politisches Engagement gegen Sachkompetenz usf. ausgespielt werden. Jede einzelne dieser Tendenzen beinhaltet auch für sich genommen die Möglichkeit und Neigung zu ihrer eigenen Perversion: Der Marktplatz kann zum Ort der Verteidigung lokaler Lebensformen und Privilegien entarten, zum Gesprächskreis der Gleichgesinnten; oder zum bloßen Ort profitorientierten wirtschaftlichen Handelns, zum Umschlagplatz für Güter und

Geld; oder zum Ort blanker Machtausübung, zum Aufmarsch-
platz von Truppen und Polizei; oder zum Ort bornierter Selbst-
abgrenzung gegen alles Fremde und kollektiver Unterordnung
des Gemeinsamen unter die Interessen weniger; oder zum Ort
von Klatsch und beliebigem Gerede, an dem mehr über Dritte als mit ihnen gesprochen wird und Meinungen nach ihrem
Unterhaltungswert und nicht nach ihrem Informationsgehalt
bewertet werden.

Das lebensweltliche Marktplatz-Modell der Öffentlichkeit
ist also in verschiedener Hinsicht ambivalent, und eben deshalb systematischer Ausgangspunkt höchst unterschiedlicher
Entwicklungen: der traditionelle Liberalismus kann sich ebenso darauf berufen wie der Kommunitarismus, die Repräsentati-
onsformen nicht nur totalitärer Staatsideologien ebenso wie die
global agierenden Wirtschaftsunternehmen oder die Medien.

Auch das Konzept der bürgerlichen Öffentlichkeit, das
Habermas skizziert hat, ist nicht einfach eine Fortschreibung
des Marktplatz-Modells in all seinen Zügen, sondern eine charakteristische Zuspitzung desselben, die bestimmte Tendenzen
hervorhebt und andere zurückdrängt. So wird die Öffentlichkeit des Marktplatz-Modells als Epifunktion der ökonomischen
Basisvollzüge aufgenommen, gegenüber seinen möglichen Per-
versionen aber dadurch zu schützen gesucht, dass die Marktöffentlichkeit in bestimmter Weise normiert, eine bestimmte Art
von Öffentlichkeit damit privilegiert und der Zugang zu ihr in
bestimmter Weise reguliert wird. Knapp und formelhaft gesagt:
Das von Habermas skizzierte Konzept der bürgerlichen Öffentlichkeit ist das Resultat der Kombination von Marktplatz und
Kaffeehaus, die Fortbestimmung der Marktöffentlichkeit nach
Art der öffentlichen Debattierkultur des Kaffeehauses: Alle, die
es sich wirtschaftlich leisten können, sollen ohne Ansehen von
Namen, Rang und Status freien Zugang zu dieser Öffentlichkeit
haben, und die Kommunikation in ihr soll allein durch den frei-
en Austausch von Argumenten nach Art eines gebildeten Lese-

publikums geprägt sein. Die bürgerliche Öffentlichkeit wird so als Ort des freien Diskurses freier Bildungsbürger über frei gewählte Themen verstanden – mit allen Folgen, die aus diesem Öffentlichkeitsideal für die Heranbildung einer gebildeten, freien, selbständigen, wirtschaftlich gesicherten und gemeinschaftsengagierten Bürgerschicht gezogen wurden.

Doch die in diesem Konzept angelegten Spannungen sind unübersehbar. Spätestens unter Bedingungen der modernen Massengesellschaft, der Massenmedien und der Social Media Kultur lassen sie sich auch nicht mehr ignorieren: Wo alle über alles mit allen möglichen Mitteln kommunizieren können, bricht die intendierte Normierung der Marktöffentlichkeit durch die Regeln des Gebildetendiskurses unter Anwesenden zusammen, wird Öffentlichkeit zur »Phantom-Öffentlichkeit« (Walter Lippmann), weil keine konkrete Interaktion und Kommunikation mehr stattfinden kann bzw. sich in privaten Blasen mit oft Tausenden von Followers verlagern. Damit aber fallen Grundvollzüge aus, von denen eine partizipatorische und deliberative Demokratie lebt.[151] Ist das Öffentlichkeitskonzept erst einmal so entschränkt, dass eine Öffentlichkeit um so öffentlicher ist, je größer das Publikum ist, das sich an ihr beteiligt, kann Beteiligung nicht mehr an einen Mindeststandard von wirtschaftlicher Unabhängigkeit, Bildung und Sachkompetenz gebunden werden, können Bildungsprozesse zur Heranbildung kompetenter Diskursteilnehmer nicht mehr Schritt halten[152], lässt sich die Beteiligung an den Kommunikationsprozessen nicht mehr unmittelbar mit dem Engagement für die Gemeinschaft verbinden[153] und tritt die Bedeutung der Medien und der medialen Selektion von Themen und Darstellungsweisen gegenüber den Sachfragen immer stärker in den Vordergrund. Kommunikation findet nicht mehr unter Gebildeten, sondern vorzugsweise unter Betroffenen statt, sie wird anonym zwischen Abwesenden geführt, Argumente werden durch die evokative Emotionalität von Bildern verdrängt und eine massenmedial geprägte Öffentlichkeit orientiert sich im Blick auf Themen und ihre Behandlungsart zunehmend an der Aufnahmewilligkeit und Verständnisfähigkeit eines anonymen Publikums und nicht an den Anforderungen der Sachprobleme.

4 Diskursöffentlichkeit

Trotz dieser Schwierigkeiten hat Habermas in seinem Diskursmodell der Öffentlichkeit an den Grundlinien dieses Konzeptes festgehalten. Für ihn ist die Öffentlichkeit nach wie vor ein Kommunikationsraum, der am Modell der bürgerlichen Öffentlichkeit orientiert bleibt, die für alle Akteure, Meinungen und Themen offen ist: ein Marktplatz der Meinungen und Argumente, auch wenn dieser von der konkreten Gegenwart eines anwesenden Publikums auf die »medienvermittelte virtuelle Gegenwart von verstreuten Lesern, Zuhörern oder Zuschauern« hin ausgedehnt wird.[154] Die Kommunikation auf diesem öffentlichen Marktplatz steht unter vier (kontrafaktischen) Voraussetzungen:

Alle Partizipanten haben prinzipiell das gleiche Recht und die gleiche Möglichkeit, »sich in der Öffentlichkeit zu äußern und Gehör zu finden«.

Kein Thema und kein Beitrag ist a priori ausgeschlossen, und alle können vom Publikum »kompetent und sachlich angemessen« behandelt werden.

Die »Auseinandersetzung über Problemdefinitionen und Lösungsvorschläge werden mit Argumenten ausgetragen, die Anspruch auf eine kollektive Akzeptanz erheben, welche auf geteilter, zwanglos erzielter Überzeugung beruht«.

Durch den argumentativen Diskurs in der Öffentlichkeit erhöht sich die Wahrscheinlichkeit, dass »es zu einer Einigung auf Entscheidungen kommt, die zugleich freiwillig und vernünftig ist«.[155]

Die Idealisierungen dieses Konzepts springen in die Augen, und Habermas ist sich bewusst, dass er eine soziale Fiktion umreißt. Aber eben dieser Fiktion wird regulative oder kritisch-heuristische Funktion für die Bestimmung und Gestaltung demokratischer Öffentlichkeit zugeschrieben[156]: der normative »Diskursbegriff der Demokratie«[157] wird bei Habermas zum Ideal öffentlicher Kommunikation überhaupt. Öffentlichkeit, die diesen Namen verdient, gibt es nur dort, wo die »diskursive Einlösung von normativen Geltungsansprüchen« in einer »öffentlichen Argumentationspraxis« zwischen allen »möglicherweise Betroffenen« gewährleistet ist.[158] Das heißt nicht, dass nur diejenigen Ansichten öffentlich vertreten werden können, denen jeder rational Denkende zustimmen kann. Aber öffentliche Geltung können nur die beanspruchen, für die das gilt.

Doch die Schwierigkeiten dieses Konzeptes sind unübersehbar.[159] Zum einen operiert dieses Öffentlichkeitsmodell mit der kontrafaktischen Unterstellung, dass es für jedes Thema einen universalen Konsens aller möglicherweise Betroffenen geben könnte. Diese Unterstellung ist selbst als regulative Idee unrealistisch und wird in jedem konkreten, entscheidungsrelevanten öffentlichen Diskurs falsifiziert. Das gilt nicht nur für die konsensorientierten, sondern auch die verfahrensorientierten Versionen dieses Modells. Wird Öffentlichkeit durch *offene Einsehbarkeit des Verfahrens, unbeschränkte Kommunikation* und *freie Billigung aller Beteiligten* definiert und damit die Gleichheit der Teilnehmer, die Unbegrenztheit der Themen, die Unabgeschossenheit des Publikums und die alleinige Anerkennung des besseren Arguments unterstellt, dann wird von idealisierenden Voraussetzungen ausgegangen, die sich in jeder konkreten Kommunikation als Illusion entlarven.

Zum anderen gewinnt Habermas seinen Öffentlichkeitsbegriff über einen problematischen Prozess der »Öffentlichkeitsgeneralisierung«.[160] Er geht von der konkreten Kommunikation zwischen einigen Anwesenden aus und dehnt diese am Leitfaden der herauskristallisierten Diskursuniversalien über die Kommunikation zwischen allen Anwesenden und allen virtuell Anwesenden auf alle potentiell Anwesenden aus. Doch diese »Öffentlichkeitsgeneralisierung« führt auf keinen universalen Horizont von Öffentlichkeit, sondern zu deren Auflösung: *Die Menschheit, alle Menschen* oder *alle Mitglieder unseres politischen Gemeinwesens* sind keine realistischen Kommunikationspartner, und dementsprechend bilden sie auch keine konkrete (moralische oder ethisch-politische), sondern allenfalls eine virtuelle Öffentlichkeit.[161]

Zum dritten wird im Zuge der »Öffentlichkeitsgeneralisierung« der ursprüngliche Ansatz beim »Aspekt verständnisorientierten Handelns« marginalisiert und nur noch auf die »Funktionen« und semantischen »Inhalte« von Kommunikation geachtet, was Habermas ursprünglich doch ausdrücklich als verkürzende Sichtweise überwinden wollte.[162] Doch ein anonymer Austausch von Ansichten und Meinungen über beliebige Themen in einer virtuellen Internetwelt hat mit der verantwortungs- und verpflichtungsbezogenen Kommunikation der bürgerlichen Öffentlichkeit nichts mehr zu tun: Wo niemand mehr für irgendetwas einstehen muss, was gesagt wird, wo jedes Thema und jede Meinung von gleicher Bedeutung oder Bedeutungslosigkeit ist, ist die Pointe *öffentlicher* Meinungsbildung: die Korrektur, Fortbildung und Verbesserung von Ansichten durch die argumentative Auseinandersetzung mit anderen unter den kritischen Augen von Dritten, ebenso verloren gegangen wie die Pointe *diskursiver Kommunikation*: dass man Verpflichtungen übernimmt mit dem, was man sagt.[163]

Die Aporie dieses Verfahrens zeigt sich auch an dem demokratiepolitischen Dilemma, in das dieses formalisierte Öffentlichkeitsverständnis führt: Die Funktion demokratischer Öffentlichkeit hängt an der Qualität der Beiträge zum öffentlichen

Diskurs, nicht allein am Faktum seines Vollzugs, an der Zahl der Teilnehmer und der unbeschränkten Vielfalt seiner Themen. Doch – das zeigte schon Habermas' Studie zum Strukturwandel der Öffentlichkeit – je mehr Menschen in Massengesellschaften am öffentlichen Diskurs partizipieren, desto dürftiger wird dessen Qualität. Wer alle Ohren erreichen will, scheint früher oder später nur noch Rauschen zu erzeugen. Die Momente der rationalen, kritischen Debatte und der Teilnahme möglichst vieler scheinen unvereinbar: Wird Sachorientiertheit und qualifizierte Rationalität in den Vordergrund gerückt, dann scheint die komplexe Vielfalt von Differenzen und Andersheiten in einer Gesellschaft nicht hinreichend gewürdigt werden zu können und es kommt tendenziell dazu, Identität auf Kosten von Differenzen oder Eliten auf Kosten von Nichteliten zu betonen. Wird dagegen die Zahl der Teilnehmer am öffentlichen Diskurs zum Kriterium der Öffentlichkeit erhoben, dann scheint die Qualität und Rationalität des Diskurses leiden zu müssen, werden Diskurse zunehmend banalisiert und es kommt tendenziell zur Auflösung der Sach- und Wahrheitsbindung argumentativer Diskurse. Was zählt, ist die richtige Gesinnung und die Zugehörigkeit zur richtigen Gruppe, nicht die Bemühung um eine differenzierte Bestimmung der Probleme, das Abwägen von Gründen und der zwanglose Zwang des besseren Arguments. Die Debatte um *fake news* in den Trump-Jahren und *diversity, wokeness* und Rassismus in der Gegenwart ist daher kein Zufall, sondern war zu erwarten.

5 Zivilgesellschaftliche Teilöffentlichkeiten

Habermas versucht, das Problem durch eine zweifache Operation zu lösen. Auf der einen Seite ersetzt er die einheitliche Sphäre des rationalen Diskurses der bürgerlichen Gesellschaft durch viele »problemlösende Diskurse« bzw. eine Vielzahl von egalitären und offenen »diskursiven Designs« der Zivilgesellschaft, die einer großen Zahl die Teilnahme an unterschiedlichen Diskursprojekten erlauben.[164] Auf der anderen Seite versteht er dies nicht als Ausdifferenzierung unterschiedlicher Öffentlichkeiten, sondern als interne Ausgestaltung *der* Öffentlichkeit in eine Vielfalt zivilgesellschaftlicher »Teilöffentlichkeiten«.[165] Diese begreift er als »ein hochkomplexes Netzwerk«, das sich »in eine Vielzahl von überlappenden internationalen, nationalen, regionalen, kommunalen, subkulturellen Arenen« von unterschiedlicher Thematik, Spezialisierung, Dichte, Reichweite und Abstraktion verzweigt und das insgesamt »zwischen dem politischen System einerseits, den privaten Sektoren der Lebenswelt und funktional spezifizierten Handlungssystem andererseits vermittelt«.[166] Diese vielfältigen »Teilöffentlichkeiten« sind alle umgangssprachlich konstituiert und damit »porös füreinander«.[167]

An diesem Versuch, das Modell bürgerlicher Öffentlichkeit an die veränderte gesellschaftliche Situation anzupassen, sind vor allem zwei Aspekte folgenreich. Zum einen steht Habermas' Charakterisierung der »Teilöffentlichkeiten« der Zivilgesellschaft in Gefahr, nicht mehr zu sagen, als *dass* in all diesen Bereichen sprachlich *kommuniziert wird* – das diskursive Moment *sach- und problembezogener Argumentation im Horizont universaler Verbindlichkeit* droht verloren zu gehen. *Diskurse* können diese alltagssprachlichen Handlungszusammenhänge nur noch uneigentlich genannt werden.[168] Der Öffentlichkeitscharakter dieser »Teilöffentlichkeiten« scheint allein darin zu bestehen, dass miteinander geredet wird, nicht, dass ein kompetentes Publikum einen kritischen Sachdiskurs führt und zu begründeten Urteilen kommt, die auch denen gegenüber vertreten werden können, die anderer Ansicht sind.

Zum andern bestimmt Habermas die zivilgesellschaftlichen ›Diskurse‹ so, dass sie nur »Teilöffentlichkeiten« erzeugen, während allein die politische Öffentlichkeit eine gesamtgesellschaftliche Öffentlichkeit darstellt. »Die Zivilgesellschaft setzt sich aus jenen mehr oder weniger spontan entstandenen Vereinigungen, Organisationen und Bewegungen zusammen, welche die Resonanz, die die gesellschaftlichen Problemlagen in den privaten Lebensbereichen finden, aufnehmen, kondensieren und lautverstärkend an die politische Öffentlichkeit weiterleiten«.[169] Nur als »*Staatsbürger*« und damit »als [...] Träger der politischen Öffentlichkeit« agieren Menschen wirklich öffentlich, in der Zivilgesellschaft handeln sie als »*Gesellschaftsbürger*« nur teilöffentlich.[170]

Trotz der bekannten Probleme und Gegenargumente[171] hält Habermas im Hinblick auf die politische Öffentlichkeit am Aufklärungsvorurteil von der Mündigkeit des Publikums fest. Doch das Publikum in Massengesellschaften besteht nicht aus selbstbestimmten Subjekten, sondern Konsumenten, die nicht durch Argumente, sondern Emotionen mobilisiert werden.[172] Nur so kann man Menschen dazu bringen, freiwillig das zu tun, was andere von ihnen wollen. Der globale Konsumkapitalismus richtet seine Marketingkampagnen darauf aus, die Emotionen von Konsumenten so anzusprechen, dass sie auch dort, wo sie fremdbestimmt werden, der Meinung sind, sich selbst entschieden zu haben. Kommunikationsstrategien dieser Art verändern die Parameter aller öffentlichen Kommunikation. Menschen werden nicht als vernünftige Subjekte angesprochen, sondern über die emotionale Erregung ihrer Identitäten erreicht, die sie sich selbst zuschreiben oder die ihnen zugeschrieben werden. Es geht nicht um den Austausch von Argumenten, um zu haltbarem Wissen zu gelangen, sondern um die Zustimmung zu

Gewissheiten, die man sich von niemand in Frage stellen lässt. »Expertentum gehört nicht zu den Teilnahmebedingungen des Publikums«.[173] Öffentliche Debatten folgen »eher den Gesetzen der Rhetorik als denen der Logik« und der Sachkompetenz.[174] Das Ziel ist nicht, selbst zu denken, sondern gleich zu fühlen. Der öffentliche Gebrauch der Vernunft ist in einer Krise, und auch die Politik setzt eher auf den Appell an Emotionen als auf die Überzeugungskraft von Argumenten.[175]

Dass die Betonung der Mündigkeit und Vernünftigkeit der Menschen in die Irre führt, wenn sie nicht als Zielbestimmung, sondern als Zustandsbeschreibung verstanden wird, ist Habermas bewusst.[176] Das Aufklärungsmythologem von der Mündigkeit der säkularen Vernunft war immer schon zu optimistisch. Es heute noch zu vertreten, kommt einer Selbsttäuschung gleich. Die Welt ist anders, als gedacht wird, die Wirklichkeit dunkler, die Vernunft dürftiger. Menschen sind krummes Holz, wie Kant sagte, und ein Konzept der Demokratie, das davon absieht und sich die Menschen so entwirft, wie man sie gerne hätte, ist wirklichkeitsfremd. Menschen haben allen Grund, sich selbst zu misstrauen. Gerade deshalb sollten sie Demokraten sein. Denn Demokratie ist diejenige Form politischer Herrschaft, in der das Volk seine Fragwürdigkeiten nicht vertuscht, sondern sein Misstrauen gegen sich selbst in der Form seiner Herrschaft über sich selbst zum Ausdruck bringt – in der Gewaltenteilung, in der Zeitbegrenzung der politischen Ämter, in der Vorsorge für die geordnete Abwahl der Regierungen. Wer Macht ausübt, ist gefährdet, vor allem durch sich selbst.

Doch nicht nur als faktische Zustandsbeschreibung, sondern selbst als normative Zielbestimmung ist öffentliche Vernunft inzwischen fraglich geworden. Das normative Konzept von Öffentlichkeit, das Habermas aus »den symmetrischen Anerkennungsverhältnissen kommunikativ strukturierter Lebensformen« gewinnen zu können glaubt[177], ist weiter denn je von der Realität entfernt. Es gibt kein gemeinsames Forum der

Vernunft, vor dem sich alle, die verständigungsorientiert sprechen können, verantworten könnten oder müssten. Es gibt nur sehr viele verschiedene Öffentlichkeiten, die durch Kommunikationsprozesse höchst unterschiedlicher Art und keineswegs nur durch Diskurse konstituiert sind. Gibt es aber kein Forum öffentlicher Vernunft für alle, dann wird die Aufforderung zur Verantwortung vor der Öffentlichkeit zur Leerformel, die sich leicht missbrauchen lässt.

6 Öffentlichkeitspluralisierung

Das von Habermas vorgeschlagene Konzept einer politischen Gesamtöffentlichkeit und ihrer zivilgesellschaftlichen Teilöffentlichkeiten hat ernsthafte Mängel. Es resultiert aus der Generalisierung der politischen Öffentlichkeit und ihrer universalistischen Grundlage, dem egalitären Selbstverständnis der Moderne, zum normativen Muster von Öffentlichkeit in allen gesellschaftlichen Bereichen. Überall soll eine solche Öffentlichkeit hergestellt werden, in der es für jeden Geltungsanspruch einen universalen Konsens aller möglicherweise Betroffenen geben kann. Doch diese normative Generalisierung politischer Öffentlichkeit führt zu einer problematischen Dominanz politischer Öffentlichkeit über alle anderen Öffentlichkeitsbereiche der Zivilgesellschaft, die eine vierfache Gefahr in sich birgt.

Zum einen werden nach Maßgabe der Leitdifferenz Politik/ Zivilgesellschaft alle Öffentlichkeitsformen und -prozesse des sog. dritten Sektors neben Staat, Recht und Wirtschaft undifferenziert der Zivilgesellschaft zugeschrieben, ohne dass zwischen ihnen genauer unterschieden würde. Die Zivilgesellschaft wird damit zu einem unstrukturierten Sammelsurium kontingenter Teilöffentlichkeiten, von Kneipenbesuchen und Kaffeehaustreffen bis zu Kirchentagen, Theateraufführungen, Elternabenden und Parteiversammlungen.[178]

Zum andern versteht Habermas alle zivilgesellschaftlichen Teilöffentlichkeiten immer nur in ihrer Scharnierfunktion für die politische Öffentlichkeit: Sie sollen »die gesellschaftlichen Problemlagen in den privaten Lebensbereichen finden, auf-nehmen, kondensieren und lautverstärkend an die politische Öffentlichkeit weiterleiten«.[179] Zivilgesellschaftliche Öffentlich-keiten werden damit nicht in ihrer Eigenart gewürdigt, sondern aus politischer Perspektive betrachtet und auf ihre Funktion für das politische System reduziert.

Zum dritten steht die hierarchisierende Überordnung poli-tischer Öffentlichkeit über die anderen Öffentlichkeiten stets in Gefahr, in totalitäre Dominanz des Politischen über das Gesell-schaftliche umzuschlagen, also zu einer politischen Homoge-nisierung der zivilgesellschaftlichen Öffentlichkeitsvielfalt zu führen. Habermas sieht und beschreibt das Problem – aber nur im Fall »totalitärer staatssozialistischer Gesellschaften«.[180] Dass es auch eine Art von totalitärem Liberalismus gibt, eine Mono-polbildung politischer Macht und Meinungsmacht auch in demokratischen Gesellschaften, ein Umschlagen emanzipatori-scher Bewegungen in einen staatlichen Säkularismus[181] und eine Öffentlichkeitsideologie, die unter der Fahne des Einsatzes für Diversitätsgerechtigkeit auf kulturelle Homogenisierung zielt und nicht auf Differenziertheit, Vielfalt und Komplexität ver-schiedener Öffentlichkeitssphären, ist in der Debatte zwischen politischem Liberalismus und liberalem Kommunitarismus deutlich geworden.[182] Wo alle Fragen nach den Verfahrenswei-sen und Kriterien der zur Norm erhobenen politischen Öffent-lichkeit behandelt werden, werden Sachfragen anderer Bereiche nach sachfremden Kriterien und mit unpassenden Verfahren zu entscheiden gesucht. Hier wirkt in gesellschaftlichem Hori-zont ungebremst der Universalismus des neuzeitlichen Rationa-lismus nach, der meint, man müsse möglichst alle Phänomene unter eine Regel bringen, erst dann habe man sie verstanden. Doch das führt zum Überspielen der Unterschiede zwischen verschiedenen Arten von Öffentlichkeit und damit zum Verlust der Urteilsfähigkeit, was in welcher Öffentlichkeit verhandlungsfähig und verhandlungswürdig ist. Ohne Zweifel haben die Meinungsbildungs- und Entscheidungsverfahren der politischen Öffentlichkeit grundlegende Bedeutung für demokratische Gemeinwesen. Aber das heißt nicht, dass alle Öffentlichkeiten nach politischen Prinzipien und Verfahrensweisen gestaltet werden müssten. In der Demokratie geht es um Mehrheit, nicht um Wahrheit, in der Wissenschaft um Erkenntnis, nicht um Moral, in der Moral um Sollen, nicht um Wohlfühlen, im Recht um Gerechtigkeit, nicht um Heil, in der Politik um Macht, nicht um Moral oder Wahrheit, in der Religion um Lebenswahrheit, nicht um Politik.[183] Gegen die Dominanz der politischen Öffentlichkeit und ihre Homogenisierungstendenzen ist die demokratische Kultur einer Zivilgesellschaft zu betonen, die Demokratie nicht mit politischer Öffentlichkeit und den egalitären Partizipationsformen und Entscheidungsverfahren des politischen Systems identifiziert, sondern sich auf die Kunst der Unterscheidung irreduzibel verschiedener Öffentlichkeitsbereiche mit ihren je eigentümlichen Prinzipien versteht.[184] Es geht um Öffentlichkeitspluralisierung, nicht Öffentlichkeitsgeneralisierung.

Das gilt um so mehr, als die einseitige Homogenisierung von Öffentlichkeit durch die normierende Gleichsetzung politischer Öffentlichkeit mit Öffentlichkeit überhaupt nicht nur totalitäre Tendenzen hat, sondern auch zur Aufhebung distinkter Öffentlichkeit neigt, indem wesentliche Differenzen abgebaut werden. Schon lange wird in den Sozialen Medien, aber nicht nur da, der für die politische Öffentlichkeit basale Unterschied zwischen Privatem und Öffentlichem gezielt aufgelöst. Das ist kein zufälliges Phänomen der amerikanischen Mediendemokratie, sondern eine kaum zu verhindernde Folge der Absolutsetzung politischer Öffentlichkeit. Mit gutem Grund schützen basale Rechtsvorschriften in demokratischen Gesellschaften die Privatsphäre und den Intimraum von Personen. Denn ohne sie kann es keine funktionsfähigen sozialen Verhältnisse und öffentlichen Räume geben. Sie aus politischen Gründen einzuschränken und abzubauen, heißt der politischen Öffentlichkeit den Boden zu entziehen, auf dem sie steht. Und sie aus Nachlässigkeit zu ignorieren, zeigt die politische Ahnungslosigkeit und/oder Verantwortungslosigkeit, die in den Sozialen Medien anzutreffen ist.

7 Teilöffentlichkeiten, Netzwerke und Blasen

Die politische Öffentlichkeit ist nicht die einzige und nicht die in jeder Hinsicht maßgebliche Form von Öffentlichkeit. Auch Habermas betont die Vielzahl und Vielfalt der Diskurse und Diskursprojekte in der Zivilgesellschaft.[185] Sie alle aber sind für ihn auf die politische Öffentlichkeit hin ausgerichtet und haben damit in ihr einen sie bündelnden gesamtgesellschaftlichen Rahmen.

Doch das ist weder die einzig mögliche noch die naheliegendste Beschreibung kultureller Öffentlichkeitsvielfalt. Wählt man nicht die Perspektive des politischen Systems und der politischen Öffentlichkeit und identifiziert diese mit dem Öffentlichkeitsraum der Gesellschaft insgesamt, dann bilden die kulturellen Öffentlichkeitssphären keine *einheitliche Art gesellschaftlicher Öffentlichkeit* mehr, sondern ein offenes, erweiterungs- und veränderungsfähiges Netzwerk ohne eindeutige Ausrichtung. Sie sind Epiphänomene konkreter Kommunikationspraktiken, die keineswegs alle den Maßstäben des politischen Diskurses folgen. Öffentlichkeiten entstehen durch konkrete Öffentlichkeitsbildung. Es gibt sie nur, insofern sie aktiv generiert werden. Konkret ist immer nur diejenige Öffentlichkeit, in der ein Diskurs aktuell stattfindet, aber nicht jede konkrete Öffentlichkeit ist diskursiv. Öffentlichkeiten werden vielmehr durch Kommunikation unter den Augen von Dritten konstituiert, ob das, was die Teilnehmer untereinander austauschen, nun Gefühle, Gedanken, Informationen, Überzeugungen oder Waren sind. Öffentlichkeiten werden durch konkrete Kommunikation geschaffen, sie werden durch die geprägt, die jeweils an dieser Kommunikation partizipieren, und sie verändern sich mit ihren Teilnehmern und deren Kommunikationsbeiträgen. Öffentlichkeiten haben deshalb eine Geschichte, sie bilden sich aus, entwickeln sich oder verfallen. Jede Gesellschaft sucht denjenigen Öffentlichkeiten eine stabilere institutionelle Form zu geben, die für das Überleben und die Lebensgestaltung ihrer Mitglieder von besonderer Bedeutung sind. Gesellschaften sind daher nicht eine homogene Öffentlichkeit, sondern offene Ensembles von Öffentlichkeiten, die keiner einseitig privilegierten Art von Öffentlichkeit eindeutig unterzuordnen sind.

Die Veränderung der Kommunikationsbedingungen und Kommunikationsformen hat damit aber entscheidenden Einfluss auf die Konstruktion sozialer Öffentlichkeiten. Im Zeitalter der Social Media hat sich die Lage gegenüber dem Ende des vergangenen Jahrhunderts noch einmal einschneidend verändert. Aus der Vielzahl egalitärer ›diskursiver Designs‹ in der Zivilgesellschaft, von der Habermas gesprochen hatte, sind längst Blasen geworden, in denen vorwiegend oder ausschließlich selbstbezüglich und abgeschottet kommuniziert wird. Man redet vorwiegend oder fast nur noch mit denen, die gleiche Einstellungen, gleiche Ziele, gleiche Interessen, gleiche Gewissheiten und gleiche Feindbilder haben. Anstatt kontrovers über gemeinsame Probleme zu diskutieren, diffamiert man die, die unliebsame Ansichten vertreten. Das schafft Wohlgefühl in der

Übereinstimmungsblase der eigenen #-*community*. Aber eine ernsthafte, problembezogene Auseinandersetzung über die Blasengrenzen hinweg, die damit rechnet, dass mit guten Gründen auch eine andere Ansicht vertreten werden kann, gibt es kaum mehr. Aus einer Öffentlichkeitspluralisierung im Horizont der Zivilgesellschaft sind sich wechselseitig gegeneinander isolierende Kommunikationsblasen geworden, die mit der Differenz zwischen öffentlicher und privater Kommunikation nichts mehr anfangen können.

Eine amorphe Vielfalt von Öffentlichkeiten (Netzwerke) oder der Abbau einer allen gemeinsamen Öffentlichkeit zugunsten von Milieublasen sind nicht die einzigen Alternativen zur einseitigen Dominanz einer bestimmten Art von Öffentlichkeit über alle anderen. Könnte es nicht ein Ensemble typischer Öffentlichkeiten geben, ohne die sich ausdifferenzierende Gesellschaften in einem bestimmten Entwicklungsstadium nicht denkbar sind? Dafür plädieren fundamentalanthropologische Ansätze. Oder müsste nicht jeder Mensch nicht nur als Glied der Gesellschaft, sondern vor allem als Glied der Gemeinschaften gesehen werden, zu denen er immer auch gehört? Das ist der Leitgedanke kommunitaristischer Ansätze.

8 Das anthropologisch Unverzichtbare

Eine fundamentalanthropologische Konzeption basaler Öffentlichkeitssphären der Menschen hat in Grundlinien Schleiermacher vorgelegt. Aus fundamentalanthropologischen Überlegungen plädiert er für eine irreduzible Pluralität gesellschaftlicher Kommunikations- und damit auch Öffentlichkeitsbereiche, die nicht beliebig sind, auch wenn sie historisch sehr unterschiedlich ausdifferenziert und sehr verschieden gestaltet werden können: Gesellschaften sind in nicht kontingenter Weise in kontingent gestaltbare Öffentlichkeitssphären strukturiert, in denen jeweils konstitutive, aber nicht aufeinander reduzierbare Leistungsaufgaben im gesellschaftlichen Zusammenleben von Menschen bearbeitet werden.

Schleiermacher kommt zu dieser These, indem er den menschlichen Lebensvollzug auf die Aufgaben hin befragt, die auf die eine oder andere Weise bearbeitet werden müssen, damit menschliches Leben möglich ist.[186] Es sind vor allem vier solche Grundaufgaben, die er identifiziert, nämlich Erhaltung der leiblichen Existenz, Erwerb von handlungsleitendem Wissen, Regelung des Zusammenlebens mit anderen Menschen und Orientierung an Grundüberzeugungen über das Wesen und die Bestimmung des menschlichen Lebens.[187] Ohne Bearbeitung dieser vier Problembereiche ist menschliches Leben unmöglich. Damit Menschen leben können, muss es sie als physische Lebewesen geben (*animal*); müssen sie handlungsleitendes Wissen über ihre Umwelt und über sich selbst in ihrer Umwelt erwerben können (animal *rationale*); müssen sie ihre Interaktionen geregelt koordinieren können (animal *sociale*); und müssen sie in der Lage sein, verantwortliche und vertretbare Entscheidungen über letzte Handlungs- und Lebensziele zu treffen (animal *religiosum*).

Im familiären Zusammenleben von Menschen werden diese Leistungen ohne funktionale Differenzierung erbracht. In jeder über den Zustand der Familie hinausgehenden Organisation gesellschaftlichen Zusammenlebens aber muss es vier gleichursprüngliche »gesellschaftskonstitutive Leistungsbereiche« oder »Funktionssysteme«[188] geben, in denen sie bearbeitet werden, nämlich die Funktionsbereiche *Wirtschaft*, *Wissenschaft*, *Politik* und *Religion*. Jedem dieser Bereiche korrespondiert eine eigentümliche Öffentlichkeitssphäre mit ihren je eigenen Leitunterscheidungen, Verfahrensweisen und Regeln. Im Horizont jeder gesellschaftlichen Gesamtöffentlichkeit gibt es so vier grundlegende und gleichursprüngliche Öffentlichkeitssphären des wirtschaftlichen Handelns, des politischen Interagierens, des wissenschaftlichen Wissens und des ethisch-religiösen Glaubens. Keine dieser Öffentlichkeitssphären ist die Norm von Öffentlichkeit überhaupt, gesellschaftliche Öffentlichkeit ist vielmehr von vornherein von irreduzibler kultureller Vielfalt.

Man muss Schleiermachers Konzeption nicht im Detail übernehmen, um der These einer irreduziblen kulturellen Vielfalt etwas abgewinnen zu können: Die Frage, welche Grundaufgaben zu bearbeiten sind, damit menschliches Leben möglich ist, muss nicht zwangsläufig nur auf diese vier Interaktions- und Kommunikationsdimensionen und die ihnen entsprechenden Öffentlichkeitssphären führen. Welche Erfordernisse für den Vollzug menschlichen Lebens man für notwendig erachtet, hängt von dem zugrunde gelegten Konzept von Menschsein ab. Und weil das, was Menschen als Menschen auszeichnet und zu Menschen macht, nie nur deskriptiv beantwortet werden kann, sondern normative Entscheidungen darüber impliziert, wie man sich als Mensch unter Menschen verstehen will und soll, werden die Antworten unterschiedlich ausfallen. Menschen sind dadurch ausgezeichnet, dass sie sich zu ihrem eigenen Menschsein entscheiden können und verhalten müssen, und das wird jede fundamentalanthropologische Analyse zu berücksichtigen haben.

Nicht Schleiermachers Vier-Sphären-Konzeption als solche, sondern der ihr zugrunde liegende Denkansatz ist im gegenwärtigen Zusammenhang daher von Interesse. Denn dieser führt zu der Einsicht, dass es eine *Pluralität* gleichursprünglicher Bedingungen gibt, die erfüllt sein müssen, wenn menschliches Leben möglich sein soll, und dass dementsprechend auch menschliche Gesellschaften die regelmäßige Sicherstellung dieser pluralen Grundbedingungen gewährleisten müssen. Gesellschaften sind deshalb nicht nur aus empirisch-soziologischen, sondern auch aus fundamentalanthropologischen Gründen kulturell vielfältig. Jeder Versuch, sie zu homogenisieren, widerspricht nicht nur der empirischen Wirklichkeit, sondern auch der anthropologischen Grundlage menschlichen Zusammenlebens.

Wird diese Vielfalt nicht in ihrer Gleichursprünglichkeit wahrgenommen und gewürdigt, sondern als Konkurrenzsituation zwischen verschiedenen kulturellen Öffentlichkeitssphären konzipiert, kommt es zu Dominanzverhältnissen. Im Horizont von Schleiermachers Konzeption hat E. Herms[189] so »für die hochentwickelten westlichen Gesellschaften eine Verschiebung der Dominanz vom System Religion über das System Politik zum System Ökonomie« verzeichnet.[190] Dominierte in der spätantiken und frühmittelalterlichen Gesellschaft die *Religion*, so verselbständigt sich in der frühen Neuzeit die *Politik* und wird bis zum 19. Jahrhundert zur dominierenden Öffentlichkeitssphäre, während sich in unserem Jahrhundert die *Ökonomie* bestimmend in den Vordergrund schob. Der wichtige Punkt ist, dass die jeweils anderen Sphären dabei nicht zum Verschwinden, sondern in spezifische Abhängigkeiten von der jeweils dominierenden Sphäre gebracht werden. Die religiöse Dominanz des Bildungssystems etwa wird durch dessen politische Abhängigkeit bzw. ökonomische Regulierung abgelöst, und Ähnliches gilt für die anderen Sphären und ihre institutionellen Ausprägungen.

Doch Schleiermachers anthropologischer Ausgangsprämisse zufolge sind all diese Dominanzverhältnisse irreführend, sofern sie eine Differenz in der anthropologischen Bedeutsamkeit der verschiedenen Sphären suggerieren: Jede ist auf ihre Weise und unter ihrer Fragestellung für den gesellschaftlichen Vollzug menschlichen Lebens grundlegend. Nicht die möglichst umfassende Durchsetzung der Strukturen und Verfahren einer Öffentlichkeitssphäre als Norm für alle übrigen ist deshalb die sachgemäße Weise der Öffentlichkeitspluralisierung, sondern die Bemühung, die Eigentümlichkeiten jeder dieser Sphären zu steigern, sie also in der gesellschaftlichen Koordination mit den jeweils anderen immer konkreter auszubilden und auszugestalten.

Wie das aussehen könnte, ist nicht von vornherein und in jedem Fall in der gleichen Weise zu sagen. Die grundlegenden kulturellen Öffentlichkeitssphären einer Gesellschaft sowie die konkrete Gestaltung ihrer Vollzugsformen können in unterschiedlichen Zusammenhängen sehr unterschiedlich ausfallen. Sie spiegeln, wie eine Gesellschaft auf die sie beschäftigenden Probleme reagiert. Kultureller Fortschritt bemisst sich aber nicht an der immer deutlicheren Dominanz einer Öffentlichkeitsform über alle übrigen, sondern an der immer besseren Einsicht sowohl in die Grenzen jeder Sphäre als auch in ihre Angewiesenheit auf die jeweils anderen. Merkmal einer wachsenden Kultur von Öffentlichkeit ist nicht die Dominanz der Politik über die übrigen Sphären oder eine bloße unkoordinierte Vervielfältigung öffentlicher Foren, Medien, Organisationen und Vereinigungen, sondern die bewusste Selbstbegrenzung einer jeden Öffentlichkeitssphäre bei ausdrücklicher Selbstbeziehung auf andere. Gerade die irreduzible Pluralität der Öffentlichkeitssphären ist politisch relevant, nicht ihre Aufhebung in die politische Öffentlichkeit.

In ausdifferenzierten Gesellschaften wird jede Sphäre selbst ein Netzwerk von unterschiedlich dicht vernetzten Interaktionsformen darstellen und sich dem gesellschaftlichen Bedarf und den vorhandenen Organisationsmöglichkeiten entsprechend ausgestalten. Zusammen aber sind sie nicht in die hierarchisch dominierende Form einer Art von Öffentlichkeit eingebunden, sondern stellen ein nichtkontingentes Netz kontingenter Netzwerke dar. Es gibt keine eigenständige Öffentlichkeitsform der Gesamtgesellschaft neben den konkreten Öffentlichkeitssphären von Wirtschaft, Politik, Wissenschaft, Religion, Kultur, Medien usf. Es gibt nur das Netz dieser funktionsspezifischen Öffentlichkeitsnetze, und es gibt keine Gesellschaft ohne ein solches Netz.

Das gilt auch unter Bedingungen der Massenmedien: Es ist nur eine von diesen selbst erzeugte Illusion, das maßgebliche Medium der gesellschaftlichen Gesamtöffentlichkeit zu sein. Wie wenig sie das sind, zeigt sich, wenn man darauf achtet, wo und wie die wirklichen Entscheidungsprozesse in Politik, Wirtschaft, Wissenschaft, Religion usf. ablaufen. Sie sind der Spiegel, in dem sich diese Prozesse spiegeln, und insofern begleiten sie den Vollzug dieser Öffentlichkeiten in Mediengesellschaften, aber sie sind deren Epifunktion.

Menschen agieren nicht ausschließlich in nur einem dieser Öffentlichkeitsbereiche, sondern sind auf die eine oder andere Weise an allen beteiligt. Zwar können individuell Schwerpunkte gesetzt werden, aber die Identität von Individuen ist nie nur durch die Teilnahme an einer, sondern stets durch die – unterschiedlich intensive – Teilnahme an verschiedenen Öffentlichkeitsnetzen einer Gesellschaft konstituiert.

Die Organisationsvielfalt unserer Gesellschaft muss deshalb differenzierter beschrieben werden, als es bei Habermas geschieht. Es ist von erheblichem Gewicht, die vielfältigen Bewegungen, Organisationen und Vereinigungen unserer Gesellschaft nicht alle unter der simplifizierenden Leitdifferenz von Staat und Gesellschaft zu betrachten und alle nicht staatlich institutionalisierten Verfahren zur Willensbildung und politischen Entscheidung undifferenziert einer zivilgesellschaftlichen Öffentlichkeit zuzuschreiben. Es ist vielmehr zu beachten, dass Gesellschaften nicht nur durch eine bunte Vielfalt wechselnder zivilgesellschaftlicher Organisationen geprägt sind, sondern auch – und das ist der Punkt, der von Schleiermacher zu lernen ist – durch notwendige Bearbeitung immer wieder sich stellender fundamentaler Probleme und Aufgaben im Zusammenleben von Menschen.

Im Hinblick auf die vorfindlichen zivilgesellschaftlichen Organisationen ist deshalb präziser zu fragen, welche von ihnen in unserer Gesellschaft die notwendige Leistung einer der grundlegenden Öffentlichkeitssphären erbringen (wie die Kirchen) und welche nur als eine kontingente Ausprägung der Bearbeitung der Aufgaben einer dieser Sphären verstanden werden kann (wie die Gewerkschaften).[191] Beide nur gleichermaßen als zivilgesellschaftliche Organisationen bzw. Vereinigungen zu beschreiben, verfehlt ihre unterschiedliche öffentlichkeitssoziologische Pointe.

9 Konkrete Gemeinschaften

Die bisher betrachteten Ansätze folgen der klassischen europäische Aufklärungstradition, die das ganze Problem in der polaren Spannung zwischen Individuum und Gesellschaft zu verhandeln suchte. Alle Menschen nehmen als besondere Fälle eines Allgemeinen an verschiedenen Öffentlichkeiten teil, auch wenn kein Mensch an all diesen besonderen Öffentlichkeiten partizipiert. Als Individuen aber nehmen alle Menschen an der Gesellschaft teil, in deren Öffentlichkeitssphären alle für die Gemeinschaft relevanten Entscheidungen vorbereitet und getroffen werden. Mit dieser Konzeption hat die europäische Denktradition auf die Konflikte zwischen den Stammeszugehörigkeiten, Clanmentalitäten und Konfessionstraditionen in Europa reagiert. Um einen Ausweg aus diesen Konflikten zu finden, musste man auf etwas rekurrieren, was auf allen Seiten des Konflikts in Anspruch genommen werden muss, und das ist im Fall konkurrierender Gruppierungen die Zugehörigkeit eines Gruppenmitglieds zur Gesellschaft. Zur Gesellschaft gehören sie allerdings nicht als Mitglieder der einen oder anderen Gruppe, sondern als einzelne Menschen oder Individuen. Es gibt familiäre, professionelle, ständische und religiöse Öffentlichkeiten, an denen Menschen aufgrund der jeweiligen Besonderheiten ihrer Familienzugehörigkeit, ihres Berufs, ihrer gesellschaftlichen Position oder ihrer religiösen Zugehörigkeit partizipieren und an der die jeweils nicht so Qualifizierten nicht partizipieren. Es gibt aber auch eine für alle bestehende Zugehörigkeit zur Gesellschaft, an der sie als individuelle Menschen einfach aufgrund ihrer individuellen Menschlichkeit teilhaben, und eine für alle Bürger zugängliche politische Öffentlichkeit, an der sie als individuelle Bürger einfach aufgrund ihrer individuellen Mitgliedschaft im Staatswesen partizipieren. Diese Teilhabe an der Gesellschaft (als Menschen) bzw. am Staat (als Bürger) ist ein universales Menschen- bzw. Bürgerrecht und darf nicht von familiären, beruflichen, ständischen oder religiösen Kriterien abhängig gemacht werden, weder im positiven Sinn (nur wer sie aufweist, darf an der gesellschaftlichen bzw. politischen Öffentlichkeit partizipieren) noch im negativen Sinn (wer sie aufweist, darf an der gesellschaftlichen bzw. politischen Öffentlichkeit nicht partizipieren). Zur Gesellschaft gehört man nicht wie zu einer Gruppe, weil es anders als bei Gruppen niemand gibt, der nicht zu ihr gehört. Deshalb kann man zwar aus einer Gruppe austreten, aber man kann nicht die Gesellschaft verlassen. Jeder Mensch gehört zu ihr, solange er da ist (also existiert), ganz unabhängig davon, wie er da ist (also wie er existiert). Das schiere Dasein macht mich zum Glied der Gesellschaft, nicht mein Sosein, das mich zum Mitglied der einen oder anderen Gruppe macht.

Es war diese Unterscheidung, die den Weg zur Formulierung der modernen Menschen- und Bürgerrechte gewiesen hat. Die Grundrechte als Mensch und Bürger sind mit dem bloßen Dasein als Mensch und als Bürger gesetzt und können nicht verloren werden, solange man Mensch und Bürger ist. Das zu betonen war ein revolutionärer Akt im 18. Jahrhundert, der die Menschen aus den Bindungen ihrer Traditionen, Konfessionen, Stammes- und Volkszugehörigkeiten befreit hat. Sie konnten sich jetzt frei zu ihnen verhalten – also entscheiden, sie vertreten oder nicht vertreten zu wollen –, am deutlichsten im religiösen Bereich, aber zunehmend auch in den sozialen Sphären der Familie, des Berufs, der Bildung, der Arbeit, der Politik. Man konnte jetzt Katholik sein oder auch nicht, den Beruf des Vaters ausüben oder auch nicht, im Land bleiben oder auch nicht. Dass diese Entscheidungen aus vielerlei Gründen (ökonomischen, familiären, Gewissensgründen, Fähigkeiten, objektive Verfügbarkeit von Alternativen usf.) nicht immer frei gefällt werden konnte, ändert nichts daran, dass sie im Prinzip jedem Menschen qua Mensch offenstehen. Das Recht dazu bleibt auch dann bestehen, wenn man es nicht in Anspruch nehmen kann. Menschenrechte sind unverlierbar, solange man als Mensch da ist. Sie können einem von niemandem genommen werden, weder von anderen noch von einem selbst, weder hier und jetzt noch rückwirkend oder vorausgreifend.[192]

Aber wieder hat gerade dieser Prozess die dialektische Gegenbewegung ausgelöst, dass man der abstrakten (oder für abstrakt gehaltenen) Zugehörigkeit zur human-gesellschaftlichen Öffentlichkeit (Menschheit) bzw. politischen Öffentlichkeit (Bürgerschaft) die konkrete und inhaltlich reich bestimmte Zugehörigkeit zu den familialen, professionellen, sozialen, religiösen und sonstigen Gemeinschaften entgegengesetzt hat. Schon 1887 hatte Ferdinand Tönnies gegenüber der Fokussierung auf die Differenz von Individuum und Gesellschaft (Leitunterscheidung *individuell/universal*) darauf hingewiesen, dass der Weg der Sozialentwicklung nicht direkt von den Individuen zur Gesellschaft führe, sondern über Gemeinschaften gehe, in denen man mit anderen als einer unter anderen Besonderen einer bestimmten Art zusammenlebe (Leitunterscheidung *besonders/allgemein*).[193] Die entscheidende Leitdifferenz des konkreten Leben ist nicht *individuell/universal*, sondern *partikular/generell*. Niemand ist nur *da* (Dasein), sondern jeder ist stets *als etwas* da (Sosein). Niemand ist nur *Ich* (Individuum) und damit *einer von allen* (Gesellschaft), sondern jeder ist ein *bestimmtes Ich* (Besonderer) und damit *einer von vielen, zu denen nicht alle gehören* (Gemeinschaft). Von *Individuum* und *Gesellschaft* zu reden, ist abstrakt, von *einem bestimmten Menschen* und *Gemeinschaften* zu reden, ist konkret. Menschen leben konkret in Familien und Gruppen (Gemeinschaften) und schließen sich erst im Laufe ihres Lebens zur abstrakten Gesellschaft zusammen. Man beginnt sein Leben als ein besonderer Mensch in einer Gruppe von Menschen, und nicht alle schaffen es, zu selbstbestimmten Individuen (Subjekten) und damit zu eigenständigen Mitgliedern der Menschheit zu werden. Sie könnten Individuen werden, aber bleiben in ihren Besonderheiten stecken und führen ihr Leben als besondere Fälle eines Allgemeinen. In diesen Gemeinschaftsgruppen ist nicht das Richtige, sondern das Gute der Leitgedanke, und ›gut‹ ist immer das, was für Menschen unter einer bestimmten Beschreibung gut ist, die ihre Zugehörigkeit zu einer bestimmten Gruppe anzeigen: als Familienmitglieder, als Bürger, als Berufspersonen, als Lebenspartner, als Kollegen, als Kirchenmitglieder usf.

Der vom Kommunitarismus[194] darüber hinaus gemachte entscheidende Schritt ist, nicht nur Individuen als Träger von Rechten und Pflichten zu sehen, sondern das auch für Gruppen bzw. Gemeinschaften zu fordern. Tendenziell sollte die universale Dimension der Gesellschaft abgebaut und geschwächt und stattdessen die partikularen Gruppen und Gemeinschaften aufgebaut und gestärkt werden, wie etwa Amitai Etzioni argumentiert.[195] Die rechtliche und politische Stärkung besonderer Gemeinschaften, wie sie exemplarisch die Kibbuzim sind, wird damit als ›linke‹ Alternative zu einem etatistischen Staatssozialismus und zum libertären Liberalismus angepriesen. Nicht das gesellschaftliche Ganze in seiner politischen Gestalt als Staat, aber auch nicht der Einzelne in seiner radikalliberalen Individualität ist der entscheidende Träger von Rechten, sondern die Gruppe oder Gemeinschaft, die immer mehr ist als nur einer und immer weniger als alle. Die Rechte solcher Gruppen – Frauen, Kinder, Trans-Menschen, Behinderte, Farbige, Schwule und Lesben, aber auch Schüler, Universitätslehrer, Mediziner, Katholiken, Juden, Muslime, Scientologen usf. – sind keine Konkretionen der Menschenrechte und auch nicht aus diesen abgeleitet oder gewonnen. Sie sind Sonderrechte von Gruppierungen, die gesellschaftliches Gewicht haben und es schaffen, ihre Anliegen zu schützenswerten Anliegen aller zu machen. Das Diskriminierungsverbot ist damit kein Schutzrecht für Einzelne mehr, sondern ein Gebot, die Rechte diskriminierter Gruppen zu achten.[196]

Positiv ist an diesem Ansatz, dass er Menschen von vornherein als soziale Wesen in den Blick nimmt. An die Stelle der Orientierung am Individuum tritt die an Menschen in ihren konkreten Gemeinschaftsbestimmtheiten: Nicht das Ich oder Subjekt, sondern der Mensch in seiner jeweiligen Besonderheit als Vater oder Mutter, Bürger oder Polizist, Katholik oder Jude, Gemeinderat oder Parteimitglied soll im Zentrum stehen. Träger von Rechten und Pflichten ist in dieser Sichtweise nicht das *Ich*, sondern das Ich *als Mutter, als Bürger, als Katholik, als Parteimitglied etc.* Mit der Besonderheit der Zugehörigkeit zu einer bestimmten Gruppe oder Gemeinschaft sind aber immer auch Verbindlichkeiten gesetzt, die man ignorieren kann, aber nicht soll. Keiner ist nur da (Dasein), jeder ist in bestimmter Weise da (Sosein), und diese Weise zeigt mit der Zugehörigkeit zu einer bestimmten Gruppe auch an, dass und wie man an den Rechten und Pflichten dieser Gruppe teil hat.

Der scheinbare Gewinn einer größeren Konkretion im Kommunitarismus wird aber mehr als aufgewogen durch den Verlust, der gegenüber der Konzentration auf Individuum und Gesellschaft eintritt. Es tritt ein Analogon zur tribalen Situation ein, die mit der Wendung zu Individuum und Gesellschaft im Prozess der Aufklärung überwunden wurde. Solange Menschen zuerst und vor allem als Mitglieder einer Familie, eines Stammes, eines Clans, einer Gruppierung, einer Partei, einer Kirche angesehen werden, kommen sie nicht in ihrer individuellen

Eigentümlichkeit in den Blick, sondern in dem, was sie mit anderen teilen. Erst in der Unterscheidung davon werden sie als die erkennbar, die sie im Unterschied zu allen anderen sind. Genau das aber ist im Konfliktfall wichtig. Grundrechte sind Rechte des Einzelnen gegenüber dem Staat und gegenüber der Gesellschaft, auf die er sich berufen kann, um sich gegen staatliche oder gesellschaftliche Übergriffigkeit zur Wehr zu setzen. Werden diese Recht aber als Gruppenrechte verstanden, dann haben Einzelne nur durch ihre Zugehörigkeit zu dieser Gruppe teil daran, können sich aber nicht gegen die Gruppe auf sie berufen. Das öffnet Willkürlichkeiten Tor und Tür. Aus eben diesem Grund wurde einst (und ist zuweilen noch heute) der Wechsel vom Familienverband auf dem Dorf zum Einzelleben in der Stadt als eine Befreiung erfahren, weil man damit Regeln, Ansprüchen und Pflichten entkommt, die man nicht selbst gewählt und für die man sich nicht selbst entschieden hat, sondern die einem aufgrund der entsprechenden Gruppenzugehörigkeit übergestülpt wurden oder zugemutet werden. Stammesdenken stellt die Gemeinschaft vor das Individuum, weil sie dieser größere Rechte zuspricht als diesem. Sich gegen die eigene Gruppe oder Gemeinschaft (Familie, Profession, Partei, Religion) zu entscheiden, ist daher immer mit dem Verlust von Rechten und Reputation verbunden. Man wird geächtet und sanktioniert, und in manchen islamischen Staaten verliert man nicht nur seine soziale und ökonomische Existenz, sondern muss um sein Leben fürchten. Grundrechte im Aufklärungsmodell von Individuum und Gesellschaft sind grundsätzlich unverlierbar. Die Würde des Menschen ist unantastbar und man verliert sie nicht, wenn man sich unmenschlich verhält. Gruppenrechte dagegen werden verspielt, wenn man sich gegen die Gruppe entscheidet, aus der Kirche austritt, die Partei verlässt, in einen anderen Staat wechselt, sich von seiner Familie lossagt. Gruppenrechte sind immer gefährdete Rechte und hängen daran, dass man im Spektrum des Akzeptablen verbleibt und sich nicht außerhalb des Gruppenkonsenses stellt. Wer zu weit geht, hat die Konsequenzen zu tragen und kann seine Gruppenrechte nicht gegen die der anderen ausspielen. Unter Individuen in einer rechtsförmigen Gesellschaft kann man sich durch Gewalt gegen andere nicht mehr Rechte verschaffen als anderen haben. Machtkämpfe zwischen Einzelnen sind nicht Kämpfe um mehr Rechte, sondern um Positionen und Ansehen in der Gesellschaft. Diese Gesetze aber gelten ohne Ansehen der Person, einfach aufgrund des Daseins von Personen. Zwischen Gruppen dagegen wird es immer um Machtkämpfe um Rechte, Einfluss und ökonomische Vorteile geben. Wer zur einen Gruppe gehört, kann in vielen Fällen nicht zugleich zu einer anderen gehören. Man muss sich daher entscheiden. Und wie es ›natürliche‹ Gemeinschaften wie die Familie gibt, aus denen man nicht oder nur unter erheblichem Rechtsaufwand ausscheiden kann, so gibt es ›nicht-natürliche‹ Gemeinschaften (Vereine), in die man eintreten und aus denen man austreten kann. Man kann dann Rechte gewinnen, die man allein nicht hätte, und man kann diese wieder verlieren, wenn man die Gruppe nicht mehr mitunterstützt.

Es gibt gute Gründe, den scheinbar konkreteren Weg des Kommunitarismus nicht mitzugehen. Er ist vorteilhaft, solange keine Konflikte zwischen Einzelnen und ihren Gruppen auftreten. Er führt aber nicht weiter, wo es zu Konflikten kommt. In dieser Situation kann man sich nur auf die individuellen Grundrechte und den Gesamtkontext der Gesellschaft berufen, die nicht jede Gruppierung erträgt oder zu ertragen bereit sein kann, wenn sie sich an den Grundrechten der Mitglieder orientiert. Aus Gruppen kann man ausgeschlossen werden, aus der Gesellschaft nicht. Zur Menschheit gehört man, wenn man da ist, zu einer Gruppe gehört man, wenn man ihre Mitgliedschaftsbedingungen erfüllt und sich ihnen unterwirft.

Das wird besonders deutlich in der Verkehrung kommunitaristischer Ansätze zur Identitätspolitik. »Identitätspolitik ist eine Politik, die nicht nur Menschenrechte und Grundrechte kennt, sondern auch Rechte von sozialen Gruppen anerkennt, die deren Mitgliedern einzig deshalb zukommen, weil sie Mitglieder der betreffenden Gruppe sind, und die dabei von Menschenrechten und Grundrechten gänzlich unabhängig sind«.[197] Gruppen aber definieren sich stets über die Unterscheidung von anderen Gruppen. Einzelne Menschen können dabei aufgrund ihrer äußerlichen Eigenschaften (Hautfarbe, Ethnie, Herkunft, sexuelle Orientierung, Geschlecht, Alter, Tätigkeit) verschiedenen solcher Gruppen angehören, wie besonders die Intersektionalitätsdebatte betont hat, aber sie werden immer eben deshalb auch in vielfältiger Weise anderen Gruppen nicht angehören. »Mit der Anerkennung solcher gruppenspezifischen Sonderrechte wird die gemeinsame Rechtsbasis für alle in Gestalt von Menschenrechten und Grundrechten relativiert mit der Folge, dass die Gesellschaft in identitäre Milieus auseinanderdriftet und der gesellschaftliche Zusammenhalt zerbröckelt.«[198]

Anlass für identitätspolitische Debatten sind in der Regel Diskriminierungserfahrungen. Bestimmten Menschen wird aufgrund bestimmter Merkmale die gleichberechtigte Teilnahme am gesellschaftlichen und politischen Leben nicht ermöglicht oder untersagt. In der Protestreaktion darauf werden für Menschen dieser Art nicht nur die gleichen Rechte wie für alle anderen gefordert (was verständlich und wohlbegründet wäre), sondern besondere Rechte, die ihnen aufgrund ihrer Diskriminierungsgeschichte zustünden (was sich nicht von selbst versteht). Begründet wird das in der Regel mit einem Gerechtigkeitspostulat, das dafür eintritt, dass alle gleich behandelt werden sollten (egalitäres Gerechtigkeitsverständnis), oder das einfordert, dass jeder das bekommen sollte, was ihm aufgrund seiner Zugehörigkeit zu einer bestimmten Gruppe zusteht (nichtegalitäres Gerechtigkeitsverständnis). Die Forderung nach Gleichbehandlung nimmt aber einen ganz anderen Charakter an, wenn es nicht um die Gleichbehandlung *als Mensch* geht (Gleichberechtigung), sondern um die *als Frau, als Kind, als*

Schüler, als Schwuler usf. (Gleichstellung). Gleichberechtigung bezieht sich immer auf das gemeinsame Menschsein, Gleichstellung auf die unterschiedlichen Gruppenzugehörigkeiten.[199] Doch während fast alles für die Gleichberechtigung der Ungleichen spricht, wenn man ihr Menschsein im Blick hat, spricht fast nichts für die Gleichstellung des Ungleichen, wenn man auf ihre Gruppenzugehörigkeit abhebt. Sonderrechte von Gruppen werden spätestens dann fragwürdig, wenn sie die Grundrechte aller in Frage stellen oder die Menschenrechte einschränken, liberale Gleichberechtigung also durch illiberale Gleichstellung ersetzt wird. Was für alle Menschen qua Menschen gilt, kann nicht durch das eingeschränkt werden, was für sie als Frauen, als Kinder, als Schüler usf. gilt. Gruppenrechte müssen mit den Menschenrechten kompatibel sein und können diese nicht ersetzen oder verdrängen. Und kompatibel sind sie nur, wenn sie auch deren Universalität achten, also keine Einschränkungen zulassen im Blick auf das, was für jeden Menschen als Mensch und jeden Bürger als Bürger gilt.[200]

Wo das nicht der Fall ist, führen identitätspolitische Ansätze zu einer fundamentalen Entsolidarisierung der Gesellschaft, weil sie nicht mehr allen Menschen die gleichen Rechte und Pflichten zurechnen. Wo jeder nur noch Rechte für sich und seine Gruppe(n) fordert, die nicht auch die der anderen, sondern nur seine eigenen sind, zerfällt die Gesellschaft in konkurrierende Gruppen und zerstört sich selbst. Über die identitätspolitische Zuspitzung produzieren kommunitaristische Ansätze so das Gegenteil dessen, was sie anstreben: Sie schaffen nicht konkretere Gemeinschaften, sondern tribalisieren die Gesellschaft, lassen Individuen in Kollektiven aufgehen und treiben Gesellschaften in ein a-soziales Gegeneinander von Positionen, weil jeder nur noch für sich selbst und keiner mehr auch für andere denkt und handelt. Wer nicht für liberale Gleichberechtigung der Verschiedenen sondern für illiberale Gleichstellung der Ungleichen kämpft, fördert identitäre Ochlokratie und unterminiert die freiheitliche Demokratie. Das Ich geht im Kollektiv der Gruppe unter, und anstatt auf das eigenverantwortliche ›ich denke‹ zu setzen, wird man durch Hautfarbe, Kultur, Geschlecht, Religion oder Herkunft definiert, ob man selbst das so will oder nicht.[201] Aus der konkreten Öffentlichkeit einer durch gemeinsame Interessen bestimmten Gruppe wird so ein Kampf um Gleichstellung. Differenzen werden nur so lange anerkannt, als sie der Stärkung der eigenen Identität dienen, und Individuen werden nicht konkret in ihrer unverwechselbaren Andersheit, sondern nur abstrakt in ihrer kollektiven Gleichheit gewürdigt. »So wird aus einer abstrakten Gleichheit für das Kollektiv die konkrete Ungleichbehandlung von Individuen: Was nicht passt, wird passend gemacht. Gleichstellung ist daher nicht die logische Konsequenz von Gleichberechtigung, sie hebelt Letztere vielmehr aus.«[202]

Dasselbe gilt für die Öffentlichkeit: Die durch identitäre Interessen definierte Öffentlichkeit eines Kollektivs ist keine humane Konkretisierung der gesellschaftlichen Öffentlichkeit, sondern deren Auflösung in konkurrierenden Öffentlichkeitsblasen, die sich gegenseitig nur noch polemisch oder gar nicht mehr wahrnehmen. Man bleibt unter sich und bezieht sich vorwiegend abgrenzend auf die Meinung der anderen. Das Resultat ist ein »wachsender Realitätsverlust. Es droht die Rückkehr konkurrierender Glaubensgemeinschaften.«[203]

10 Universität als Ort öffentlicher Wissenschaft

Bei entwickelten Kulturen und in ausdifferenzierten Gesellschaften sind die funktionsspezifischen Aufgaben der einzelnen Öffentlichkeitssphären deutlicher unterschieden und klarer bestimmt. Das gilt für alle Sphären, auch wenn nicht jede Kultur durch die gleichmäßige Ausgestaltung jeder Öffentlichkeitssphäre geprägt ist. In modernen Gesellschaften kommt der Sphäre des Wissens dabei die besondere Aufgabe zu, die ausdifferenzierten Bereiche der Gesellschaft, ihre Voraussetzungen, Gestalten, Probleme und Operationsweisen zu reflektieren. Ohne institutionalisierte Wissensreflexion gibt es keine Wissensgesellschaft, und der Ort, an dem das in unserer Kultur exemplarisch geschieht, ist die Universität.

Wissenschaft im engeren Sinn, also die methodisch kontrollierte Bemühung um Wirklichkeitserkenntnis und Wissenserweiterung, gibt es nicht nur an der Universität. Aber in unserer Gesellschaft ist die Universität der exemplarische Ort öffentlicher Wissenschaft. Anders als die privatwissenschaftlichen Forschungsinstitute von Wirtschaftsunternehmen, Gewerkschaften, Kirchen oder Parteien, ist die an staatlichen Universitäten betriebene Wissenschaft öffentlich. Das heißt nicht nur, dass sie im Auftrag aller betrieben und durch Steuermittel finanziert wird. Das heißt vor allem, dass sie an einem von der Gesellschaft anerkannten und eingerichteten Ort das öffentlich tut, was von aller Wissenschaft zu erwarten ist: dass sie die Fragestellungen, Verfahren und Ergebnisse ihrer Bemühung vor der *wissenschaftlichen Öffentlichkeit* – der Öffentlichkeit der Forschenden, Lehrenden, Studierenden und Denkenden – öffentlich verantwortet. Ihr Ziel ist Erkenntnis, ihr Verfahren methodisch kontrollierte Bemühung um Wissen und ihr Leitmedium Wahrheit. Denn als mögliche Erkenntnis qualifiziert nur, was wahr oder wahrscheinlich sein kann. Wahr oder wahrscheinlich ist nur, was bei Missachtung zur Kollision mit der Wirklichkeit führt. Und wirklich ist das, was Wissen wahr oder wahrscheinlich und Erkenntnis möglich macht.

Wer wissenschaftlich arbeitet, arbeitet im kritischen Austausch mit anderen an Problemen mit Methoden, die es anderen ermöglichen, das, was herausgefunden wird, nachzuvollziehen und zu prüfen. In einer idealen Welt können wissenschaftlich

Arbeitende in eigener Verantwortung ihre Themen, Fragestellungen und Bearbeitungsweisen frei wählen und den Problemen folgen, wohin diese sie führen. Sie sind frei, Themen und Fragestellungen aufzugreifen, die ihnen von anderswoher angetragen werden, sofern die Freiheit der Wissenschaft in Forschung und Lehre gewahrt bleibt. Das Grundrecht der Wissenschaftsfreiheit (Art. 5 Abs. 3 GG) schützt als Abwehrrecht gegen den Staat nach der Entscheidung des Bundesverfassungsgerichts vom 17. Februar 2000 »die auf wissenschaftlicher Eigengesetzlichkeit beruhenden Prozesse, Verhaltensweisen und Entscheidungen bei der Suche nach Erkenntnissen, ihrer Deutung und Weitergabe«, also »alles, was nach Inhalt und Form als ernsthafter Versuch zur Ermittlung von Wahrheit anzusehen ist«.[204] Dazu gehört die freie Wahl von Fragestellung und Methodik, die Durchführung eines Forschungsprojekts sowie die Bewertung der Forschungsergebnisse und ihre Verbreitung.

In der realen Welt sind alle wissenschaftlich Tätigen freilich auf die Finanzierung ihres Forschens und Denkens angewiesen, und weil die Ressourcen limitiert sind, gehört der Kampf um Forschungsmittel zum Alltag der Wissenschaften in der Gegenwart. Damit entstehen nicht nur Abhängigkeiten von der Politik, die über die Ziele und Kriterien der Vergabe öffentlicher Mittel an wissenschaftliche Einrichtungen und wissenschaftliche Projekte entscheidet. Es entstehen auch Abhängigkeiten von privaten Geldgebern, die bestimmte Projekte und Einrichtungen im Horizont ihrer Interessen und Bedürfnisse unterstützen. Wissenschaftliche Arbeit ist konkret daher immer eine Abwägung zwischen dem, was man an Vorgaben akzeptieren muss, um überhaupt arbeiten zu können, und was man akzeptieren kann, ohne in seiner Freiheit über Gebühr eingeschränkt zu werden. Ein entscheidender Punkt ist dabei immer das Verfügungsrecht über die Ergebnisse. Anders als Auftragsforschung muss staatliche Wissenschaft aber immer öffentlich agieren, also ihre Problemstellungen und Verfahren für kompetente Dritte nachvollziehbar und kontrollierbar machen. Und sie muss dafür sorgen, dass ihre Ergebnisse allen Interessierten zugänglich sind und nicht nur ausgewählten Gruppen oder Einrichtungen. Ihr maßgeblicher Verantwortungshorizont ist nicht die Öffentlichkeit ihrer politischen, wirtschaftlichen oder sonstigen Geldgeber, sondern die *wissenschaftliche Öffentlichkeit* aller, die sich in Forschung und Lehre ernsthaft und nachprüfbar um die Erweiterung des Wissens und die Ermittlung von Wahrheit bemühen.

Eine solche Öffentlichkeit, vor der wissenschaftliche Probleme, Theorien, Verfahren und Resultate zu verantworten sind, gibt es nur, wo konkret geforscht, gedacht, argumentiert und kommuniziert wird. Das geschieht bei uns exemplarisch dort, wo unsere Gesellschaft eine solche Öffentlichkeit von Forschenden und Lehrenden konkret institutionalisiert hat: an den Universitäten. Eine Öffentlichkeit *aller* Forschenden und Lehrenden aber gibt es nirgendwo. Sie ist ein Ideal für Diskurse zwischen den wissenschaftlich Arbeitenden und besagt: Es sollen die Gründe dargelegt werden, warum etwas für gut, richtig, wahr, gültig usf. gehalten wird (Argumentationspflicht); diese Gründe sollen einsehbar sein, ob sie nun akzeptiert werden oder nicht (Verständlichkeitspflicht), und die Darlegung dieser Gründe soll so geschehen, dass sie von anderen überprüft werden kann (Öffentlichkeitspflicht). Rechtfertigung vollzieht sich als öffentlicher Diskurs über Ansichten, Gründe für Ansichten und Kriterien zur Bewertung solcher Gründe, an dem sich potentiell jeder Forschende und Denkende beteiligen kann.

Das sind Kerngedanken von Habermas' Diskurs- und Öffentlichkeitsbegriff, die in ganz besonderer Weise für die *wissenschaftliche Öffentlichkeit* zutreffen. Konkret ist freilich auch hier immer nur diejenige Öffentlichkeit, in der ein solcher Diskurs aktuell stattfindet. Die wissenschaftliche Öffentlichkeit wird konkret durch die Kommunikation von Ansichten, Argumenten und Maßstäben gebildet, die in dem zur Verhandlung stehenden Sachbereich vernünftige Entscheidungen über

113

die Wahrheit von Ansichten, die Geltung von Gründen und die Richtigkeit von Entscheidungen ermöglichen sollen. Was dabei jeweils als vernünftige Entscheidung, guter Grund, überzeugendes Argument oder brauchbarer Maßstab gilt, steht nicht etwa a priori und unveränderlich fest, sondern ist selbst Resultat des Wissenschaftsprozesses. Und weil dieser sich in allen Wissensgebieten permanent verändert, ist nach überzeugenden Antworten auf diese Fragen immer wieder neu zu suchen – nach den hier und heute überzeugenden Antworten.

Nicht die Antworten, sondern der *argumentative Streit* ist deshalb der wesentliche Zug diskursiver wissenschaftlicher Öffentlichkeiten. Diese sind keine unveränderlichen Gegebenheiten. Sie leben von konkreter Kommunikation, sie werden durch die geprägt, die an dieser Kommunikation partizipieren, und sie verändern sich mit ihren Teilnehmern und deren Kommunikationsbeiträgen.[205] Auch wissenschaftliche Öffentlichkeiten haben deshalb eine Geschichte, sie bilden sich aus, entwickeln sich oder verfallen; und jede Gesellschaft entwickelt diejenigen wissenschaftlichen Institutionen, in denen die für das Überleben und die Lebensgestaltung ihrer Mitglieder relevanten Themen und Aufgaben aller Erfahrung nach am besten zu bearbeiten sind.

Die Öffentlichkeit der Wissenschaften hat sich in den westlichen Gesellschaften in einem komplizierten kulturellen Prozess der Ausbildung argumentativer Rationalität entwickelt. Sie ist bei uns in exemplarischer Weise in der Universität institutionalisiert. Das heißt nicht, dass nur in Universitäten von der Vernunft in allen Stücken öffentlich Gebrauch gemacht würde. Es bedeutet vielmehr, dass der Diskurs unter Forschenden und Lehrenden, Denkenden und Studierenden hier auf das Ideal verpflichtet wird, sich allein an Sachgesichtspunkten zu orientieren und in diesem Sinn der Wahrheit und Suche nach Erkenntnis und sonst nichts zu dienen. Der gesellschaftliche Streit um die *cancel culture* bekommt hier wissenschaftliche Brisanz.

Gerade weil öffentliche Debatten in unserer Gesellschaft häufig nicht als rationale Diskurse stattfinden, sondern durch einen »Überhang monologischer und polemischer Stile öffentlicher Kommunikation«[206] geprägt sind, braucht unsere Gesellschaft Orte, an denen ausdrücklich und ausschließlich (und zweifellos in idealisierter Zuspitzung) nach Maßgabe von Sachkompetenz kommuniziert werden soll. Universitäten sollen und wollen solche Orte sein, die sich auf den kompetenzgeleiteten Diskurs konzentrieren und sich am Ideal einer mündigen, an Wahrheit, Recht und argumentativem Diskurs orientierten Öffentlichkeit ausrichten.

11 Wissenschaft, Wahrheit und kritisches Selbstdenken

Dieses Ideal versteht sich nicht von selbst, sondern ist selbst Produkt einer stets gefährdeten kulturellen Entwicklung. Seit es wissenschaftliches Forschen und Lehren gibt, muss es sich immer wieder gegen die gegenläufigen Gefahren des *Skeptizismus* und des *Dogmatismus* wehren, d.h. gegen die Bestreitung einer haltbaren Unterscheidung von Meinen und Wissen bzw. die Beschränkung wissenschaftlichen Wissens auf nur eine ganz bestimmte Art von Wissen.

Wissenschaft, so weiß die westliche Tradition seit der paradigmatisch von Platon inszenierten Auseinandersetzung zwischen Sokrates und den Sophisten, gibt es nur dort, wo es um Wahrheit geht, und das gilt es auch unter den gegenwärtigen Bedingungen spätmoderner Infragestellung der Wahrheitsorientierung von Wissenschaft in Erinnerung zu behalten. Wahrheit hat ihren Ort in der Rede, doch diese ist nicht immer schon Ort der Wahrheit. Deshalb muss zwischen der rhetorischen

Macht der Rede und der dialektischen Macht des Arguments, zwischen Rhetorikern und Dialektikern unterschieden werden. Beide bedienen sich rhetorischer Mittel und damit der Sprache, aber während der Sophist mit allen Mitteln der Rhetorik recht behalten will, will der Dialektiker mit allen Mitteln der Rhetorik der Wahrheit zum Recht verhelfen.[207] Er will nicht zu seiner Ansicht überreden, sondern von der Wahrheit seiner Ansicht überzeugen. Dialektik ist die Kunst, nicht nur ein Streitgespräch zu gewinnen, sondern für Ansichten in einer Sachfrage Rechenschaft zu fordern und Argumente anzuführen, die sich daran messen lassen, dass sie zur Vertiefung und Erweiterung wahrer Einsichten und zur Korrektur und Verbesserung falscher Ansichten führen. Der dialektische Wissenschaftler ist stets bereit, seine Ansicht um der Wahrheit willen korrigieren und verbessern zu lassen. Er spricht daher auch nicht unterschiedslos mit allen, sondern mit denen, die sich um Sachkompetenz bemühen: »Mit der Menge führe ich keine dialektische Unterhaltung« sagt Sokrates.[208] Wissenschaft geschieht nicht im Gespräch mit irgendeiner Öffentlichkeit oder im eristischen Streit um bloße Worte vor irgendeinem Publikum[209], sondern in der gemeinsamen argumentativen Bemühung um Wahrheitserkenntnis und Wissenserweiterung in der Öffentlichkeit von Denkenden.

Bei Plato zeichnen sich diese dadurch aus, dass sie nicht beim Offensichtlichen stehen bleiben, sondern nach den oft nicht ins Auge springenden Gründen fragen. Insofern besteht die dialektische Kunst der Wissenschaft darin, »die Welt der sichtbaren Dinge als Schattenwelt, als Welt der Erscheinungen des Scheins zu durchschauen und hinter sich zu lassen, um zur Erkenntnis des eigentlich Seienden und des zuhöchst Seienden – des Guten – zu gelangen«.[210] Es gehört zum Ethos des Dialektikers, dass er das nicht nur für sich allein genießt, sondern den anderen auch zugänglich macht. Weil es dem, der aus der Höhle herausgetreten und die Sonne gesehen hat, aber unmöglich ist, »an den Schatten selber deutlich werden zu lassen, daß sie eben nur Schatten sind«[211], kann der Dialektiker den Höhlenbewohnern die Wahrheit nicht erweisen, sondern ihnen nur den Weg zur eigenen Wahrnehmung der Wahrheit weisen: Wissenschaft wird zur methodischen Bemühung, durch Worte den Weg zur Wahrheit zu weisen und zur je eignen Wahrnehmung von Wahrheit anzuleiten. Nicht erst die neuzeitliche Aufklärung, sondern schon die platonischen Anfänge der Wissenschaft waren deshalb *Anleitung zum kritischen Selbstdenken*. Und man muss nicht die platonische Wirklichkeitssicht mitübernehmen, wenn man dieses Moment für die Wissenschaft für konstitutiv erachtet.

Wissenschaft verfehlt sich immer dann selbst, wenn sie, statt zum Selbstdenken anzuleiten, selbst die Wahrheit zu denken beansprucht oder verbindlich normieren zu können meint, was als Denken des Wahren soll gelten können. Platon schützte sich vor solchem Dogmatismus und wahrte damit den kritischen Impetus wissenschaftlichen Denkens, indem er die Wahrheit des Guten ἐπέκεινα τῆς οὐσίας lozierte, so dass sie nicht einmal in dialektischer Rede erfasst, sondern allenfalls im Mythos angedeutet werden konnte. Wahrheit lässt sich letztlich nicht direkt darstellen, sondern nur indirekt mitteilen, indem auf sie verwiesen wird. Über viele Brüche und Veränderungen hinweg setzt sich auch diese Einsicht bis in die neuzeitlichen Wissenschaften hinein fort: Hypothetischem Denken kann Wirkliches nicht mit abschließender Gewissheit und endgültiger Wahrheit erfassen, weil es aufgrund seines Zeichencharakters Wirklichkeit nicht präsentieren, sondern immer nur dessen Möglichkeiten repräsentieren kann. Es bleibt in einer unaufhebbaren Distanz zur Wirklichkeit – und nur so kann es überhaupt Wahrheit darstellen, aber auch immer nur in vorläufiger Weise.

Das hat Folgen für die Art der Öffentlichkeit wissenschaftlichen Wissens, um die es an der Universität geht. Diese ist seit der Aufklärung an einem Rationalitätsideal orientiert, das auf *Neutralität, Universalität* und *Öffentlichkeit* setzte: Nur das ist rational, was sich ohne Bindung an einen bestimmten Standpunkt (also neutral) und unter Absehung von allen partikularen Interessen, die unsere Perspektive begrenzen und beeinträchtigen könnten (also universal) vor den kritischen Augen und Ohren aller (also öffentlich) vertreten lässt. Nur was sich so in seiner nackten Wahrheit erfassen und von einem traditionsfreien neutralen Standpunkt aus mit logisch gültigen und universal überzeugenden Gründen rechtfertigen lässt, kann öffentliche Geltung beanspruchen.

Doch dieses neuzeitliche Ideal objektiver, neutraler und öffentlicher Erfassung der nackten Wahrheit ist mehr als problematisch. Ohne den konkreten historischen Hintergrund streitender Partikularinteressen, die den Diskurs mit andern durch deren politische Verdrängung oder gar physische Vernichtung zu ersetzen suchten, ist die darin sich äußernde Bemühung um neutrale Gemeinsamkeiten unverständlich; und da der Hintergrund heute anders ist als damals, muss dieselbe Bemühung heute anders aussehen als damals und kann sich nicht als Suche nach der unverstellten ›reinen Wahrheit‹ ausgeben. Mit guten Gründen haben Leibniz oder Lessing die Einsicht in die nackte Wahrheit allein Gott zugewiesen. Und Hans Blumenberg ist gegenüber diesem neuzeitlichen Aussein auf die nackte Wahrheit noch skeptischer: Die nackte Wahrheit zu wollen, ist nicht nur menschenunmöglich, sondern unmenschlich. Allein »die Verhülltheit der Wahrheit scheint uns unser Lebenkönnen zu gewähren«[212], und deshalb sind wir auf die geschichtlichen Vermittlungen von Wahrheit angewiesen. Die »Entdeckung der Geschichte« ist so die »Entdeckung der Illusion der ›nackten Wahrheit‹ oder der Nacktheit als Illusion«.[213] Verkleidungen und Verhüllungen der Wahrheit sind kein überflüssiger Schmuck, keine bloß subjektive Zutat, von der kritisches Erfassen von Wahrem und die Korrektur seiner Verkehrungen abstrahieren müsste. Sie sind vielmehr für unseren Umgang mit Wahrheit wesentlich. Wahrheit muss uns in der Gebrochenheit eines Wie, einer Ausdrucks- und Manifestationsgestalt gegeben sein, um für unser Leben fruchtbar werden zu können: Nur so kann sie zur Wahrheit *für mich, für uns* werden – und nur so ist sie lebensdienlich.

Die Universität als Ort der öffentlichen Erforschung und Verantwortung von Wahrheit wird deshalb in lebensfeindlichem Sinn missverstanden, wenn man von ihr die Aufdeckung der nackten Wahrheit im Licht des Konstrukts einer neutralen, universalen und öffentlichen Vernunft erwarten wollte. Ihre Öffentlichkeitsaufgabe besteht nicht in der sich neutral und universal gebenden Entkleidung der Wahrheit, die doch selbst Ausdruck einer bestimmten interessengeleiteten Wirklichkeitssicht ist und damit eher zur Verdeckung als zur Aufdeckung von Wahrheit beiträgt. Sie muss vielmehr zwischen Verkehrung und Verhüllung von Wahrheit unterscheiden und zum kritischen, d.h. unterscheidenden Umgang mit den unverzichtbaren Verhüllungen von Wahrheit anleiten, diese also als Bedingungen ihrer Zugänglichkeit für uns aufdecken. Ihre Aufgabe ist nicht, die Wahrheit so zu präsentieren, wie sie (angeblich) ist: das führt immer zum Dogmatismus. Sie muss vielmehr kritisch dazu anleiten, im Horizont der Erscheinungen Wahrheit und Schein zu unterscheiden, also die Kompetenz und Urteilskraft fördern, diesen Unterschied selbst zu machen. Ihr Ziel kann nur sein, unseren Verstand für die Wahrheit zu öffnen und unsere Urteilskraft zur Unterscheidung zwischen Wahrheit und Schein zu befähigen, nicht aber, die nackte Wahrheit zu präsentieren – in welchem Bereich auch immer.

Zur wissenschaftlichen Öffentlichkeit, wie sie bei uns an Universitäten institutionalisiert ist, gehört daher wesentlich der Hinweis auf die Relevanz von Wahrheit und der Bemühung um Wahrheit in allen Öffentlichkeitsbereichen, aber auch der Aufweis und die kritische Prüfung der Lebensdienlichkeit bzw. Lebensbehinderung ihrer je charakteristischen Vermittlungen und Verhüllungen, und damit die ständige kritische Frage nach den Grenzen wissenschaftlichen Wissens. Das wird nicht zwangsläufig im Vollzug der einzelnen Wissenschaft schon geleistet, sondern verlangt, diese kritisch auf ihre Bedingungen, Voraussetzungen und Grenzen zu reflektieren, sie an ihre lebensweltlichen Grundlagen und humanen Horizonte zu erinnern und sie so vor dem Umschlag in Dogmatismus und der Absolutsetzung der eigenen Zugangsweise zu bewahren.

Das kann auf verschiedene Weise geschehen, aber an die prinzipielle Begrenztheit und Bedingtheit menschlicher Wissensbemühungen zu erinnern, gehörte immer schon zu den Aufgaben der Philosophie und der Theologie. Beide sind wesentlicher Teil der Öffentlichkeit des Denkens am Ort der Universität in der europäischen Tradition, insofern sie durch Orientierung im Denken über die Möglichkeiten und Grenzen der Orientierung im Leben orientieren. Ohne die Institutionalisierung dieser kritischen Grund- und Grenzreflexion menschlicher Selbstorientierung im Denken und Leben erfüllt eine Universität ihre Öffentlichkeitsaufgaben nur unzureichend, weil sie zentrale Dimensionen des kritischen Selbst-, Welt- und Gott-Denkens in den lebensweltlichen Horizonten, die aller wissenschaftlichen Arbeit voraus- und zugrundeliegen, ausblendet. Der Philosophie wird das in der Regel zugestanden, der Theologie nicht. Sie ist daher noch besonders in den Blick zu nehmen.

12 Theologie am Ort öffentlicher Wissenschaft

Im Unterschied zur philosophischen Theologie gibt es disziplinäre *Theologie* nur im Plural und in Bezug auf konkrete Glaubenstraditionen. Sie ist die denkende Verantwortung eines gelebten Glaubens an Gott, als christliche Theologie also die

denkende Verantwortung des in konfessioneller Vielfalt gelebten christlichen Glaubens. Zu dieser denkenden Verantwortung
gehört nicht nur die Auseinandersetzung mit den Gründen des
Glaubens, sondern auch die mit den Gründen des Unglaubens,
nicht nur mit dem, was für den Glauben spricht, sondern auch
mit dem, was gegen ihn spricht. Sie beschäftigt sich mit dem Pro
und Contra der Gottesfragen, nicht nur mit Theismus und
Nichttheismus in all ihren Variationen, sondern auch mit Atheismus und Antitheismus in ihren vielfältigen Gestalten. Sie
betrachtet alles im Licht der Gottesfragen. Auf der einen Seite
steht sie daher der Philosophie näher als den Einzelwissenschaf-
ten, auf der anderen Seite ist sie selbst der Inbegriff einer Fächer-
vielfalt, die viele humanwissenschaftliche Disziplinen und ihre
Methoden umfasst. Das gilt jedenfalls für die christliche Theologie der Gegenwart, die in dieser umfassenden disziplinären Ausgestaltung eine einzigartige Kulturleistung der europäischen
Moderne ist.

Als denkende Verantwortung gehört Theologie ihrer Tätigkeit nach zur Öffentlichkeitssphäre der Wissenschaft. Aber
damit ist noch nicht über ihren konkreten institutionellen Ort
entschieden. Hier gilt es vielmehr ein Doppeltes zu bedenken:
Christliche Theologie muss nicht an Universitäten stattfinden.
Aber es gibt gute theologische Gründe, dass sie das tut. Und
auch die Gesellschaft sollte – recht verstanden – ein Interesse
daran haben, dass nicht nur die Reflexion kulturell prägender
und gesellschaftlich wichtiger Religionstraditionen, sondern
auch der vielschichtigen Problemlagen der Gottesfrage an der
Universität geschieht. Warum?

Christlicher Glaube verlangt nach theologischer Verantwortung, aber diese Aufgabe kann nicht nur auf eine Weise und
nicht nur an einem Ort wahrgenommen werden. Christliche
Theologie ist nicht an die Universität oder an die institutionalisierte Form moderner Wissenschaft gebunden. Sie wurde und
wird auch außerhalb der Universitäten, an anderen Orten und

Institutionen gelehrt und praktiziert. Die Universität ist gegenwärtig ihr faktischer, nicht ihr notwendiger Ort.

Aber wo immer sie betrieben wird, ist sie eine *öffentliche* Angelegenheit, und zwar in mehr als einer Hinsicht. Sie hat ein öffentliches, alle und alles betreffendes Thema: Gottes Wirken in unserer Wirklichkeit und die Auswirkungen seiner Gegenwart in unserem Wahrnehmen und Gestalten von Wirklichkeit.[214] Sie thematisiert das auf öffentliche, methodisch nach- und mitvollziehbare Weise, indem sie von den geschichtlichen Zeugnissen der Wahrnehmungen und des Wirklichkeitsverständnisses von Menschen ausgeht, die sich und ihre Welt im Licht der wirksamen Gegenwart Gottes verstanden haben und verstehen. Sie knüpft damit zwar stets an bestimmte Glaubenstraditionen an, bleibt aber nicht auf diese beschränkt, sondern ist allen zugänglich, die von ihrer Vernunft auch im Bereich von Religion und Glaube öffentlichen Gebrauch zu machen gewillt sind. Und sie stellt ihre Resultate öffentlich zur Diskussion, indem sie diese nicht doktrinär, sondern argumentativ vertritt und die Geltung ihrer Einsichten nicht auf ihre Herkunft und Genese, sondern auf die Nachvollziehbarkeit und Überzeugungskraft ihrer Argumente gründet.[215]

Mit gutem Grund wird Theologie deshalb an Universitäten gelehrt, seit es diese in Europa gibt. Sie hat und sucht ihren Ort im Rahmen institutionalisierter Wissenschaft, in der sich unsere Gesellschaft am Leitfaden der Wahrheitsfrage um die methodische Erweiterung von Wissen und die rationale Überprüfung von Wissensansprüchen aus allen für relevant erachteten Problembereichen bemüht. Das heißt nicht, dass Theologie sich einem ihr sachfremden Wissenschaftsprinzip unterwerfen und ihre Eigenart als denkende Verantwortung des christlichen Glaubens ignorieren müsste. Es heißt aber, dass sie die Pflicht akzeptiert, über ihr Denken öffentlich Rechenschaft abzulegen, sich also auf den kritisch-argumentativen Diskurs über ihre Themen und Argumente einzulassen.[216] Niemand, der die entsprechende Kompetenz erworben hat, ist von diesem wissenschaftlichen Diskurs über theologische Themen ausgeschlossen, und alle, die sich an diesem Diskurs beteiligen, konstituieren gemeinsam die wissenschaftliche Öffentlichkeit der Theologie. Das ist keineswegs die einzige, wohl aber eine wesentliche Öffentlichkeit der Theologie.[217]

Dass Theologie bei uns an Universitäten öffentlich gelehrt wird, hat also nicht nur historische, sondern auch gute sachliche Gründe.[218] Doch für viele ist das heute nicht mehr selbstverständlich. Der gesellschaftliche Konsens, der die Existenz christlicher Theologie an staatlichen Universitäten einer säkularen oder multireligiösen Gesellschaft akzeptabel macht(e), ist weithin in Auflösung begriffen. Und auch von kirchlicher Seite wird die Existenz theologischer Fakultäten an staatlichen Universitäten immer wieder in Frage gestellt. Doch Kirchen und Kirchenleitungen irren sich, wenn sie meinen, auf eine unabhängige Theologie verzichten zu können: Sie brauchen das Gegenüber eigenverantwortlicher theologischen Reflexion, um ihre kontingenten Ausdrucks- und Lebensformen des christlichen Glaubens nicht mit dessen Wahrheit zu verwechseln. Solange es die Institution der Universität in unserer Gesellschaft gibt, wird die Theologie an ihr einen Platz beanspruchen. Und solange die Gesellschaft den Streit um die Wahrheit an der Universität institutionalisiert, ist sie gut beraten, darauf zu bestehen, dass auch die Theologie in die akademische Auseinandersetzung um Wahrheit und Wirklichkeit eingebunden wird, und zwar aus wohlverstandenen eigenen Interessen.

Wer nur religionswissenschaftlichen Fachbereichen ein Recht an staatlichen Universitäten zubilligt, geht von der falschen Voraussetzung aus, Religionen und religiöse Phänomene ließen sich (nur) aus Beobachterperspektive zureichend beschreiben, ohne sich auf die von den Beteiligten vertretenen Wahrheits- und Geltungsüberzeugungen einlassen zu müssen, weil diese eine rein private Angelegenheit seien. Neben der deskriptiven Religionswissenschaft, die von der Wahrheitsfrage freizuhalten sei, sei an Universitäten allenfalls eine neutrale religionsphilosophische Beschäftigung mit religiösen Wahrheitsüberzeugungen akzeptabel.[219] Doch das ist ein Irrtum, und zwar in wissenschaftlicher wie gesellschaftlicher Hinsicht.

Zum einen ist Religionswissenschaft allein zu wenig und nur Religionsphilosophie nicht zureichend, um den Konnex zwischen *Gott, Gottesverehrung* und *Gottdenken* eigenständig zu durchdenken[220] und der Öffentlichkeitssphäre *Religion* am Ort institutionalisierter Wissenschaft an Universitäten gerecht zu werden. Wer die Gottesfrage ausblendet und sich auf historische oder empirische Fragen über die Traditionen des Gottesglaubens, der Gottesverehrung und des Gottdenkens in unterschiedlichen Kulturen und Gesellschaften beschränkt, klammert einen zentralen Wirklichkeitsbereich menschlichen Lebens aus der kritischen Reflexion aus. Wer von der Wahrheitsüberzeugung einer Religion absieht, enthält sich nicht nur eines Urteils über sie, sondern verliert in entscheidender Hinsicht das Phänomen selbst aus den Augen. Und wer sich nur neutral mit religiösen Wahrheitsüberzeugungen auseinanderzusetzen versucht, unterschätzt nicht nur deren involvierenden Charakter, sondern täuscht sich auch über seine Neutralität. Nicht von ungefähr resultiert dieser Versuch fast regelmäßig in der verkürzenden oder verkehrenden Darstellung, Kritik oder Verteidigung religiöser Ansichten nach Maßgabe einer an einem anderen Problemzusammenhang gewonnen und zur Norm für alles Wissen erklärten Auffassung von Wissen, Wahrheit und Wissenschaft. Religiöser Glaube kommt so entweder in entscheidender Hinsicht gar nicht in den Blick, oder er bekommt keine faire Chance.

Zum anderen handelt eine Gesellschaft unverantwortlich und schadet sich selbst, wenn sie ihre Mitglieder gerade in dem sensiblen und folgenreichen Bereich der Religion aus der Verantwortung entlassen will, ihre Glaubensüberzeugungen anderen gegenüber öffentlich zu verantworten. Wir benötigen Orte, an denen nicht nur über Glaubensüberzeugungen gesprochen, sondern der Diskurs zwischen Glaubensüberzeugungen öffentlich und nach akzeptierten Regeln geführt wird – in der nicht unberechtigten Erwartung, dass das immer auch auf die Religionsgemeinschaften selbst zurückwirkt. Das beugt nicht nur der fundamentalismusanfälligen Selbsteinigelung von Religionen vor, in der die Suche nach dem gemeinsam Verbindlichen in einer Gesellschaft durch einen sich absolut setzenden Individualismus oder Gruppenegoismus unterminiert wird. Es wirkt auch der damit verbundenen Gefahr entgegen, Wahrheitsfragen auf Machtfragen zu reduzieren und in identitätspolitische Gruppenkämpfe aufzulösen, indem es den Wahrheitsbezug von Glaubensüberzeugungen ernst nimmt.[221] Die Wahrheit und Wahrhaftigkeit von Überzeugungen wird bei uns aber an Universitäten kritisch diskutiert, und Universitäten sollten deshalb auch der Ort sein, an dem Glaubensüberzeugungen – und zwar keineswegs nur christliche – von Beteiligten öffentlich vertreten und *sine vi, sed verbo* debattiert werden.

Deshalb gehören gerade auch aus gesellschaftlicher Sicht *Theologien* und nicht nur Religionswissenschaften an die Universitäten. Und umgekehrt ist es eine Aufgabe christlicher Theologie in unseren Gesellschaften, darauf zu bestehen, dass Theologie, und zwar nicht nur christliche Theologie, an unseren Universitäten ihren Ort hat und behält. Theologien gehören – im Blick auf die gesamtgesellschaftliche Öffentlichkeit – an den Ort, an dem sich unsere Gesellschaft diskursiv über Grundfragen verständigt, die alle betreffen und für alle relevant sind. Sie gehören – im Blick auf die religiöse Öffentlichkeit – an die Universität, weil dort die in der religiösen Praxis eingespielten Selbstverständlichkeiten von Erwartung und Erfüllung, Bekenntnis und Bekanntem, Glaube und Handeln reflexiv unterbrochen und in Sachen des Glaubens und der Religion zu einem aufmerksamen Zögern im Denken und einer kritischen Nachdenklichkeit beim Handeln angeleitet wird. Und sie gehören – im Blick auf alle anderen Öffentlichkeitssphären – an die Universität, weil sie von ihrem Gegenstand her die Grenzen wissenschaftlichen Wissens thematisieren müssen und damit den anderen Disziplinen gegenüber die Bindung an lebensweltliche Grundlagen und die Pflicht zur kritischen Selbstbegrenzung wissenschaftlichen Strebens überhaupt in Erinnerung zu halten haben.

Im Horizont der Wissenschaften hat Theologie also nicht die Aufgabe, die christliche Wahrheitsüberzeugung apologetisch zu vertreten und mit nichttheologischen Argumenten zu verteidigen. Das war schon immer ein zum Scheitern verurteiltes Unterfangen. Sie hat vielmehr Horizonte der Lebensorientierung zu erschließen, die leicht übersehen werden, und kritisch an Grundlagen und Grenzen des Lebens, Denkens und Handelns zu erinnern, die zu vergessen lebensschädigend ist.

Im wissenschaftlichen Gespräch mit anderen Disziplinen geht es theologisch aber auch nicht darum, bessere Antworten auf deren Fragen zu finden. Das wäre ein vermessenes Unterfangen. Theologie traktiert ihre eigenen Fragen, nicht die anderer Disziplinen, und andere Wissenschaften konzentrieren sich auf ihre Fragen, nicht auf die der Theologie. Die Präsenz der Theologie an der Universität hängt an der Eigenständigkeit, Eigentümlichkeit und Unverzichtbarkeit ihrer Fragen für das Selbstverstehen, Weltverstehen und Gott- bzw. Transzendenzverstehen der Menschen. An den Universitäten ist sie die permanente Erinnerung daran, dass keine Wissenschaft und auch nicht alle Wissenschaften zusammen alle Fragen bearbeiten, die für das menschliche Leben entscheidend sind. Die Kontingenz des Daseins, die Endlichkeit des Lebens, die Unmenschlichkeit der Menschen und der strittige Modus eines wirklich mitmenschlichen Lebens werfen existenzielle Fragen auf, die noch nicht beantwortet sind, wenn man alles wissenschaftlich Relevante dazu gesagt hat. Existenzielle Fragen sind keine wissenschaftlichen Fragen, sondern das, was offen bleibt, wenn diese beantwortet sind. Sie bringen die Fragenden selbst ins Spiel, fügen also nicht nur einen weiteren Aspekt zum Katalog wissenschaftlicher Fragen hinzu, sondern lozieren alle wissenschaftlichen Bemühungen und lebensweltlichen Aktivitäten im Leben derer, die sich nicht entschieden haben zu leben und sich nicht entscheiden können, immer weiter zu leben, sondern mit den Möglichkeiten und Grenzen, der Lust und dem Leid ihres endlichen Lebens zurechtkommen müssen. Nur wer lebt, kann sich gegen sein Leben entscheiden, aber niemand verdankt sein Leben seiner eigenen Entscheidung. Alles Leben ist vielmehr endlich und mannigfach begrenzt.

Um diese Grenzen und die darin angelegten existenziellen Möglichkeiten und Gefährdungen geht es, wenn die Theologie daran erinnert, dass alles, was Menschen tun und lassen, *coram deo*, in der *Öffentlichkeit vor Gott* geschieht. Sofern eine ›öffentliche Vernunft‹ genau diese Öffentlichkeit ausblendet und gar nicht zu Wort kommen lässt, verstrickt sie sich in selbstverschuldete Blindheit gegenüber einer grundlegenden Öffentlichkeitsdimension menschlichen Lebens. Das ist ein zentraler Schwachpunkt liberaler Konzeptionen der öffentlichen Vernunft. Wo in Konzeptionen politischer Philosophie im Gefolge von Rawls oder Habermas dafür plädiert wird, dass Bezugnahmen auf Gott, Göttliches, Transzendenz oder religiöse Überzeugungen in politischen Diskursen zu unterlassen sind, weil sie nicht mit der Zustimmung aller rechnen können, wird in fragwürdiger Weise in den demokratischen Prozess eingegriffen. In solchen Fällen geht es »im Namen staatlicher Neutralität nicht um den Schutz von Minderheiten, sondern um den Ausschluss bestimmter Beiträge vom demokratischen Diskurs«.[222] Das aber ist, wie Horst Dreier zu Recht unterstrichen hat, »einer freiheitlichen Demokratie zutiefst fremd. Denn diese beruht ja gerade auf dem Gedanken eines freien Austauschs der Meinungen, einem Pluralismus der Werthaltungen, Interessen und Standpunkte – und zwar ganz gleich, ob diese einen ›Rationalitätstest‹ bestehen würden oder nicht. Der offene Prozess politischer Willensbildung in der Demokratie lässt prinzipiell jeden Beitrag zu – die verschrobenste philosophische Spekulation ebenso wie völlig weltfremde ökonomische Theorien, esoterische ökologische Thesen und eben ohne Weiteres auch dezidiert religiöse Positionen.«[223] Aus verfassungsrechtlichen und theologischen Gründen ist die Bezugnahme auf die Öffentlichkeit vor Gott daher nicht auszublenden – in erster Hinsicht nicht, weil in Demokratien der Wille der Bürger ausschlagend ist, nicht die Quelle, aus der dieser sich speist, in theologischer Hinsicht nicht, weil es zwischen esoterischen und religiösen Überlegungen auf der einen und theologischen Reflexionen auf der anderen Seite nicht nur eine graduelle, sondern prinzipielle Differenz gibt. Theologische Beiträge können im demokratischen Diskurs nicht einfach untersagt werden, und man irrt sich, wenn man Theologie, Esoterik und Verschwörungstheorien in einen Topf wirft.

12 Öffentlichkeit vor Gott

Die Öffentlichkeit vor Gott ist die gegenwärtig wohl umstrittenste Form von Öffentlichkeit. Diese Öffentlichkeit steht quer zu allen Öffentlichkeiten, die sich der Kommunikation unter Menschen verdanken. Sie ist nicht nur eine der religiösen Kommunikationssphären, die es in menschlichen Kulturen und Gesellschaften mehr oder weniger ausgeprägt gibt. In der Öffentlichkeit vor Gott finden wir uns vielmehr vor, ehe wir durch eigene Kommunikation irgendeine Öffentlichkeit konstituieren können, und an ihr partizipieren wir mit allem, was wir tun und lassen. Sie tritt nicht als eine Öffentlichkeit neben anderen in Erscheinung, sondern ist diejenige Öffentlichkeit, ohne die keine anderen Öffentlichkeiten möglich wären. Sie ist deshalb auch nicht mit einer anderen Öffentlichkeit identisch oder auf nur eine von ihnen zu beschränken, weder auf die interne Öffentlichkeit der christlichen Kirche noch auf die gestuften und vernetzten Öffentlichkeiten ihrer kulturellen Umwelt. Es gibt nichts, was nicht prinzipiell und faktisch in dieser Öffentlichkeit loziert und durch sie letztlich bedingt und begrenzt wäre. Das gilt unabhängig vom Stand der Ausdifferenzierung einer Gesellschaft und unabhängig vom Grad ihrer Pluralisierung. Und das gilt sowohl für die, die ihr Leben in dieser Öffentlichkeit in der Orientierung an Gottes Gegenwart vollziehen, als auch für die, die das nicht tun. Die Öffentlichkeit vor Gott ist die Öffentlichkeit, ohne die es keine anderen Öffentlichkeiten gäbe. Man kann sie daher nicht bestreiten, ohne sie zu bestätigen.[224] Jeder Lebensvollzug findet in ihr statt. Die Öffentlichkeit vor Gott ist nicht negierbar.

Das deutlich zu machen, ist Aufgabe der Theologie an der Universität. Dieser Aufgabe kommt sie nicht dann nach, wenn sie ein metaphysisches System entwirft und verteidigt, in das alle anderen Wissenschaften eingezeichnet werden können, sondern in dem sie durch Erinnerung, Hinweis und lebensweltliche Horizontabschreitungen[225] an den Letzthorizont alles Lebens und Seins und damit auch aller wissenschaftlichen Tätigkeit erinnert: dass sie in Gottes Gegenwart stattfinden, der Gegenwart derjenigen Wirklichkeit, der alles Mögliche zu verdanken ist.[226]

Das kann sie allerdings nicht tun, ohne sich selbst und ihr eigenes Tun in der Öffentlichkeit vor Gott loziert zu wissen. Denn dieser Öffentlichkeit gegenüber gibt es keine Beobachter, sondern nur Beteiligte, auch wenn das nicht allen bewusst sein mag. Für die Theologie, der das bewusst ist, folgt daraus, dass sie anderen gegenüber nur als Beteiligte auftreten kann: Stets geht es darum, dass Beteiligte (und nicht nur Beobachter) ihre Überzeugungen anderen Beteiligten (aber nicht nur anderen Christen) gegenüber argumentativ vertreten. Ziel ist dabei nicht die zureichende Begründung des Glaubens vor dem Forum einer beobachtenden Öffentlichkeit oder öffentlichen Vernunft, sondern – in einer Form, für die die »radikale Ergänzungsbedürftigkeit, das prinzipielle Offenbleiben aller ihrer Sätze«[227] charakteristisch ist – andere daran zu erinnern und dafür zu sensibilisieren, *dass sie selbst Beteiligte sind*, dass sie also von dem, von dem sie reden, nicht reden können, ohne damit von sich zu sprechen. Gotteserkenntnis ist nichts anderes als das zu erkennen. Es gibt sie nicht in Beobachterhaltung, sondern nur für Beteiligte. Denn ihre Pointe ist nicht, in objektivierender Einstellung etwas von oder über Gott zu erkennen, sondern in existenzieller Einsicht sich selbst in der Gegenwart Gottes zu erkennen und dies als Wirken Gottes zu verstehen.

Die richtige Einsicht der Aufklärungstradition, dass Gott kein Gegenstand empirischer oder historischer Wissenschaften und kein Lückenbüßer wissenschaftlicher Erklärungen ist, heißt also nicht, dass Gott nirgends, sondern gerade umgekehrt, dass Gott *überall* thematisiert werden kann. War es einst ein Fortschritt, die Welt zu betrachten *etsi deus non daretur*, so geht es heute gerade umgekehrt darum, sie zu betrachten *etsi deus daretur*. Keine absolute Begründung des Glaubens, kein Eintreten für einen überflüssigen Lückenbüßergott, sondern das Offenhalten dieser Lücke im wissenschaftlichen Diskurs ist die Aufgabe der Theologie an der Universität – einer Lücke, die erlaubt, Gott überall am Werk zu sehen, ohne ihn zur Erklärung von allem möglichen oder von irgendetwas zu verharmlosen. Denn Gott erklärt nichts, aber alles impliziert seine Wirklichkeit.

III Die Krise
der Vernunft

1 Die Herausforderung des Pluralismus

Für das Leben in der Öffentlichkeit vor Gott ist der gesellschaftliche Pluralismus der Gegenwart kein prinzipielles Problem. Gott ist jeder Gegenwart gegenwärtig, und alle leben in der Öffentlichkeit vor Gott. Für die klassischen liberalen Staatstheorien dagegen ist der Pluralismus eine Herausforderung. Im Liberalismus existiert der Staat nur zum Schutz der individuellen Rechte, so dass Zwangsgesetze einer starken Rechtfertigung bedürfen. Die Legitimität der Zwangsgewalt des Staates beruht auf der Zustimmung der Regierten, und um diese Zustimmung zu erreichen, müssen die Bürger den Gründen zustimmen, mit denen Zwangsgesetze erlassen und angewandt werden. Wenn es in einer komplexen Gesellschaft aber konkurrierende umfassende Weltanschauungen gibt, dann wird es schwierig, einen Konsens über die Gründe für staatliche Zwangsgewalt zu erreichen. Selbst wenn jeder Bürger dafür seine eigenen, aus seiner Weltanschauung abgeleiteten Gründe hat und in die öffentliche Debatte einbringt, gibt es in einer pluralistischen Gesellschaft nur selten Gründe, auf die sich alle Bürger einigen können.

Darüber hinaus ist es verbreiteter Überzeugung zufolge grundsätzlich problematisch, weltanschauliche Gründe in der öffentlichen Debatte zuzulassen. In liberalen Theorien soll der Staat im Interesse der Fairness und Gleichbehandlung aller Bürger gegenüber weltanschaulichen Positionen und Ideen neutral sein. Wenn sich herausstellt, dass der Staat de facto eine bestimmte Weltanschauung vertritt, dann wird er nicht in der Lage sein, Zwangsgewalt gegenüber den Bürgern zu rechtfertigen, die nicht diese Weltanschauung vertreten. Die Neutralität des Staates ist für die legitime Anwendung von staatlicher Zwangsgewalt daher von großer Bedeutung.[228] Deshalb – so heißt es in einem wichtigen Strang gegenwärtiger politischer Philosophie – muss der Staat Gründe für die Rechtfertigung von Normen und Zwangsgesetzen finden, die von keinem vernünf-

tigen Bürger vernünftigerweise abgelehnt werden können. Sie
können nur mit Gründen gerechtfertigt werden, die sich öffentlich kritisieren lassen und deren Geltungsansprüche für vernünftige Bürger akzeptabel sind. Das aber gelte nur für Gründe,
die weltanschaulich neutral sind[229], die also »jedem ohne Rekurs
auf religiöse Erfahrungen oder Glaubensüberzeugungen einsichtig zu machen sind.«[230] Nur was dieser Bedingung genügt,
kann in einer deliberativen Demokratie als Grund fungieren,
denn nur was sich so rechtfertigen lässt, kann fair sein.

Diese Sicht geht im Kern auf Überlegungen von John Rawls
zurück. In *A Theory of Justice* skizziert dieser einen Vorschlag,
mit dem Problem der Rechtfertigung von Normen im weltanschaulich pluralen Staat umzugehen, der auf der Idee von
Gerechtigkeit als Fairness beruht.[231] Seine Grundannahme ist,
dass Bürger dann Gesetze wählen würden, die für alle fair sind,
wenn sie bei politischen Entscheidungen hinter einem »Schlei-
er der Unwissenheit« agieren würden, der diversitätsignorant
macht, also alle Besonderheiten verdeckt, die Menschen aufgrund ihrer Rasse, ihres Geschlechts, ihres sozioökonomischen
Status, ihrer Fähigkeiten oder ihrer Weltanschauung de facto
haben. Wo unter Absehung von allen konkreten Besonderheiten nur das gemeinsame Menschliche gilt, lassen sich Rawls
zufolge zwei grundlegende Gerechtigkeitsprinzipien rechtfertigen, nämlich erstens das *Freiheitsprinzip*, dass allen Bürgern
bestimmte bürgerliche Grundfreiheiten zugestanden werden
sollten, und zweitens das *Differenzprinzip*, dass, sollte in der
Gesellschaft Ungleichheit existieren, die Entscheidung den am
wenigsten begünstigten Mitgliedern zugutekommen muss.
Grundfreiheiten dürfen nicht nur formal sein, sondern müssen
in konkreter Weise in der Praxis umgesetzt werden. Freiheitsrechte werden damit an das moralische Ideal der Gerechtigkeit
gebunden. Nur eine freie Entscheidung, die sich am Prinzip des
Guten und Gerechten orientiert, kann eine moralisch vertretbare Freiheitsentscheidung und nicht nur eine Willkürentschei-

dung sein. Indem Rawls die Bürger als autonom und rational betrachtet und sie in der Aufklärungstradition als Menschen im Kern für gute und faire Wesen hält, geht er davon aus, dass sie durch den Deliberationsprozess zu einem gemeinsamen Verständnis von Gerechtigkeit als Fairness kommen werden.[232]

Das ist eine schwach begründete Erwartung. In einer weltanschaulich pluralen Gesellschaft kann jede Theorie der Demokratie, die mit einer bestimmten umfassenden weltanschaulichen Doktrin verbunden ist, aus vernünftigen Gründen abgelehnt werden. Jede auf einer Gerechtigkeitskonzeption beruhende moralische Rechtfertigung für Demokratie aber ist eine solche umfassende Doktrin und lässt sich daher mit Gründen ablehnen. Das gilt auch für Rawls' Konzeption. Seine Vorstellung von Gerechtigkeit als Fairness beruht auf seiner positiven Sicht der Menschen, dem intrinsischen Gut der menschlichen Autonomie und den idealen Bedingungen rationaler Deliberation. Sie ist damit selbst ein weltanschaulicher Beitrag zur Debatte zwischen konkurrierenden weltanschaulichen Doktrinen und keine Metaregel, auf die man sich im Streitfall stützen kann.

In seinem Buch *Political Liberalism* macht Rawls einen anderen Vorschlag. Wo die Grundfreiheiten gesichert sind, sei die Vielfalt umfassender weltanschaulicher Doktrinen »unvermeidlich« (inevitable). Das bezeichnet er als die Tatsache des »reasonable pluralism« weltanschaulicher Doktrinen.[233] Vernünftige Bürger wissen, dass jeder seine eigenen Ansichten über Gott, die Welt, das Leben, das Gute und das Böse hat und niemand erwarten kann, dass andere diese teilen. Sie akzeptieren daher, dass es Grunddifferenzen zwischen den Bürgern gibt, die sich nicht auflösen oder überspielen lassen. Das schließt nicht aus, dass es dennoch Gemeinsamkeiten gibt, auf die sich bauen lässt, und wenn das nicht der Fall sein sollte, dass man von verschiedenen Ausgangspunkten aus dasselbe Ziel unterstützen kann. Beide Wege werden von Rawls eingeschlagen. Zunächst hatte er argumentiert, dass man in öffentlichen Deliberationsprozessen nur von dem ausgehen könne, was man teilt. Demokraten sollten vermeiden, in politischen und gesellschaftlichen Auseinandersetzungen Gründe zu verwenden, die sich aus ihren persönlichen moralischen, religiösen oder philosophischen Grundüberzeugungen (comprehensive doctrines) ergeben. Stattdessen sollten sie Gründe verwenden, die öffentlich sind und mit denen alle Vernünftigen übereinstimmen können, weil kein vernünftiger Bürger sie vernünftigerweise ablehnen könnte.[234] Eben das aber gelingt unter Bedingungen eines zunehmenden gesellschaftlichen Pluralismus immer weniger. Deshalb schlägt Rawls vor, dass es jedem Bürger erlaubt sein müsse, die Demokratie auf seine eigene Weise zu rechtfertigen und den staatlichen Machtgebrauch mit seinen eigenen Argumenten als legitim zu akzeptieren. Jeder erkennt die Staatsmacht als legitim an, aber jeder kann das aus anderen Gründen tun und keiner drängt anderen seine Gründe auf. Rawls bezeichnet das als »overlapping consensus«.[235]

Um zu einem solchen überlappenden Konsens zu kommen, müssen die Bürger allerdings vermeiden, die tieferen Gründe dafür zu diskutieren, warum sie bestimmte Ansichten vertreten, die andere nicht teilen. Sie sind moralisch verpflichtet, sich gegenseitig zu respektieren und sollten sich daher in politischen Debatten, bei Gesetzgebungsprozessen und bei Abstimmungen nicht auf ihre weltanschaulichen Überzeugungen berufen, sondern einander Gründe anbieten, die andere Bürger vernünftigerweise – also allein aus Vernunftgründen – akzeptieren können.

Damit wird eine starke Differenz zwischen öffentlicher und privater Vernunft in Anspruch genommen. Als Privatpersonen können Bürger ihre tief verwurzelten Überzeugungen frei äußern, aber öffentlich sollten sie diese nicht zur Geltung bringen. Sie würden nur tiefe Meinungsverschiedenheiten erzeugen und das würde zu einem Verlust der demokratischen Legitimität führen. In öffentlichen Debatten sei es eine Sache der

Höflichkeit und des Respekts, nur mit Gründen zu argumentieren, die für andere Bürger akzeptabel sind. Vernünftige Bürger sollten nur Gründe verwenden, die öffentlich sind und mit denen alle Vernünftigen vernünftigerweise übereinstimmen können, von denen man also erwarten kann, dass vernünftige andere ihnen zustimmen.[236] Oder wie es Habermas formuliert: »Faire Regelungen können nur zustande kommen, wenn die Beteiligten lernen, auch die Perspektiven der jeweils anderen zu übernehmen. Insofern bietet sich die deliberativ verfasste demokratische Willensbildung als geeignetes Verfahren an. […] Die Bedingungen für die gelingende Teilnahme an der gemeinsam ausgeübten Praxis der Selbstbestimmung definieren die Staatsbürgerrolle: Die Bürger sollen sich, trotz ihres fortdauernden Dissenses in Fragen der Weltanschauung und der religiösen Überzeugung, als gleichberechtigte Mitglieder ihres politischen Gemeinwesens gegenseitig respektieren; und auf dieser Basis staatsbürgerschaftlicher Solidarität sollen sie in Streitfragen eine rational motivierte Verständigung suchen – sie schulden einander gute Gründe«.[237]

James Fishkin und Robert Luskin haben das präzisiert. Deliberative Debatten sollten *informiert* (und damit *informativ*) sein. Das heißt, Argumente sollten durch angemessene und einigermaßen genaue Tatsachenbehauptungen gestützt werden. Sie sollen *ausgewogen* sein. Argumente und Gegenargumente sollten berücksichtigt werden. Sie sollen *gewissenhaft* sein. Die Teilnehmer sollten höflich und respektvoll miteinander reden und einander zuhören. Sie sollen *inhaltlich* sein. Argumente sollten nach ihrer sachlichen Überzeugungskraft beurteilt werden und nicht danach, woher sie kommen oder von wem sie gemacht werden. Und sie sollen *umfassend* sein. Alle relevanten Standpunkte, die von signifikanten Teilen der Bevölkerung vertreten werden, sollten berücksichtigt werden.[238]

2 Die Neutralitätsforderung

Es liegt auf der Hand, dass dieser Liberalismus der öffentlichen Vernunft bei der Frage nach der Zulässigkeit religiöser Gründe in deliberativen Rechtfertigungsprozessen in Schwierigkeiten kommt. Religiöse Gründe werden von vielen Befürwortern dieses Ansatzes entweder als nicht ausreichend öffentlich (nicht vernünftig) oder als unangemessene (unvernünftige) Gründe angesehen.[239] *Public reason liberals* wie John Rawls, Robert Audi oder Gerald Gaus betonen, dass kein nicht-öffentlicher Grund, der ausschließlich auf der persönlichen Moralüberzeugung eines Menschen beruht, in öffentlichen Rechtfertigungsprozessen eine Rolle spielen sollte.

Das stellt eine grundsätzliche Herausforderung für religiöse Gründe dar, die in der Moderne und Postmoderne geradezu per definitionem nicht-öffentliche Gründe sind. Wenn man nur das rational nennt, was sich ohne Bindung an einen bestimmten Standpunkt (also neutral) und unter Absehung von allen partikularen Interessen (also universal) vor den kritischen Augen und Ohren aller (also öffentlich) vertreten lässt, und Religion genau dadurch definiert, dass sie partikular, positionell und privat ist, dann kann sie per definitionem (und nicht etwa aufgrund konkreter Prüfung) den Rationalitätskriterien öffentlicher Vernunft nicht genügen. Das kann man nicht anders als ein dogmatistisches Vorurteil nennen: Religiöse Gründe werden grundsätzlich aus demokratischen Deliberationsprozessen ausgeschlossen.

Gegen diese Sicht der *public reason liberals* haben Kritiker wie Nicholas Wolterstorff, Christopher Eberle und Michael Sandel eingewandt, das Erfordernis der öffentlichen Vernunft schränke die Fähigkeit religiöser Teilnehmer, sich am politischen Prozess des Austausches vernünftiger Gründe zu beteiligen, erheblich ein.[240] Zudem sei dieser Liberalismus der öffentlichen Vernunft selbst eine umfassende Moraldoktrin, die die Grenzen der Debatte zugunsten der liberalen Position festlegt, bevor die Debatte überhaupt beginnt. Akzeptiert man diese Kritik, dann ist die liberale Forderung öffentlicher Gründe eine unangemessene Antwort auf die Herausforderung des Pluralismus in demokratischen Rechtfertigungsprozessen und deshalb aufzugegeben.

Das gilt auch aus verfassungsrechtlicher Sicht, jedenfalls in Deutschland. Wie Christoph Möllers unterstreicht: »Das Grundgesetz normiert keine deliberative Demokratie und damit auch keine Pflicht, nachvollziehbare Gründe für politische Entscheidungen zu geben.«[241] Entsprechend betont auch Horst Dreier: »in einer liberalen Demokratie schulden politisch aktive Bürger einander im Grunde gar nichts. Es ist ihr gutes Recht, ihre womöglich noch so borniertern Interessen völlig diskursfrei zu vertreten und zu verfolgen. Rechtsetzung ist im Wesentlichen Produkt von politischem Wettbewerb und Mehrheitsentscheidungen.«[242] Sie resultiert aus Mehrheit und Macht und folgt nicht der Logik öffentlicher Rechtfertigung im politischen Diskurs.

Nun ist die Forderung, staatliche Zwangsgewalt mit öffentlichen Vernunftgründen zu rechtfertigen, für die Debatte um staatliche Legitimität nicht neu. Sie hat eine lange Vorgeschichte und ist schon in den Sozialvertragstheorien von Hobbes, Locke, Rousseau und Kant angelegt. Neuere Konzeptionen der öffentlichen Vernunft betonen darüber hinaus vor allem die erforderliche *Neutralität* der öffentlichen Gründe. Gründe sind neutral, wenn sie sich nicht auf umfassende Moral- oder Überzeugungsdoktrinen stützen oder auf solche verweisen.[243]

Thomas Nagel bezeichnet seine Version dieses Neutralitätserfordernisses als »erkenntnistheoretische Zurückhaltung« (epistemological restraint). Die Bürger demokratischer Staaten hätten eine moralische Pflicht, sich in deliberativen Beratungsprozessen nicht auf Wahrheit zu berufen, sondern »appeals to truth« zu vermeiden.[244] Nicht, dass etwas wahr ist oder für wahr gehalten wird, zählt, sondern dass es nach- und mitvollziehbar *vernünftig* ist. Der Grund für diese Forderung ist, dass Bürger in einer pluralistischen Gesellschaft ihre Wahrheitsüberzeugungen nicht teilen, während öffentliche Gründe doch gerade geteilt werden und sich auf Prämissen stützen müssen, die jeder nachvollziehen kann. Das heißt nicht nur, dass man in Kauf nehmen muss, dass etwas vernünftig, aber nicht wahr ist, und dass Wahres ignoriert wird, weil es nicht als vernünftig ausgewiesen werden kann. Das setzt vor allem eine epistemische Kluft zwischen dem Öffentlichen und dem Privaten und erwartet von den Bürgern, dass sie bei Debatten im öffentlichen Raum ihre »beliefs merely as beliefs rather than as truths« vertreten.[245]

Bruce Ackerman und Charles Larmore nehmen eine pragmatischere Haltung zur Neutralität öffentlicher Gründe ein. Ackerman argumentiert, dass die Bürger, wenn sie in Debatten merken, dass sie tiefe Meinungsverschiedenheiten haben, Zurückhaltung üben sollen und nicht diese Meinungsverschiedenheiten thematisieren, sondern versuchen sollten, das Problem dadurch zu lösen, dass sie sich auf Prämissen berufen, die sie teilen.[246] In ähnlicher Weise sagt Larmore, dass man sich »in the face of disagreement« nicht in Prinzipiendiskussionen verwickeln lassen sollte, sondern »retreat to *neutral ground*, with the hope of either resolving the dispute or bypassing it.«[247] Durch solche Zurückhaltung können Bürger, die unterschiedliche Ansichten vertreten, den Dialog dennoch in Gang halten und produktiv gestalten. Das ist schon aus pragmatischen Gründen wichtig. Uneinigkeit wirkt sich in der Regel nachteilig auf den weiteren Beratungsprozess aus. Soll dieser produktiv bleiben, muss eine gemeinsame Grundlage gefunden werden. Die Suche nach dem Gemeinsamen steht hat daher gegenüber der Verteidigung der Differenzen im Vordergrund. Die Bürger sollen in öffentlichen Debatten ihre Gründe auf »the subset of moral considerations« beschränken, »that others who have reasonable views can accept as well. «[248] Auf diese Weise könne man vermeiden, anderen Bürgern die eigenen moralischen Ansichten aufzudrängen. Niemand soll unter eine fremde Sichtweise gezwungen werden, jeder soll vielmehr aus eigener Überzeugung zustimmen können. Indem man der Berufung auf öffentliche Vernunft die existenzielle Tiefe nimmt, sie also sozusagen auf das unstrittig Gemeinsame begrenzt, wahrt man die Neutralität des Staates.[249]

In diesem Sinn betont das liberale Prinzip der Neutralität, dass der Staat nicht Partei ergreifen sollte. In der deliberativen Demokratie stützt sich die Legitimität des Staates auf die angeführten Gründe. Indem sie sich auf neutrale, öffentliche Gründe beschränken, verhindern Bürger, dass der Staat aus voreingenommenen oder weltanschaulichen Gründen gerechtfertigt wird.[250]

3 Säkularität und Laizität

Aufgrund der angezeigten Schwierigkeiten mit religiösen und weltanschaulichen Gründen in öffentlichen Debatten setzen einige Versionen der öffentlichen Vernunft öffentliche, neutrale Gründe ausdrücklich mit säkularen Gründen gleich. Robert Audi etwa vertritt nachdrücklich die Säkularität der öffentlichen Gründe als Voraussetzung für die Trennung von Kirche und Staat in den USA. In seinem Buch *Democratic Authority and the Separation of Church and State* beschreibt er drei Prinzipien, die dieser Trennung zugrunde liegen: das Prinzip der Religionsfreiheit, die Gleichheit aller Religionen und die staatliche Neutralität gegenüber der Religion. Diese drei Prinzipien schützen im Rahmen der amerikanischen Verfassung den Staat vor religiösen Dogmen und sie schützen die Religionsfreiheit der Bürger, indem sie die Etablierung einer Staatsreligion verbieten.[251] Auch öffentlich geltend gemachte Gründe, so Audi, sollten deshalb säkulare Gründe sein. Wenn religiöse Gründe angeboten werden, um staatliche Gesetze zu rechtfertigen, dann sei der Staat nicht mehr neutral. Aus diesem Grund schlägt Audi »das Prinzip der säkularen Begründung« (the principle of seculare rationale) als Leitregel für politische Deliberation vor. Dieses Prinzip besagt: »Citizens in a democracy have a *prima facie* obligation not to advocate or support any law or public policy that restricts human conduct, unless they have, and are willing to offer, adequate secular reason for this advocacy or support (e.g. for a vote).«[252] Dabei definiert er einen säkularen Grund als einen Rechtfertigungsgrund, der sich nicht auf die Existenz Gottes, theologische Erwägungen oder (persönliche oder institutionelle) religiöse Autorität stützt. Nur Gründen, die das nicht tun, wird in öffentlichen Debatten Evidenzcharakter zugebilligt. Religiöse Gründe dürfen bei Wahlentscheidungen keine Rolle spielen und bei öffentlichen Beratungen nicht geltend gemacht werden, weil die Verwendung religiöser Gründe in solchen Fällen respektlos gegenüber denen ist, die nicht zu dieser Religion gehören.[253]

Aber ist das nicht umgekehrt auch der Fall? Warum sollen »eigentlich bestimmte politische Programme, bestimmte ökonomische Lehren oder bestimmte philosophische Konzeptionen von vornherein ›rationaler‹ sein […] als bestimmte Überzeugungen religiöser Gruppen«?[254] Und ist es nicht respektlos, wenn man Menschen in der politischen Sphäre zwingt, ihre religiösen Überzeugungen verdeckt zu halten oder in öffentlichen Debatten die säkulare Position liberaler Vernunft einzunehmen?

Rawls versucht in seinem Aufsatz ›The Idea of Public Reason Revisited‹ klarzustellen, dass liberale politische Werte nicht gleichbedeutend seien mit säkularen Werten.[255] Bürgern stehe es frei, Gründe aus ihren umfassenden Überzeugungsdoktrinen zu verwenden, wenn sie bereit seien, diese Gründe zur gegebenen Zeit durch neutrale, öffentliche Gründe zu ersetzen.[256] Religiöse Gründe können ein motivierender Faktor für das Einnehmen einer politischen Position sein, aber sie sind keine Rechtfertigung für sie. Die muss durch neutrale, öffentliche Gründe gegeben werden. Religiöse Überzeugen mögen motivieren, aber sie taugen nicht als Rechtfertigungsgründe.

Manche gehen erheblich weiter. Laizität – so hat es Paolo Flores D'Arcais in seinen *Elf Thesen zur Laizität* formuliert[257] – sei »die Kernfrage der Demokratie«. Denn Demokratie sei die politische Gestalt des *autos nomos*, des »Sich-selbst-das Gesetz-Geben[s]«, der »Selbstsouveränität des *Homo sapiens*, die auf dieser Erde an die Stelle des *heteros nomos* tritt, der Souveränität Gottes als Quelle für das Diktat von Vorschriften und Werten, Rechten und Pflichten jedes einzelnen.«[258] Ohne Laizität keine Demokratie, keine »Souveränität aller und jedes einzelnen«. Und das heißt im Umkehrschluss: Solange es noch Reste des Christentums oder irgend einer anderen Religion in der politischen Öffentlichkeit gibt, ist es um die Demokratie nicht gut bestellt. Wer Demokratie will, muss alle Religion aus der Öffentlichkeit verbannen.

Paolo Flores D'Arcais operiert mit einem gängigen Gegensatz: Auf der einen Seite steht der *heteros nomos* der Religion, auf der anderen der *autos nomos*, das »Sich-selbst-das Gesetz-Geben«, die »Selbstsouveränität« des säkularen Menschen. Wer Heteronomie und Autonomie, religiöse Fremdbestimmtheit und säkulare Selbstbestimmung so kontrastiert, versteht das Religiöse im Schema des Kontrasts von *religiös/säkular* als die klerikale Bevormundung, von der die säkulare Selbstbestimmung befreit. Religion wird mit klerikaler Fremdherrschaft über das menschliche Gewissen gleichgesetzt, Säkularität mit der Befreiung davon.

4 Kritik am Liberalismus der öffentlichen Vernunft

Das ist eine vertraute, aber unhaltbare Übervereinfachung. Doch auch wenn man das zugesteht, bleiben viele Fragen offen. Zu Recht wird von Rawls analytisch zwischen *Motivation* (Warum will ich p?) und *Rechtfertigung* (Mit welchem Recht will ich p?) unterschieden. Doch damit wird die praktische Forderung begründet, allen Beteiligten an Deliberationsprozessen sei die Urteilsfähigkeit zuzumuten, nicht nur zwischen *Motiven* und *Gründen* bzw. *privaten* Überzeugungen und *öffentlichen* Rechtfertigungsgründen zu unterscheiden, sondern auch zwischen *Wahrheitsgründen* (der Begründung der Wahrheit einer Überzeugung) und *Rechtfertigungsgründen* (der Rechtfertigung der Vernünftigkeit von Haltungen, Entscheidungen oder Handlungen). Vor allem aber wird davon ausgegangen, dass religiöse Rechtfertigungsgründe immer nur privat und nie öffentlich sein können. Wer für seine religiösen Überzeugungen oder seine religiöse Praxis religiöse Gründe anführt, hat sie nicht öffentlich gerechtfertigt. Er hat seine privaten Gründe und Motive dargelegt, aber nichts gesagt, was für andere relevant wäre. Doch diese Ansicht ist zumindest rechtfertigungsbedürftig und hat mannigfachen Widerspruch erfahren.[259] Besonders die folgenden Einwände haben Gewicht:[260]

(1) Der Fairness-Einwand

Der Einwand der mangelnden Fairness greift Rawls' Feststellung auf, dass es nicht gerechtfertigt sei, im öffentlichen Diskurs eine umfassende Moraldoktrin gegenüber einer anderen zu bevorzugen. Der Vorwurf lautet, dass der Liberalismus der öffentlichen Vernunft genau das tut. Indem von religiösen Personen verlangt wird, ihre wirklichen Gründe aus der öffentlichen Debatte herauszuhalten, wird ein ungerechtes Ungleichgewicht gegenüber säkularen Personen geschaffen, die nicht genötigt werden, private Überzeugungen und öffentliche Gründe zu unterscheiden, weil sie ohnehin eben die Art von Gründen geben, die die öffentliche Vernunft verlangt. Der Liberalismus der öffentlichen Vernunft ist einseitig antireligiös und damit unfair.

(2) Der Integritäts-Einwand

Eine der überzeugendsten Kritiken am Liberalismus der öffentlichen Vernunft ist der Einwand, dass er von den Menschen verlangt, ihre wahren Gründe von ihren öffentlichen Gründen zu unterscheiden, und damit die Integrität ihrer Person in Frage stellt. Wer davon überzeugt ist, dass seine religiöse Identität nicht von seiner politischen Identität zu trennen ist, von dem kann man nicht verlangen, in der öffentlichen Sphäre seine religiösen Überzeugungen einzuklammern, weil damit auch seine politischen Überzeugungen eingeklammert wären. Damit aber ist das Problem verschwunden, das man lösen wollte, weil die Differenz zwischen Öffentlich und Privat eingezogen wurde. Wer dagegen an dieser Differenz festhält und aus Gründen der öffentlichen Vernunft darauf besteht, dass Bürger im Widerspruch zu ihren moralischen Überzeugungen handeln, der erwartet von ihnen, dass sie unaufrichtig handeln. Der Liberalismus der öffentlichen Vernunft ist nicht nur unfair gegenüber religiösen Personen, sondern fordert sie auf, etwas zu tun, was unethisch ist. Die Bürger sollen ihre religiösen bzw. moralischen Verpflichtungen missachten, die sich aus der Prägung ihrer politischen Überzeugungen durch ihren Glauben ergeben. Und sie sollen in der Öffentlichkeit ihre wahren Beweggründe verbergen und anderes anführen. Doch wenn moralische und religiöse Überzeugungen konstitutiv sind für die Identität einer Person, dann verlangt man etwas Unmögliches, wenn man von ihnen erwartet, diese Überzeugungen in der Öffentlichkeit zu verschweigen. Habermas hat daher Recht, wenn er sagt, dass »many religious citizens would not be able to undertake such an artificial division within their own minds without jeopardizing their existence as pious persons.«[261] Man missversteht die Bedeutung religiöser bzw. moralischer Überzeugungen für die Identität einer Person, wenn man verlangt, ihre politischen Gründe dürften nichts mit ihrer persönlichen Identität zu tun haben.

(3) Der Einwand der Wahrheitsbestreitung

Der Liberalismus der öffentlichen Vernunft leugnet die Relevanz von Wahrheit, weil er von den Bürgern verlangt, ihre wahren Gründe im öffentlichen Leben geheim zu halten und in der Öffentlichkeit mit vernunftkonformen, aber unehrlichen Gründen zu argumentieren. Damit wird die Vernünftigkeit von Gründen über die Wahrheit gestellt: Nicht was wahr ist, ist entscheidend, sondern das, was als vernünftig angesehen wird. Das aber verändert sich: Nicht alles wird jederzeit von allen in der gleichen Weise für vernünftig gehalten. Der Liberalismus der öffentlichen Vernunft ist damit epistemisch diskriminierend und schließt bestimmte Überzeugungen einfach aufgrund ihres Ursprungs aus. Er verlangt von den Menschen, aus Gründen des Respekts anderen gegenüber ihre wahren Gründe zu verbergen, während es doch gerade zum Respekt anderen gegenüber gehört, dass man ehrliche Gründe anführt, auch wenn sie privat sind. Von Menschen zu verlangen, unaufrichtige, aber öffentliche Gründe zu nennen, zeugt nicht von Respekt gegenüber anderen. Respektvoll wäre es gerade umgekehrt, ehrliche Gründe zu nennen. Für Jeffrey Stout ist Rawls Auffassung der öffentlichen Vernunft daher kontraproduktiv.[262] Sie verschärft das Problem, insofern es religiösen Bürgern schwerer gemacht wird, ihre wahren Überzeugungen in öffentlichen Debatten zum Ausdruck zu bringen als ihren säkularen Mitbürgern. Der Effekt sei, dass religiöse Bürger demokratische Politik als heuchlerisch empfinden, und das untergrabe die Zustimmung zu demokratischer Politik und stärke sie nicht.

(4) Der Einwand des Anti-Demokratischen

Dass der Liberalismus der öffentlichen Vernunft von den Bürgern verlangt, bestimmte Gründe nicht in der öffentlichen Debatte zu gebrauchen, halten verschiedene Kritiker für antidemokratisch. Die Radikaldemokraten Iris Young, Seyla Benhabib und Nancy Fraser argumentieren, dass die Ausrichtung auf öffentliche Vernunftgründe antidemokratisch sei, weil sie den Status quo begünstige.[263] Indem er auf »richtigen« Gründen und einer »richtigen« politischen Sprache bestehe, schränke der Liberalismus der öffentlichen Vernunft die Fähigkeit ein, mit nicht-traditionellen Gründen demokratische Veränderungen herbeizuführen. So argumentiert Benhabib, dass »all struggles against oppression in the modern world begin by redefining what had previously been considered private, nonpublic, and nonpolitical«.[264] Wenn der Liberalismus der öffentlichen Vernunft kritische Debatten einschränke, dann begünstige er den Status quo und behindere die demokratische Debatte. Auch für Sandel ist der Ausschluss religiöser Gründe aus öffentlichen Debatten antidemokratisch, weil er die Vitalität der öffentlichen Debatten in der Demokratie verringert.[265] Wenn die wichtigsten Überzeugungen von Menschen in öffentlichen Debatten keine Rolle spielen dürfen, werde der demokratische Diskurs oberflächlich. Anstatt die zugrunde liegenden Motivationen der Bürger zu ignorieren, sollten wir »respect our fellow citizen's moral and religious convictions by engaging or attending to them – sometimes by challenging and contesting them, sometimes by listening and learning from them.«[266] Eine pluralistische Gesellschaft sollte auf die Vielfalt der Meinungen achten, anstatt sie zum Schweigen zu bringen.[267]

(5) Der Einwand der Selbstwidersprüchlichkeit

Für Micah Schwartzman[268] und Ken Greenawalt[269] ist der Liberalismus der öffentlichen Vernunft unzureichend, weil er keine eindeutigen Antworten auf soziale Probleme geben könne. Wenn sich mit Hilfe öffentlicher Vernunftgründe keine Antwort finden lässt, aber mit nicht-öffentlichen Gründen Antworten gefunden werden könnten, dann blockiere die Öffentlichkeits- und Neutralitätsforderung des Liberalismus der öffentlichen Vernunft die Suche nach einer Lösung von Problemen. Zudem gibt es viele moralische Fragen im öffentlichen Leben, die ohne eine tiefergehende inhaltliche Debatte nicht beantwortet werden können, wie z.B. gleichgeschlechtliche Ehen, Abtreibung und Tierrechte. In all diesen Debatten lässt sich der Rekurs auf weltanschauliche Überzeugungen nicht vermeiden. Manche Kritiker des Liberalismus der öffentlichen Vernunft argumentieren daher, dass gerade die Forderung, die Verwendung von Gründen zu vermeiden, die andere vernünftige Menschen vernünftigerweise ablehnen könnten, zur Selbstauflösung des Konzepts der öffentlichen Vernunft führt. Es ist nicht unvernünftig, die Beschränkung demokratisch akzeptabler Argumente auf öffentliche Vernunftgründe abzulehnen, und nicht wenige tun es. David Enoch[270], Steven Wall[271] und Franz Mang[272] etwa betonen, dass die Verpflichtung zu öffentlichen Vernunftgründen eine moralische Regel sei und wie alle moralischen Regeln vernünftig abgelehnt werden könne.[273] Damit ergibt sich der Selbstwiderspruch, dass der Liberalismus der öffentlichen Vernunft fordert, alle öffentliche Gründe müssten allen Personen gegenüber gerechtfertigt werden können, aber eben das für seine eigene Forderung nicht leisten kann.

5 Die Unvernunft öffentlicher Vernunft

Die skizzierten Einwände zeigen schwerwiegende Mängel am Konzept der öffentlichen Vernunft. Befürworter öffentlicher Gründe betonen, dass es unethisch sei, religiöse oder andere Gründe aus umfassenden Moralüberzeugungen in öffentlichen Rechtfertigungsprozessen zu verwenden. Doch eine solche Behauptung stützt sich selbst auf eine umfassende Moraldoktrin, die sich nicht von selbst versteht, sondern mit Gründen bestritten werden kann. Über Moralkonzeptionen kann es immer vernünftige Meinungsverschiedenheiten geben, damit aber auch über die moralische Rechtfertigung der Beschränkung deliberativer Prozesse auf öffentliche Gründe. Versuche dieser Art sind zum Scheitern verurteilt, weil sich die Differenzen moralischer Wertüberzeugungen nie beseitigen lassen.

Der gegenteilige Anschein kann nur entstehen, wenn man mit Rawls nicht nur vom Pluralismus der Gesellschaft, sondern von einem *vernünftigen* Pluralismus (*reasonable* pluralism) ausgeht.[274] Dieser unterstellt vernünftige Bürger und ein vernünftiges Verhalten der Bürger. Vernünftige Bürger wissen, dass jeder seine eigenen Ansichten über Gott, die Welt, das Leben, das Gute und das Böse hat und niemand erwarten kann, dass andere diese teilen. Sie akzeptieren, dass es Grunddifferenzen zwischen den Bürgern gibt, die sich nicht auflösen lassen. Aber sie setzen darauf, dass es einen politischen Minimalkonsens gibt, auf den man sich verständigen kann: »Since justification is addressed to others, it proceeds from what is, or can be, held in common; and so we begin from shared fundamental ideas implicit in the public political culture in the hope of developing from them a political conception that can gain free and reasoned agreement in judgment.«[275] Genau diese *shared fundamental ideas implicit in the public political culture* aber sind eine fragwürdige Annahme. Mit zunehmendem Pluralismus wachsen die Uneinigkeit und die Differenzen. Das untergräbt den politischen Minimalkonsens und verunmöglicht die Deliberationsprozesse, die zur Rechtfertigung demokratischer Entscheidungen notwendig sind. Das lässt sich seit einigen Jahren in den USA und einer wachsenden Zahl europäischer Staaten beobachten. Unter dem Druck einer explodierenden Diversifizierung spaltet sich die Gesellschaft in gegensätzliche Gruppierungen (Demokraten und Republikaner, Parteien ›links der Mitte‹ und ›rechts der Mitte‹), die nicht nur politisch keine gemeinsame Minimalbasis mehr haben, sondern auch nicht mehr in der Lage sind, ihre Gegensätze als vernünftige Unterschiede (defensible differences) im Rahmen eines gemeinsamen Projekts verständlich zu machen. Fällt die Idealisierung eines vernünftigen Pluralismus, dann ist eine deliberative Demokratie in fundamentalen Schwierigkeiten.

Diesen Tendenzen zur Spaltung der Gesellschaft ist mit der Berufung auf die öffentliche Vernunft nicht zu begegnen. Diese klammert ja gerade die Überzeugungen, Auffassungen, Ansichten und Argumente, die den Spaltungen zugrunde liegen, aus der öffentlichen Debatte aus. Sie definiert das Öffentliche durch Ausgrenzung des Privaten und verschiebt alle Probleme, die in öffentlichen Deliberationsprozessen unlösbar zu sein scheinen, ins Private. Was dort geschieht, kümmert sie nicht – oder sie überlässt es einer zivilgesellschaftlichen Diskussion, die nicht entscheidungsorientiert ist, also nicht auf den zwanglosen Zwang des besseren Arguments in der Sache setzt, sondern nach ganz anderer Logik durch polemische Bewertung von Personen, Haltungen und Einsichten Meinungsbeeinflussung, Gesinnungspflege, Gruppenstärkung und Netzwerkbildung betreibt. Damit arbeitet sie selbst an den Spaltungen, die eine Gesellschaft auseinandertreibt, und verbraucht den Minimalkonsens, ohne den eine Demokratie nicht funktionieren kann. Wo es nur noch um Zustimmung oder Ablehnung geht und eine Ansicht oder Position nicht mehr kritisch diskutiert, also im Pro und Contra der Argumente auf ihre Richtigkeit, Wahrheit, Vernünftigkeit, Vertretbarkeit geprüft wird, entfaltet sie ein unkontrolliertes Eigenleben.

Es ist deshalb ein Fehler, in öffentlichen Debatten die Überzeugungen, die den Spaltungen zugrunde liegen, einfach deshalb als akzeptable Gründe abzulehnen, weil sie einer Sicht des Lebens entstammen, die nicht alle teilen. Es ist vor dem Hintergrund der Erfahrungen aus den europäischen und außereuropäischen Religions- und Konfessionskriegen zwar verständlich, warum sich Staaten aus den Entscheidungen über Religions- und Glaubensfragen heraushalten, sich eines Urteils enthalten und ihre Inkompetenz in diesen Angelegenheiten erklären. Aber dass sie inkompetent sind, heißt nicht, dass andere kompetenter wären. Die Restriktion auf ›öffentliche Vernunft‹ in der politischen Öffentlichkeit besagt auch nicht, dass es im Privaten vernunftfrei zuginge und in anderen gesellschaftlichen Öffentlichkeiten nicht auch vernünftig gestritten und geurteilt werden könnte. Wenn man in öffentlichen Deliberationsprozessen nur anführen kann, was andere vernünftige Menschen vernünftigerweise nicht ablehnen können, beschränkt man sich auf das Minimum eines kulturellen status quo, das unter der Sonne eines explodierenden Pluralismus wegschmilzt wie Schnee im Sommer. Weil man seine wirklichen Überzeugungen nicht als Gründe nennt, kommt es zu keiner ernsthaften Auseinandersetzung mit anderen über die eigenen weltanschauliche Überzeugungen und es wird anderen die Möglichkeit entzogen, selbst herauszufinden, ob diese Überzeugungen wahr, vernünftig und haltbar sind. Wo religiöse Überzeugungen als private Schrullen abgetan werden und in der kulturellen und gesellschaftlichen Öffentlichkeit nur noch dann Beachtung finden, wenn sie sich in moralische Positionen übersetzen lassen oder fragwürdige gesellschaftliche Auswirkungen haben, werden sie in ihrer positiven wie in ihrer negativen Bedeutung unterschätzt. Ohne öffentliche Debatten über ihre sachliche Haltbarkeit oder Unhaltbarkeit, Vernünftigkeit oder Unvernünftigkeit, Wahrheit oder Verwirrtheit wird den Problemen nicht an die Wurzel gegangen.

Der Versuch, am Leitfaden der öffentlichen Vernunft die Probleme konfligierender Pluralität religiöser und weltanschaulicher Überzeugungen dadurch zu entschärfen, dass man sich in der politischen Öffentlichkeit jeder inhaltlichen Stellungnahme und Beurteilung enthält und sich nur auf die Bewertung ihrer moralischen, psychischen, sozialen und politischen Auswirkungen beschränkt, hat fatale Folgen. Wo nicht mehr über Wahrheit und Falschheit gestritten werden kann, wo schon der Versuch dazu als Affront und Respektlosigkeit gewertet wird, wo gar gefordert wird, dass nur das, was in den Moraldiskurs der öffentlichen Vernunft übersetzt werden kann, an Religionen und Weltanschauungen ernst zu nehmen ist, da überlässt man diese sich selbst und ihren Anhängern und öffnet Tür und Tor für die Verbreitung unvernünftiger Überzeugungen, totalitärer Dogmatismen und autoritärer Lebenseinstellungen. Wie alles Menschliche können auch Religionen auf vernünftige oder auf unvernünftige Weise gelebt werden. Man kann in ihnen existenzverändernde Einsicht und Wahrheit finden, aber man kann mit ihnen auch das Übelste im Menschen heraustreiben und sie zu einer Geisel der Menschheit machen. Was in ihnen gefunden wird und was im menschlichen Leben aus ihnen wird, hängt auch an dem, wie man sich mit ihnen auseinandersetzt – allein und mit anderen, mit Befürwortern und Kritikern, im eigenen Nachdenken und im Austausch mit anderen. Man schadet sich, wenn man diesen Austausch nicht sucht, und man schadet der Gemeinschaft, wenn man sich diesem Austausch entzieht.

Die Ausklammerung kritischer Fragen nach der Wahrheit und Vernünftigkeit religiöser und weltanschaulicher Überzeugungen aus den öffentlichen Debatten kennzeichnet daher die Unvernunft der öffentlichen Vernunft, die sich die damit verbundenen Schwierigkeiten mit der Unterscheidung zwischen Öffentlichem und Privatem vom Hals hält – sich ihnen also nicht stellt, sondern das anderen überlässt. Man beschränkt sich im öffentlichen Raum auf die Auseinandersetzung mit den üblen Folgen (mancher) religiöser Überzeugungen, aber man verbietet sich die Beschäftigung mit ihnen selbst und damit mit der Wurzel des Übels. Das entlastet die ›öffentliche Vernunft‹ nicht, sondern schadet ihrem Ansehen und schwächt ihre Funktion.

6 Das Ende einer Epoche

Die Schwierigkeiten steigern sich, wenn man auf die Umbrüche in unseren Kommunikationsweisen und Kommunikationstechnologien achtet. In pluralistischen Gesellschaften werden Wahlen in der Regel nicht durch vernünftige Argumente, sondern durch verstörende Ereignisse, aufwühlende Bilder und das Wecken von Emotionen gewonnen. Deliberative Demokratien, die sich dadurch legitimieren, dass sie in der Gestaltung des Gemeinwesens auf die gewaltlose Überzeugungskraft des besseren Arguments setzen, sind damit in einer schwierigen Lage. Der Versuch, das Problem durch die Unterscheidung zwischen Öffentlichem und Privatem zu bewältigen und das auch noch mit der Differenz zwischen Rationalem und Emotionalem zu korrelieren, ist weithin gescheitert. Es gibt keine klare Differenz zwischen einem öffentlichen Raum, in dem eine für alle verständliche Vernunft, argumentative Begrifflichkeit und diskursive Rationalität waltet, und einem privaten Leben, das durch individuelle Überzeugungen, körperliche Emotionen, seelische Affekte, subjektive Gefühle und persönliche Gesinnung bestimmt wird.

Das hat mehrfache Gründe. Zum einen ist im Prozess der Moderne schon lange deutlich geworden, dass die politische Öffentlichkeit nur eine unter vielen Öffentlichkeiten ist, die ihren je eigenen Regeln folgen (Wirtschaft, Recht, Bildung, Religion, Medien), in wechselnden Konstellationen das individuelle und gemeinsame Leben bestimmen und auch das Private entsprechend differenzieren und pluralisieren. Die Differenz zwischen Öffentlichem und Privatem ist keine substantielle, sondern eine funktionale Unterscheidung.

Zum anderen hat die spätmoderne Entschränkung der Demokratie von einer Form politischer Herrschaft zu einer zivilgesellschaftlichen Ideologie, die alle Bereiche des Lebens ›demokratisch‹ zu gestalten fordert (was immer darunter jeweils verstanden werden mag), die Differenz zwischen einer politischen Öffentlichkeit und anderen gesellschaftlichen Öffentlichkeiten weitgehend zum Verschwinden gebracht. Alles wird politisch verstanden, alles Politische auf Partizipation fokussiert und alles als demokratisch fragwürdig kritisiert, was nicht partizipativ geschieht und gestaltet ist. Unterschiede zwischen einzelnen Lebensbereichen und ihren unterschiedlichen Anforderungen und Verfahrensweisen werden nicht mehr gemacht. Die »demokratische Gesellschaft«, so heißt es, erschöpfe »sich nicht abstrakt in Rechten und Anrechten«, sondern erfordere »als Lebensform fundamentale Gleichheit«.[276] Worin diese Gleichheit bestehen soll, wird nicht präzisiert. Es genügt, für Gleichheit in jeder Hinsicht und in allen Bereichen einzutreten, ohne sich mit Differenzierungen aufzuhalten. In Familie, Schule, Wirtschaft, Bildung, Wissenschaft, Kultur, Sport, Religion usf. sollen partizipative Formen eingeführt werden, die allen mit ihren jeweiligen Möglichkeiten erlauben, an allem teilzunehmen und alles mitzugestalten. Man soll ›überall‹ demokratisch leben, also »Demokratie fördern. Vielfalt gestalten. Extremismus vorbeugen.«[277] Warum das Gestalten von Vielfalt und das Vorbeugen gegen Extremismus etwas besonders ›Demokratisches‹ sein soll, bleibt allerdings dunkel. Nichtdemokratische Regime können das nicht selten viel besser oder effektiver. Wo alle Lebensbereiche ›demokratisiert‹ werden sollen, werden wichtige Differenzen eingeebnet, alles Gesellschaftliche wird politisch und alles Politische gesellschaftlich verstanden, die Differenz zwischen Staat, Gesellschaft und Lebenswelt also eingezogen.[278] Gleiches und Ungleiches wird damit gleich behandelt, der Kampf um Gleichberechtigung Verschiedener wird zur Ideologie der Gleichstellung von Ungleichen und Demokratie erweist ihre anarchische Buntheit, von der schon Platon sprach und in der er den Grund für den nicht zu vermeidenden Umschlag von Demokratie in Ochlokratie sah.

Zum dritten schließlich hat die informationstechnologische Revolution der letzten Jahrzehnte und die wachsende Bedeutung von Internet, online Kommunikation und Social Media die Unterscheidung zwischen Öffentlichem und Privatem weitgehend abgeschliffen. Das Private ist zum Öffentlichen geworden und hat die argumentative Vernunft auch aus politischen Kommunikationsprozessen verdrängt. Manche sehen darin eine demokratische Alternative.[279] Doch der Optimismus ist verflogen.[280] In vielen #-*communities* wird auf emotionale Zustimmung, Abgrenzung und Ausgrenzung gesetzt, nicht auf die Kraft des besseren Arguments und den kritischen Vergleich relevanter Gesichtspunkte. Das Gefühl dominiert, nicht der Kopf. Es geht um die richtige Einstellung, nicht um differenzierte Einsicht. Man wägt nicht ab, sondern solidarisiert sich. Nicht Sachprobleme, sondern Personen und ihre Haltungen stehen im Zentrum der Debatten. Sie werden attackiert oder bejubelt, beleidigt oder bewundert, vorgeführt oder nachgeahmt. Auch in politischen Auseinandersetzungen geht es in der Regel nicht um kritisch-abwägendes Urteilen im Horizont eines vernünftigen Mehr oder Weniger, sondern um emotionales Zustimmen und die richtige Gesinnung. Man kommuniziert nicht, um sich informiert entscheiden zu können, sondern man kommuniziert seine Haltung, um Zustimmung zu gewinnen.[281]

Die Umstellung von Einsicht auf Gesinnung und von Wissen auf Haltung hat weitreichende Folgen und verändert derzeit unsere ganze öffentliche Kommunikation. Erstaunlicherweise hat sie aber den politischen, philosophischen und theologischen Umgang mit dem Thema Religion bislang wenig verändert. Nach wie vor werden in kulturellen und gesellschaftlichen Debatten religiöse Themen aus dem öffentlichen Raum in das private Leben verwiesen, und nach wie vor wird in kirchlichen und theologischen Debatten versucht, mit religiösen und moralischen Themen im öffentlichen Raum Gehör zu finden. Die politische Privatisierung von Religion und die Bemühungen um eine öffentliche Theologie bewegen sich aber beide in demselben Paradigma, das durch die Unterscheidung zwischen Öffentlichem und Privatem definiert ist. Doch dieses Paradigma gehört jeden Tag mehr zur Vergangenheit. Wenn die Unterscheidung zwischen Öffentlichem und Privatem im konkreten Leben vieler Menschen eine immer geringere Rolle spielt und im gesellschaftlichen Leben fast überall Emotion, Affekt und Gefühl über Vernunft, Verstand und Argument dominieren, dann sind auch religiöse Fragen, Themen und Phänomene anders zu diskutieren, als es in den vergangenen zwei Jahrhunderten üblich geworden ist. Die Rahmenbedingungen haben sich geändert. Das nötigt zur Revision eingespielter Selbstverständlichkeiten und zum Erkunden neuer Fragestellungen und Zugangsweisen.

Die Auflösung der substantiellen Differenz zwischen Öffentlichem und Privatem verändert auch das Verständnis und die Praxis der Demokratie. Ist die gesellschaftliche Kommunikation unter Bedingungen digitaler Kommunikationstechnologien nicht mehr an der Unterscheidung zwischen Öffentlichem und Privatem orientiert, damit aber auch nicht mehr von einer klaren Unterscheidung zwischen Argument und Emotion, Einsicht und Gesinnung geleitet, dann müssen Vertreter einer deliberativen Demokratie überhaupt erst verständlich machen, wo und warum es auf Argumente und Argumentation ankommt, wenn Menschen in pluralen Gesellschaften friedlich zusammen leben wollen. Gelingt das nicht, kann sich deliberative Demokratie nicht mehr überzeugend legitimieren und wird zu einer bildmediengesteuerten Talkshow-Ochlokratie, mit der Tendenz, sich selbst zu zerstören.

Die Dialektik der Entwicklung hat am Ende der Moderne unter veränderten Bedingungen an ihren Anfang zurückgeführt. Politisch begann der Weg in die moderne Demokratie mit der Beschränkung auf die Strukturen der Immanenz und die Abweisung ihrer Begründung in der Transzendenz.[282] »We, the People« verstand sich von Anfang an als die Grundlegung einer Ordnung, die anders als das Ancien Régime ohne Rekurs auf Gott auskam. Die Personen, die sich unter diesem »We« zusammenfanden, verstanden sich zwar faktisch als Geschöpfe Gottes, doch die Ordnung, die sie etablierten, war keine von Gott, sondern von ihnen gesetzte Ordnung. Privat konnte man religiös sein oder nicht. Öffentlich war der Rekurs auf Gott und Religion ohne Begründungs- oder Rechtfertigungskraft. Die demokratische Ordnung galt nicht aufgrund des Willens Gottes, sondern aufgrund der Gesetze, die das »We, the People« erließ. Mit der Auflösung der Unterscheidung zwischen Öffentlichem und Privatem ist diese Scheidung der Aufgaben aber obsolet geworden. Am Ende der Moderne tritt die Religion auch wieder im Horizont der Politik auf und ist nicht nur ein Relikt der Vergangenheit, auf dessen endgültiges Ende man wartet. Religion kann nicht mehr auf das Private beschränkt werden, weil dieses vom Öffentlichen nicht mehr klar zu unterscheiden ist. Und wie die Gottesabstinenz vom öffentlichen Raum bis in das privateste Innerliche hinein ausstrahlen kann, so kann umgekehrt auch von Gott nicht mehr nur in der privaten Innerlichkeit gesprochen werden, sondern auch in der gesellschaftlichen Öffentlichkeit.

7 Nach dem nachmetaphysischen Denken

Die Auflösung der Differenz zwischen Öffentlichem und Privatem ist die eine Seite der Krise der Vernunft in der Gegenwart. Die andere ist das Ende des Irrtums, die Differenz zwischen Endlichkeit und Unendlichkeit, Immanenz und Transzendenz im Gebrauch der Vernunft ignorieren zu können. Solange man die Beziehung auf Transzendenz ganz auf die Seite des Privaten verorten konnte (Religion ist privat, Vernunft öffentlich), konnte man das Öffentliche und die Operationen der Vernunft in der Öffentlichkeit ganz auf die Immanenz beschränken: Alle in der Öffentlichkeit möglichen und nötigen Operationen kommen ohne Bezug auf Transzendenz aus. Öffentliche Vernunft ist unter postmetaphysischen Bedingungen eine ganz und gar transzendenzfreie Vernunft. Doch mit der Auflösung der Differenz zwischen Öffentlichem und Privatem lässt sich diese Arbeitsteilung nicht mehr halten. Das Religiöse kann nicht auf das Private beschränkt bleiben und der Bezug auf Transzendenz nicht mehr aus dem Öffentlichen ausgeklammert werden. Man muss unter diesen Bedingungen vielmehr die von Habermas als Grundzug der Spätmoderne hervorgehobene postmetaphysische Grundsituation der Gesellschaft in Frage stellen. Das Ende der Unterscheidung von Öffentlichem und Privatem ist auch das Ende der Irrmeinung, die Vernunftoperationen der Gegenwart seien nur noch postmetaphysisch, pragmatisch und unter Ausklammerung jedes Bezugs auf Transzendenz zu verstehen.

Nachmetaphysisches Denken im Sinn von Habermas geht davon aus, dass der Rekurs auf Gott, Göttliches oder (starke) Transzendenz keine Option mehr ist. »[N]ormative [...] Orientierungen« können nicht in einer Transzendenz begründet werden, sondern müssen aus den »eigenen Ressourcen [der Gesellschaft]« erzeugt werden.[283] Gott gehört dazu nicht, sondern nur die Verfahren gesellschaftlicher Wissensproduktion, moralischer Orientierung und religiös-liturgischer Praxis. Keine von

Kants Grundfragen nach dem Menschen (Was kann ich wissen? Was soll ich tun? Was darf ich hoffen?) kann beantwortet werden, indem von Gott die Rede ist. Nicht Gott, sondern allenfalls Religion – und auch die nur vielleicht – ist noch Gegenstand einer ernsthaften Debatte. Gott zu denken ist ein metaphysisches Geschäft. Nachmetaphysisch Gott zu denken scheint ein Selbstwiderspruch.

Damit verändert sich die Pointe des Argumentierens. Es ist nicht länger der argumentative Gebrauch der Vernunft, der die Neuzeit nach deren Selbstsicht geprägt hat und das Selbstbild propagierte, über die Kritik traditioneller Vorurteile und Dogmatismen zu einer vernünftigeren Position im Streit um die Gottesfrage fortschreiten zu können oder fortgeschritten zu sein. Die Gottesfrage wird vielmehr als entschieden, und zwar negativ entschieden, vorausgesetzt. Die Debatte um sie wird deshalb im Pro und Contra zur argumentativen Entfaltung eines zuvor schon eingenommenen Standpunkts, von dem aus die jeweilige Gegenseite kritisiert und die Kritik der Gegenseite am eigenen Standpunkt apologetisch widerlegt bzw. zurückgewiesen wird. Argumente für oder gegen Gott werden zur Entfaltung zuvor schon bestehender Überzeugungen, nicht zur neutralen Einweisung in eine positive oder negative Beurteilung der Gottesfragen mit vernünftigen Argumenten. Die Vernunft ist kein Standpunkt jenseits des Streits, sondern das argumentative Mittel, das jede Seite in Anspruch nehmen kann. Sie ist stets konkret eingebettet, also eine – theologisch gesagt – Vernunft des Glaubens oder eine Vernunft des Unglaubens, aber keine unabhängige und neutrale Instanz, auf die sich beide Seiten im Streit berufen könnten und die zwischen ihnen vernünftig zu entscheiden erlaubte.[284]

Die Debatte um Gott wird damit konfrontativ und aporetisch. Wer von Gott ausgeht, erwartet von denen, die das nicht tun, dass sie das rechtfertigen. Und wer nicht von Gott ausgeht, fordert von denen, die das tun, dass sie das rechtfertigen. Beide berufen sich auf die Vernunft, aber beide können weder die Unvernunft der anderen Seite schlagend beweisen noch ihre eigene Position allein dadurch rechtfertigen, dass sie die Kritik der anderen Seite widerlegen. Es ist immer eines, Kritik zu widerlegen, ein anderes dagegen, die eigene Sicht zu rechtfertigen. Eine Rechtfertigung kann aber nur gelingen, wo beide Seiten hinreichende Gemeinsamkeiten teilen, auf die man Bezug nehmen kann. Genau die aber gibt es nicht mehr. Der Streit um Gott wird damit zur weltanschaulichen Grundsatzauseinandersetzung. Man streitet nicht mehr vor dem Hintergrund gemeinsamer Überzeugungen über etwas, was man so oder so sehen kann, sondern man entfaltet eine weltanschauliche Grundalternative, in der es immer um Alles oder Nichts geht und der gegenüber es keine dritte Option gibt. Entweder ist man für Gott oder gegen Gott, und es ist unmöglich, weder das eine noch das andere zu sein, also *weder* einen religiösen *noch* einen säkularen Standpunkt zu vertreten. Meinung steht gegen Meinung, Sichtweise gegen Sichtweise, Lebensorientierung gegen Lebensorientierung, und der Streit um Gott wird nicht mehr mit Argumenten, sondern mit dem Appell an Gefühle und die mediale Plausibilisierung von prärationalen Überzeugungen, lebensgeschichtlichen Vorentscheidungen und ideologischen Voreingenommenheiten geführt. Wer Gottes Wirklichkeit bestreitet, kann nicht verstehen, warum man von ihr ausgehen sollte. Und wer sie nicht bestreitet, kann nicht verstehen, wie man sie bestreiten kann.

Wie kann nachmetaphysisches Denken angesichts dieser Sachlage die Alternative zwischen einem dogmatischen Theismus und einem dogmatischen A-Theismus vermeiden? Kann man Gott nur metaphysisch denken? Kann man nachmetaphysisch etwas denken, das Gott genannt zu werden verdient, oder den Glauben an Gott als etwas verstehen, was wie die Moral um seiner selbst willen und nicht als Mittel für einen Zweck gelebt wird? Für nachmetaphysisches Denken ist der Rekurs auf Gott, Göttliches und starke Transzendenz keine Option mehr. Ist der

Versuch, Gott nachmetaphysisch zu denken, ein Selbstwiderspruch? Und wie können dann semantische Gehalte der religiösen und theologischen Traditionen, die ohne Bezug auf Gott nicht zu haben sind, ins profane Denken und in nachmetaphysische Diskurse ›einwandern‹, ohne ihrer Identität entkleidet und gänzlich umdefiniert zu werden?

8 Genealogischer Ausweg?

Habermas versucht diese Aporie in *Auch eine Geschichte der Philosophie* zu vermeiden, indem er genealogisch vorgeht.[285] »Die Genealogie nachmetaphysischen Denkens lässt sich als der Versuch verstehen, dieses Konzept als das Ergebnis eines Lernprozesses darzustellen, der von der Frage nach der Vernünftigkeit des Glaubens ausgegangen ist.«[286] Am Anfang steht also ein Glaube, nach dessen Vernünftigkeit gefragt wird. Am Ende steht die Einsicht, dass von einer Vernünftigkeit des Glaubens nur gesprochen werden kann, wenn sein Objekt, (das, woran er glaubt) dekonstruiert ist, also *geglaubt* wird, ohne *an etwas* zu glauben. Die Vernünftigkeit des Glaubens kann nicht mehr dadurch erwiesen werden, dass sich am Leitfaden der Gottesfrage ein umfassendes Weltbild entfalten lässt. Diese Versuche sind – nach Habermas – mit der Renaissance und Reformation ans Ende gekommen. Die Frage nach der Vernünftigkeit des Glaubens ist seither nicht mehr die nach den vernünftigen Gründen eines Glaubens an Gott (Wahrheitsgründe), sondern nach der Vernünftigkeit einer bestimmten Religionspraxis (Handlungsrechtfertigung).[287] Gibt es vernünftige Gründe für eine solche Praxis und die Teilnahme an ihr in der säkularen Moderne?

Habermas sieht sie nicht. Seine Ausgangsprämisse ist, dass Vernunft und Freiheit heute säkular, transzendenzfrei und im

Kern nichts anderes als diskursive Gemeinschaftsprojekte vergesellschafteter Subjekte sind. Zu ihrer Rechtfertigung kann man nicht mehr auf eine vorgegebene einheitsstiftende Ordnung setzen oder auf für alle verbindliche Ideen, Identitäten, Werte und Normen rekurrieren, sondern muss sich mit verfahrensorientierter Rationalität und dem kommunikativen Aushandeln von gemeinsam Verbindlichem begnügen. Was nicht in vernünftige Diskurse überführt werden kann, hat keine Zukunft. Das gilt auch für die Gehalte der Religionen. Nur was sich ins Profane übersetzen lässt, ist für die säkulare Vernunft von Interesse. Ob religiöse Praxis und Tradition als solche einen vernünftigen Sinn und eine existenzielle Relevanz haben, wird nicht gefragt.

Und dennoch – ganz so einfach scheint es nicht zu sein. Habermas gesteht zu, dass »die Kirche ihr religiöses Proprium preisgeben« würde, wenn sie »auf eine innerweltliche Vergegenwärtigung des aus der Transzendenz, also von jenseits der Welt hereinbrechenden Heilsgeschehen verzichten« würde.[288] Als »Praxis der Vergegenwärtigung einer starken Transzendenz [...] bleibt sie ein Pfahl im Fleisch einer Moderne, die dem Sog zu einem transzendenzlosen Sein nachgibt – und so lange hält sie auch für die säkulare Vernunft die Frage offen, ob es unabgegoltene semantische Gehalte gibt, die noch einer Übersetzung ›ins Profane‹ harren«, wie es im letzten Satz des Buches heißt.[289]

Der Standard, an dem man sich dabei philosophisch zu orientieren hat, ist die ›säkulare Vernunft‹ bzw. säkulare Moderne: Nur was sich profan sagen lässt, ist vernünftig, und diese Vernünftigkeit ist »allein« durch die universale »Inklusivität der Wir-Perspektive« garantiert, »die sich im Diskurs aus der gegenseitigen Perspektivenübernahme *aller* möglicherweise Betroffenen herstellt.«[290] Anders gesagt: Das und nur das ist vernünftig vertretbar, was einem universalen Wir so einleuchtet, dass »alle Personen, die ›nein‹ sagen« könnten[291], das nicht tun, sondern aus profanen Gründen Ja dazu sagen. Profan aber ist dasjenige Denken, das strikt ›detranszendentalisiert‹ ist, wie Habermas sagt.[292]

Die Forderung der Übersetzung einer ›starken Transzendenz‹ in ein detranszendentalisiertes profanes Denken wird damit aber selbstwidersprüchlich. Habermas zitiert Adorno: »Nichts an theologischem Gehalt wird unverwandelt fortbestehen; ein jeglicher wird der Probe sich stellen müssen, ins Säkulare, Profane einzuwandern.«[293] Ist ein profanes Denken der Standard für das, was vernünftig vertreten werden kann, dann kann der »Prozess der ›Einwanderung‹ theologischer Gehalte ins profane Denken«[294] nur deren Auflösung und Verabschiedung sein.

Das ganze Übersetzungsprojekt wird damit fragwürdig. Das Grundproblem sind ja nicht die theologischen Gehalte der religiösen Traditionen, also ihre kognitiven Inhalte und moralischen Werte und Orientierungen, sondern dass es theologisches Denken und religiöse Traditionen und Lebensorientierungen nach wie vor gibt. Nicht das *Was*, sondern das *Dass* der religiösen Traditionen ist das eigentlich Herausfordernde für das nachmetaphysische Denken. Ihre Existenz aber führen Judentum, Christentum und Islam alle im Entscheidenden auf Gott zurück. Ohne Gott gäbe es sie nicht, wie unterschiedlich das im Rekurs auf Moses, Jesus oder Mohammed auch konkretisiert wird. Die semantischen Gehalte dieser für das westliche Denken maßgeblichen religiösen Traditionen sind allesamt intrinsisch mit der Gottesthematik verknüpft. Sie lassen sich von ihr nicht abstrahieren, ohne im Kern verkehrt zu werden, weil sie auf Gott als den rekurrieren, dem zu verdanken ist, dass es sie und anderes überhaupt gibt. Der Versuch, die semantischen Gehalte dieser Traditionen ohne Beachtung ihres Gottesbezugs ins nachmetaphysische Denken zu übersetzen, kann nur in Verzerrungen und Verkürzungen resultieren. Dass sie selbst untereinander nicht übereinstimmen, sondern in jahrhundertealten Konfliktbeziehungen stehen, verschärft das Problem nur. Genau das hatte seit dem 17. Jahrhundert den Anlass zur Ausbildung säkularer Vernunft oder profanen Denkens gegeben. Aber diese können das Ziel einer säkularen Entschärfung der Konflikte zwischen den Religionen und Theologien nicht erreichen, wenn sie nicht auch und gerade die Gottesfrage zum philosophischen Thema zu machen. Im nachmetaphysischen Denken darf der Ort des Gottesgedankens keine Leerstelle bleiben, wenn das kritische Übersetzungsprojekt nicht von vornherein scheitern soll.[295] Die theologischen Gehalte dieser religiösen Traditionen lassen sich nur in das profane Denken nachmetaphysischer Diskurse übersetzen, wenn auf Seiten des zu Übersetzenden und seiner profanen Übersetzung das Gleiche gesagt werden kann. Ist auf religiöser Seite wesentlich von Gott die Rede, kann auch auf nachmetaphysischer Seite die Stelle des Gottesgedankens nicht leer bleiben, wenn das Übersetzungsprojekt nicht scheitern soll. Und ist auf religiöser Seite in konfliktreicher Weise von Gott die Rede, bietet nachmetaphysisches Denken nur dann einen Weg vorwärts, wenn es das Gottesthema nicht ausblendet, sondern seine Funktionsstelle so füllen kann, dass das philosophische Gotteskonzept als Kriterium zur Beurteilung der Gotteskonflikte in den religiösen Traditionen dienen kann.

Dafür genügt es nicht, mit den Entwicklungen seit dem ausgehenden 18. Jahrhundert von Gott auf Religion umzustellen und das Gottesthema auszublenden. Nachmetaphysisches Denken gerät unvermeidlich in Aporien, wenn es in der Beurteilung religiösen Glaubens und religiöser Praxis dem Urteil Horkheimers folgt: Man weiß, dass es keinen Gott gibt, und doch glaubt man an ihn. Wer von einem solchen Widerspruch im Kern der religiösen Praxis in der Moderne ausgeht, der kann diese philosophisch nur ernst nehmen, indem er sich bemüht, diesen Widerspruch abzubauen. Das kann man versuchen, indem man zu zeigen sucht, dass es ein Irrtum ist zu meinen, man wisse, dass es keinen Gott gibt. Oder das kann man tun, indem man die Gottesfrage ausklammert, Glaube und Religion also unter Absehung von der Gottesfrage zu verstehen sucht. Im Gefolge der religionskritischen Moderne folgt Habermas dem zweiten Pfad. Da Wissen in der Moderne Metaphysik ausschließt, Gott aber nur metaphysisch thematisiert werden kann, kann nachmetaphysisch nicht Gott, sondern nur Religion ernst genommen werden. Allerdings verdient nicht alles, was in einer Religion geschieht, ernst genommen zu werden, sondern allenfalls ihr ›ethischer Kern‹. Den aber kann man auch rein säkular, also ohne die mit ihm verbundene religiöse Praxis rezipieren. Nachdem man postmetaphysisch weiß, dass man nicht am Wissen arbeitet, wenn man Metaphysik treibt, ist es Zeit zu lernen, dass man im Zeitalter profanen Denkens auch nichts Vernünftiges tut, wenn man Religion praktiziert.

Aber so ganz sicher ist sich Habermas nicht. Es bleibt ein Unwohlsein, das Adornos Zögern wiederholt, der profanen Vernunft unkritisch das letzte Wort einzuräumen. Zu offensichtlich steht sie in Gefahr, ohne kritische Selbstbegrenzung in Unvernunft umzuschlagen und das Projekt der Moderne entgleisen zu lassen. Aber wie kann das vermieden werden, ohne die Grenzen der Vernunft aufzuweisen? Wie können diese ohne Rekurs auf das, was die Vernunft transzendiert, aufgewiesen werden? Und wie kann die Vernunft das selbst tun, weil die kritische Begrenzung der Vernunft nie eine Grenzsetzung von außen, sondern immer nur eine *Selbst*begrenzung der Vernunft sein kann, wie man seit Kant weiß?

Habermas formuliert das Problem, aber er hat keine Lösung. »Die säkulare Moderne hat sich aus guten Gründen vom Transzendenten abgewendet, aber die Vernunft würde mit dem Verschwinden jeden Gedankens, der das in der Welt Seiende im Ganzen transzendiert, selber verkümmern.«[296] Man kann darüber streiten, ob der erste Halbsatz wahr ist. Aber wenn man ihn für wahr hält, wie kann man dann im zweiten Halbsatz vom ›Verkümmern der Vernunft‹ sprechen, wenn nichts mehr gedacht oder zu denken versucht wird, was »das in der Welt Seiende im Ganzen transzendiert«? Der Satz, der den letzten

Absatz von Habermas' umfangreichem Werk einleitet, führt in eine Aporie. Er setzt voraus, dass es gute Gründe gibt, sich vom Transzendenten abzuwenden. Und er legt nahe, dass man mit guten Gründen befürchten muss, dass die Vernunft verkümmert, also austrocknet, nicht mehr gedeiht und abstirbt, wenn sie nicht mehr Transzendenz zu denken und über das weltlich Vorfindliche hinaus zu denken versucht.

Habermas gerät in diese missliche Situation aus mindestens zwei Gründen. Zum einen geht er von einem Verständnis des Glaubens aus, das nicht religiös ist, sondern jeden intrinsischen Bezug des Glaubens auf Gott ausblendet, und stattdessen den Glauben aus dem Gegensatz zum Wissen zu begreifen sucht. Doch der Gegensatz des Glaubens ist nicht Wissen, sondern Unglaube. Und der Gegensatz des Wissens ist nicht Glaube oder Unglaube, sondern Nichtwissen. Der Übergang vom Nichtwissen zum Wissen aber ist graduell (jeder konkrete Zustand ist ein mehr oder weniger von Nichtwissen und Wissen), der Übergang vom Unglauben zum Glauben dagegen ist immer ein Entweder/Oder, und er schließt in jeder theologisch akzeptablen Interpretation den Bezug auf Gott wesentlich ein. Es gibt daher vernünftigen Glauben und unvernünftigen Glauben, und es gibt vernünftigen Unglauben und unvernünftigen Unglauben, und alle können sich in unterschiedlicher Weise mit Wissen und Nichtwissen verbinden.

Die Vernunft – das ist das andere – ist damit aber keine neutrale Instanz gegenüber Glauben und Unglauben, sondern eingebettet in die Lebensprozesse, die so bestimmt sind. Sie trägt nicht per se zur Überwindung der Differenzen zwischen diesen Lebensformen bei, sondern kann die Gegensätze noch verstärken, wenn sie entsprechend gebraucht wird. Das gilt auch dann, wenn man Vernunft diskurspraktisch auf das Geben von öffentlich vertretbaren Gründen in einer universal-inklusiven Wir-Perspektive beschränkt.[297] Gerade das kann Gegensätze unter Religionen und zwischen religiösen und säkularen Lebensorientierungen verstärken. Vor allem aber werden damit wichtige Einsichten ausgeblendet, die von Kant bis Kierkegaard im Hinblick auf Gott, Freiheit und Vernunft gemacht wurden.

Kant hatte schon 1763 in *Der einzig mögliche Beweisgrund zu einer Demonstration des Daseins Gottes* dargelegt, dass es unvernünftig ist, nicht an Gott zu glauben, aber nicht vernünftig, diese Vernünftigkeit mit einer Demonstration des Daseins Gottes belegen zu wollen. »Es ist durchaus nöthig, daß man sich vom Dasein Gottes überzeuge; es ist aber nicht eben so nöthig, daß man es demonstrire.«[298] Nicht im Denken, sondern im Leben entscheidet sich die Gottesfrage. Das Denken kommt immer zu spät. Und das gilt für die versuchten Demonstrationen, dass es Gott gibt, nicht weniger als für die, dass es Gott nicht gibt.

Entsprechend zeigte Kant in seiner kritischen praktischen Philosophie, dass es unvernünftig ist, nicht mit der Freiheit zu rechnen, aber nicht vernünftig, sie auf der Basis empirischer Erfahrung demonstrieren zu wollen. Man ist frei, wenn man Freiheit in Anspruch nimmt und sie praktiziert, nicht wenn man einen Vernunftbeweis der Freiheit im Denken hat. Und dasselbe gilt für die Vernunft. Nur der ist vernünftig, der vernünftig lebt. Nur der ist frei, der Freiheit praktiziert. Nur der glaubt an Gott, der das tut und sich das von niemandem ausreden lässt, weil es dafür keine guten Gründe gibt. Es ist nicht unmöglich, an Gott zu glauben. Es ist auch nicht unmöglich, es nicht zu tun. Weder das eine noch das andere ist ein Selbstwiderspruch. Es gibt auch keine dritte Möglichkeit, auf die man sich zurückziehen könnte. Eben deshalb ist der einzige gute Grund, an Gott zu glauben, es zu tun.

9 Die Vernunft des Lebens

Seit Kant ist in der deutschsprachigen Philosophie die Unterscheidung von *Vernunft* und *Verstand* gebräuchlich. Im Wortsinn von ›Verstand‹ klingt das althochdeutsche *firstān, firstand* (vor etwas stehen, um etwas herum stehen, es beherrschen, anfassen bzw. übertragen: etwas ergreifen, erfassen, begreifen, einsehen, durchschauen) nach, im Wortsinn von ›Vernunft‹ das alte *ferniman* (vernehmen, richtiges Auffassen, aufnehmen bzw. übertragen: das Aufgenommene in sich verarbeiten). *Vernunft (nous bzw. noesis, intellectus, raison, reason)* wird kritisch als die Fähigkeit zur reflexiven Selbstthematisierung (Bestimmung des Charakters und der Grenzen der Vernunft), theoretisch als Fähigkeit zum Erkennen und Beurteilen von Zusammenhängen (Vernunfterkenntnis), praktisch als Fähigkeit zur Selbstbestimmung (Autonomie) und hermeneutisch als Einsicht in die Ordnungsprinzipien unterschiedlicher Praxiszusammenhänge am Leitfaden von Differenzen wie Eines/Vieles (Ontologie), Wahrheit/Falschheit (Erkenntnis), Gut/Böse (Ethik), Schön/Hässlich (Ästhetik) usf. verstanden. Sie wird unterschieden vom Verstand (διανοια, *ratio, entendement, understanding*), der theoretisch als Fähigkeit des Denkens und Erkennens, das Vermögen des Begreifens (abstrahierender Begriffsbildung), des Urteilens (Verknüpfung von Begriffen zu Urteilen) und des Schließens (geregelter Fortschritt von Urteilen zu anderen Urteilen) charakterisiert wird und hermeneutisch als Vermögen des Verstehens, das die Bedeutung von Zeichen, Symbolen, Wörtern und Begriffen sowie den Sinn von Zeichenkomplexen, Sätzen, Urteilen, Handlungen und Phänomenzusammenhängen zu erfassen vermag. Im Unterschied zur sinnlichen Anschauung, die dem Einzelnen gilt, geht es dem Verstand um Besonderes und Allgemeines, und im Unterschied zur Vernunft, die auf Einheit und Zusammenhang zielt, geht es ihm um Vielheit und Verschiedenheit. Wie im Begriff des *Verstands* das ergreifende Tasten und begreifende Ergreifen dessen, ›vor dem man steht‹. begrifflich verdichtet ist, so in dem der *Vernunft* das Vernehmen derer, von denen man etwas aufnimmt, lernt, versteht. Zieht man diesen Gedanken systematisch aus, dann kann man sagen: Im Verstandesverstehen steht der *Bezug auf etwas* im Vordergrund, im Vernunftverstehen der *Bezug auf andere.* Wo nichts gegeben und gegenwärtig ist, gibt es kein Verstandesverstehen, wo es keine Kommunikation mit anderen gibt, kein Vernunftverstehen. Der Verstand steht so für die Bezogenheit auf *anderes,* die Vernunft für die Offenheit für *andere.*[299]

Wie Habermas mit diesen Themen umgeht, zeigt sich in exemplarischer Weise an seiner Diskussion der Philosophie Hegels und des Denkens Kierkegaards. Mit beiden kommt er schwer zu recht. Er sieht richtig, dass »seit der Aufklärung [Hegel] unter den großen Philosophen der Einzige [ist], der sich […] von den Voraussetzungen eines methodischen, das Wissen vom Glauben *aussortierenden* Atheismus *abkehrt.«*[300] Aber das – so Habermas – »entspricht […] nicht mehr der modernen Konstellation von Glauben und Wissen.«[301] Dass diese falsch liegen könnte, wird nicht erwogen. Sie wird vielmehr zum Maßstab genommen, um Hegel zu kritisieren. Auf der einen Seite betone er richtig »die Errungenschaften der Moderne: ›Das Recht, nichts anzuerkennen, was Ich nicht als vernünftig einsehe, ist das höchste Recht des Subjekts‹«.[302] Auf der anderen Seite aber bleibe er Metaphysiker, weil er an der »Einsicht in die Vernünftigkeit des Wirklichen« festhalte.[303] Das Zweite ist für Habermas unter Bedingungen der Moderne nicht mehr akzeptabel, das Erste dagegen bahne einen wichtigen Weg in die Moderne. Hegel – so Habermas zustimmend – »begreift die Vernunft nicht länger nur als ein Vermögen ›im Kopf‹ der Subjekte, sondern zugleich als einen, in den Interaktionen, Gewohnheiten und Institutionen vergesellschafteter Subjekte verkörperten und dezentrierten Geist.«[304] Damit habe Hegel die »Detranszendentalisierung des Kantischen Reichs des Intelligiblen eingeleitet«[305] und damit auch die »Detranszendentalisierung des Kantischen Autonomiebegriffs«[306], deren Pointe die Einsicht ist, »*dass niemand wirklich frei ist, bevor es nicht alle sind*«.[307]

Nun ist auch für Kant Vernunft nichts, was nur ›im Kopf‹ da ist, also ein Vollzug menschlichen Denkens, sondern – nach dem *Opus postumum* – ein aktives, das menschliche Fühlen und Denken »als Geist begleitendes Princip im Menschen«.[308] Die Vernunftideen sind die Präsenzform des Göttlichen im Geist der Menschen. Entsprechend ist auch Freiheit etwas anderes als die subjektive Willkür, zu wollen, was man will. Sie ist die Autonomie, das Gute nicht nur wollen, sondern auch bewirken zu können, also die Möglichkeit auszuschließen, dass gutes Wollen in einem Tun resultiert, dessen Wirkungen übel sind. Wer gut sein will, kann es, indem er sich an der Maxime des Kategorischen Imperatives orientiert, sich selbst also zum Guten bestimmt. Wir haben keine Kontrolle darüber, ob das auch in unserem Handeln zu moralisch guten Resultaten führt. Aber wir können – gottgleich – gewiss sein, dass unsere Bestimmung zum Guten auch dazu führt, dass wir gut bestimmt sind. Und eben deshalb können wir das als moralisches Kriterium zur Beurteilung konventioneller Sittlichkeit, Handlungen und Verhaltensweisen heranziehen.

Auch Hegels Kantkritik müsste von daher noch einmal kritisch betrachtet werden: Beide sind sich näher, als Hegel zugesteht. Aber Habermas hat ein anderes Interesse. Er nimmt von Hegel unter Ausklammerung des absoluten Geistes nur den objektiven Geist verstanden als das Verfahren der »kommunikativen Vergesellschaftung erkennender und handelnder Subjekte« auf.[309] Hegels (lutherische) Einsicht, dass es so gerade *nicht* gelingt, wahre Freiheit zu realisieren, unterschlägt er. Nur wenn in unseren Interaktionen *mehr* geschieht als wir intendieren und vollziehen, wird wahre Freiheit real. Metaphern wie ›die unsichtbare Hand‹ in der Ökonomie (Adam Smith) oder die ›List der Vernunft‹ in der Geschichtsphilosophie (Hegel) erinnern daran. Das Wirkliche ist das Vernünftige nur dann, wenn das Vernünftige das Wirkliche in einer Weise fortbildet, die sich nicht in dem erschöpft, was die Akteure jeweils tun und lassen. Vernunft ist nicht das, was wir tun, auch nicht das, was wir gemeinsam tun, sondern das, was sich in unserem Tun und Lassen gegen die Unvernunft durchsetzt, die wir ständig repetieren und von uns aus nicht beenden können. Oder wie Kant es sagte: Nicht wir haben Ideen, sondern die Ideen haben uns. Das Aktivitätszentrum liegt nicht auf Seiten des Menschen, sondern auf Seiten der Ideen: Sie bestimmen, wir werden bestimmt. Sie sind aktiv, wir sind passiv – eine Einsicht, für die Habermas nicht das geringste Verständnis hat, weil es ›der Moderne‹ widerspricht. Entsprechend kann er auch Kierkegaards Position nichts abgewinnen, weil dieser »das Subjekt von Anbeginn in […] die doppelte Kommunikation zu Gott und den Mitmenschen eingebettet sieht«[310], also offenkundig nicht nur im Horizont der wechselseitigen Kommunikation endlicher Subjekte denkt, sondern eine Tiefenpassivität kennt, die aller intersubjektiven Aktivität voraus- und zugrunde liegt.

Dass gerade diese Einsicht aber von Kant bis Kierkegaard formuliert wurde als Kritik dieser Moderne, wird ausgeblendet. Es wird auch nicht gefragt, ob an dieser Kritik etwas sein könnte, was zu beachten wäre. Es wird vielmehr ausgeschlossen als das, was »nicht mehr der modernen Konstellation von Glauben und Wissen« entspricht.[311] Das Modernitätstheorem wird unter ausdrücklicher Berufung auf die »radikale Religionskritik« von D. F. Strauss, L. Feuerbach und Bruno Bauer[312] zum Grund dafür, in einen kritischen Diskurs über Glauben, Vernunft und Gott gar nicht erst einzutreten.

Doch eben das wäre gerade heute auf neue Weise wichtig. Wo Vernunft nur als kommunikative Aktivität des Gebens von Gründen konzipiert wird, bleibt ausgeblendet, dass sie zuerst und vor allem durch die Passivität des Vernehmens der Wirklichkeitswahrnehmung anderer charakterisiert ist. Vernunft verortet im Leben, und zwar in einem Leben, dass vor allem argumentativen Diskurs immer schon durch das Miteinander mit anderen und die Erschlossenheit der Wirklichkeit in der Sinnhaftigkeit gemeinsamer Lebenspraxis geprägt ist. Argumentieren, rechtfertigen und Gründe geben kommt immer zu spät, weil die entscheidenden Weichenstellungen im Leben vor allem Argumentieren, Begründen und Rechtfertigen getroffen werden. Deshalb ist die Erhellung der Rolle der Emotionen des Leibes, der Affekte der Seele und der Gefühle des Selbst oft wichtiger, um gesellschaftliche und kulturelle Entwicklungen zu verstehen, als die Beachtung kognitiver Leistungen und die kritische Analyse argumentativer Diskurse. Und deshalb wird in Gottesbeweisen und Gegenbeweisen nichts Neues aufgezeigt, sondern zur argumentativen Darstellung gebracht, wovon man zuvor aus anderen Gründen oder ohne Gründe schon überzeugt ist. Wahr ist nicht, was man mit Vernunftgründen am besten demonstrieren kann, sondern was auch dann wahr ist, wenn man es nicht kann. Wirklich ist, was auch dann wirklich bleibt, wenn man nicht daran glaubt und es nicht demonstrieren kann. Die Entscheidung über Wahrheit und Wirklichkeit fällt im Leben, nicht erst im Denken, und was im Leben nicht trägt, wird durch Argumentieren, Denken und Gründe geben nicht tragfähiger.

10 Glaube als Lebensmodus

Für seine Rekonstruktion der Genealogie nachmetaphysischen Denkens wählt Habermas nicht die vorkritische Unterscheidung von Vernunft und Glaube als Leitdifferenz seiner Darstellung, sondern die von Wissen und Glauben. Er folgt damit der Umstellung der Debatte um Glauben und Vernunft im Gefolge der Aufklärung, insbesondere bei Kant, aber auch bei Jaspers, dessen

Konzept des philosophischen Glaubens mit der Denkfigur der Achsenzeit verknüpft ist. Mit deren Ende ist auch der Glaube an eine starke Transzendenz, an Göttliches oder Gott ans Ende gekommen. Nicht nur die an den Naturwissenschaften orientierte szientistische Philosophie der Gegenwart hat mit einem solchen Glauben nichts mehr zu tun, sondern auch die nach wie vor an den »vier Kantischen Menschheitsfragen« interessierte Sozial- und Freiheitsphilosophie, der Habermas sich selbst zuordnet. Eben das veranlasst ihn zu seiner umfänglichen archäologischen Genealogie des okzidentalen Denkens.[313] »Erst das Verständnis der Gründe, die seit der Reformation die Subjektphilosophie zur anthropologischen Blickwendung, vor allem zur nachmetaphysischen Verabschiedung des Glaubens an eine restituierende oder ›rettende‹ Gerechtigkeit genötigt haben, öffnet die Augen für das Maß an Kooperationsbereitschaft, das kommunikativ vergesellschaftete Subjekte dem Gebrauch ihrer vernünftigen Freiheit zumuten müssen.«[314]

Unter ›Glauben‹ versteht Habermas dabei nicht das vertrauende Sichverlassen auf die Hilfe und Zuwendung Gottes, also eine existenzielle Einstellung zum Leben, die sich ausdrücklich auf Gott bezieht. Auf der einen Seite konstruiert er vielmehr ›Glauben‹ in Band 1 kognitivistisch als »Modus des Für-wahr-Haltens«[315] und als ein Inbegriff von ›Glaubenswahrheiten‹, die vernünftiger Begründung bedürftig, aber aufgrund des »*Abstand[s] des transzendenten Gottes zum endlichen Geist des Menschen*«[316] dafür nicht zugänglich sind. Auf der anderen Seite wird ›Glauben‹ in Band 2 als performativer Vollzug religiöser Erfahrung von anderen Erfahrungsarten und zusammen mit diesen von der theoretischen Einstellung des Wissens unterschieden und als fideistische Abkoppelung von der philosophischen Bearbeitung des Weltwissens dargestellt. Das geschieht in beiden Hinsichten auf durchaus differenzierte Weise im Durchgang durch viele Entwürfe und Positionen. Aber bei allem Bedenkenswerten, Interessanten und Wichtigen, das

173

Habermas Analysen zu Tage fördern, wird Glauben durchgehend als Schwachform des Wissens oder als Performanzgestalt von Erfahrung begriffen. Der zentrale Punkt des christlich verstandenen Glaubens, dass er eine Gott selbst verdankte Einstellung des ganzen Lebens zur Gegenwart Gottes ist, die als Existenzmodus alle Lebensvollzüge und Lebensphänomene prägt und mit keinem zusammenfällt, wird damit nicht erfasst.

Nun ist der Philosophie nicht das Recht abzusprechen, ihren eigenen Begriff des Glaubens zu bilden. Im Gegenteil, das muss sie, wenn sie ihn kritisch zur Analyse religiöser und existenzieller Glaubensweisen einsetzen will. Aber sie darf ihren Glaubensbegriff auch nicht mit dem der religiösen Traditionen gleichsetzen oder verwechseln. Für Habermas drängt sich die Frage nach Glauben und Wissen deshalb auf, weil sich die Selbstvergewisserung der europäischen Philosophie immer wieder an zwei Bezugspunkten orientiert: dem Rückgang auf die griechisch-römische Antike und der Auseinandersetzung mit dem Christentum. Aber während »die griechisch-römische Antike Teil einer bereits *abgeschlossenen* Vergangenheit ist«, ist das Christentum eine immer noch »*gegenwärtige* [...] Macht«.[317] Das ist ein Stachel im Fleisch einer Philosophie, die gar nicht säkular werden kann, ohne sich von dieser Gegenwart zu emanzipieren. Aber wie soll sie das tun?

Habermas' Lösung ist im Grunde einfach: Sie beschreibt einen Jahrhunderte andauernden Prozess der Trennung der Wege von Theologie und Philosophie, in dem sich die Philosophie von den Bezugnahmen auf den Glauben befreit und die Theologie den Glauben gegen das Wissen immunisiert. Die Philosophie begreift sich als ein »fortschreitende[r] Prozess der Lösung von *Problemen eigener Art*«[318], während die Theologie im Grunde genommen gar keine Probleme mehr zu lösen hat, sondern sich von den öffentlichen Diskursen abkoppelt und zur fideistischen Reflexionsform der performativen Praxis des gemeinschaftlichen Glaubensvollzugs wird.

Bei aller Zurückhaltung im Ton brechen in Habermas' Genealogie des nachmetaphysischen Denkens damit aber immer wieder alte Fehlurteile und Verkürzungen auf, wenn Glaube und Theologie beschrieben werden.

Das ist besonders deutlich in dem der Reformation und ihren Folgen gewidmeten Teil VII, der den 2. Band eröffnet und eine Schlüsselstellung im ganzen Projekt hat. Anders als viele sieht Habermas nicht in Descartes, sondern in Luther die entscheidende Wende zur nachmetaphysischen Moderne. Habermas sieht auch richtig, dass Luther »den performativen Eigensinn christlicher Glaubenswahrheiten vor deren theoretischer Vergegenständlichung in metaphysischen Grundbegriffen retten« will, also dem Vollzug des Glaubens Vorrang einräumt vor dem rationalen Erweis der Vernünftigkeit seiner Gehalte; dass es damit aber »nicht länger die Vernunft« ist, »die den Menschen mit Gott verbindet«, sondern dass die Vernunft »selbst in die korrumpierte Welt tief verstrickt« ist; und dass mit dieser »entschlossenen Emanzipation des Glaubens von aller Metaphysik das Tor zu einer *anthropologischen Wende* der Philosophie« aufgestoßen und das »Zeitalter des Weltbildes« beendet ist.[319] Aber er entfaltet dann eine ganz fragwürdige Sicht des Glaubens bei Luther, die diesen im Licht des romantischen Gegensatzes von »Innerem und Äußerem« als bloße Innerlichkeit der Subjektivität auslegt.[320] Das »Gottesverhältnis der Menschen gehört zu einer inneren Sphäre, die von [der] äußeren oder natürlichen Welt strikt geschieden ist«.[321] Es hat daher auch nur für den Gläubigen und in der »Perspektive des Beteiligten« eine Bedeutung.[322] Das »*Wie des* Glaubensaktes« habe damit »Vorrang vor dem *Glaubensinhalt*«[323], der Glaube sei nur noch »*eine Sache des Vertrauens, nicht der Erkenntnis*«[324] und das laufe auf eine »fideistische Abkoppelung des Glaubens von der philosophischen Bearbeitung des Weltwissens«[325] und die »*definitive Entkoppelung des Glaubens vom Wissen*« hinaus.[326] Doch diese »fideistische Wendung« der Theologie sei nichts anderes

175

als »Selbstimmunisierung« und »Abschirmung des religiösen Glaubens gegen Einsprüche des Weltwissens«.[327] Sie begründe die »*hermeneutische Wende der Theologie*«[328] und ihre Verabschiedung vom rationalen Diskurs der Vernunft. Nicht die Theologie, sondern allenfalls die religiöse Praxis stellt für die Philosophie daher eine Herausforderung dar. Mit der Theologie gibt es nichts zu verhandeln, und die religiöse Praxis muss sich ›ins Profane‹ übersetzen, wenn eine säkulare Philosophie sich ernsthaft mit ihr befassen soll.

Habermas' Interpretation des Glaubens bei Luther ist eine Kombination des verbreiteten Missverständnisses des Glaubens als fideistische Gläubigkeit und einer an Feuerbach anschließenden Deutung des Gegenstands des Glaubens als bloß imaginativer Konstruktion des gläubigen Subjekts. Das Resultat dieser Kombination von fideistischem Missverständnis und säkularem Antihegelianismus ist, dass Luthers Anliegen an den entscheidenden Punkten verfehlt wird. Ich beschränke mich auf vier Hinweise.

Zum einen wird Luther ein abgrundtiefer »anthropologische[r] Pessimismus«[329] und ein »tief pessimistische[s] Bild von der Natur des Menschen« unterstellt, »dem ein autoritäres Bild von Staat, Recht und Gesellschaft entspricht«.[330] Der Mensch werde nur negativ gesehen, unfähig, etwas Gutes zu bewirken, unfähig einen freien Willen zur praktizieren. Dass Luther negativ über das menschliche Leben gesprochen hat, ist nicht zu bestreiten. Doch die rhetorische und sachliche Pointe seiner negativen Aussagen über die Realität des menschlichen Lebens besteht darin, die Priorität und bedingungslose Güte der Zuwendung Gottes zu *allen* Menschen und gerade nicht nur zum »Kreis der Auserwählten« herauszustreichen.[331] Luther hat eben nicht nur negativ über die Menschen gesprochen, sondern ihnen die Fähigkeit zugeschrieben, im Glauben neue und bessere Dekaloge zu machen als Moses[332] und ihre eigenen Angelegenheiten selbst besser regeln zu können als nur im Festhalten an Regelungen und Normen des alten Israel. An diesem Punkt steht Spinoza dem Anliegen Luthers näher als Habermas.

Zum zweiten: Weil Gott in der Rekonstruktion von Habermas keine reale Größe ist, sondern ein Konstrukt der Gläubigen, wird die Differenz zwischen *coram mundo* und *coram deo* auf die Unterscheidung einer allen zugänglichen Öffentlichkeit und einer rein privaten Innerlichkeit reduziert[333], ohne zu beachten, dass für Luther der Mensch nicht nur als inneres und privates Selbst, sondern auch als soziales und öffentliches Wesen vor Gott und damit im Wirkkreis der Gegenwart Gottes lebt. Es geht nicht um ein Innen, das als Privates im Gegensatz zum Öffentlichen steht, sondern um ein Endliches (Geschaffenes), das das Private (Innen) und Öffentliche (Außen) umfasst und im Gegensatz zum Unendlichen (Gott) steht. Gott ist nicht nur eine Privatrealität der Gläubigen in der Binnenperspektive der Beteiligten, sondern Gott gegenüber gibt es niemand, der nicht in der Beteiligtenperspektive existieren würde. Vor Gott sind alle Du (Kierkegaard), weil Gott jedem zum Nächsten wird. Nur wenn sich eine Wir-Perspektive aus solchen Du-Perspektiven und nicht aus pluralen Ich-Perspektiven aufbaut, bleibt sie sich selbst gegenüber kritisch und davor gefeit, sich selbst absolut zu setzten, weil sie auf das ihr gemeinsam Andere, die Zuwendung und Gegenwart Gottes bezogen bleibt – eine Zuwendung, die jedem anderen genau so gilt wie mir und deshalb so etwas wie Gleichheit unter Menschen, die alle von allen anderen unterschieden sind, überhaupt erst möglich macht. Das ist die Pointe der Unterscheidung von Schöpfer und Geschöpf, die in Habermas' Rekonstruktion der Position Luthers keine Rolle spielt. Mit Max Weber und Quinton Skinner ist er überzeugt: »Für Luther spielt sich in der Innerlichkeit des Gläubigen alles Wesentliche ab«[334], unbeeindruckt vom Weltwissen und ohne Fundierung in einer rituellen Gemeinschaftspraxis.

Zum dritten wird Luthers »fideistische Abkoppelung des Glaubens vom Wissen« als Grund dafür gesehen, dass der so verstandene Glaube und damit der Protestantismus »seine Verwurzelung in der rituellen Praxis der Gemeinde verliert«.[335] Zwar habe Luther mit der »radikalisierten Versprachlichung des Sakralen«, die an den Sakramentsdebatten exemplifiziert wird, den »Übergang zur Moderne« gebahnt, aber er sei ganz in seiner »schwarzen Anthropologie« befangen geblieben[336] und habe anders als Erasmus kein vernünftiges Konzept menschlicher Willensfreiheit entwickelt. Habermas sieht nicht, dass Luther gerade in der Auseinandersetzung mit Erasmus ein Konzept der Freiheit ins Spiel bringt, das strikt an der Freiheit Gottes orientiert ist, die nicht darin ihre Pointe hat, das eine wählen zu können oder etwas anderes, sondern gerade darin, das, was sie wählt, auch realisieren zu können. Frei ist, wer die Macht hat, das Gute, das er bewirken will, auch ins Werk zu setzen, und zwar so, dass es nicht in den üblen Folgen, die es auslöst, untergeht. Gott ist frei, weil er die Auswirkungen seines Wirkens unter Kontrolle hat. Der Mensch ist nicht frei, weil er genau das nicht hat. Und während Habermas deutlicher als viele andere betont, dass Kant zentrale Einsichten der reformatorischen Tradition philosophisch aufnimmt, sieht er nicht, dass gerade der Autonomiebegriff Kants dieses Konzept göttlicher Freiheit anthropologisch reformuliert: Im konkreten Handeln sind Menschen stets von den vielfältigen Bedingungen ihrer kontingenten Handlungssituationen abhängig. Nur an einem Punkt haben sie nach Kant wie Gott völlige Kontrolle über das Ergebnis ihres Tuns: Wer sich zum Guten bestimmt, realisiert dieses Ziel, indem er es tut. Man kann das Gute wollen und es im Handeln verfehlen. Man kann aber nicht das Gute wollen und verfehlen, dass man es will. Wer Gutes will, will Gutes. Und wer es nicht will, nicht. Man kann mich zwingen, Übles zu tun, aber man kann mich nicht zwingen, das Üble, das ich tue, für gut zu halten. Autonomie im kantischen Sinn ist nicht eine Folgegestalt der Freiheitskonzeption von Erasmus, sondern von Luther.

Zum vierten wird eben diese Entkoppelung von Glauben und Wissen als Geburtsstunde des modernen Vernunft- und Freiheitsverständnisses beschrieben, das ohne Rekurs auf religiöse Gewissheiten auskommt und über die entscheidende Transformationstelle Kants zum »detranszendentalisierte[n] Begriff der vernünftigen Freiheit« führt, »der impliziert, dass niemand für sich alleine autonom sein kann«.[337] Wir können nur zusammen frei zu sein versuchen, und das wird immer nur vorläufig, versuchsweise und riskant gelingen können. Aber wir können auch ohne Absicherung im Transzendenten oder Begründen im Transzendentalen »Mut schöpfen« für diese tastende Freiheitspraxis aus den »Spuren jener moralisch-praktischen Lebensprozesse […], die sich im Zuwachs an institutionalisierten Freiheiten und heute vor allem in den Praktiken und rechtlichen Gewährleistungen demokratischer Verfassungsstaaten verkörpern«.[338] Habermas' nachmetaphysisches Denken verabschiedet nicht nur das Freiheitskonzept einer allein durch Gott exemplifizierten Freiheit, die Gutes nicht nur will, sondern bewirkt, sondern auch dessen anthropologische Nachfolgegestalt im Kantischen Autonomiebegriff. Für ihn kann »niemand alleine autonom sein«[339], sondern alle können sich nur in tastenden Diskursen und fragilen Versuchen um gemeinsame Freiheiten bemühen. Was ihm bleibt, ist die Berufung auf die »Kraft«, die »in den Kommunikationsbedingungen unserer gesellschaftlichen Existenz angelegt, aber keineswegs transzendental gewährleistet« ist.[340]

Dass der Glaube – nicht die von Habermas zitierte »religiöse Erfahrung«! – sich demgegenüber auf die »Vergegenwärtigung einer starken Transzendenz stützen kann«, bleibt »ein Pfahl im Fleisch einer Moderne, die dem Sog zu einem transzendenzlosen Sein nachgibt«.[341] Doch diesem Sog setzt man philosophisch nichts entgegen, wenn man die Geschichte von Glauben und Wissen seit dem 16. Jahrhundert ohne konstruktive Bezugnahme auf Gott beschreibt. Habermas kennt nur Selbst- und Weltbeziehungen zur Beschreibung der Probleme, keine Gottesbeziehung und keine mit ›Gott‹ benannte Realität, die mehr als eine anthropologische Fiktion oder ein metaphysisches Konstrukt wäre. Hier bleibt er ganz auf der Linie von Feuerbach und Marx und versucht nicht, diese noch einmal kritisch zu reflektieren. Alles wird daher auf die nachkantische Alternative von Innen und Außen, Geist und Natur, psychischer Innerlichkeit und physischer Äußerlichkeit zurückgebunden. Damit aber fehlen die begrifflichen Mittel, das zu rekonstruieren, was theologisch ›Glauben‹ genannt zu werden verdient: die Verankerung des Lebens in der sich selbst erschließenden Gegenwart Gottes, die weder als Konstrukt fideistischer Gläubigkeit noch als rationalistische Begründung *coram mundo* zureichend zu verstehen ist, weil sie die wirksame Wirklichkeit ist, der Menschen und ihre Welt sich verdanken und in der nicht sie handeln und wirken, sondern in der an ihnen gehandelt und gewirkt wird.

Habermas betont zurecht die Priorität des performativen Vollzugs vor der theoretischen Einstellung rationaler Argumentation. Das erste garantiert die konkrete Wirklichkeitsverankerung vor aller abstrakten Möglichkeitserkundung. Aber die zur Debatte stehende Wirklichkeit wird von Habermas nur als gesellschaftliche Realität gefasst. Eine religiöse Lehre, so schreibt er, hat »auch und gerade in der Moderne nur so lange eine Überlebenschance [...], wie sie im gottesdienstlichen Ritus der Gemeinde *praktiziert*, also auch im existentiellen Sinne angeeignet wird.«[342] Diese existentielle Aneignung versteht er aber nur als individuelle Einstimmung in eine Gemeinschaftspraxis, nicht als Aneignung eines Realitätsbezugs, sondern als Mittvollzug einer Gemeinschaftspraxis. Auch bei den Sakramenten kennt Habermas konsequent sozialphilosophisch nur ein Handeln von Menschen, kein Wirken Gottes. Gott ist die Realität, mit der das nachmetaphysische Denken nichts anzufangen weiß. Darin bleibt es ganz den Sackgassen der philosophischen Moderne verpflichtet. Doch die Frage nach dem Beitrag der Philosophie »zur *rationalen Klärung unseres Selbst- und Weltverständnisses*«[343]

greift zu kurz, wenn sie die Frage nach der rationalen Klärung des Gottesverständnisses nicht einschließt. Man muss die ganze Triade von Gott, Selbst und Welt postmetaphysisch in den Blick nehmen und nicht nur zwei Elemente davon, um den Problemlagen des Glaubens und Wissens in der westlichen Tradition gerecht zu werden. Erst wenn die Philosophie wieder lernt, das Gottesthema *als solches* ernst zu nehmen und das Gottesverhältnis nicht nur als Konstrukt subjektivistischer Innerlichkeit auf der Basis anthropologischer Selbst- und kosmologischer Weltverhältnisse zu verhandeln, sondern umgekehrt diese in das sich real vollziehende Gottesverhältnis einzuzeichnen oder aus diesem zu entfalten, wird es möglich werden, die Geschichte der okzidentalen Philosophie nachmetaphysisch wirklich anders zu erzählen. Solange das Gottesthema eine philosophische Leerstelle im Projekt des nachmetaphysischen Denkens bleibt, ist dieses noch nicht am Ziel.

Doch wie kann Gott nach dem Ende des nachmetaphysischen Denkens zum Thema gemacht werden, ohne in metaphysisches Denken zurückzufallen? Eine erste Antwort lässt sich bei Schelling finden: indem man mit der konkreten Wirklichkeit Gottes beginnt und nicht mit begrifflichen Abstraktionen eines Konzepts des Göttlichen und seiner einzigartigen Instantiierung durch Gott. Nur ein realistischer Ansatz, der weder bei einem skeptischen Kritizismus stehen bleibt noch in einen positionellen Dogmatismus zurückfällt, kann weiterführen. 1795 publizierte Schelling *Philosophische Briefe über Dogmatismus und Kriticismus*, in denen er sich sowohl vom Dogmatismus Spinozas als auch vom Kritizismus Kants, Reinholds und Fichtes abgrenzte.[344] Der Kritizismus, so Schelling, geht vom Subjekt aus, aber das Unbedingte (also Gott oder Göttliches) kann nicht ohne Selbstwiderspruch als Subjekt gedacht werden, weil Subjekte immer durch anderes (ein Objekt oder ein anderes Subjekt) bedingt sind, von dem sie sich unterscheiden. Der Dogmatismus dagegen geht vom Unbedingten aus, denkt dieses aber selbstwidersprüchlich als Objekt, also nicht als *lebendigen* Gott (wie Kant betonte) bzw. nur als *etwas* (Substanz) und nicht als *jemanden* (Subjekt) (wie Hegel es sagte). Doch auch ein *gedachtes* Subjekt ist nur ein Denkobjekt und keine lebendige Wirklichkeit. Gott muss daher mehr als nur denkbar sein, wenn das, was man als Gott denkt, wirklich Gott sein soll.

Deshalb folgert Schelling, dass nur ein Denken, das den Subjekt-Objekt-Kontrast überwindet, ein Denken Gottes sein kann. Um Gott zu denken, kann man nicht dogmatisch davon ausgehen, dass es Gott gibt, aber ebensowenig davon, dass es Gott nicht gibt. Ein negativer säkularer Dogmatismus ist kein Haar besser als ein positiver spinozistischer oder theistischer Dogmatismus. Beide beginnen mit abstrakten Thesen, aber keine noch so ausführliche Entfaltung von Abstraktionen wird je zu etwas Konkretem führen. Deshalb meint Schelling, »dass wahre Philosophie nur mit freien Handlungen beginnen könne, und dass abstrakte Grundsätze an der Spitze dieser Wissenschaft der Tod alles Philosophierens seyen.«[345] Man muss mit Wirklichem und Konkretem anfangen und nicht mit Abstraktionen und nur Möglichem.

Eine zweite Antwort ergibt sich daraus. Wer mit Gottes konkreter Wirklichkeit anfangen will, muss sich auf die Lebenswirklichkeit einlassen, in der sich diese ereignet und Menschen dazu bringt, sich konkret an dem zu orientieren, was philosophisch *Transzendenz* und theologisch *Schöpfer* genannt wird. Konkret von Gott zu sprechen, heißt immer, im Licht der Grundunterscheidung von *Transzendenz und Immanenz* (philosophische Leitunterscheidung) bzw. *Schöpfer und Geschöpf* (theologische Leitunterscheidung) von Gott zu sprechen. Gott ist derjenige, ohne den diese Unterscheidungen zu machen unmöglich wäre. Weil es aber möglich ist, sie zu machen, kommt Gott als die Wirklichkeit in den Blick, der sich diese und jede andere Möglichkeit verdankt. Der Gottesgedanke ist daher im Kern ein Transzendenzindex, der in allem Möglichen und Wirklichen der Immanenz die Gegenwart der schöpferischen Transzendenz anzeigt. Gott ist die Wirklichkeit des Möglichen, und so kann er auch nach dem Ende nachmetaphysischen Denkens gedacht werden.[346]

IV Orientierende Urteilskraft

1 Formalpragmatik und Urteilskraft

Der verbreitete Versuch, das ins Wanken geratene Modell deliberativer Demokratie durch die nostalgische Idealisierung der Debattenkultur in der Bonner Republik zu verklären und durch den Appell an moralische Gesinnung und demokratische Wertüberzeugungen legitimieren zu wollen, ist nicht erfolgversprechend. Es geht um die Legitimierung eines normativen Projekts, also nicht um die Rechtfertigung dessen, was war oder ist, sondern was sein soll. Das gilt für die Zeit vor der Wende nicht weniger als für die Gegenwart. Die für dieses normative Unterfangen anführbaren moralischen Gründe sind aber nie so, dass man ihnen mit vernünftigen Gründen nicht widersprechen könnte. Man kann auch für andere Formen der Demokratie plädieren oder andere Formen politischer Herrschaft besser in der Lage sehen, konkrete gesellschaftliche Probleme zu lösen als die Demokratie.[347] Was den einen überzeugt, überzeugt nicht zwangsläufig auch den anderen. Unter den heutigen Kommunikationsbedingungen führt das nur in eine immer stärkere Differenzierung und Pluralisierung der Werthaltungen, hat also einen genau gegenteiligen Effekt.

Um über die gegenwärtige Krise hinauszukommen, müssen wir tiefer ansetzen, nicht bei dem, was Frauen und Männer *als Bürger* kennzeichnet (politische Praxis), sondern bei dem, was Bürger *als Menschen* auszeichnet (lebensweltliche Praxis), nicht bei inhaltlichen Gewissheiten, Gesinnungen und Überzeugungen, die immer nur zu Kontroversen mit anderen führen, sondern bei der Tatsache, dass man kein menschliches Leben führen kann, ohne solche Gewissheiten, Gesinnungen und Überzeugungen auszubilden. Nicht *welche* wir haben, begründet das demokratische Projekt, sondern *dass* wir sie stets in der einen oder anderen Weise haben oder haben zu müssen scheinen. Nur das, was auch der nicht negieren kann, der sich gegen die Demokratie wendet, kann die Demokratie begründen. Dabei geht es nicht nur um das, was Bürger *als Bürger* nicht bestreiten können, ohne sich selbst zu widersprechen, sondern auch und vor allem um das, was sie *als Menschen* auszeichnen könnte und sollte. Das erste spezifiziert Strukturbedingungen einer Demokratie (was gilt für Menschen *als Bürger*), das zweite die Bedingungen dafür, an demokratischen Prozessen auf verantwortliche Weise teilzunehmen (was gilt für Bürger *als Menschen*).

Habermas hatte sein Interesse ganz auf die erste Frage gerichtet: Was muss der Fall sein, damit Menschen in der Lage sind, als Bürger am demokratischen Deliberationsprozess teilnehmen zu können? Er glaubte, diese Frage mit dem Verweis auf die Universalien der »Formalpragmatik« deliberativer Diskurse beantworten zu können, die jeder in Anspruch nehmen muss, der sich an solchen Diskursen beteiligen will. Als »universale Bedingungen möglicher Verständigung«[348] über Geltungsansprüche identifizierte er *Wahrheit, Richtigkeit, Wahrhaftigkeit, Verständlichkeit.*[349] Doch selbst wenn man seiner Rekonstruktion dieser Universalien akzeptiert, sind diese auf diesen Diskurstyp bezogen und nur für die relevant, die sich an solchen Diskursen beteiligen. Ihre normative Kraft geht ins Leere, wo solche Diskurse nicht mehr stattfinden. Wer nicht in deliberative Diskurse eintritt, sondern anders kommuniziert, kann sich der normativen Kraft ihrer Universalien entziehen, die durch sie erzeugte Öffentlichkeit meiden und sich in anderen Öffentlichkeiten tummeln. Habermas' Versuch, das durch Strategien der Öffentlichkeitsgeneralisierung einzufangen, indem er die zivilgesellschaftlichen Teilöffentlichkeit der ›Gesellschaftsbürger‹ auf die normative Öffentlichkeit der ›Staatsbürger‹ bezog, hatte keinen Erfolg, weil die Dynamik der Zivilgesellschaft Öffentlichkeiten nicht durch Generalisierung einbindet, sondern durch Pluralisierung freisetzt. Sie schafft keine verknüpften und füreinander porösen Öffentlichkeitsnetze, die auf die normative Öffentlichkeit der öffentlichen Vernunft ausgerichtet sind, sondern Öffentlichkeitsinseln und Öffentlichkeitsblasen, die sich unabhängig voneinander entwickeln und durch ihre Selbstbezüglichkeit und Selbstisolierung zur Auflösung des *demos* in einen strukturlosen *ochlos* beitragen. Wo jeder nur noch mit sich und seinesgleichen spricht, wird durch Diskursuniversalien keine Gemeinsamkeit mehr hergestellt.

In dieser Situation ist es erfolgversprechender, von der Frage von den Menschen *als Bürger* zur Frage nach den Bürgern *als Menschen* zu wechseln, also nicht kommunikative Verständigungsprozesse auf ihre formalpragmatischen Universalien hin zu befragen und von ihnen her ein normatives Öffentlichkeitskonzept deliberativer Vernunft zu entfalten, sondern allgemein beim *Verstehen* (und nicht beim Spezialfall der Verständigung) anzusetzen und pragmatisch und situativ auf die darin wirksame *hermeneutische* und *kritische Urteilskraft* zu setzen, die Fähigkeit also, dort orientierende Unterscheidungen zu setzen, wo man sich in den Unübersichtlichkeiten des Lebens und der Kommunikation mit anderen zu verlieren droht. Nicht was sein soll (weil es sein muss, wenn man sich verständigen will), sondern was ist (weil man sonst zusammen mit anderen nicht leben kann), steht dann im Zentrum des Fragens. In den Unübersichtlichkeiten des Lebens kann niemand lange ohne Orientierung leben, schon gar nicht zusammen mit anderen. Ohne eine lebensweltliche Praxis der Urteilskraft und die damit verbundenen Orientierungsverfahren und Orientierungsmuster gibt es keine dauerhafte Gesellschaft und keine funktionsfähige Demokratie. Um eine Überlebenschance zu haben, müssen wir uns im Leben gemeinsam mit anderen orientieren können, benötigen also eine Praxis der Urteilskraft, die sich nicht von selbst einstellt, sondern nur dort existiert, wo man sie einübt und ausübt, die man aber faktisch auch überall findet, wo Menschen zusammenleben, weil ohne sie menschliches Zusammenleben unmöglich wäre. Es gibt kein menschliches Zusammenleben ohne Kommunikation, keine Kommunikation ohne Verstehen, kein Verstehen ohne Selbstverstehen, kein Selbstverstehen ohne

Weltverstehen, kein Selbst- und Weltverstehen, das nicht über sich hinaus auf ein Gottverstehen verwiese, und nichts von all dem ohne Urteilskraft.[350]

2 Verstehen, Selbstverstehen und Urteilskraft

Menschen sind Gruppenwesen und können nur zusammen mit anderen Menschen menschlich leben. Das soziale Leben vollzieht sich durch Kommunikation, und die kann nur gelingen, wenn die wechselseitig kommunizierten Sinnangebote auch verstanden werden. Meist sind wir uns dessen gar nicht bewusst. In vertrauten Umgebungen funktioniert das Leben ohne ausdrückliches Verstehen. Man tut, was man tut, ohne sich ständig zu fragen warum, ohne es zu verstehen, verstehen zu müssen oder verstehen zu wollen. Erst wenn das Leben unterbrochen wird und es unklar ist, wie es weiter gehen soll, muss man sich um Verstehen bemühen. Verstehen ist die zentrale Voraussetzung dafür, diese Störungen und Unterbrechungen des Lebensprozesses überwinden zu können.[351]

Dabei ist zentral, dass jeder zwar selbst verstehen muss, aber keiner allein versteht. Alles Verstehen ist in die Kommunikation mit anderen eingebettet. Ich verstehe etwas nur dann, wenn andere – zumindest potentiell – das auch so verstehen könnten, ich also in hinreichender Weise so verstehe, wie andere auch verstehen könnten. In diesem Sinn ist Verstehen immer ein (potentiell) *gemeinsames* bzw. *geteiltes* Verstehen in konkreten Kontexten. Es zielt darauf, sich gegenseitig auf Möglichkeiten aufmerksam zu machen, die man vorher nicht gesehen oder beachtet hat.

Dass das gelingt, versteht sich nicht von selbst. Schleiermachers kluger Einsicht zufolge kommt es zum Missverstehen von selbst, während man sich um Verstehen nach allen Regeln hermeneutischer Kunst bemühen muss. Um zu verstehen, dürfen wir nicht bei unseren jeweiligen Meinungen und vermeintlichen Gewissheiten stehen bleiben, sondern müssen vom Meinen zum Wissen und vom Fühlen zum überlegten Entscheiden fortschreiten. Weil das Ziel ein gemeinsames Verstehen ist, brauchen wir dafür Regeln. Regeln sind immer Regeln einer mit anderen geteilten Praxis, auch wenn sie Kunstregeln sind, deren Anwendung sich selbst nicht durch Regeln regulieren lässt. Solche Regeln manifestieren unsere Freiheit, uns so und nicht anders zu bestimmen und zu verhalten, obwohl es auch anders möglich wäre. Sie strukturieren das Zusammenleben mit anderen so, dass sie Wirkliches als Mögliches in den Blick nehmen, das anderes möglich macht, aber nicht erzwingt, sondern zum Entscheiden für das eine oder das andere nötigt.

Das gilt auch für das Verstehen. Verstehen findet in einem Möglichkeitsraum statt, der alternative Anschlüsse an eine gegebene Situation kennt und damit einen Orientierungszusammenhang erschließt, in dem man sich so oder anders entscheiden kann. Aber dieser Möglichkeitsraum ist kontingent geortet, weil er an je faktisch Gegebenes anschließt und nach den realen Möglichkeiten zu fragen nötigt, die uns hier und jetzt von unserem Standpunkt aus zugänglich sind. Nicht alles, was *möglich* ist, ist auch *uns* möglich, und nicht alles, was uns *im Prinzip* möglich ist, ist uns auch *hier und jetzt* möglich.

Weil es um das hier und jetzt für uns Mögliche geht, gibt es Verstehen nicht ohne Selbstverstehen, das den Verstehensprozess so verankert, dass sich erschließen kann, was *für mich* bzw. *für uns* hier und jetzt möglich ist. Selbstverstehen hat dabei eine doppelte indexikalische Lokalisierungsfunktion, raumzeitlich im *hier und jetzt*, sozial *im Bezug auf konkrete andere*. Beides ist zu beachten. Das *ich* des Selbstverstehens ortet mich nicht nur in einer konkreten Situation (und ist insofern funktionsäquivalent zu *hier und jetzt*), sondern markiert zugleich diese Situation

als soziale Situation, die durch das System der Personalprono-
men (*ich, du, er, sie, es, wir, ihr, sie*) als Kommunikationssitua-
tion strukturiert ist, an der faktisch oder potentiell auch andere
beteiligt sind. Auch Selbstverstehen ist aber kein Privatverste-
hen, sondern auf gemeinsames Verstehen mit anderen angelegt.
Ich kann mich nicht als *ich* verstehen, ohne mich im Differenz-
bezug zu *anderen* zu verstehen, und ich kann andere nicht als
andere verstehen, ohne mich als anderen der anderen und andere als anders als mich zu verstehen. Die indexikalische Ortung
des Selbstverstehens (*ich*) loziert das Verstehen, das es begleitet,
nicht nur im *hier und jetzt,* sondern zeichnet es auch konkret als
potentiell gemeinsames Verstehen aus. Verstehensprozesse werden durch das begleitende Selbstverstehen so im *hier und jetzt*
geortet, dass sich *für mich* und *für andere* die Möglichkeit eines
gemeinsamen *wir* erschließt.

Gerade dafür aber bedarf es der Urteilskraft. Niemand kann
mir vorgeben, wie ich andere oder mich verstehe oder zu verstehen habe, und niemand kann sich oder andere verstehen, ohne
das im kritischen Bezug auf das Verstehen anderer zu tun. Verstehen muss jeder selbst, weil man sich zwar ein Verständnis,
aber nicht sein eigenes Verstehen von anderen vorgeben lassen
kann.[352] Wer nicht selbst versteht, wird auch nicht sich selbst,
andere, die Welt oder Gott verstehen können. Nur mitgeteilt
zu bekommen, wer man ist, hilft nicht weiter, wenn man sich
dazu nicht selbst verhalten, es also ablehnen oder sich damit
identifizieren kann. Nur zu vernehmen, was andere sagen oder
tun, genügt nicht, um es zu verstehen. Nur gesagt zu bekommen, wie die Welt ist, sagt einem nichts, wenn man diese Welt
nicht als seine Welt verstehen kann. Nur von Gott zu hören, ist
unzureichend, wenn man sich nicht selbst im Bezug auf Gott im
Leben orientieren kann. Wer nicht in der ersten Person versteht,
der wird auch sich selbst, andere, die Welt oder Gott nicht verstehen können.

Verstehen heißt dabei in jedem Fall ein Zweifaches: orientierende Unterscheidungen zu kennen, die einem erlauben, sich unter dem jeweiligen Gesichtspunkt in den mannigfaltigen Situationen und oft unüberschaubaren Lagen des Lebens zurechtzufinden, und sich in den so erschlossenen Situationen so selbst zu verorten, dass man sich zu ihnen und in ihnen vernünftig und verantwortlich verhalten kann. Wir müssen also in der Lage sein, unsere Welt durch Unterscheidungen so zu ordnen, dass wir uns in der so geordneten Welt selbst verorten können. Das wird nie nur auf eine Weise möglich sein, weil wir es unter verschiedenen Gesichtspunkten tun können und von verschiedenen Standpunkten aus tun. Und die orientierenden Unterscheidungen sind für unterschiedliche Bereiche des Lebens und Sphären der Gesellschaft verschieden, im Bereich lebensweltlicher Praktiken also anders als in den Wissenschaften oder den Künsten, im Bereich des Wissens anders als im Bereich des Handelns, in der Ethik anders als in der Ästhetik, in der Politik anders als in der Ökonomie, der Religion, dem Sport, der Bildung oder den Medien. Die Unterscheidungen richten sich jeweils an dem aus, worum es in diesen Bereichen geht, und sie konkretisieren das weiter, was in den Leitunterscheidungen und Leitmedien dieser Bereiche zum Ausdruck gebracht wird.

Im Bereich des menschlichen Zusammenlebens ist die Pointe des Verstehens, sich an den Unterscheidungen zu orientieren, die es einem erlauben, die Möglichkeiten eines guten menschlichen Zusammenlebens in der Gestaltung des eigenen Lebens in möglichst guter Weise zu verwirklichen. Wie können wir auf menschliche Weise zusammenleben? Was ist dabei zu beachten oder zu vermeiden? An welchen Unterscheidungen und Gesichtspunkten sollen wir uns dabei ausrichten? Die Antwort liegt nicht auf der Hand. Aber wir können nichts zureichend verstehen, ohne auch den Standpunkt anderer einzubeziehen und ohne uns an kritischen Idealen auszurichten, die zu beurteilen erlauben, ob und inwiefern wir zureichend verstanden haben.

Als Phänomen des gemeinsamen Lebens mit anderen ist Verstehen immer auch ein Verstehen dessen, was und wie andere verstehen. Das gilt für das Sichselbstverstehen nicht weniger als für das Verstehen anderer, das Weltverstehen oder das Gottverstehen. Wir können uns selbst nicht verstehen, ohne auch zu verstehen, wie uns andere verstehen; und da uns andere immer auf mehr als nur eine Weise verstehen und diese häufig untereinander und mit dem, wie wir selbst uns verstehen, nicht vereinbar sind, müssen wir uns in unserem Selbstverstehen kritisch-unterscheidend zu dem verhalten, wie andere uns verstehen. Ohne im Streit um das rechte Verstehen seiner selbst Stellung zu beziehen und sich kritisch zu den divergierenden Verständnissen zu verhalten, die andere von uns haben, kann niemand ein reflektiertes Selbstverständnis aufbauen. Ohne kritische Urteilskraft gibt es kein vernünftiges Selbstverstehen.

Entsprechendes gilt auch für das Verstehen anderer und der Welt. Wir können die Welt nicht verstehen, ohne zu verstehen, wie andere sie verstehen. Da diese die Welt auf viele verschiedene Weisen verstehen, können wir andere und die Welt nur im Streit um das rechte, gute, hilfreiche, angemessene Verstehen der Welt und der anderen verstehen. Und um das kritisch zu tun, unterscheiden wir in diesen Prozessen zwischen dem Eigensinn der Welt (den wir suchen) und den Fremdsinnen, in denen dieser Eigensinn von uns und anderen verstanden wird (von denen wir bei unserer Suche ausgehen). Auch im Verstehen anderer und der Welt sind wir darauf angewiesen, zu verstehen, wie andere die Welt und die anderen verstehen, um uns zu diesen verschiedenen Verständnissen kritisch urteilend zu verhalten.

Das gilt schließlich auch im Blick auf das Verstehen Gottes. Wir können Gott nicht verstehen, ohne zu verstehen, wie andere Gott verstehen (Fremdsinn) und wie Gott von sich aus zu verstehen ist (Eigensinn). Und weil Gottes Eigensinn nicht auf der Hand liegt und Gott von vielen auf sehr unterschiedliche Weise verstanden wird, müssen wir uns bei unserem Versuch, Gott zu verstehen, zum Streit der Gottesverständnisse verhalten. Auch das Verständnis Gottes und die Suche nach Gottes Eigensinn erhält so erst auf dem Hintergrund divergierender Gottesverständnisse seine spezifische Kontur. Und auch hier gilt, dass es ohne kritische Urteilskraft keine Orientierung an Gott gibt.

3 Vorurteilskritik

Verstehensprozesse beginnen nie an einem Nullpunkt und führen auch nie auf einen Endpunkt von der Art, dass sie nicht weiter gehen könnten. Sie beginnen immer in einer irgendwie schon verstandenen Situation, und sie enden in Situationen, in denen man immer auch anders weiter verstehen könnte. Wir stehen in einem Traditionszusammenhang, wie Gadamer betonte, der uns immer schon Verstandenes zuspielt und ohne den sich für uns keine Verstehensprobleme stellen würden.[353] Nichts kann daher verstanden werden, ohne ein leitendes *Vorverständnis*; und nichts wird verstanden, ohne dass dieses Vorverständnis korrigiert, bestätigt oder vertieft wird, indem unbegründete Vorurteile abgebaut und vorläufige Urteile in eigenverantwortete Urteile überführt werden.

Darauf hatte schon Kant hingewiesen. In seiner kritischen Auseinandersetzung mit dem Aufklärungsprojekt der Vorurteilskritik betonte er, dass zwischen ›vorläufigen Urteilen‹ und ›Vorurteilen‹ zu unterscheiden sei. »Die vorläufigen Urtheile sind sehr nöthig, ja unentbehrlich für den Gebrauch des Verstandes bei allem Meditiren und Untersuchen. Denn sie dienen dazu, den Verstand bei seinen Nachforschungen zu leiten und ihm hierzu verschiedene Mittel an die Hand zu geben.«[354] Sie antizipieren das hoffentlich wahre Urteil, zu dem man durch den Gebrauch seines eigenen Verstandes kommen kann und soll. Anders Vorurteile. Sie sind Prinzipien »irriger Urtheile [...] und aus Vorurtheilen entspringen nicht Vorurtheile, sondern irrige Urtheile.«[355]

Der richtige und wichtige Kampf der Aufklärung gegen Vorurteile ist daher nicht mit einem pauschalen Vorurteil gegen das Vorurteil zu verwechseln. »Zuweilen sind die Vorurteile wahre vorläufige Urtheile«[356], die sich durch den Gebrauch des eigenen Verstandes in »bestimmende Urteile« überführen lassen. Das nicht zu tun und sich einfach auf das Überkommene zu verlassen, ist die »Faulheit und Feigheit«[357], von der man sich frei machen muss, um einen Ausgang »aus seiner selbst verschuldeten Unmündigkeit«[358] zu finden. Vorurteile pauschal zu verteufeln, ist kein Ersatz für diese eigentliche Aufklärungsarbeit. Der Kampf muss der »Faulheit und Feigheit« gelten, die bereit ist, »falsche Erkenntnis« ungeprüft hinzunehmen, um sich das eigene Denken und die damit verbundenen Mühen und möglichen Anfeindungen zu ersparen, nicht dem Vorurteil als solchen. Daher muss man »die falsche Erkenntniß, die aus dem Vorurtheil entspringt, von ihrer Quelle, dem Vorurtheil selbst, unterscheiden.«[359] Falsche Erkenntnisse werden durch den Gebrauch des eigenen Verstandes entlarvt, das Vorurteil aber muss hermeneutisch und kritisch-unterscheidend behandelt werden, um zu sehen, was daran vorläufiges Urteil und falsche Erkenntnis ist.

Vorurteile speisen sich aus verschiedenen Quellen, die von unterschiedlicher Valenz sind. »Die Hauptquellen der Vorurtheile sind: Nachahmung, Gewohnheit und Neigung«, wie Kant ausführt.[360] Es ist immer einfacher, seinen Neigungen zu folgen, sich an das Gewohnte zu halten oder in die »Fußtapfen [anderer zu] treten als [die] eigenen Verstandeskräfte an[zu]strengen.«[361] Allerdings gilt das für die Gegenwart nicht weniger als für die Vergangenheit. Vorurteile der Nachahmung, Gewohnheit und Neigung gibt es nicht nur im Blick auf das überkommene Alte, sondern auch im Blick auf das revolutionäre Neue. Es geht also nicht um ein Aburteilen des Überkommenen im Licht einer selbststilisierten revolutionären Avantgarde oder progressiven Moderne: »neue Vorurtheile werden eben sowohl als die alten zum Leitbande des gedankenlosen großen Haufens dienen.«[362] Man ist nicht deshalb von Vorurteilen frei, weil man tut und sagt und denkt, was die *political correctness* der eigenen Zeit nahelegt. Entscheidend ist vielmehr, dass man *selbst denkt* und sich nicht den Meinungen überlässt, die einem die Tradition zuspielt oder die in der Gegenwart als die Spitze des Fortschritts propagiert werden. Sonst werden Menschen immer nur »Copien von Andern […] und wären alle von der Art, so würde die Welt ewig auf einer und derselben Stelle bleiben.«[363]

Selbstdenken gibt es aber nicht ohne Verstehen, und für das Verstehen gibt es keinen hermeneutischen Nullpunkt, sondern immer nur ein Anfangen, das schon Angefangenes aufnimmt und fortsetzt oder ablehnt, modifiziert und korrigiert. Individuelles Verstehen setzt den Kontext gemeinsamen Verstehens voraus, in dem es sich entwickelt und von dem es auch dann noch zehrt, wenn es sich ihm gegenüber individualisiert und verselbständigt. Es ist eingebunden in Verstehenszusammenhänge, die nicht als kontingent durchschaut werden. Es übernimmt Urteile, die im eigenen Verstehen als ungeprüfte Vorurteile wirken. Es beachtet nicht, dass die eigene Perspektive oft anders ist als die, in der das gemeinsam tradierte Verstehen ausgebildet wurde. All das nötigt dazu, sich in kritischer Haltung die Frage nach den eigenen Vorurteilen zu stellen, ihre Genese zu erhellen und ihre Geltung zu prüfen. Nicht mit dem Ziel, ohne Vorurteile zu verstehen, sondern um die eigenen Vorurteile nicht unverstanden im eigenen Verstehen zur Wirkung kommen zu lassen und damit nicht kritisch kontrollieren zu können.

Diese Bewegung vom Vorverständnis und Vorurteil über die kritische Prüfung unserer Vorverständnisse und Vorurteile in der Kommunikation mit anderen und der Auseinandersetzung mit gegenwärtigem Vergangenem und vergehendem Gegenwärtigem ist die Pointe der Metapher vom ›Zirkel des Verstehens‹. Sie bringt das dynamische Eingebettetsein allen Verstehens in vorausgehende und nachfolgende Verstehensprozesse im Leben zum Ausdruck, das bei allem Verstehen zu berücksichtigen ist. Nichts ist ohne Vorgeschichte und Nachgeschichte, weder das, was man zu verstehen sucht, noch das Verstehen, Missverstehen oder Nichtverstehen selbst, das man erzielt.

Das ist allerdings kein Freibrief, die Verantwortung für unser Verstehen und seine Folgen auf die Herkünfte und Umstände unseres Verstehens abzuschieben. Wie wir verstehen oder nicht verstehen, hat Folgen im Leben, und nicht immer sind es die, die man sich wünschen würde. Deshalb kommen wir nicht umhin, uns dazu zu verhalten, also selbst Stellung zu beziehen gegenüber dem Verständnis, das die Situation oder die Tradition, in der wir stehen, uns nahelegt oder aufdrängt. Eben deshalb gibt es Verstehen nicht ohne das (mögliche) Urteil, warum man etwas nicht versteht, wie man es auch verstehen könnte, und warum man es so versteht, wie man es versteht, obwohl man es auch anders verstehen könnte. Verstehen ist nicht nur intrinsisch konkret lokalisiert und auf mögliches gemeinsames Verstehen ausgerichtet, es vollzieht sich im Modus der Urteilskraft so, dass es Unterscheidungen kommuniziert, die auch anderen ermöglichen, das so Verstandene zu verstehen.

4 Die hermeneutische Leistung der Urteilskraft

Verstehen wird erst dadurch zu einem vertretbaren Verständnis, dass es mit einem Urteil über das vermeintlich Verstandene verknüpft wird. Dieses Urteil kann sich auf ganz verschiedene Aspekte beziehen, es kann sich um eine kategoriale Strukturierung (Verstand) oder eine evaluative Beurteilung (Vernunft) oder eine normative Bewertung (Wille) handeln. Nur wo Verstehen und Urteilen in diesem komplexen Sinn zusammenfällt, kommt es zu einem konkreten Verständnis. Anders als Goethe meinte, kann nicht nur das Urteil, es können auch die Sinne trügen.[364] Deshalb sind Urteile nötig und ein kritischer Umgang mit Urteilen für ein verlässliches Verstehen unabdingbar.

So vollzieht sich Verstehen in kategorialen Bahnen, versteht also stets etwas als etwas durch etwas so, dass es dieses Sinngebilde logisch und grammatikalisch strukturiert. Das kann sprachlich mit den Mitteln der Grammatik einer Einzelsprache geschehen oder logisch im Horizont einer logisch-ontologischen Konzeption, etwa des aristotelischen Denkens in den kategorialen Formen von Substanz und Akzidenz, Qualität, Quantität und Relation, Ort und Zeit, Lage und Habe, Aktivität und Passivität[365], oder mit Kant in den Kategorien der Quantität, Qualität, Relation und Modalität[366], oder mit Peirce in den semiotischen Kategorien der Erstheit, Zweitheit und Drittheit[367], oder mit Dilthey in den formalen Kategorien der Vernunft (Ordnung, Beziehung, Identität, Gleichheit, Unterschied) und den realen Kategorien des Lebens, das immer wieder neue Ordnungsgestalten hervorbringt.[368] In jedem Fall wird etwas so lange nicht verstanden, als es nicht als etwas Bestimmtes verstanden und diese Bestimmtheit in kategorialen Bestimmungen zum Ausdruck gebracht wird.

Aber das ist nicht alles. Zu den kategorialen Bestimmungen im Verstehen muss ein Urteil treten, mit dem das so Verstandene im Leben lokalisiert und damit real konkretisiert wird. Diese pragmatische Funktion haben im mittelalterlichen Denken die sog. Transzendentalien übernommen, also diejenigen Bestimmungen wie *ens* (Seiendes), *unum* (Einheit), *verum* (Wahrheit) und *bonum* (Gutheit), die allem Seienden qua Seiendem zukommen, etwas also nicht kategorial bestimmen, sondern konkret in der Wirklichkeit der Welt und des Lebens verorten. In der Neuzeit wurde das urteilstheoretisch neu formuliert, indem zwischen der Funktion von Bestimmungsprädikaten von Gegenständen wie ›–ist schwer‹ oder ›–ist blau‹ (*bestimmende Urteile*) und der Funktion von Bestimmungsprädikaten von Urteilen oder Sätzen wie ›p ist wahr‹, ›p ist gut‹ oder ›p ist schön‹ (*Reflexionsurteile*) unterschieden wurde, die ihrerseits in kognitive (›p ist wahr‹), evaluative (›p ist angenehm‹, ›p ist schön‹), normative (›p ist gut‹, ›p ist gerecht‹, ›p ist legal‹) und reflektierende (philosophische) Meta-Urteile (›p ist ein kognitives/evaluatives/normatives Urteil‹) eingeteilt werden können. Bestimmenden Urteile dienen dazu, einen Gegenstand zu charakterisieren (›a ist F‹ = p), lokalisierende Urteile verorten den damit konstatierten Sachverhalt in einer bestimmten konkreten Lebenssituation (hier, jetzt), Reflexionsurteile beurteilen ihn (›p ist wahr/gut/gerecht‹) oder entscheiden als Meta-Urteil (›p ist ein kognitives Urteil‹) über die Zuordnung eines Urteils zu einer der unterschiedenen Urteilsarten.

Sowohl das kategoriale Bestimmen als auch das reflektierende Beurteilen bzw. Bewerten ist für das Verstehen wichtig. Ohne den ›judgmental assent‹, dass wahr ist, was man verstanden hat bzw. – im Sinn von Kants Differenzierungen des Fürwahrhaltens – verstanden zu haben glaubt oder meint, bliebe es bei einem bloß hypothetischen Vermuten[369] und das genügt in der Regel nicht, die verlorene Orientierung in einer Situation wieder herzustellen.

Wahrheitsurteile (›p *ist wahr*‹) sind allerdings nicht die einzigen Urteile, die zu einem orientierenden Verständnis führen. Neben der sachverhaltsbezogenen *Zustimmung* (assent) spielen auch andere Urteilsfaktoren eine wichtige Rolle, insbesondere diejenigen, die in den evaluativen Beurteilungs- und normativen Bewertungsprädikaten ›– *ist angenehm*‹, ›– *ist schön*‹, ›– *ist gut*‹, ›– *ist gerecht*‹ ausgesprochen werden. So markiert die Beurteilung am Leitfaden der Differenz *angenehm / unangenehm* das Vorliegen oder das Fehlen des Wohlbefindens, das man angesichts des Verstandenen empfindet oder empfinden sollte. Entsprechend markiert die Beurteilung am Leitfaden der Differenz *schön / nicht schön* die ästhetische Qualität, die man dem Verstandenen zubilligt oder abspricht. Und schließlich markiert die Bewertung am Leitfaden der Differenz *gut / böse* die moralische Wertung, die man mit dem Verstandenen verbindet. In jedem Fall bewegt man sich mit diesen Urteilen nicht im Privathorizont seiner eigenen Meinungen und Ansichten, sondern im Horizont einer Gemeinschaftspraxis, an der man teilnimmt, indem man etwas Verstandenes als (nicht) *wahr, angenehm, gut, gerecht* oder *schön* beurteilt.

Das heißt: Die Orientierung am Wahren, Angenehmen, Guten, Gerechten oder Schönen findet nie isoliert und für sich, sondern stets eingebunden in eine Gemeinschaft statt, die Verstandenes so beurteilt oder bewertet: eine auf Wahrheit ausgerichtete Gemeinschaft von Menschen, die wissen wollen (Wissensgemeinschaft), eine auf das Wohlbefinden ausgerichtete Gemeinschaft von Menschen, die angenehm leben wollen (Lebensgemeinschaft), eine auf das Gute ausgerichtete Gemeinschaft von Menschen, die ihre Freiheit moralisch verantwortlich praktizieren wollen (sittliche Gemeinschaft), eine auf Gerechtigkeit ausgerichtete Gemeinschaft von Menschen, die alle vor dem Recht gleichstellen und jedem die gleichen Chancen auf ein menschenwürdiges Leben einräumen wollen (soziale Rechtsgemeinschaft) oder eine auf das Schöne ausgerichtete Gemeinschaft von Menschen, die auf die Ästhetik des Lebensvollzugs wert legen (ästhetische Gemeinschaft).

Die in den verschiedenen Urteilsprädikatoren *wahr, angenehm, gut, gerecht* oder *schön* zum Ausdruck kommenden Bewertungshaltungen sind daher nicht willkürlich oder beliebig. Sie markieren für unsere Kultur maßgebliche Gemeinschaftskontexte, in denen wir den Sinn von Verstandenem beurteilen, um uns im Leben in bestimmter Weise orientieren zu können. Will man das terminologisch deutlicher fassen, kann man folgende Urteilsarten unterscheiden: In *kognitiven Urteilen* wird über die Gültigkeit und Verlässlichkeit einer Behauptung am Leitfaden der Differenz *wahr / falsch* geurteilt. In nichtmoralischen *evaluativen Urteilen* oder *Beurteilungen* wird ein Sachverhalt am Leitfaden der Differenzen *angenehm / unangenehm* (nichtmoralische Beurteilung) beurteilt. In *normativen Urteilen* oder *Bewertungen* wird eine Absicht, eine Forderung, eine Entscheidung, ein Verhalten am Leitfaden der Differenzen *gut / böse* im Blick auf seine moralische Geltung (moralische Bewertung) bzw. gültig / *nicht gültig* oder *gerecht / nicht gerecht* im Blick auf seine rechtlich bindende Relevanz in einer bestimmten Gemeinschaft bewertet (rechtliche Bewertung). In *reflektierenden Urteilen* oder *Abwägungen* wird darüber entschieden, ob etwas in die Kategorie der kognitiven, evaluativen oder normativen Urteile fällt.

Ohne die Unterscheidung und Beachtung solcher »meaning contexts«[370] können wir nicht so verstehen, dass wir im konkreten Fall unser Leben in richtiger Weise fortsetzen oder wieder aufnehmen können, wenn es gestört wurde oder zusammengebrochen ist. Durch diese Urteile, Beurteilungen, Bewertungen und Abwägungen spezifizieren wir das gemeinsame Sinnuniversum unserer geteilten Welt so, dass wir die Unwahrscheinlichkeit des Verstehens gegenüber der Wahrscheinlichkeit des Missverstehens etwas steigern können.

5 Topologie der Urteilskraft

Die enge Verknüpfung von Verstehen und Urteil – als konkreter Vollzug (Urteil) und nicht nur als Vermögen (Urteilskraft) – zeigt, dass die Frage nach gleichem oder divergierendem Verstehen in entscheidender Hinsicht praktisch motiviert ist. Weil

Verstehen nicht nur freie kognitive Einstellung, sondern praktische Orientierungs- und Verhaltenskompetenz ist, ist die Frage, warum so und nicht anders verstanden wird, nie nur theoretischer Natur, sondern zielt auf die konkreten praktischen Folgen des Verstehens im menschlichen Leben. Solange sich keine Konsequenzen für unser Verhalten zur Welt und in der Welt ergeben, haben wir auch nichts (Neues) verstanden. Verstehen lässt sich nur Verstehbares, aber nicht alles ist verstehbar (es gibt Grenzen und Schranken des Verstehens) und Verstehbares gibt es im Horizont der Welt in verschiedenen Zusammenhängen.

In Anlehnung an Kants Unterscheidungen zwischen *Feld, Boden, Gebiet* und *Aufenthalt* in der Einleitung zur *Kritik der Urteilskraft*[371] unterscheide ich zwischen vier Lokalisierungszusammenhängen (Topoi) des Verstehbaren in der Welt. Die ersten beiden (Feld und Bereich) bestimmen mögliche Gegenstände des Verstehens am Leitfaden der modalen Differenz zwischen *Möglichem* und *Wirklichem*. Die beiden anderen (Ort und Raum) beziehen sich auf die Verstehenden und bestimmen das ihnen zugängliche Verstehbare am Leitfaden der phänomenologischen Differenz zwischen *Standpunkt* und *Horizont* bzw. der lebensweltlichen Orientierungsdifferenz zwischen *Raum* und *Zeit*.

1. Ein *Feld des Verstehens* ist ein Ausschnitt aus dem Möglichkeitsraum der Welt, der aus miteinander kompatiblen Möglichkeiten besteht, die sich verstehend erkunden lassen. Nur was möglich – logisch möglich oder nicht unmöglich, auch wenn es real nicht möglich – ist, lässt sich verstehen, aber nicht alles Mögliche ist auch verständlich (nicht alles Bezeichenbare ist auch verstehbar) und nicht alles verstehbare Mögliche lässt sich zugleich oder im Zusammenhang verstehen (nicht alles Mögliche ist kompossibel). Wer daher Mögliches zu verstehen sucht, wird Sinn- oder Denkexperimente anstellen müssen, um auszuloten, was im Horizont der jeweiligen Fragestellung möglich ist oder möglich sein könnte.

So kann man ein Sinnfeld konstruieren, indem man eine Kontrastbestimmung wie ›belebt/unbelebt‹ systematisch durchspielt, um zu sehen, was am Leitfaden dieser Unterscheidung verstanden werden kann und was nicht. Vier Möglichkeiten lassen sich angeben: In einem bestimmen Möglichkeitszusammenhang ist alles bestimmbar als entweder *belebt* oder *unbelebt* oder als *beides* oder als *keines von beiden*. *Belebtes* kann man verstehen, weil und insofern Leben in Zeichenprozessen besteht. *Unbelebtes* kann man nur verstehen, indem man es auf Belebtes bezieht, also von ihm her bestimmt oder es in Belebtes einbezieht. *Belebt und unbelebt* kann etwas widerspruchsfrei und damit verstehbar nur sein, wenn man es in verschiedenen Hinsichten oder in verschiedenen Phasen seiner Existenz in den Blick fasst. Man muss also entweder Zeit einführen, um Verstehen möglich zu machen, oder Perspektiven, Aspekte oder Hinsichten auf dasselbe unterscheiden. Ob etwas *weder belebt noch unbelebt* sein kann, entscheidet sich schließlich an dem Möglichkeitszusammenhang, von dem man ausgeht. Denn entweder gibt es nichts zu verstehen, weil es gar nichts gibt, was so bestimmbar wäre. Oder man bezieht sich auf etwas, was *mit* der Unterscheidung von Belebtem oder Unbelebtem gesetzt ist, ohne dass es selbst ein möglicher Fall dessen wäre, dem man die Bestimmungen ›belebt‹ oder ›unbelebt‹ sinnvoll zu- oder absprechen könnte. In diesem Fall wird das Feld des Verstehbaren kategorial auf dass begrenzt, von dem man sinnvoll auf diese Weise sprechen kann, und damit zugleich von dem unterschieden, was nicht in die Kategorie dessen fällt, von dem man ›belebt‹ oder ›unbelebt‹ positiv oder negativ prädizieren könnte, was aber (etwa im Sinn der klassischen Transzendentalien) stets mitgesetzt ist, wo diese Kategorie konkret gebraucht wird und man von etwas mit Anspruch auf Wahrheit prädiziert, es sei ›belebt‹ oder ›unbelebt‹. Die Bedingungen der Möglichkeit des sinnvollen Gebrauchs der Unterscheidung *belebt/unbelebt* müssen nicht selbst ein Fall sein, auf den diese Unterscheidung angewandt werden könnte.

2. Ein *Bereich des Verstehens* ist ein Ausschnitt aus dem Wirklichkeitsraum, der jemand tatsächlich zugänglich ist. Nicht jeder kann alles verstehen, und für alle gibt es Wirkliches, das sie nicht verstehen können, obwohl andere es können. Was zu einem Bereich des Verstehens gehört, lässt sich daher nicht vorab sagen, sondern muss erforscht werden. Anders als das Erkunden von Möglichem ist das Erforschen von Wirklichem aber keine apriorische, sondern eine aposteriorische Tätigkeit, sie lässt sich nicht allein im Denken (denkend), sondern nur durch Denken im Leben (forschend) vollziehen. Um Verstehensbereiche zu erschließen, müssen Entdeckungen gemacht werden, die Phänomene des Lebens aufdecken, die man bislang nicht gesehen oder nicht beachtet hat. Ob und inwiefern diese verstehbar sind, ihnen also ein Sinn entnommen oder zugeschrieben werden kann, ist zu erproben. Aber erst die Frage, unter der man sie zu verstehen versucht, ermöglicht eine Entscheidung darüber, ob sie sich verstehen lassen und zu welchem Verstehensbereich sie gehören. Nicht alles Verstehbare lässt sich unter jeder Fragestellung verstehen, aber vieles lässt sich unter mehr als einer Fragestellung verstehen. Die Bestimmung von Verstehensbereichen ist daher von der Fragestellung abhängig, unter der man den Sinn von Phänomenen in der Wirklichkeit zu verstehen sucht.

3. Der *Ort des Verstehens* ist der Standpunkt, von dem aus jemand etwas verstehen kann. Liegt dieser Standpunkt im Wirklichkeitszusammenhang der Welt, dann ist der Ort des Verstehens weltlich und kontingent, weil dieser Ort in der Welt auch kein Ort des Verstehens hätte sein können. Ist der Standpunkt dagegen nicht kontingent und damit nicht weltlich, dann liegt er nicht nur nicht in der Welt (das wäre auch der Fall, wenn es einen solchen Ort überhaupt nicht gäbe: negative Transzendenz als Negation des Weltlichen), sondern er ist notwendig in dem Sinn, dass es ohne ihn keine Welt, keine Orte in der Welt und keine Orte des Verstehens in der Welt geben könnte (positive Transzendenz als Ermöglichung des Weltlichen). Es ist dann

der (weltlich gesprochen) *Nicht-Ort*, ohne den es weder etwas Verstehbares oder Nichtverstehbares noch einen tatsächlich oder möglichen Verstehenden geben könnte. Dieser Nicht-Ort ist einzigartig, weil er angesichts der Einzigkeit der Welt sowohl in negativer Bestimmung (Nichtweltliches) als auch in positiver Bestimmung (Ermöglichung des Weltlichen) nur einer sein kann. Nicht von ungefähr ist er daher auch in der philosophischen Tradition klassisch Gott vorbehalten (also derjenigen Wirklichkeit, ohne die nichts möglich oder wirklich sein könnte). Der Ausdruck *Gott* fungiert dementsprechend als Transzendenzindex und Orientierungsideal der Unterscheidung zwischen Transzendenz und Immanenz. Er markiert keinen Ort in der Immanenz, sondern den Nicht-Ort, von dem her zwischen Transzendenz und Immanenz unterschieden wird. Nur was von diesem Nicht-Ort aus als immanente Möglichkeit oder Wirklichkeit verstanden werden kann, ist überhaupt verstehbar, und niemand kann etwas verstehen oder nicht verstehen, der von diesem Nicht-Ort aus nicht schon verstanden ist.

Kontingente Orte des Verstehens in der Welt dagegen sind Standpunkte, die Perspektiven und Horizonte des Verstehens definieren, die also darüber mitentscheiden, was von hier aus verstanden werden kann und was nicht. Während sich Verstehensfelder im Möglichkeitsraum der Welt weithin unabhängig von Standpunkten spezifizieren lassen (solange man nicht nach *realen* Möglichkeit fragt, die von einem bestimmten Ort aus zugänglich sind oder an einen bestimmten Zustand der Welt anschließen können), lassen sich ohne Bezug auf einen Ort des Verstehens keine Verstehensbereiche bestimmen.

Nun lassen sich Orte in der Welt wechseln und sie werden auch ständig gewechselt, und damit verändern sich auch die Perspektiven und Horizonte des von dort aus möglichen Verstehens. Verstehensbereiche in der Welt sind daher nicht stabil, sondern ständig im Prozess der Veränderung. Dass man Verstehensorte ändern kann, heißt aber nicht, dass man auf einen

Verstehensort verzichten könnte. Es gibt kein Verstehen, ohne dass jemand an irgendeinem Ort ist, an dem er versteht bzw. verstehen kann. Aktuelles und mögliches Verstehen sind stets auf einen Ort bezogen, an dem jemand versteht, aber jeder Verstehensort in der Welt könnte im Prinzip, wenn oft auch nicht faktisch auch nicht oder anders sein.

4. Der *Raum des Verstehens* ist derjenige Bereich der Welt, der jemand von einem bestimmten Ort aus konkret zugänglich ist. In welchem Raum man sich bewegt, zeigen die Indexausdrücke, die man gebraucht. So kann dieser Raum *transzendent* bestimmt sein (Welt-Raum), räumlich (Raum im engeren Sinn) oder *zeitlich* (Zeitraum). Er ist *transzendent* bestimmt, wenn er von dem Ort jenseits der Welt aus entworfen ist, ohne den es keine Welt des Möglichen und Wirklichen geben könnte. Ein von dort aus konzipierter Raum des Verstehens ist koextensiv mit der Welt insgesamt und markiert den Welt-Raum des Verstehbaren überhaupt. Der Raum des Verstehens ist dagegen *räumlich* bestimmt, wenn das, was von einem bestimmten Ort im Wirklichkeitszusammenhang der Welt aus verstehbar ist, durch lokale Orientierungsunterscheidungen wie *hier/dort, oben/unten, vorne/hinten, rechts/links* usf. charakterisiert wird. Und ist er *zeitlich* bestimmt, wenn das Verstehbare anhand der temporalen Unterscheidungen *vergangen/gegenwärtig/zukünftig* charakterisiert wird.

Räumliche und zeitliche Orientierungsunterscheidungen sind lebensweltlich eng verknüpft und nur abstrahierend voneinander zu unterscheiden. Sie haben den gemeinsamen Grundzug, dass man die entsprechenden Unterscheidungen nicht beschreibend zur Charakterisierung von Verstehensgegenständen gebraucht, sondern indexikalisch zur Charakterisierung von Verstehensgegenständen in Bezug auf den Ort der jeweils Verstehenden. Nur wer selbst in der Welt räumlich und zeitlich lokalisiert ist, kann den Raum bzw. Zeitraum des ihm Verstehbaren von hier aus bestimmen oder anzeigen. Und niemand kann so in der Welt loziert sein, ohne im Welt-Raum des Verstehbaren überhaupt seinen Ort zu haben, also so zu sein, dass er nur verstehen kann, weil er verstanden ist. Verstehensräume gibt es daher nur, wo es Verstehensorte gibt, Verstehensbereiche nur in Verstehensräumen, und auch Verstehensfelder gibt es nicht ohne mindestens einen aktualen Verstehensort. Aber all dass ist nur möglich, weil es im Welt-Raum des Verstehbaren verortet ist, den es nicht gäbe, wenn er nicht als solcher vom nichtweltlichen Nichtort Gottes aus gesetzt wäre. Nur was sich Gott verdankt, ist, und was ist, weil es sich Gott verdankt, ist verstehbar.

6 Dialektik der Urteilskraft

Die umrissenen Urteilsformen und Urteilsorte der hermeneutischen Urteilskraft machen deren zentrale Dialektik deutlich. Auf der einen Seite gibt es kein eigenverantwortetes Verstehen, das sich nicht in der Spannung von *Vorurteil*, *Fremdurteil* und *Selbsturteil* vollzieht. Ohne auf das Vorgegebene (im Wirklichkeitsbereich der Natur nicht weniger als in dem der Kultur) kritisch zu rekurrieren, lässt sich kein begründetes Verstehensurteil fällen, und ohne das eigene Urteil am Fremdurteil anderer zu überprüfen, lässt sich kein verbindliches gemeinsames Verstehen erarbeiten. In beiden Hinsichten resultiert Verstehen aus der Überwindung von Falschverstehen, Missverstehen und unzureichendem Verstehen und ist dabei niemals mehr, als ein vorläufiges Verstehen, das offen bleibt für weitere Korrektur und Fortbildung.

Auf der anderen Seite gibt es deshalb kein kritisches Verstehen, das sich nicht daran abarbeiten würde, Missverstandenes zu korrigieren und Verstandenes noch besser zu verstehen. Der

Prozess des Verstehens ist nicht nur ein dialektischer Kommunikationsprozess zwischen mir und anderen, er vollzieht sich auch stets als Abarbeiten an der Dialektik von Grenzen und Schranken, als der gemeinsame Versuch, die Grenzen des jeweils konkreten Verstehens zu überschreiten, diese also als Schranken zu erweisen, oder, wo das nicht gelingt, diese Grenzen weiter hinaus zu schieben und dadurch den Bereich und Zusammenhang des Verstandenen vor dem Hintergrund des Verstehbaren im Bezug auf das Nichtverstandene und Nichtverstehbare zu präzisieren. Gerade weil man nie alles verstanden hat, geht der Prozess des Verstehens weiter. Und gerade weil man danach fragen muss, ob Nichtverstandenes Noch-nicht-Verstandenes ist oder Nichtverstehbares, sind alle hermeneutischen Bemühungen darauf angelegt, die Grenzen des Verstehens zu bestimmen – durch Kritik, Gedankenexperiment und selbstkritische Spekulation. Denn niemand kann dogmatisch setzen, wo die Grenze zwischen Nichtverstandenem und Nichtverstehbarem verläuft, sondern diese ist in jeder Situation und an jedem Punkt des Lebens kritisch und gemeinsam zu eruieren.

7 Ideen, Werte und Ideale

Um in diesem dialektischen Prozess der Urteilskraft die Orientierung nicht zu verlieren und im Blick zu behalten, dass es um ein gemeinsames Verstehen geht, das den Möglichkeitsraum gemeinsamen Entscheidens und Handelns öffnet und absteckt, brauchen wir nicht nur Begriffe, sondern *Ideen*, und nicht nur Werte, sondern *kritische Ideale*, an denen wir uns gemeinsam orientieren: ein *Ideal des Göttlichen* für die Beurteilung unseres Gottverstehens, ein *Ideal des Weltlichen* für die Beurteilung unseres Weltverstehen und ein *Ideal der Menschlichkeit* für die

Beurteilung unseres Selbstverstehens und des Verstehens anderer.[372]

Begriffe sind in der Regel entweder Generalisierungen deskriptiver Erfahrungsaspekte, also Allgemeinbegriffe, die im Ausgang von bestimmten Erfahrungen durch Abstraktion, Selektion und Kombination gebildet werden und deren Gemeinsamkeiten semantisch so bündeln, dass sie auf jeden einzelnen von beliebig vielen Gegenständen einer bestimmten Art (Entitäten) zutreffen. Oder sie sind Einzelbegriffe, die genau einen Gegenstand charakterisieren, insofern sie die Gesamtheit der distinktiven Bestimmungen dieser realen oder imaginären Entität zusammenfassen, durch die diese sich von allen übrigen Entitäten unterscheidet. Im ersten Fall werden Begriffe von Gegenständen prädiziert, um diese als Fälle eines Allgemeinen zu bestimmen. Im zweiten Fall wird mit Begriffen ein Gegenstand so bestimmt, dass im Begriff dieser Gegenstand für andere vollständig oder doch zureichend zur Darstellung kommt. So oder so treffen Begriffe auf nichts (Kein x ist F), einiges (Mindestens ein x ist F) oder alles zu (Alle x sind F), gelten also in keiner möglichen Welt, mindestens einer möglichen Welt oder allen möglichen Welten. Im ersten Fall sind sie leere Begriffe, die etwas Unmögliches thematisieren (rundes Quadrat). Im zweiten Fall sind sie beschreibende Begriffe, die auf mindestens ein Mögliches (Einhorn) oder Wirkliches (Baum) zutreffen. Im dritten Fall sind sie Totalitätsbegriffe, die singularisch gebraucht werden zur Charakterisierung des Ganzen in einer bestimmten Hinsicht (Wirklichkeit). In all diesen Verwendungsweisen beziehen sie sich auf etwas, auf das sie zutreffen bzw. zutreffen könnten und das sie als etwas bestimmen.

Für Ideen wie (nach Kant) Welt, Seele oder Gott gilt das nicht. Sie fungieren nicht am Leitfaden der Unterscheidung zwischen Gegenstand und Begriff (Logik), Besonderem und Allgemeinem (Empirie) oder Konkretem und Abstraktem (Zahl), sondern zwischen Individuellem und Universalem. Sie treten am Ort des

Subjekts, nicht des Objekts des Verstehens auf, gehören also nicht zum Objektpol, sondern zum Subjektpol des Denkens. Sie sind die Messlatten, mit denen wir uns in bestimmten Bereichen des Denkens orientieren, indem wir bestimmte Unterscheidungen machen – zwischen dem Einen und dem Vielen, dem Einzelnen und dem Ganzen, dem Möglichen und dem Wirklichen, dem Guten und dem Bösen. Ohne Ideen gäbe es keine Orientierung im Denken, und ohne diese keine verantwortungsfähige Orientierung im Leben.

Ähnliches gilt für Ideale. Sie sind keine Werte, die als Resultate oder Kriterien von Bewertungsakten zu Werthierarchien gehören, die sich von Unwerten bis zu höchsten Werten erstrecken. Werte sind Aspekte des Bewertens, keine Gegebenheiten des Lebens, auf die man stoßen könnte. Werden sie als Realitäten gesehen, die etwas Allgemeines unterschiedlich exemplifizieren, verliert man das Entscheidende aus dem Blick. Vieles kann gut, schön und gerecht genannt werden, aber nicht alles wird damit zu einem Fall dessen, was man auch anderswo finden kann. ›Der Apfel ist grün‹ und ›Der Apfel ist gut‹ sind nicht zwei beschreibende Urteile, die unterschiedliche Attribute eines Apfels thematisieren. Im ersten Fall ist nur vom Apfel die Rede, im zweiten Fall wird auf die Bezug genommen, für die der Apfel gut ist. Das ist kein zusätzlicher Aspekt des Apfels, sondern des Umgangs mit ihm und damit eine andere Art von Urteil: keine Beschreibung, sondern eine Bewertung. Während man nicht ohne Selbstwiderspruch gleichzeitig von demselben sagen kann, dass es grün ist und dass es nicht grün ist, kann man sehr wohl ohne Widerspruch von demselben sagen, dass es für die einen gut und für die anderen nicht gut ist. Jedes Fußballspiel belegt das. Dasselbe Ereignis kann von Verschiedenen verschieden bewertet werden. Werte sind keine Allgemeinbegriffe, die durch Ereignisse exemplifiziert würden. Es ist auch nicht egal, ob man das Gute, Schöne oder Gerechte hier oder dort, in dieser oder in jener Konkretion hat. Was für den einen gut ist, ist es deshalb noch lange nicht für einen anderen. Jeder Fall muss vielmehr als Einzelfall bewertet werden.

Man braucht daher nicht nur Werte, die sagen, in welcher Hinsicht man über etwas urteilt, sondern Ideale, mit deren Hilfe man urteilt. Werte sind abstrakte Beurteilungsaspekte, Ideale sind die Messlatten, die wir anlegen, um uns in einem bestimmten Bereich oder Gebiet des Lebens zu orientieren. Wie uns das Metermaß dazu dient, Entfernungen im Raum zu vergleichen und zu bestimmen, so hilft uns die Maxime der praktischen Vernunft, die moralische Qualität unserer Entscheidungen und Handlungsweisen kritisch zu beurteilen, und die Idee Gottes, um die Passivität unseres Daseins positiv als Gabe zu verstehen (Gott ist der, dem sich die Möglichkeit unseres Daseins verdankt) und um zwischen vertretbaren und abwegigen Vorstellungen des Göttlichen zu unterscheiden (Gott ist der Geber dessen, was für uns gut ist).

Man muss kein Platonist sein, um in diesem Sinn zwischen Begriffen und Ideen bzw. Werten und Idealen zu unterscheiden. Ideale sind keine zeitlosen Gegebenheiten, sondern historische Produkte konkreter Kulturen, in denen sie entwickelt, erprobt und verändert werden. Sie legen die Regel fest, nach der in einem bestimmten Bereich verstanden und geurteilt wird. Aber sie sind nicht selbst ein Anwendungsfall dieser Regel, sondern werden auf Fälle in ihrem Verstehensbereich angewandt. Es macht keinen Sinn, darüber zu streiten, ob das Metermaß wirklich ein Meter lang ist, weil es festlegt, was ›Meter‹ bedeutet. Und es macht ebenso wenig Sinn, die Wirklichkeit dessen in Frage zu stellen, was mit diesem Maß gemessen wird. Ideale sind nicht irreal, sondern von Menschen in der Wirklichkeit für den kritischen Umgang mit dieser Wirklichkeit gewonnen.

Ähnlich macht es auch keinen Sinn darüber zu streiten, ob das Ideal des Göttlichen, des Weltlichen oder der Menschlichkeit wirklich das Göttliche, das Weltliche und das Menschliche zu bestimmen erlauben, weil sie festlegen, was wir darunter verstehen wollen. Wohl aber ist es möglich, ein vorgeschlagenes Ideal als unbrauchbar oder unzulänglich zu kritisieren, andere Ideale vorzuschlagen oder nach besseren Idealen zu suchen. Das Kriterium der Entscheidung darüber, welches Ideal besser oder schlechter ist, liegt darin, wie zuverlässig es uns ermöglicht, uns im Leben unter dem relevanten Gesichtspunkt zu orientieren.

Die Ideale des Göttlichen, des Weltlichen und der Menschlichkeit sind zwar zu unterscheiden, stehen aber im konkreten Lebensvollzug einer Gemeinschaft in engem Verhältnis, da Subjektivität (Selbst), Kontingenz (Welt) und Transzendenz (Gott) zwar abstrakt unterschieden werden können, im konkreten Existenzvollzug aber unlöslich zusammengehören, ohne jemals zusammenzufallen. Das heißt nicht, dass sie stets auch alle im Fokus der Aufmerksamkeit stehen oder ihr Zusammenhang stets positiv verstanden und anerkannt wird. Man kann das Selbst (Subjekt) im Kontrast zur Welt, als Teil der Welt oder ohne Bezugnahme auf die Welt verstehen. Man kann die Welt im Kontrast zu Gott, als Teil Gottes oder unter Vermeidung jeder Bezugnahme auf Göttliches verstehen. Und man kann Gott unter Beziehung auf die Welt oder das Selbst, im Kontrast zu ihnen oder ohne Bezugnahme auf sie verstehen. Doch das ändert nichts an ihrer existenziellen Verknüpfung. Niemand ist da, ohne in der Welt da zu sein, und es gäbe keine Welt ohne Gott. Als Welt wird die Welt erst thematisierbar, wenn sie es für jemand ist, und es gäbe niemand und nichts, wenn Gott nicht wäre. Von Gott kann man nur reden, wo es jemand gibt, der das tun kann und will, und es gibt niemand, der das tun könnte oder wollte, wenn es keine Welt gäbe, zu der er gehört, und keinen Gott, ohne den es keine Welt gäbe. Jedes Ideal des Göttlichen ist daher explizit oder implizit auf positive (zustimmende) oder negative (bestreitende) Weise mit einem Ideal des Weltlichen und einem Ideal der Menschlichkeit verknüpft (theologisches Orientierungssystem),[373] jedes Ideal des Weltlichen explizit oder implizit auf positive (zustimmende) oder negative (bestreitende) Weise mit einem Ideal des Göttlichen und einem Ideal der Menschlichkeit (kosmologisches Orientierungssystem), und jedes Ideal der Menschlichkeit explizit oder implizit auf positive (zustimmende) oder negative (bestreitende) Weise mit einem Ideal des Göttlichen und einem Ideal des Weltlichen (anthropologisches Orientierungssystem). Von welchem Punkt her man den Zugang zu den anderen sucht, hängt am zur Debatte stehenden Problem, an kulturellen Präferenzen, individuellen Interessen und historischen Gegebenheiten. Selten kommt es dabei zu eindeutigen Konstellationen, meist wird die eine oder andere Seite vielmehr deutlicher akzentuiert. Nicht immer wird zudem berücksichtigt, dass ein Ideal nur dann vollständig entwickelt ist, wenn auch die anderen Ideale berücksichtigt und mit entwickelt werden. Wir können nichts zureichend verstehen, ohne es im Hinblick auf uns selbst, die Welt und Gott zu bedenken: Was besagt es für uns und wie kommen wie von ihm her in den Blick (Selbst)? Was besagt es für anderes und wie kommt dieses von ihm her in den Blick (Welt)? Was besagt es für das, ohne das weder wir noch anderes möglich wären, und wie kommt dieses von ihm her in den Blick (Gott)? *Selbst*, *Welt* und *Gott* stehen dabei jeweils nicht für ein Etwas, sondern ein Bündel von Fragen oder Hinsichten, unter denen bestimmte Phänomene des Lebens verstanden und beurteilt werden, um sich in konkreter Weise im Leben zu orientieren, und die Triade der drei Ideale zusammengenommen bezeichnet die Gesamtheit der möglichen Dimensionen, in denen sich Orientierungsfragen im Leben stellen können. Ein vollständiges Orientierungssystem des menschlichen Lebens umfasst daher alle drei Orientierungsideale und lässt sich stets in seinen theologischen (Transzendenz), kosmologischen (Kontingenz) und anthropologischen (Subjektivität) Dimensionen entfalten und durchleuchten.[374]

8 Urteilskraft und Demokratie

Alle Ideale sind normative und keine deskriptiven Orientierungsmittel, sie sagen nicht, was der Fall ist, sondern was sein kann und sein soll, wenn man sich an ihnen ausrichtet. Auch das Ideal der Menschlichkeit des Menschen, an dem man sich bei der Suche nach leitenden Grundunterscheidungen der Lebensorientierung ausrichten kann, wird nie nur deskriptiv sein können (›So sind und verstehen sich Menschen‹), sondern immer auch normativ sein müssen (›So sollten Menschen sein und sich verstehen, wenn sie wirklich menschlich leben wollen‹). Es geht nicht um eine wissenschaftliche Theorie der Menschlichkeit des Menschen (was immer das sein sollte), sondern um ein lebenspraktisch brauchbares Ideal der Humanität unter Berücksichtigung allen Wissens, das wir vom Menschen haben können. Auch wenn wir alles über uns wissen, müssen wir immer noch entscheiden, wie wir als Menschen leben wollen und im Miteinander mit anderen leben sollen. Nur wenn wir uns nicht nur an dem orientieren, was wir sind (Wirklichkeit) und sein können (Möglichkeit), sondern an dem, was wir als Menschen sein wollen und sollen (Ideal), lässt sich sagen, was ein wirklich menschliches Leben auszeichnet.

Normative Ideale der Menschlichkeit des Menschen gibt es viele, und nicht von ungefähr wurden sie vor allem in Religionen und in Auseinandersetzung mit ihnen entwickelt. Vor aller Sittlichkeit, Ethik, Moral und Weltanschauung sind die religiösen Traditionen der Ort, an dem das Ideal der Humanität in langwierigen Auseinandersetzungen mit Erfahrungen der Inhumanität Kontur gewann und zur Wirkung kam. Nicht von ungefähr geschah das häufig in engem Zusammenhang mit Idealen des Göttlichen (Götter, Gott) und des Weltlichen (Kosmos, Chaos, Universum). Jedes dieser Ideale erwächst aus einer Konfliktgeschichte, die oft in den Erzählungen und Mythen einer religiösen und kulturellen Tradition in paradigmatischer Weise in Erinnerung gehalten wird. Und die Überzeugungs- und Orientierungskraft dieser Ideale steht und fällt damit, dass man an sie nicht nur abstrakt als gesellschaftliche Wertorientierungen appelliert, sondern dass sie konkret im Zusammenhang mit ihren Ursprungserzählungen im kulturellen Gedächtnis präsent gehalten werden.

Ideale des Göttlichen, des Weltlichen und der Menschlichkeit gibt es in religiösen Traditionen nicht nur in einer Ausprägung, sondern in großer Vielfalt und oft im Kontrast zueinander und im Konflikt miteinander. Ein normatives Ideal der Menschlichkeit des Menschen findet sich in den religiösen Traditionen nur in Form eines permanenten Streits um das Ideal der Humanität. Was es heißt, ein wahrhaft menschliches Leben zu führen, versteht sich nicht von selbst, auch wenn lebensweltliche Zusammenhänge und religiöse Traditionen eine solche Selbstverständlichkeit suggerieren.

Doch diachrone und synchrone Vergleiche zeigen schnell, dass hier nichts selbstverständlich ist. Das Ideal der Menschlichkeit, an dem man sich gemeinsam mit anderen orientieren will, ist im Streit der Konzeptionen immer wieder neu zu bestimmen und durch eigene Entscheidung anzueignen. Das gilt für Einzelne nicht weniger als für Gemeinschaften. Werden Ideale nicht gebraucht und gepflegt, verlieren sie ihre orientierende Kraft. Sie fungieren nur, indem man sich aktiv an ihnen orientiert, sich also immer wieder für sie als Ideale der eigenen und gemeinsamen Lebensorientierung entscheidet und sich und sein Leben an ihnen ausrichtet. Diese Entscheidungen sind riskant, weil sie fehlgehen können und man nicht auf Probe leben kann. Doch niemand, der ein menschliches Leben führen will, kann diese Entscheidung vermeiden, und jeder belegt durch die Art und Weise, in der er sein Leben führt, wie er sich entschieden hat.

Um sich darüber klar zu werden bedarf es einer reflexiven Urteilskraft, mit deren Hilfe wir unser Urteilen in den konkreten Zusammenhängen des Lebens kritisch thematisieren und uns über die Voraussetzung, Reichweite und Haltbarkeit unserer Urteile Rechenschaft geben können. Eine solche Praxis der Urteilskraft, die sich über ihre eigenen Möglichkeiten und Grenzen kritisch Rechenschaft zu geben versucht, ist unabdingbar für ein gemeinsames Leben, in dem man nicht nur sich selbst sieht, sondern die anderen als gleichberechtigte Mitgestalter des gemeinsamen Lebens ernst genommen werden. Das setzt voraus, die anderen nicht nur in der eigenen Perspektive wahrzunehmen und sie von unserem Standpunkt aus zu beurteilen, sondern zu versuchen, zu verstehen, wie sie uns verstehen, und stets mit der Möglichkeit zu rechnen, dass sie recht haben könnten. Wir sind uns niemals selbst genug, und wo wir das meinen, sind wir auf dem Irrweg. Deshalb ist es nötig, zur Schärfung des eigenen Urteils dem Widerspruch der anderen Raum zu geben, also nicht nur auf die eigenen Überzeugungen zu achten, sondern die Meinungen, Ansichten, Argumente und Überlegungen anderer ernsthaft zur Kenntnis zu nehmen und nicht nur sie im Licht der eigenen Überzeugungen, sondern auch die eigenen Überzeugungen in ihrem Licht kritisch zu prüfen. Genau darum geht es in der Demokratie.

Demokratie ist diejenige Form politischer Herrschaft, die mit der Ermöglichung und Praxis kritischer Urteilskraft steht oder fällt. Tyrannen haben kein Interesse an urteilsfähigen Selbstdenkern, Demokratien gibt es nicht ohne sie. Sie leben von Menschen, die nicht nur Horde oder Herde, Masse oder Mob sind, sondern verantwortungsfähige und verantwortungswillige Personen, die sich im Rahmen ihrer Möglichkeiten darum bemühen, zusammen mit anderen in möglichst selbstbestimmter Weise zu leben. Zwar gibt es kein Zusammenleben von Menschen ohne Werte, Normen und Ideale, und noch weniger ohne Emotionen, Affekte und Gefühle. Aber die legitimierende Grundlage demokratischer Herrschaft sind keine moralischen Werthaltungen, die immer nur einige, aber nicht alle verbinden, auch keine Emotionen, Affekte und Gefühle, die – wenn überhaupt – allenfalls von manchen für einige Zeit, aber nie von allen auf Dauer geteilt werden, sondern die Erfordernisse einer hermeneutischen Verstehens- und Urteilspraxis, der sich niemand entziehen kann, ohne sein eigenes Leben zu schädigen oder dazu beizutragen, das Gemeinwesen dysfunktional zu machen. Niemand kann gemeinsam mit anderen leben, ohne in Verstehensprozesse verwoben zu sein und zu verstehen, was sich verstehen lässt. Niemand kann mit anderen zusammenleben, ohne die Differenzen zwischen Missverstehen und Verstehen, Wahrheit und Falschheit, Vernunft und Unvernunft zu kennen und in zentralen Bereichen des Lebens mit ihnen umgehen zu können. Wer dazu nicht in der Lage ist, ist nicht urteilsfähig, kann sein Leben nicht verantwortlich (mit)gestalten und deshalb auch an den demokratischen Deliberations- und Entscheidungsprozessen nicht teilnehmen. Er wird durch andere und anderes bestimmt und ist nicht in der Lage, sich selbst zu bestimmen. Er lebt vielleicht in Freiheit, aber er ist nicht frei.

Die Fähigkeit und Willigkeit, an der Praxis des Unterscheidens zwischen wahr und falsch, richtig und falsch, vernünftig und unvernünftig in unseren Verstehens- und Urteilsprozessen teilzunehmen, ist daher grundlegend für die Demokratie. Sie gründet im Verstehen und Beachten dessen, wie andere verstehen und wie man selbst angesichts des Verstehens von anderen versteht (hermeneutische Urteilskraft). Sie erfordert nicht nur, das eigene Verstehen von dem anderer zu unterscheiden (und umgekehrt), sondern fragt nach einem Dritten, an dem sich alle orientieren können und von dem her man kritisch über die Richtigkeit des jeweiligen Verstehens und die Wahrheit des jeweiligen Verständnisses urteilen kann (kritische Urteilskraft). Und sie beginnt zu zerfallen, wo diese Prozesse kritischen Verstehens und Urteilens blockiert, behindert, gestört oder zerstört werden.

9 Gleiche und Ungleiche

Das ist immer dort der Fall, wo Gleiches und Ungleiches gleich behandelt werden, also keine vorgegebenen Unterschiede beachtet oder alles Verschiedene unterschiedslos gleich behandelt werden – sei es als gottgesetzte Ordnung, in die jeder eingefügt ist, oder als kulturelle Konstruktion, die wir frei sind zu verändern. Wo jeder dem anderen ein anderer und alle in gleicher Weise immer dieselben sind, geht Freiheit in abstrakter Gleichheit unter – der Gleichheit des Immergleichen, das sich nicht verändern lässt, oder der Gleichheit des Selbstgemachten, das immer auch anders sein könnte. Im einen Fall werden die Grenzen menschlicher Freiheit von außen markiert und die Dynamik der Freiheit unterschätzt, im anderen Fall werden keine Grenzen der Freiheit beachtet und deren Fähigkeiten überschätzt. In beiden Fällen wird man der Einsicht nicht gerecht, dass Freiheit nur Freiheit bleibt, wenn sie *sich selbst begrenzt*, also gerade nicht nur von außen und von anderem begrenzt wird, sondern *selbst* ihre Grenzen setzt, aber auch nicht meint, auf jede Grenzsetzung verzichten zu können, also grenzenlos zu sein, sondern sich selbst *begrenzt*, indem sie ihre Bedingtheit anerkennt und akzeptiert. Wir sind frei, aber endlich, und wir sind frei, unsere Endlichkeit nicht als Übel, sondern als Chance und Möglichkeit zu akzeptieren. Vor allem aber sind wir nur dann und dadurch frei, dass wir die Fähigkeit, Willigkeit und Kraft haben, Nein zu sagen – nicht nur zu dem, was andere uns nahelegen oder aufzwingen wollen, sondern zuerst und vor allem zu dem, was wir selbst wollen. Denn nur wer sich durch ein solches Nein von sich selbst, seinen eigenen Neigungen, Wünschen und Interessen distanzieren kann, schafft den Frei-Raum, der ihm erlaubt, auch Ja zu sagen zu dem, was man sich wünscht, aber auch zu dem, was man aus Einsicht will, auch wenn es den eigenen Wünschen und Neigungen widerspricht. Ohne die Kraft zum Nein gibt es auch kein freies Ja und damit keine Freiheit, die sich selbst

Regeln setzt (Autonomie) und damit über das hinausführt, was man aus biologischen Gründen und sozialpsychologischen Motiven ohnehin will und tut.

Für die Demokratiefrage heißt das, dass wir die Freiheit des *demos* zur Selbstbestimmung nur dann recht verstehen, wenn wir sie als Akt der *freien Selbstbegrenzung* der Freiheit des Volkes begreifen und nicht als Akt der *Selbstermächtigung* zur Freiheit, die mit dem Schlachtruf *ni Dieu, ni maître* alle Bedingtheit und Grenzen der eigenen Freiheitskompetenz negiert. Damit wird keine Freiheitsordnung des *demos*, sondern nur eine Willkürherrschaft des *ochlos* etabliert. Freiheit, die ihre eigenen Grenzen nicht bestimmt und beachtet, degeneriert zur Willkür, auf der Ebene des ganzen Volkes nicht weniger als im Leben jedes einzelnen Menschen. Konstituiert sich die Freiheit des Volkes nur durch die reziproken Freiheitsbeziehungen der Mitglieder des Volkes, dann unterscheidet sich der *demos* nicht vom *ochlos* und die Freiheit des *demos* nicht von der Willkür des *ochlos*. Willkür ist das Resultat fehlender Einsicht in die eigenen Grenzen, Freiheit die Folge aktiver Selbstbegrenzung durch Akzeptanz der eigenen Begrenztheit.

Das gilt nicht nur auf der Ebene des Volkes, sondern auch auf der seiner Glieder. Die Freiheit zur Selbstbestimmung im *demos* wird nur dann in der rechten Weise verstanden, wenn sie nicht als abstrakte Gleichheit zwischen dem einen und dem anderen (Ich-Du) konzipiert wird, als eine Freiheit also, die allein durch die Freiheit des anderen bedingt ist und begrenzt wird. Das wäre nur eine sich reziprok konstituierende Freiheit, in der einer den anderen begrenzt, aber nur deshalb, weil jeder auch ohne den anderen da wäre. Wir sind. Aber wir brauchen uns nicht, es sei denn, wir profitieren davon. Das ist die Grundstruktur des *ochlos*, in dem jeder anders ist als jeder andere und eben darin alle gleich: Jeder ist der, der er im Unterschied zu allen anderen ist. Jeder agiert daher zuerst und vor allem als Ich, das seine eigenen Interessen verfolgt, Gemeinwohlfragen ignoriert und keine

Verbindlichkeiten anderen gegenüber anerkennt, die ihm selbst nicht nützen. Jeder sieht den anderen damit auch immer nur so, wie er ihn sieht, von seinem Standpunkt aus und in seiner Perspektive, unter dem Bild, das er sich von dem und den anderen macht. Andere sind nicht Partner, sondern Konkurrenten, und man tut sich mit ihnen nur so lange zusammen, als man davon profitieren zu können meint. Alle Probleme werden auf das eigene Ich bezogen, und alle Einsichten, Ideen und Überzeugungen werden instrumentalisiert, um dem eigenen Ich Vorteile zu verschaffen. Jeder ist hier jederzeit bereit, die anderen sich selbst zu überlassen, wenn es ihm zu nützen scheint. Sofern es überhaupt ein Wir gibt, ist das Wir des *ochlos* eine Ansammlung von selbstzentrierten Ichs, die zuerst und vor allem sich sehen, alles andere darauf beziehen und von dort her auch alle anderen konstruieren.[375] Selbst ihre Sorge für andere dient zuerst und vor allem der Entlastung des eigenen Gewissens und der Entspannung der eigenen Existenz.[376] Der *ochlos* ist so durch eine nicht auflösbare Asymmetrie gekennzeichnet, weil jeder die anderen immer nur in seiner Konstruktion kennt, sie also nicht so sieht, wie sie als sie selbst sind, sondern so, wie er sie als die anderen seiner selbst sieht und sich zurechtlegt.[377] Deshalb wird durch die gleiche Behandlung aller im *ochlos* die Differenz zwischen dem Gleichen und dem Ungleichen nicht aufgelöst, sondern zementiert. Man ist Teil einer Masse, aber man nimmt sich selbst immer aus und kennt die anderen nicht wirklich.[378]

Im *demos* kann und sollte das anders sein. Es kann aber nur anders sein, wenn man die Asymmetrie zwischen sich und anderen aufhebt, indem man sich selbst (Ich bzw. Wir) und die anderen (Du bzw. Ihr) über einen Dritten versteht, von dem her wir beide als Du bzw. Ihr in den Blick kommen. An die Stelle der Grundrelation des *ochlos* Ich-Du bzw. Ich-andere tritt dann die Grundrelation Du-Du bzw. Ihr-Ihr des *demos*. Nur wo alle sich nicht nur als Ich (Wir) auf andere als Du (Ihr) beziehen, die sich ihrerseits als Ich (Wir) auf andere als Du (Ihr) beziehen, sondern wo alle Interagierenden sich als Du eines Dritten kennen, der sich zu mir und jedem anderen so verhält, dass wir alle von ihm her Du und Ihr sind, wird die Asymmetrie zwischen mir und meinen Mitmenschen zur Symmetrie derer, die gemeinsam von diesem Dritten unterschieden sind. Erst damit kann das Gleiche und das Ungleiche so gleich behandelt werden, dass wichtige Differenzen nicht verwischt, sondern gewürdigt werden. Jeder ist anders als jeder andere. Aber alle sind darin gleich, dass sie anders sind als der Dritte, von dem her sie die sind, die sie sind. Wird von Gleichheit geredet, muss präzisiert werden, wer mit wem im Hinblick worauf gleich sein soll. Wird nicht konkretisiert, woraufhin die Menschen gleich sind, wird Gleichheit zu einem leeren Wort. Wird dagegen gesagt, dass sie im Hinblick auf dasselbe Dritte gleich sind, wird ihre Ungleichheit untereinander nicht bestritten oder überspielt, sondern in ihre Gleichheit gegenüber diesem Dritten eingebunden.

Genau diese Doppelbestimmung gegenüber anderen, von denen man verschieden ist, und gegenüber dem gemeinsamen Dritten, von dem her die voneinander Unterschiedenen gleich sind, kennzeichnet den *demos*. Nur unter dieser Doppelbestimmung ist das ›We, the People‹ keine ochlotische Selbstanmaßung, die sich in der libertären Bestreitung aller Bezogenheit auf andere Autoritäten erschöpft, sondern ein demotisches *empowerment*, das die Bedingtheit seiner Autonomie durch ein Anderes seiner selbst anerkennt, sich selbst und seine Entscheidungen also nicht absolut setzt, sondern für ständige Kritik, Korrektur und Verbesserung offen bleibt. Denn nur unter Bedingungen dieser Doppelbestimmung wird man selbst und alle anderen durch eine Grenze begrenzt, die man nicht selbst willkürlich setzt, sondern sich selbst frei aneignen muss, damit man als Gleicher unter Gleichen leben kann, ohne seine Andersheit gegenüber allen anderen negieren oder verbergen zu müssen. Nur wer so lebt, lebt wirklich frei, weil er seine Freiheit nicht nur durch die Freiheit des anderen begrenzt weiß, sondern seine eigene Freiheit wie die des anderen durch ein Drittes, auf das man setzen und auf den man sich verlassen kann, bedingt und begründet kennt. Nur wer so frei ist, kann die Freiheit des anderen nicht als störende Fremdbegrenzung verstehen, sondern als Ausdrucksgestalt derselben Freiheit, der er sich selbst verdankt. Und nur wer sich und die anderen so versteht, wird die Begrenzung seiner Freiheit durch die Freiheit der anderen als *Selbst*begrenzung verstehen, als seine autonome Selbstbestimmung und nicht als heteronome Fremdbestimmung.

V Das Dritte

1 Als-Gleichheit und das Dritte

Auch Demokratie braucht ein Drittes, von dem her diejenigen als Bürger gleich sind, die als Regierende und Regierte im selben *demos* unterschieden werden.[379] Nur im Hinblick auf ein solches Drittes kann die gleiche Behandlung des Gleichen und Ungleichen eine Form annehmen, die nicht in ochlokratische Undifferenziertheit und Beliebigkeit abgleitet: Alle sind von allen anderen in unterschiedlichen Hinsichten verschieden, aber als Bürger in Bezug auf dieses Dritte gleich.

Weil es um die Gleichheit der Bürger im Staat geht, ist das gesuchte Dritte ein *politisches Drittes*. Aber nicht jedes Dritte ist politisch, niemand ist nur in Bezug auf ein politisches Drittes gleich mit anderen, sondern immer auch noch in anderen Hinsichten, und es gibt nicht nur eine Art von politischer Gleichheit.[380] Gleichheit kennt viele Facetten, und politische Gleichheit auch.[381]

Zwei Momente sind bei allen Gleichheit-konstituierenden Dritten und damit in jedem Gleichheitsdiskurs entscheidend. Es geht um eine Gleichheit, die einem Menschen *unter einem bestimmten Gesichtspunkt* zugesprochen wird (qua- bzw. *als*-Bestimmung) und die ihn *im Hinblick auf ein bestimmtes Drittes* als gleich mit anderen Menschen *unter dieser Bestimmung* charakterisiert. *Als Bürger* ist jemand mit einem anderen *als Bürger* gleich, wenn beide *in Hinsicht auf das Gesetz* betrachtet werden. In allen anderen Hinsichten und unter allen anderen Gesichtspunkten mögen sie ungleich sein, aber das tut ihrer so bestimmten bürgerlichen, rechtlichen oder politischen Gleichheit keinen Abbruch. Häufig wird in demokratischen Verfassungen dementsprechend betont, dass kein anderer Gesichtspunkt (Herkunft, Stand, Beruf, Religion, Vermögen, Bildung usf.) diese politische Gleichheit beeinträchtigen darf: Niemand darf aus solchen Gründen politisch benachteiligt oder bevorzugt werden.

Wer sich als Bürger gleich ist, der ist sich auch in all dem gleich, was jemand sein muss, um Bürger sein zu können. Nur wer *lebt*, kann das sein, nur wer *Mensch* ist, kann auch Bürger sein, und jeder, der lebt, ist – theologisch gesprochen – ein *Geschöpf*.[382] Das Letzte wird häufig missverstanden und als religiöse Bestimmung zurückgewiesen. Auch wer zustimmt, dass niemand Bürger sein kann, der nicht da ist (existiert) und ein Mensch ist (also die Fähigkeiten besitzt, die wir unter dem Begriff des Menschen zusammenfassen), wird in der Regel bei der Bestimmung als Geschöpf stocken. Wer von Geschöpf spricht, muss auch von Schöpfer sprechen, und das geht heute vielen zu weit, weil sie dafür keinen Anlass und keinen Grund sehen. Doch Geschöpfsein ist kein Implikat von Menschsein (also nicht im Begriff des Menschen mitgesetzt), sondern ein Modus des Daseins (als mit der Existenz eines Menschen gegeben). Wer Geschöpf ist, hat sich nicht selbst ins Dasein gebracht, sondern verdankt sein Dasein einem anderen.[383] Geschöpfsein ist eine Näherbestimmung des Daseins und damit eine Existenzbestimmung. Menschsein dagegen ist eine Bestimmung des Wasseins und damit eine Wesensbestimmung. Wer *als Mensch* lebt, unterscheidet sich von anderen Lebewesen, die keine Menschen sind. Und wer als Mensch *menschlich* lebt, unterscheidet sich von anderen Menschen, die das nicht tun. Wer dagegen *als Geschöpf* lebt, existiert nicht von sich her und ohne eigenes Zutun (Tiefenpassivität) und unterscheidet sich damit nicht nur von allen, die nicht existieren, sondern auch von jedem, der nicht so, sondern durch sich selbst existiert (Schöpfer). Wer nicht der Schöpfer ist, aber lebt, ist ein Geschöpf. Wer so leben könnte, ist ein mögliches Geschöpf. Und wer kein Geschöpf und nicht der Schöpfer ist, lebt nicht.

Wie die Gleichheit der Bürger im Bezug auf ein Drittes gründet, von dem her sie als Bürger in den Blick kommen (politisches Drittes), so gründet die Gleichheit der Menschen im Bezug auf ein Drittes, von dem her sie als Menschen in den Blick kommen (anthropologisches Drittes), und die Gleichheit der Geschöpfe im Bezug auf ein Drittes, von dem her sie als Geschöpfe in den Blick kommen (theologisches Drittes). Und weil niemand Bürger sein kann, ohne auch Mensch zu sein und zu existieren, gehört jeder Bürger nicht nur zu einer Gemeinschaft, die durch den Bezug auf das politische Dritte konstituiert ist (Staat), sondern auch zu einer Gemeinschaft, die durch den Bezug auf das anthropologische Dritte konstituiert ist (Menschheit) und einer Gemeinschaft, die durch den Bezug auf das theologische Dritte (Gott) bestimmt ist (Schöpfung).[384]

Doch die Ähnlichkeit der Argumente darf nicht über ihre Differenzen hinwegtäuschen. Was Bürger als Bürger gleich macht, ist etwas anderes als das, was Menschen als Menschen oder Geschöpfe als Geschöpfe gleich macht. Man fällt nicht aus der Gruppe der Geschöpfe heraus, wenn man kein Mensch ist, und man hört nicht auf, als Mensch gleich zu sein mit anderen Menschen, wenn man kein Bürger ist. Während der Begriff des Menschen in dem des Bürgers mitgesetzt ist, aber nicht umgekehrt, ist weder im Begriff des Menschen noch in dem des Bürgers das Dasein mitgesetzt: Dass jemand existiert, lässt sich nicht aus dem ableiten, was jemand ist. Der Begriff des Geschöpfes dagegen ist weder im Begriff des Menschen noch in dem des Bürgers mitgesetzt, sondern charakterisiert das Dasein von Menschen und Bürgern. Es spezifiziert nicht, *was* jemand ist, sondern *wie* jemand existiert – und wie man sich ihm gegenüber zu verhalten hat, wenn man ihn als Gottes Geschöpf behandeln will.[385] Dass Bürger Menschen sind, ist auch dann wahr, wenn es keine Bürger gibt. Dass Bürger Geschöpfe sind, ist dagegen nur dann wahr, wenn es Bürger gibt.

Keine deskriptive Analyse des Mensch- oder Bürgerseins wird daher auf das Geschöpfsein führen. Um darauf zu stoßen, muss man die Existenz analysieren, und die Existenz kann man nicht analysieren, ohne sich mit dem zu befassen, was man selbst ist (dem eigenen Dasein). Nur wer da ist, kann Dasein analysieren, wer das Dasein analysiert, analysiert immer auch das eigene und nur wer sein eigenes Dasein als Geschöpfsein versteht, wird auch bei anderen von Geschöpfsein reden können. Wesensanalysen kann man in objektivierender Einstellung vornehmen, Existenzanalysen nur in selbstbezüglicher Einstellung.[386] Vom Geschöpfsein kann man deshalb nicht objektivierend reden, sondern nur so, dass man damit den Modus seines eigenen Daseins charakterisiert. In der Rede vom Geschöpf ist analytisch der Schöpfer mitgesetzt und existenziell der Redende selbst.

Anders als ›Mensch‹ oder ›Bürger‹ ist ›Geschöpf‹ daher kein Beschreibungsbegriff, sondern ein Orientierungsbegriff. Er setzt keine Differenz in der Erfahrung (das ist geschaffen, jenes ist nicht geschaffen), sondern markiert eine Einstellung zu allem Erfahrbaren. Ist überhaupt etwas geschaffen, dann ist alles geschaffen, und ist irgendein Mensch ein Geschöpf, dann ist jeder Mensch ein Geschöpf – jeder wirkliche und jeder mögliche. Deshalb kann man von Geschöpfen nicht reden, ohne auch von sich selbst so zu reden. Das macht diese Rede nicht weniger objektiv als eine bloße Feststellung in der dritten Person, sondern es macht sie objektiver, weil man sich nicht ausnehmen kann von dem, was man so anspricht. Ihre Objektivität gründet aber nicht in der Wahrheit eines Was (Es ist wahr, dass er ein Bürger ist), sondern in der des Dass (Es ist wahr, dass er existiert). Wer von Bürgern spricht, spricht immer auch von Menschen. Wer vom Dasein von Bürgern spricht, spricht immer auch von dem, was der Gedanke des Geschöpfseins zum Ausdruck bringt: dass niemand sein Dasein sich selbst verdankt, sondern dass es eine Gabe ist, mit der man pfleglich umgehen sollte. Das erste wird kaum jemand bestreiten, das zweite dagegen wird kaum jemand nicht bestreiten.

2 Das nichtnegierbare Dritte

Der Bezug auf ein Drittes und damit die *als*-Bestimmung dessen, was man betrachtet und vergleicht, gilt für alle Wir-Bildungen in der Gesellschaft (Gruppen, Gruppierungen, Gemeinschaften, Vereine), von der Familie bis zum Staat. Das Dritte ist der Orientierungsgesichtspunkt, der den Funktionsbereich eines Allquantors definiert, indem es festlegt, was für alle Individuen in diesem Bereich gilt: Für alle, die Bürger (Basketballspieler, Frauen, Mönche, Menschen, Geschöpfe) sind, gilt, dass sie gleich sind im Hinblick auf das jeweilige Dritte.

Das Dritte kann dabei Verschiedenes sein, und nicht immer schließt es sich gegenseitig aus. Individuen können gleichzeitig zum Funktionsbereich verschiedener Allquantoren gehören. Bürger sind immer auch Kinder von Eltern, Eltern immer auch Glieder einer Geschlechtergruppe, Kinder und Eltern immer auch Menschen, Menschen, die leben, immer auch Geschöpfe. Der Bezugspunkt eines Allquantors kann dabei das Was oder das Dass eines Sachverhalts sein, also den Funktionsbereich dessen bestimmen, *was* jemand ist oder *dass* jemand ist. Im ersten Fall bezieht er sich auf die *als*-Bestimmung von Individuen (Wassein und Sosein): Jeder ist, was er ist, und nicht etwas anderes. Im zweiten bezieht er sich auf ihre *dass*-Bestimmung (Dasein und Daseinsmodus): Jeder, der da ist, ist es auf eine bestimmte Weise (möglich/wirklich/notwendig). Im Hinblick auf die *dass*-Bestimmung kann etwas oder jemand auf die eine oder andere Weise da sein: Wer als Wirkliches da ist, ist auch als Mögliches da (aber nicht umgekehrt), und wer als Notwendiges da ist, ist weder als kontingent noch als möglicherweise Wirkliches da. Im Hinblick auf die *was*-Bestimmung dagegen können wir nicht nur das eine oder das andere sein, sondern mehreres zugleich. Wir können nichts Bestimmtes sein, etwa Bürger, ohne auch Menschen zu sein, und wir können nicht da sein, ohne Geschöpfe zu sein.

Jedes Individuum hat daher eine komplexe und multipel bestimmte Identität. Es ist in unterschiedlicher Weise mit verschiedenen anderen gleich, weil für jedes Individuum zugleich unterschiedliche Dritte gelten. Dieses Dritte kann in einem körperlichen oder physischen Merkmal bestehen, das alle Mitglieder dieser Gruppe aufweisen (Größe, Geschlecht), in einer sozialen Gemeinsamkeit, die alle teilen (familiäre Herkunft, Waisen), in einem Ziel, das alle verfolgen (Abitur, Meisterprüfung), in einem Ort, an dem sich alle befinden (Rom, Zürich), in einer physischen oder psychischen Eigentümlichkeit, die alle aufweisen (gebrochenes Bein, Depression) und in vielem anderen mehr. Es gibt Dritte in schwachem Sinn, die man negieren kann und durch andere ersetzen, ohne von einer anderen Gruppe von Menschen zu sprechen: Die Eltern einer Kindergruppe können sich nach der Einschulung der Kinder an einem anderen Dritten orientieren, um ihre Beziehung auf andere Weise fortzusetzen. Und es gibt Dritte im starken Sinn, die man nicht negieren kann, ohne sie dabei in Anspruch zu nehmen: Man kann anderer Menschen überdrüssig werden, aber man kann die Menschheit nur als Glied der Menschheit negieren. Mit jedem Dritten ist eine Gruppe gesetzt, die sich nicht ohne weiteres mit anderen gleichsetzen lässt, und jede Gruppe orientiert sich an (mindestens) einem Dritten, das sich nicht ohne weiteres durch andere ersetzen lässt. In der Familie bezieht man sich auf ein anderes Drittes als in einem Freundeszirkel oder Interessenverband, in diesen auf ein anderes als im Staat, im Staat auf ein anderes als in der Kirche, in der Kirche auf ein anderes als in der Menschheit. In jedem Fall konstituiert der Bezug auf das jeweilige Dritte diejenige Gleichheit, auf die es in der entsprechenden Gruppierung ankommt und die man nicht negieren, leugnen oder verlieren kann, ohne aus dieser herauszufallen. Und während man an manchen Gruppen teilnehmen kann, aber nicht muss (Kirche), muss man an anderen teilnehmen, weil man nicht anders kann (Menschheit).

3 Das politische Dritte

Im Staat geht es um ein Drittes, das *politische Gleichheit* begründet. Kann nicht mehr benannt werden, was Bürger als Bürger gleich macht, wird eine Demokratie funktionsunfähig, weil nicht mehr deutlich ist, in welcher Hinsicht die Ungleichen gleich und die Gleichen ungleich sind. Nicht jedes denkbare Dritte kann das leisten. Nicht jedes Dritte begründet eine *politische* Gleichheit und damit eine politische Gemeinschaft, und nicht jede Ungleichheit muss beseitigt werden, damit politische Gemeinschaft und Gleichheit möglich ist.

Allerdings kann das politisch relevante Dritte Verschiedenes sein, und es kann auch mehr als nur ein solches Dritte geben. Aber erst im Hinblick darauf kann Ungleichen eine politische Gleichheit zugesprochen werden, die ihre sonstige Ungleichheit nicht negiert. Und erst im Bezug darauf kann sich so etwas wie ein Gemeinsinn entwickeln, der mehr ist als die Projektion der Interessen einiger auf alle anderen, also eine oktroyierte einseitige Gemeinsamkeit.[387] Der Bezug auf das Dritte darf daher keinen Unterschied zwischen den Mitgliedern des Gemeinwesens begründen, also für manche mehr gelten als für andere. Man kann auch nicht zu einem Gemeinwesens gehören und nicht auf das für dieses relevante Dritte bezogen sein. Wer das versucht, stellt sich außerhalb des Gemeinwesens oder begeht den pragmatischen Selbstwiderspruch, seinen Pass zurückzugeben und doch weiterhin dazu gehören zu wollen.

Die Gleichheit, die der Bezug auf das politische Dritte begründet, gilt ausnahmslos für alle Mitglieder eines demokratischen Gemeinwesens. Er begründet ihre Teilhabe am politischen Leben mit den gleichen Rechten und Pflichten und damit auch das Recht ihrer Teilnahme an den Debatten im politischen Deliberationsprozess. Niemand im *demos*, kein einzelner und keine einzelne Gruppe, kann dieses Recht in größerem Maß beanspruchen als andere, und es kann auch nicht so sein, dass die einen die Rechte und die anderen die Pflichten zugeteilt bekommen. Auch wenn das Dritte so ist, dass es in geordneten Verfahren von den Mitgliedern der Gemeinschaft konkretisiert und modifiziert werden kann[388], muss es dem willkürlichen Zugriff der Mitglieder des *demos* entzogen sein und darf nicht von einzelnen zu ihren Zwecken in Beschlag genommen werden können.

Das bedeutet umgekehrt, dass die Anerkennung dieses Dritten aus Gründen erfolgen muss, die nicht nur die privaten Interessen einzelner zur Geltung bringen. Sonst hätte es nur für die Geltung, die es anerkennen, und die anderen müssten sich ihm allenfalls fügen. Und es würde seine Geltung verlieren, wenn sich die Interessen verändern, aufgrund derer es anerkannt wird. Doch das Dritte gilt nicht, weil es anerkannt wird, sondern es kann anerkannt werden und wird anerkannt, weil es gilt.[389] Seine Geltung ist Ausdruck seiner Autorität für das betreffende Gebiet.[390] Autorität hat, wer für andere im Hinblick auf ein bestimmtes Gebiet in strittigen Fällen eine verbindliche Entscheidung zwischen wahr und falsch, richtig und irrig, gut und böse, Recht und Unrecht, schön und hässlich, fromm und unfromm usf. zu fällen vermag, weil er die dafür nötige Kompetenz und Legitimation besitzt. Das gilt für Regierungen, Parlamente, Gerichte oder die Polizei. Sie alle können nicht alles tun, was man tun könnte, aber es können auch nicht alle das tun, was sie tun können. Ihre Entscheide mögen falsch ausfallen, aber sie gewinnen nicht erst dadurch Geltung, dass sie von den Betroffenen eingesehen, anerkannt und akzeptiert werden. Sie haben Geltung und können und müssen auch dann anerkannt werden, wenn man sie mit Gründen für falsch hält. Deshalb gibt es in Rechtsstaaten legale Rekursmöglichkeiten, um sich gegen für falsch gehaltene Entscheide der staatlichen Autoritäten zur Wehr setzen zu können. Ich kann gegen ein für falsch gehaltenes Gesetz vor Gericht ziehen, aber ich kann mich nicht weigern, es zu befolgen, solange es in Kraft ist und nicht offenkundig gegen Grundrechte verstößt.

In diesem Sinn müssen die Gründe der Geltung eines Dritten mit diesem selbst gesetzt sein, sich also seiner Autorität im Hinblick auf die zur Debatte stehenden Differenz in dem entsprechenden Gebiet verdanken. Nur dann können sie allen in gleicher Weise zugemutet werden. Wer zum *demos* gehört, ist vor diesem Dritten gleich, unabhängig davon, welches Ansehen er oder sie unter den Mitgliedern des *demos* hat oder nicht hat und was er oder sie für das Gemeinwesen tut oder nicht tut. Es ist keine meritorisch begründete Gleichheit, die immer auf Ungleichheit beruht, sondern eine demokratische Gleichheit, die mit der bloßen Mitgliedschaft im Gemeinwesen und dessen Ausrichtung an dem für alle gleichen Dritten in ihm gegeben ist. Jeder kann aus diesem Gemeinwesen ausscheiden, wenn er diese Gründe nicht mehr akzeptieren will. Aber niemand kann dazugehören wollen und sie ablehnen.

Das Dritte muss im gemeinsamen Leben daher so betrachtet und behandelt werden, dass es nicht zur Beute einiger werden kann. Der Respekt ihm gegenüber beruht darauf, dass es nicht Objekt der Gestaltung einzelner werden kann und seine Autorität nicht ihrer Anerkennung verdankt, sondern diese überhaupt erst ermöglicht, aber auch einfordert. Wer sich ihr entziehen will, gerät in Widerspruch zu der Gleichheit, die ihn in dieser Hinsicht – als Bürger, als Wissenschaftler, als Frau, als Mensch, als Geschöpf – mit allen anderen verbindet, die sich in dieser Hinsicht betrachten und bestimmen lassen.[391] Er widerspricht dem, was diesen Widerspruch ermöglicht, weil er den Grund der Gleichheit in dieser Gruppe in Frage stellt, die er zugleich in Anspruch nimmt.

Gründet die Gleichheit in einem Gemeinwesen aber nicht in der je anderen Beziehung aller zum Dritten, sondern in der immer gleichen Beziehung des Dritten zu allen, dann ist sie nicht Resultat der Anerkennung des Dritten durch alle (man ist nicht erst dann gleich mit allen anderen, wenn man das Dritte anerkennt), sondern Folge der objektiven Nichtnegierbarkeit des

Dritten im Gemeinwesen. Man kann es ignorieren oder bestreiten, aber das setzt es nicht außer Kraft und man entzieht sich dadurch nicht seiner Geltung und auch nicht seiner Wirkung. Seine Geltung verdankt sich seiner Funktion im Gemeinwesen und seine Anerkennung der emotionalen Resonanz, die es unter den Mitgliedern des Gemeinwesens auslöst und diese auch dann miteinander verbindet, wenn sie sonst kaum Gemeinsamkeiten haben. Nationale Symbole und Rituale wie Flagge, Hymne und Gedenktage bringen diese emotionale Bedeutung des Dritten im Gemeinwesen mitvollziehbar zum Ausdruck. Nicht seine Geltung, wohl aber seine Akzeptanz hängt an seiner emotionalen Bindekraft, es übt seine Funktion um so wirksamer aus, je affektiver die Menschen an es gebunden sind und je stärker es positive Emotionen, Affekte und Gefühle freisetzt, die zur Identifikation mit dem Gemeinwesen und zum Einsatz für es führen.[392]

Deshalb taugt nicht alles und jedes zum Dritten in einem Gemeinwesen. Bloße Kopfgeburten werden nicht die Bindekraft haben, die auch durch tiefgehende gesellschaftliche Konflikte und enttäuschende politische Erfahrungen hindurchtragen.[393] Aus gutem Grund gibt es kein Gemeinwesen, das den für es relevanten Dritten nicht durch Rituale und Gedenkakte emotional und affektiv Rechnung trägt. Es geht um die Bindekraft der Gefühle, durch die das gesellschaftlich nicht Negierbare im konkreten Leben der Menschen verankert wird. Das ist nicht nur für das alltägliche Funktionieren von Demokratien wichtig, sondern für den Umgang mit Krisen unabdingbar.

4 Die Vielzahl und Verschiedenheit des Dritten

Als Bezugspunkt für die Begründung der Gleichheit der Ungleichen in starkem Sinn kann alles dienen, was sich nicht negieren lässt, ohne dabei in Anspruch genommen zu werden. Es kann sich um eine natürliche Gemeinsamkeit handeln, die jeder aufweist, der zu diesem Gemeinwesen gehört: Jeder Schweizer hat eine ethnische Herkunft, auch wenn nicht alle dieselbe ethnische Herkunft haben. Es kann sich um eine soziale Gemeinsamkeit handeln wie die Zugehörigkeit zu einer bestimmten Nation, Sprachgruppe, Geschichte oder Religion: Niemand kann (im politischen Sinn) Italiener sein, ohne die Rechte und Pflichten eines italienischen Staatsbürgers zu haben. Oder es kann sich um eine existenzielle Gemeinsamkeit handeln, die nicht das Sosein, wohl aber das Dasein eines jeden Mitgliedes des Gemeinwesens kennzeichnet: Niemand kann Deutscher sein, der nicht existiert und kein Mensch mit menschlichen Fähigkeiten und Bedürfnissen ist.

Das, was die Gleichheit der Menschen als Menschen konstituiert, gilt daher auch für die Bürger, aber nicht umgekehrt (Menschenrechte gelten für alle Bürger, Bürgerrechte nur für die Menschen, die Bürger des entsprechenden Gemeinwesens sind). Und das, was die Gleichheit der Geschöpfe als Geschöpfe bzw. der menschlichen Geschöpfe als menschliche Geschöpfe konstituiert, gilt für alle Lebewesen bzw. Menschen, die existieren (jeder Mensch, der existiert, hat das Recht, Rechte zu haben, und jedes Lebewesen, das lebt, verdienen den Respekt, den man Geschöpfen Gottes schuldet). Für wen ein politisches Drittes gilt, für den gilt auch ein anthropologisches und theologisches Drittes, aber auch diejenigen, die nicht Bürger eines politischen Gemeinwesens sind und nicht an dessen Gleichheiten partizipieren, hören nicht auf, als Menschen und Geschöpfe in Gleichheitsverhältnissen zu existieren, solange sie leben.

Nicht jedes politische, anthropologische oder theologische Dritte, das für alle Mitglieder eines Gemeinwesens gilt, ist für alle gleich akzeptabel. Manche akzeptieren das Dritte, das ihr Miteinander als Bürger definiert, wollen aber das dabei vorausgesetzte und in Anspruch genommene anthropologische Dritte, das ihre Gleichheit auch mit anderen Menschen, die keine Bürger sind, konstituiert, nicht anerkennen und verwickeln sich damit in politische bzw. kosmopolitische Widersprüche: die politische Gleichheit in einer Nation setzt nicht die anthropologische Gleichheit aller Menschen außer Kraft, und der anthropologische Kosmopolitismus kann nicht einfach an die Stelle der bürgerlichen Rechtsgleichheit in einem bestimmten Staat treten.[394] Ähnlich beim theologischen Dritten. Nicht jeder, der die politische Gleichheit im Staat und die anthropologische Gleichheit in der Menschheit anerkennt, tut das auch im Hinblick auf die theologische Gleichheit der Geschöpfe. Das ändert nichts an deren Geltung, aber man kann sich auch nicht auf diese berufe, um die politische Gleichheit der Bürger oder die anthropologische Gleichheit der Menschen zu begründen. Ihr Bezugspunkt ist die Existenz von Bürgern, Menschen und Lebewesen, und sie bringt einen Modus des Daseins in bestimmter Weise zum Ausdruck, der auch dann vorliegt, wenn man ihn nicht so zum Ausdruck bringt.

Es ist daher stets zu beachten, auf welches Dritte man sich bezieht, denn die verschiedenen Dritten können für verschiedene Mitglieder eines Gemeinwesens unterschiedliche Probleme aufwerfen. Wer das politische Dritte ablehnt, will nicht zu dem dadurch definierten Gemeinwesen gehören, auch wenn er nicht aus ihm austreten kann, ohne in ein anderes einzutreten. Wer dazu gehören will, aber das anthropologische Dritte ablehnt, gerät in einen politischen Konflikt und existenziellen Selbstwiderspruch, weil man politische Gleichheit nicht haben kann, wenn man anthropologische Gleichheit negiert. Anthropologische Gleichheit begründet aber kein Recht auf politische Gleichheit und bleibt daher auch dann von ihr unterschieden, wenn man beide anerkennt.[395] Während man aber die anthropologische Gleichheit mit allen Menschen nicht bestreiten kann, wenn man für die bürgerliche Gleichheit im Staat eintritt, kann man beides, die Gleichheit der Bürger und die Gleichheit der

Menschen, vertreten, ohne von der Gleichheit der Geschöpfe oder der menschlichen Geschöpfe reden zu wollen. Es gibt daher auf verschiedenen Ebenen verschiedene Dritte, die alle auf ihre Weise so sind, dass man sie nicht negieren kann, ohne sie in Anspruch zu nehmen, ohne dass man sie deshalb vermischen und vermengen dürfte. Und nicht immer ist sofort ersichtlich, ob es sich um ein politisches Drittes handelt.

Ein politisches Drittes ist das *Gesetz*, vor dem alle gleich sind und das allen gegenüber in gleicher Weise zur Geltung gebracht wird. Alle müssen daher ein Interesse daran haben, dass es nicht nur für gerecht gehalten wird, sondern gerecht ist, und dass es auch allen gegenüber in gerechter Weise zur Geltung gebracht und durchgesetzt wird. Alle Bürger und Glieder einer politischen Gemeinschaft sind vor dem Gesetz ohne Ausnahme gleich, alle haben die gleichen Rechte und Pflichten, und alle müssen darauf setzen können, dass sie vor dem Gesetz nicht anders als die anderen und diese nicht anders als sie behandelt werden. Die Kohärenz eines Gemeinwesens hängt entscheidend daran, dass alle der Gerechtigkeit des Gesetzes trauen und sich auf seine gerechte Durchsetzung verlassen können.

Ein solches Drittes ist aber auch die *Geschichte* des Gemeinwesens, die man mit anderen teilt, zu der man gehört und bei der man sich auch dann behaften lassen muss, wenn man sie nicht mit verursacht hat. Dann werden alle als Glieder einer geschichtlichen Gemeinschaft – als Deutsche, Franzosen, Polen usf. – verstanden, deren Erbe sie mittragen und zu dem sie sich verhalten müssen, ob sie das wollen oder nicht.[396]

Ein Drittes kann die *Sehnsucht nach Sicherheit* sein, die alle dazu bringt, auf das Verfolgen ihrer egoistischen Ziele zu verzichten und ihre eigene Freiheit einzuschränken, solange die anderen das ebenfalls in gleicher Weise tun. Die Befriedigung dieser Sehnsucht kann auf (relative) Dauer gestellt werden, indem Institutionen der Sicherung von Sicherheit geschaffen werden, denen alle Mitglieder der Gemeinschaft das Recht und die Autorität übertragen, mit Zwangsmitteln dafür zu sorgen, dass von allen die vereinbarten Regeln des Zusammenlebens eingehalten werden. Der prekäre Status dieses Dritten und seiner institutionellen Ausprägungen ist, dass es nur so lange die nötige Akzeptanz findet, als es die ersehnte Sicherheit auch bewerkstelligt und garantiert. Wo das nicht mehr der Fall ist, wo die gemeinsam geschaffene Autorität nicht mehr in der Lage ist, sich gegen das individuelle Vorteilsuchen der Einzelnen durchzusetzen, ist die darauf gegründete Gemeinsamkeit schnell brüchig und die Menschen suchen ihr Sicherheitsbedürfnis auf andere Weise zu befriedigen.

Ein Drittes kann der *Wunsch nach Freiheit* sein, der alle anderen Wünsche und Bedürfnisse überstrahlt, weil ohne Freiheit kein Leben ein menschliches Leben sein kann. Wo das Erringen und der Erhalt der Freiheit das zentrale Ziel einer Gemeinschaft von Menschen wird, werden sie viele Benachteiligungen in Kauf nehmen, solange das dazu beiträgt, den Wunsch nach Freiheit erfüllen. Das Problem dieses Dritten ist, dass dieser Wunsch graduell, also mehr oder weniger gut, erfüllt werden kann und dass er für verschiedene Menschen oft nicht in derselben Weise, Qualität und Quantität erfüllt wird. Wo aber der berechtigte oder unberechtigte Eindruck entsteht, dass einige freier sind als andere, wird der gemeinsame Wunsch nach Freiheit zum Wunsch nach gleichberechtigter Freiheit und dieser zum undifferenzierten Wunsch nach Gleichheit unbeschadet aller Differenzen und Ungleichheiten zwischen den Mitgliedern des Gemeinwesens. Wo aber undifferenziert Gleichheit der Ungleichen gefordert wird, ohne zu präzisieren, im Hinblick worauf, für wen und warum, ist Demokratie im Begriff, zur Ochlokratie zu werden, weil es unter Ungleichen keinen Punkt gibt, an dem man nicht mit Recht sagen könnte, dass volle Gleichheit noch nicht erreicht ist. Wo der Wunsch nach Freiheit in den Drang nach Gleichheit umschlägt, wird ein Gemeinwesen nicht aufgebaut, sondern zerstört, weil letztlich jeder für sich selbst definiert, worin diese Gleichheit bestehen müsste, und sie in nichts anderen bestehen kann, als in der Überwindung und Verwischung aller Differenzen zwischen einzelnen Mitgliedern des Gemeinwesens - wie es nicht für die Demokratie, wohl aber für die Ochlokratie charakteristisch ist.

Ein Drittes kann der *Tod* sein, in dem alle gleich sind. Dann werden alle als endliche Wesen verstanden, deren mannigfache Differenzen keine Bedeutung mehr haben, wenn sie gestorben sind. Zwar stirbt jeder seinen eigenen Tod, aber im Tod, so heißt es seit alters, sind alle gleich. Die radikale Gleichheit im Tod ist im Leben nie gegeben, sondern nur im Vorgriff zu imaginieren. Wer sich und andere so sieht, sieht sie vom Ende her, an dem alle Differenzen verschwinden, weil keiner andere Möglichkeiten mehr hat als ein anderer, sondern jeder gar keine mehr. Das Ende der Möglichkeiten ist auch das Ende der ungleichen Verteilung der Möglichkeiten. Die Chancengleichheit, die man im Leben immer anstrebt, stellt sich erst dort wirklich ein, wo keiner eine Chance mehr hat. Und die einzige Ergebnisgleichheit, die nicht nur abstraktes Postulat, sondern unvermeidliche Wirklichkeit ist, ist der Tod. Gleichheit wird dann aber nie im Positiven, sondern immer nur im Negativen erreicht. Solange wir noch Möglichkeiten haben, sind wir verschieden, erst wenn wir keine mehr haben, sind wir gleich. Anders als eine Aristokratie, die die Andersheit einiger gegenüber den anderen auf deren Tugenden gründen, die sie von den anderen absondern, ist eine Demokratie, die auf die Gleichheit aller im Tod gegründet wird, kein Tugendprojekt, sondern eine tugendfreie Gleichheit. Nicht das zählt, was Menschen anderen gegenüber auszeichnet, sondern allein das, was alle Differenzen zwischen ihnen beseitigt und sie gleich macht. Sie ist damit aber von einer Ochlokratie nicht mehr zu unterscheiden. Eine Demokratie, die nur im Tod die Gleichheit aller sieht, ist der ochlotische Tod der Demokratie.

Die verschiedenen Dritten spezifizieren verschiedene Dimensionen unserer Identität, die wir alle auf je unsere Weise manifestieren: Wir sind Deutsche, Bürger, Sicherheitsbedürftige, Freiheitswesen, Sterbliche (und noch vieles andere mehr), und in jeder dieser Hinsichten teilen wir manches mit anderen und anderes nicht. Das jeweils Dritte (die gemeinsame Geschichte, das Gesetz, das Sicherheitsbedürfnis, der Freiheitswille, der Tod) markiert den Gesichtspunkt, unter dem wir uns mit anderen vergleichen und von anderen unterscheiden lassen. Es bringt zum Ausdruck, unter welchem Gesichtspunkt die Ungleichen gleich sind, ohne dadurch aufzuhören, in anderen Hinsichten ungleich zu sein. Zugleich macht es deutlich, dass Ungleiche in mehr als einer Hinsicht anderen gleich sind, also ›Familienähnlichkeiten‹ mit manchen anderen haben, die wiederum andere Familienähnlichkeiten mit anderen haben, ohne dass alle dieselben Ähnlichkeiten manifestieren müssten. Wir haben alle multiple Identitäten, stehen damit unter verschiedenen Gesichtspunkten in unterschiedlicher Nähe und Ferne zu anderen, und in den jeweiligen Dritten spiegelt sich das.

Die verschiedenen Gesichtspunkte und Sichtweisen des Dritten schließen sich nicht aus, können im konkreten Lebensvollzug aber zu Konflikten führen und tun das auch ständig. Was für mich als Bürger gut und richtig ist, ist es nicht zwangsläufig auch für mich als Deutscher, Vater, Kind, Kirchenmitglied, Arbeitsloser, Erbe, Mensch, Sterblicher... In vielen Situationen müssen wir abwägen, welcher Bestimmung wir Priorität einräumen wollen oder müssen. Das führt immer zu moralischen Konflikten und manchmal auch zu Rechtsproblemen. Darf ich meinem Arbeitsplatz fernbleiben, wenn mein Kind krank ist und Pflege braucht? Kann oder soll der Gang zur Urne für alle Bürger verpflichtend sein oder sollte man das der freien Entscheidung eines jeden überlassen? Muss ich das Gesetz auch dann befolgen, wenn es gegen meine Moralüberzeugungen verstößt?[397] Nicht immer liegt die Antwort auf der Hand. Wo es mehr als ein Drittes gibt, in Bezug auf das wir uns mit anderen vergleichen und zu ihnen in ein Verhältnis setzen, sind Konflikte nicht auszuschließen.

Grundsätzlich ist dabei zu beachten, dass es Dritte gibt, die eine bloße Setzung sind (Gesetze) und daher immer auch anders sein könnten, aber auch Dritte, die wir nur anerkennen, aber nicht frei festlegen können und über die wir keine Verfügungsgewalt haben. Während das Gesetz ein Drittes ist, das ›Wir, das Volk‹ selbst gesetzt haben und damit auch revidieren oder durch ein anderes Gesetz ersetzen können, ist unser Sicherheitsbedürfnis, unser Freiheitswille, unsere Sterblichkeit oder der Tod nichts, dem wir uns im Prinzip entziehen oder das wir ausblenden und vermeiden könnten. Wir mögen lernen, mit unserem Sicherheitsbedürfnis und Freiheitswillen klug umzugehen und es bei Bedarf anderem gegenüber an die zweite Stelle zu rücken. Aber wir können es nicht ausschließen, ohne unser Menschsein in Frage zu stellen. Entsprechend können wir auch unsere Lebensspanne verlängern, Krankheiten und Beeinträchtigungen bekämpfen, verhindern oder korrigieren. Aber wir können nicht den Tod umgehen oder vermeiden, dass wir sterben müssen. Auch wo wir das Wie in bestimmtem Rahmen gestalten können, haben wir keinen Einfluss auf das Ob. Wir werden alle sterben, auf welche Weise auch immer. Der Anfang und das Ende unseres Lebens sind unserem selbstgestaltenden Zugriff verwehrt. Wir haben uns nicht selbst entschieden, ins Leben zu kommen, und wir können es nicht verhindern, dass wir aus dem Leben scheiden werden. Wir sind endliche Wesen, und unsere Endlichkeit und Kontingenz steht nicht zu unserer Disposition.

5 Der Dritte

Spätestens an diesem Punkt stellt sich die Frage, ob nicht auch *Gott* ein solches Drittes sein könnte. Geht es um ein politisches Drittes, dann ist die Antwort Nein. Man baut nicht an der

Gemeinsamkeit eines Gemeinwesens, wenn man die Mitglieder auf ein Drittes hin zu orientieren sucht, das viele bestreiten, ablehnen oder für irrelevant halten und dessen Akzeptanz man nicht mit Sanktionsmitteln durchsetzen kann, wo das nötig sein sollte. Die Orientierung an Gott lässt sich nicht sanktionieren. Wo Gott in religiösem Sinn als das verstanden wird, was manche verehren, andere nicht und wieder andere ausdrücklich negieren und bestreiten, sind Konflikte unvermeidbar. Religion lässt sich nur frei selbst wählen und niemand wieder die eigene Überzeugung aufdrängen oder verordnen. Wird unter ›Gott‹ der verstanden, der von Anhängern einer bestimmten Religion verehrt wird, von anderen Bürgern dagegen nicht, kann er nicht das Dritte sein, das die Gleichheit der Bürger in einem politischen Gemeinwesen konstituiert.

Das ist die Lektion, die die europäischen Staaten in den Religionskriegen des 16. und 17. Jahrhunderts gelernt haben. Es geht nicht nur darum, dass Staaten nicht zwischen konkurrierenden Religionsauffassungen ihrer Bürger entscheiden können. Es geht vielmehr entscheidend auch darum, dass der Bezug auf Gott in welcher Bestimmung auch immer keine Gleichheit unter den Bürgern eines Gemeinwesens stiften kann. Wo man politisch zur Gottesverehrung gezwungen ist, zu einer bestimmten Art der Gottesverehrung oder zur Verehrung Gottes überhaupt, gibt es Streit. Man kann dann nur entweder für oder gegen den sein, der jeweils als Gott verehrt wird, und damit immer auch gegen die, die das tun, was man selbst nicht tut. Dieser Streit lässt sich erst lösen, wenn man lernt, weder das eine noch das andere zu tun, Gott gegenüber also weder eine positive noch eine negative Haltung einzunehmen, sondern das ganze Problem politisch zu ignorieren. Nur wo man nicht mehr für Gott oder gegen Gott streitet, sondern beides vermeidet, indem man das Thema politisch für irrelevant erklärt und sich anderen Fragen zuwendet, scheinen sich religiöse Auseinandersetzungen in einem Gemeinwesen vermeiden lassen. Die

Erfahrung, so meint man, lehrt, dass in einer kulturell und religiös pluralen Gesellschaft nur ein säkularer Staat ein friedfertiger Staat sein kann. Dass auch säkulare Staaten und gottlose Regime im 20. Jahrhundert alles andere als friedfertig gewesen sind, wird meist ignoriert. Aber das ändert nichts daran, dass Gott unter den pluralistischen Bedingungen der Gegenwart in einem modernen Staat nicht als Drittes fungieren kann. Das ist verbreitet die Überzeugung in westlichen Demokratien zu Beginn des 21. Jahrhunderts.

Dass Gott nicht als politisches Drittes fungieren kann, weil der Bezug auf Gott keine Gleichheit unter den Bürgern des *demos* stiftet, heißt aber nicht, dass Gott nicht das Dritte einer anderen Gemeinschaft sein könnte, zu der auch diejenigen, die Bürger sind, gehören. Wenn in der Schweiz zwischen politischer Gemeinde, Kirchengemeinde und Schulgemeinde unterschieden wird, schließt das nicht aus, dass dieselben Menschen zu allen drei Gemeinden gehören. Die Mitgliedschaft in der Kirchgemeinde begründet aber nicht die Gleichheit in der bürgerlichen Gemeinde, und die Mitgliedschaft in der Schulgemeinde auch nicht. Alle drei Gemeinden sind auf ein je anderes Drittes hin orientiert, das in seinem Horizont die Gleichheit zwischen den Ungleichen begründet. Aus der Gleichheit im einen Fall folgt aber nicht zwangsläufig die Gleichheit im anderen Fall. Auch wenn rechtlich niemand Vollmitglied mit aktivem und passivem Wahlrecht in der Kirchengemeinde sein kann, der nicht zur bürgerlichen Gemeinde gehört, begründet die Mitgliedschaft in der Kirchengemeinde keine Mitgliedschaft in der bürgerlichen Gemeinde. Mitgliedschaft in der christlichen Gemeinde ist in der Regel[398] nicht an die Mitgliedschaft in der bürgerlichen Gemeinde gebunden, sondern überschreitet lokale und nationale Grenzen. Sie hat transnationalen Charakter. Wer Christ ist, ist es überall auf der Welt, und nicht nur dort, wo er auch Bürger ist. Nicht jeder Christ ist aber überall auch Bürger und nicht jeder Nichtchrist auch nicht.

Dass es vernünftig ist, Gott politisch als etwas zu denken, was sich ignorieren lässt, dessen Präsenz man also verneinen kann, ohne dass dies politische Folgen hätte, heißt also nicht, dass es vernünftig ist, Gott zu ignorieren oder die Gottesfrage dadurch lösen zu wollen, dass man sie nicht mehr stellt. Die Sachlage ist komplizierter. Dass Gott nicht als Drittes eines politischen Gemeinwesens fungieren kann, heißt nicht, dass er nicht als Drittes einer anderen Gemeinschaft fungieren könnte, und es schließt auch nicht aus, dass die Mitglieder des politischen Gemeinwesens auch Mitglieder dieser anderen Gemeinschaft sein könnten oder sind. Wer Bürger einer Demokratie ist, ist immer auch ein Mensch und jemand, der existiert. Dass der Bezug auf Gott keine politische Gleichheit begründen kann, heißt nicht, dass er keine Gleichheit unter Menschen oder unter denen, die existieren, begründen könnte. Das politische Dritte ist nicht das einzig relevante Dritte in einer Demokratie, und es ist niemals das ultimative Dritte in einer Gesellschaft. Kurz: Das Gottesproblem ist nicht dadurch vom Tisch, dass man es aus dem politischen Bereich ausklammert. Man muss es vielmehr auf der richtigen Ebene ansiedeln, wenn man nicht bei einer bloß verneinenden Haltung ihm gegenüber im politischen Horizont stehen bleiben will.

Diese Vielschichtigkeit zeigt sich deutlich in den Gründungsdokumenten der USA, der *Declaration of Independence*, den *Articles of Confederation*, der *Constiutition*, der *Bill of Rights* und den *Amendments*. Die Verfassung vom 17. September 1787 bzw. 4. März 1789 setzt ein mit dem *Paukenschlag* »We, the People of the United States«.[399] Aber dieser Paukenschlag ist keine säkularistische Zurückweisung Gottes, sondern – wie im ersten Verfassungszusatz klargestellt wird – eine Wendung gegen die Etablierung einer privilegierten Form von Religion und Religionspraxis oder das Verbot der freien Religionsausübung: »*Congress shall make no law respecting an establishment of religion, or prohibiting the free exercise thereof; or abridging the freedom of speech, or of the press; or the right of the people peaceably to assemble, and to petition the Government for a redress of grievances.*«[400] Er unterstreicht, dass die Verfassung vom Volk der Vereinigten Staaten erlassen wurde und nicht von irgendwelchen anderen unabhängigen und souveränen Staaten[401] und dass sie auch nur in den Vereinigten Staaten und nicht anderswo gilt.[402] Sie ist vom Volk für das Volk gemacht, und das Volk, um das es hier geht, ist das der Vereinigten Staaten. Ohne die Staaten hätte es auch keine vereinigten Staaten geben können und ohne Volk keine Staaten.

Das »We, the People« ist daher der Existenzgrund der *vereinigten* Staaten und der *Staaten,* die sich vereinigt haben. Aber es ist nicht der Existenzgrund der Menschen, die zum Volk werden, indem sie die Vereinigten Staaten von Amerika gründen. Die Menschen, die sich mit der Deklaration »We, the People« als Schöpfer oder Gründer der Vereinigten Staaten zur Sprache bringen, konstituieren sich durch diesen Akt *als Volk* bzw. *als Bürger,* aber nicht *als Menschen* oder *als Daseiende.* Nur Menschen, die existieren, können agieren, und nur Menschen, die sich als Bürger eines Staates betätigen, können als Volk agieren. Aber während sich ihre Bestimmung als Volk ihrem Tun verdankt, gilt das nicht für ihre Bestimmung als Menschen oder als Daseiende. Auch diese implizieren aber einen Bezug auf etwas Drittes, durch das die Gleichheit der Menschen *als Menschen* bzw. der Existierenden *als Existierende* konstituiert wird. Zu Menschen und zu Existierenden haben sie sich nicht selbst gemacht, aber nur weil sie das sind, können sie sich zum Volk machen.

Der Akt der Volkswerdung durch die Deklaration »We, the People« kann daher nie das erste sein. Er ist das erste für den dadurch geschaffenen Staat, aber nicht für die, die diesen Staat schaffen. Wäre das »We, the People« nur eine Kurzformel für die Selbstsouveränität und freie Selbstbestimmung der Individuen, die sich in ihm aussprechen, dann hätte das zwei problematische Folgen. Zum einen bestünde die Souveränität und

Autorität des »We, the People« nicht in einem Mehr gegenüber der Souveränität und Autorität der Individuen dieses Gemeinwesens, zum anderen würde die Freiheit der Individuen absolut gesetzt, also nicht in Rechnung gestellt, dass ihr Gebrauch auch Missbrauch sein könnte. Das ist die Gefahr, die in der bloß negativen Maxime *ni Dieu, ni maître* ausgeblendet wird. Es wäre ein Willkürsubjektivismus, der mit der autonomen Moral Kants, in der jeder sein Wollen an der Maxime des guten Willens zu messen hat, nichts zu tun hat. Und es wäre eine Machtergreifung des Volkes, die prekär bliebe, weil sie sich jederzeit auch gegen dessen Selbstermächtigung wiederholen könnte.

Wo der libertäre Begriff der Freiheit des Individuums in der Konstruktion des »We, the People« zu Grunde gelegt wird, ist die Unterscheidung zwischen Regierenden und Regierten stets gefährdet, weil die Willkür ihrer Setzung jederzeit durch die Willkür ihrer Aufhebung revidiert werden kann, weil niemand sich zu etwas zwingen lassen muss, wozu er sich nicht selbst zwingen würde. Es gibt dann keine andere Grundlage von Souveränität als die libertäre Freiheit des Einzelnen. Und der kann wollen, was er will, weil er es für sich für das Beste hält. Besteht freie Selbstbestimmung aber allein darin, das zu wollen, was ich für mich selbst für das Beste halte, und gilt jede Ordnung für mich nur so lange, wie es mir gefällt, dann ist eine durch freie Selbstbestimmung etablierte Ordnung von Willkürherrschaft nicht mehr zu unterscheiden. Selbst wenn man akzeptiert, dass die eigene Freiheit an der Freiheit der anderen eine Grenze hat, kann man sich jederzeit aus dem gemeinsamen Wir verabschieden, wenn einem das für das eigene Streben nach Glück sinnvoller erscheint. Wenn einem das bisherige Wir nicht mehr gefällt, organisiert man sich eben anders mit anderen, wird z.B. zum Reichsbürger und lehnt die Legitimität und Souveränität der Rechtsordnung der Bundesrepublik ab. Wo »We, the People« keine andere Autorität hat als die einer Willkürsetzung von Individuen, beginnt sein *demos* in einen *ochlos* zu mutieren, der nur sich und sonst nichts anerkennt und seine Herrschaft auf individuelle und kollektive Willkür gründet.

Das muss nicht so sein und lässt sich vermeiden. Die Menschen, die hier kollektiv als Wir sprechen und die Autorität zur Gründung eines Gemeinwesens in Anspruch nehmen, können sich selbst an etwas orientieren, von dem her sich ihr Wir kritisch befragen und in Frage stellen lässt. Ihre autonome Autorität ist dann das Zweite und nicht das Erste, setzt also etwas voraus, ohne dass sie nicht möglich und nicht wirksam wäre.[403] Das ist der Fall, wo das »We, the People« sich in der Selbstunterscheidung jedes seiner Glieder vom Schöpfer als ein Wir der Geschöpfe begreift, sich also an der Gegenwart einer Macht orientiert, ohne die es die eigene nicht gäbe, weil man sonst nicht da wäre.

6 Die Vieldeutigkeit des »We, the People«

Hier unterscheidet sich die Bedeutung der Formel »We, the People« im historischen Kontext der Verfassung der Vereinigten Staaten von Amerika deutlich von ihren Auslegungen in der Gegenwart. Ein Gottesbezug – in Form einer *invocatio Dei* oder einer *nominatio Dei* – findet sich in der Präambel der Verfassung in der Tat nicht. Die Verfassung präsentiert sich säkular. Allerdings nur auf den ersten Blick. Denn wie verstehen sich diejenigen, die sich hier als »We, the People« zu Wort melden? Die historische Antwort ist: als Gottes Geschöpfe. Das lässt sich vielfach belegen. In der Präambel der *Unanimous Declaration of The Thirteen United States of America* von 1776 wird ausdrücklich vom Schöpfer gesprochen (»We hold these truths to be self-evident, that all men are created equal, that they are endowed by their Creator with certain unalienable Rights, that among these are Life, Liberty and the pursuit of Happiness.«). Das »We, the People« sind Menschen, die sich als Geschöpfe eines Schöpfers verstehen, dem sie rechenschaftspflichtig sind. Entsprechend betont Artikel 16 der *Virginia Declaration of Rights* (1776) »*the duty which we owe to our Creator*« und »*the mutual duty of all to practice Christian forbearance, love, and charity towards each other*«. Im Horizont dieses (christlichen) Selbstverständnisses als Geschöpfe Gottes versteht sich von selbst, was Artikel 1 formuliert: »That all men are by nature equally free and independent, and have certain inherent rights, of which, when they enter into a state of society, they cannot, by any compact, deprive or divest their posterity; namely, the enjoyment of life and liberty, with the means of acquiring and possessing property, and pursuing and obtaining happiness and safety.« Aber es versteht sich auch nur in einem solchen theologischen Horizont von selbst.

Was in einem schöpfungsanthropologischen Kontext einigermaßen plausibel klingt, verliert diese Plausibilität schnell, wenn man diesen Kontext ausblendet oder durch einen anderen ersetzt. Wo Menschen nicht als Geschöpfe, sondern als evolutionäres Zwischenresultat der Entwicklung der Säugetiere, psychische Systeme, neurobiologische Organismen oder Vorformen des Übermenschen verstanden werden, ist nichts von dem mehr einsichtig, was Artikel 1 als offenkundige Tatsache formuliert. Nicht jedes Verständnis des Menschen ist mit dem vereinbar, was die amerikanische Verfassung von denen sagt, die sich als »We, the People« zu Wort melden.

Damit aber wird die Frage drängend, wie weit man von der christlichen Hintergrundanthropologie dieser Verfassung abrücken kann, ohne deren Funktionsfähigkeit zu untergraben. Es schein zumindest nicht ausgeschlossen, dass das »We, the People« ohne diese schöpfungsanthropologische Konkretion ochlokratisch unscharf wird und zur Formel einer Selbstermächtigung, die sich missbrauchen lässt, indem sich eine Gruppe des *demos* gegen den Rest oder gegen andere als ›das Volk‹ setzt.[404]

Doch was sind die anderen, von denen man sich in diesem Akt als ›das Volk‹ unterscheidet? Ein anderes Volk, zu dem man nicht mehr gehören will? Oder das Andere des Volkes, von dem man sich abgrenzen will? Oder der Teil des Volkes, dem man klar zu machen versucht, dass nicht sie allein, sondern auch noch andere zum Volk gehören? Geht es um die Abgrenzung als Volk von anderen, um den Einschluss in das Volk mit anderen oder um die Ausgrenzung anderer aus dem Volk?

All das kann eine Rolle spielen und das anvisierte politische Ziel dementsprechend je nach Motiv sehr unterschiedlich sein. Verdankt sich die eigene Identität aber ganz dem eigenen Tun, ist das Resultat dieses Tuns das, was einen von anderen unterscheidet, und schließt jedes *Wir* einige aus, die als *Ihr* oder *Sie* nicht dazu gehören, dann wächst die Wahrscheinlichkeit, dass das »Wir sind das Volk« nicht inklusiv, sondern ausgrenzend gebraucht wird.[405] Es ist dann nicht ausgeschlossen, dass es innerhalb des *demos* der Vereinigten Staaten von Teilen der Bevölkerung gegen andere in Anspruch genommen wird: »Wir sind das Volk - nicht ihr« – der Sturm auf das Kapitol in Washington am 6. Januar 2021 hat das eindrücklich demonstriert.

Das »We, the People« ist daher keine einsinnige oder eindeutige Formel. Es kann inklusiv oder exklusiv gebraucht werden, gegen andere gerichtet sein, die nicht zu diesem »We« gehören, und Menschen umfassen, die sich und die anderen nicht auf dieselbe Weise verstehen. Seine innere Bindekraft kann daher sehr unterschiedlich sein und von intimer Gemeinsamkeit bis zur wechselseitigen Fremdheit reichen. Diese Differenzen lassen sich nicht aus dem Wir ableiten, sondern sind darin begründet, wie sich diejenigen verstehen, die sich zum Wir zusammenschließen. Deren Verständnis wird den Charakter des Wir mitprägen, und das bleibt nicht ohne Auswirkungen auf das, was durch den deklarativen Akt »We, the People« politisch in Kraft gesetzt wird. Wo sich diejenigen, die sich als »We, the People«

zu Wort melden, als Geschöpfe verstehen, die ihrem Schöpfer und ihren Mitgeschöpfen gegenüber verantwortlich sind, wird auch das Wir einen anderen Charakter haben als dort, wo sie sich als federlose Zweibeiner oder Zufallsprodukte der Evolution verstehen. Das erste hat moralische Implikationen, die zu einem bestimmten Verhalten anderen und sich selbst gegenüber führen. Das zweite ist ein Sein, aus dem nicht ohne weiteres ein bestimmtes Sollen folgt.

Das »We, the People« ist daher immer präzisierungsbedürftig, auch dort, wo das »People« durch den Bezug auf ein bestimmtes staatliches Gebilde als »We, the People *of the United States*« präzisiert wird. Es kann andere einschließen oder ausschließen, es kann Menschen umfassen, die sich in ähnlicher Weise verstehen (homogenes Wir) oder ganz unterschiedliche Verständnisse ihrer selbst haben (nichthomogenes Wir), und es kann eine innere soziale Gemeinschaft zum Ausdruck bringen oder nur eine äußere politische Zweckgemeinschaft. Gänzlich homogen war das »We, the people« noch nie und kann es in modernen Demokratien auch nicht sein. Das Selbstverständnis der Individuen, die das Wir konstituieren, und das Selbstverständnis dieses Wir wird in pluralen Gesellschaften nie denkungsgleich sein können. Ein Wir, das keinen Raum bietet für individuelle Vielfalt, Differenz und Diversität, kann deshalb nicht als Wir einer modernen Demokratie fungieren. Dennoch muss man auch im nichthomogenen Fall Unterscheidungen beachten. Ein inklusives Wir von Geschöpfen, das im Prinzip für alle offen steht, weil es die Endlichkeit, Zerbrechlichkeit und Tiefenpassivität eines jeden Menschen kennt und zum Ausdruck bringt, ist etwas anderes als ein exkludierendes Wir, mit dem sich einige aufgrund ihrer als Autonomie missverstandenen Willkür von anderen abgrenzen und nicht nur für sich, sondern gegen andere sprechen. Das erste weist weit über die nationalen Grenzen eines jeden Einzelstaates hinaus und lässt sich nicht auf einen Staat oder eine einzelne Nation beschränken. Es hat eine kosmopolitische Dimension, und die kommt in dem Dritten zum Ausdruck, an dem es sich in dieser Hinsicht orientiert.

Allerdings spricht das »We, the People« immer gegen andere, nämlich gegen alle, die meinen, ihre eigene Freiheit über die anderer setzen zu können oder in ihrer subjektiven Willkür nur dadurch begrenzt zu sein, dass sie den anderen eine entsprechende Willkür zugestehen. Wer die Grenzen der eigenen Freiheit nur in der Freiheit der anderen sieht, der sieht die anderen nur als eine störende Begrenzung der eigenen Freiheit, die man hinzunehmen hat, um die anderen nicht zur permanenten Gefahr der eigenen Freiheit und des eigenen Lebens werden zu lassen. Andere sind stets potentielle Gegner, die man nur dadurch einigermaßen in Schach halten kann, dass man sich auf Kompromisse einlässt. Man schränkt die eigene Freiheit ein, um nicht alles zu verlieren.[406] Ein so konstituiertes gemeinsames ›Wir‹ ist stets ein brüchiges Gebilde, das durch die Furcht vor den anderen als das kleinere Übel legitimiert wird. Ideal wäre es, wenn man alles allein entscheiden könnte. Aber angesichts der anderen, die das auch gerne täten, grenzt man sich auf ein gemeinsames Wollen ein, auch wenn es nicht das ist, was man sich gern wünschen würde. Freiheit wird hier als kalkulierende Willkür gedacht, die abwägt, dass sie noch gefährdeter wäre, wenn sie nicht mit anderen kooperierte. Man traut sich nicht. Und deshalb schließt man sich zusammen.[407]

Doch ein Wir, das sich aus potentiellen Gegnern aufbaut, ist kein Wir, in das man großes Vertrauen setzen sollte. Es kann jederzeit in Konflikte und den Krieg aller gegen alle umschlagen. Diese von Hobbes gesehene Gefahr wird nicht gebannt, wenn man mit Rousseau einen eigentlich guten Naturzustand der Menschen postuliert, der nur durch die Kultur entstellt worden wäre. Dass dieser Wunschtraum keine realistische Basis hat, hatte schon Kant kritisiert. Darauf lässt sich keine belastbare menschliche Gemeinschaft bauen. Menschen sind nicht so, wie sie gern sein würden. Sie sind so, wie sie sind. Das ist keine nur erfreuliche Einsicht. Aber eben darauf muss ein Wir eingestellt sein, das in Konfliktsituationen Bestand haben soll. Dazu muss es in der Lage sein, sich kritisch von sich selbst zu distanzieren, also im Hinblick auf sich selbst zwischen Sein und Schein, Wünschen und Können, Müssen und Dürfen, Sein und Sollen zu unterscheiden. Die Ausrichtung auf ein Drittes, von dem her es sich versteht, bietet solche Orientierung. Indem es sich so ausrichtet, setzt sich das Wir selbst Grenzen, indem es seine Endlichkeit anerkennt. Damit konkretisiert es seine Freiheit so, dass es diese nicht als Willkür, sondern als Autonomie praktizieren kann, weil es seine Unterscheidung vom Dritten nicht als äußere Beschränkung versteht, gegen die man sich zur Wehr setzen muß, sondern als Selbstbegrenzung in der Anerkennung seines ›Sich-nicht-selbst-Gesetzthabens‹ und damit seiner Bezogenheit und Einbettung in eine umfassendere Wirklichkeit. Es ist da, obwohl es auch nicht hätte da sein können, und es kann sein Dasein zu einem bestimmten Sosein gestalten, obwohl es sich weder die Fähigkeit dazu noch die Möglichkeiten dafür selbst zu schaffen vermag.

7 Der ultimative Dritte

Das bringt unter anderen Vorzeichen das Gottesthema noch einmal ins Spiel. Wenn alle, die zum »We, the People« gehören, als Existierende Nächste Gottes sind und sich auch so verstehen und verhalten würden, wäre die Welt eine andere. Wenn sie sich nicht so verstehen und verhalten, obwohl sie Gottes Nächste sind, könnte und sollte die Welt anders sein als sie ist. Wenn sie aber gar nicht Gottes Nächste sind, weil sich unter ›Gott‹ nichts Sinnvolles verstehen lässt und mit so etwas wie Gott nicht zu rechnen ist, dann gäbe es auch keine Welt, die anders sein könnte, und keinen Anlass, von ihr zu erwarten, dass sie anders sein sollte.

Der Bezug auf das, was man ›Gott‹ nennt, ist daher kein subjektiv-privates Anliegen einiger Menschen, die damit ihr religiöses Bedürfnis befriedigen. Er bringt vielmehr einen Grundzug der menschlichen Existenzsituation zum Ausdruck, auf die jeder Mensch stößt oder stoßen kann, wenn er über sich und unsere Welt nachdenkt. Dass es uns gibt, versteht sich nicht von selbst. Dass es die natürlichen und kulturellen Bedingungen dafür gibt, dass es uns geben kann, auch nicht. Dass diese Bedingungen weiterhin bestehen und menschliches Leben auch künftig möglich machen, ebenso wenig. Die Möglichkeit unseres Daseins ist ebenso unwahrscheinlich wie die Erwartung, dass sich das auch in Zukunft so fortsetzen werde. Wir leben auf dünnem Eis. Aber wir leben – auch wenn wir offenkundig nicht so leben, wie wir könnten und sollten, wenn das wirklich wäre, was an Gutem möglich ist. Wir könnten und sollten menschlicher leben, mitmenschlich im Umgang mit anderen Menschen und respektvoll und sorglich im Umgang mit anderen Lebewesen und deren und unserer Umwelt, ohne die wir ein menschliches Leben nicht führen könnten.

Von all dem ist die Rede, wenn man von Gott redet und sich und alle anderen als Nächste Gottes versteht. Wer sich selbst so sieht, der kann und sollte auch alle anderen als Nächste Gottes respektieren und darauf achten, so mit ihnen umzugehen, dass ihre gleiche Würde vor Gott nicht angetastet wird. Diejenigen, die hier als ›Wir‹ auftreten, verstehen sich nicht als potentielle Gegner, bestreiten aber auch nicht ihre oft tiefgehenden Differenzen, Unterschiede und Ungleichheiten. Sie wissen um all das, was sie trennt. Aber sie sehen sich auch noch mit anderen Augen, weil sie wissen, dass sie gemeinsam vor einem Dritten stehen, über den keiner von ihnen verfügt und dem jeder Rechenschaft dafür schuldet, wie er mit den Möglichkeiten umgeht, die ihm an seinem Ort zugespielt werden.

255

Das, was sie eint, liegt nicht in ihnen, sondern außerhalb von ihnen. Die Glieder dieses Wir haben ihre entscheidende Grenze in dem, was sie trotz aller Unterschiede teilen, ihrem Existenzort vor Gott, und nicht in dem, was sie voneinander unterscheidet. Sie unterscheiden sich in ihrem Wassein und Sosein, aber sie teilen den Charakter ihres Daseins. Ihre Gemeinsamkeit liegt nicht in mehr oder weniger geteilten Eigenschaften oder Qualitäten, sondern darin, dass sie am selben Ort existieren. Sie gewinnen die Gemeinsamkeit ihres Wir nicht dadurch, dass sie sich gegenseitig begrenzen und einschränken in dem, was sie sind, sondern dass sie gemeinsam durch den begrenzt werden, dem sie verdanken, dass sie sind. Sie sind bei all ihrer Ungleichheit ein Wir der Gleichen, bei dem keiner dem anderen etwas wegnimmt, sondern alle bei aller gegenseitigen Verschiedenheit gewinnen. Sie nehmen sich nichts weg und schränken sich nicht ein, weil ihre Gleichheit nicht der überlappende Minimalkonsens ihrer Ungleichheit ist, sondern eine Gleichheit, die Vielheit, Verschiedenheit und Diversität ermöglicht und freisetzt, weil sie nicht in einem mehr oder weniger geteilten *Was*, sondern im Charakter des ganz und gar singulären *Dass* eines menschlichen Lebens besteht. Ihre Gleichheit besteht nicht in irgendwelchen erfahrbaren Gemeinsamkeiten in der Welt (Immanenzverhältnis), sondern im Bezug ihres Daseins auf den transzendenten Ur- und Ungrund der Welt (Transzendenzbezug) – Ungrund, weil er sich selbst keinem anderen Grund verdankt, und Urgrund, weil sich jeder andere Grund, also alles von ihm verschiedene Mögliche und Wirkliche, ihm verdankt. Sein Leben daran zu orientieren, heißt, es an Gott zu orientieren. Gott ist nicht der Inbegriff der Welt, sondern der Index ihrer Kontingenz und Gründung in der Transzendenz, also nichts, was sich an oder in der Welt aufzeigen ließe, sondern das, von dem her die Welt in ihrer fragilen Endlichkeit als der Ort in den Blick kommt, an dem Gott anderem als sich selbst gegenwärtig ist.

So von Gott zu sprechen, ist etwas anderes, als auf politischer Ebene ein religiöses Drittes zu postulieren, das eher entzweit als vereint. Man darf Gott auch nicht auf anthropologischer Ebene zu einer exkludierenden religiösen Größe verkürzen und nach der Logik des Besitzes in meinen Gott und deinen Gott, unseren Gott und euren Gott unterscheiden. Mein Gott kann nur ein Gott sein, der auch der Gott aller anderen ist. Gott steht jenseits der Differenzen, die durch die Possessivpronomina zum Ausdruck gebracht werden. Er ist gegenüber all dem ein Drittes. Eben deshalb ist er für alle relevant, wenn er überhaupt für einen relevant ist. Er steht für die schöpferische Transzendenz, ohne die es keine Immanenz gibt. Man kann das bestreiten oder ignorieren, aber man kann es nur tun in der Gegenwart dessen, den man bestreitet oder ignoriert. Gott ist epistemisch nicht erweisbar, aber existenziell unvermeidlich.

Das ist die Form, in der Gott auch heute als Drittes fungieren kann. Auch dort, wo man die religiöse Lektion gelernt hat – keine religiöse Größe kann in einem Gemeinwesen eine einheitsstiftende Funktion haben, weil jeder derartige Versuch die Gegenkräfte schürt, in Konflikte treibt und diese unlösbar macht – bleibt die Frage nach einem *existenziellen Sinn des Göttlichen*, der sich nicht notwendig in Gestalt eines positionellen religiösen Gottesgedankens ausprägen muss. Wo *Gott* als Transzendenzindex fungiert, ergeben sich andere Perspektiven und Möglichkeiten. *Gott* steht dann für diejenige Wirklichkeit, die sich keiner anderen verdankt und die niemand für sich instrumentalisieren kann, sondern der alle ihr Dasein, ihr Möglichsein und ihre Möglichkeiten verdanken, wie verschieden voneinander sie auch sein mögen und ob sie selbst das so sehen oder nicht.[408] Nichts ist nur das, was es von sich aus zeigt, weil alles zum Ort zu werden vermag, an dem sich Gottes schöpferische Transzendenz und universale Gegenwart erweisen kann.

In diesem Sinn fungiert Gott nicht als Drittes in einem bestimmten Gemeinwesen, dem sich die politische Gleichheit als Bürger als Bürger verdankt. Er fungiert auch nicht als Drittes der Menschheit, dem sich die anthropologische Gleichheit aller Menschen als Menschen verdankt. Sondern er fungiert als das Dritte alles Existierenden, dem sich die schöpfungstheologische Gleichheit alles Geschaffenen verdankt, das da sein kann und da ist, aber auch nicht da sein könnte. Gott ist der Gott nicht nur einiger, sondern aller Menschen, und zwar nicht, insofern sie Menschen sind, sondern insofern sie existieren. Die durch den Bezug auf Gott gestiftete Einheit ist nicht die eines Staates, auch nicht nur die der Menschheit, sondern die der ganzen Welt, also aller möglicher und wirklicher Existierender. Wo Gott in diesem Sinn als das ultimative Dritte fungiert, verändert sich nicht nur die Sicht auf eine besondere Gruppe oder ein bestimmtes Gemeinwesen, sondern auf das gesamte Leben und die Wirklichkeit der ganzen Welt. Die Welt wird zum Wirkraum der Gegenwart Gottes, alles von Gott Verschiedene zum Raum der Immanenz seiner Transzendenz, der er sich verdankt. Gott ist nicht nur ein Dritter unter oder neben anderen, sondern der ultimative Dritte, ohne den es keine anderen Dritte gäbe.

Als der ultimative Dritte ist Gott jeder Gegenwart gegenwärtig, weil ohne seine schöpferische Gegenwart nichts möglich oder wirklich wäre. Seine Gegenwart und Nähe macht alle Menschen zu Nächsten, deren Würde zu wahren ist, und alle Lebewesen zu Mitgeschöpfen, deren Leben zu respektieren ist. Wo Gott so als transzendenter Bezugspunkt fungiert, über den alles von ihm verschiedene Mögliche und Wirkliche zum Immanenzzusammenhang einer kontingenten Welt verbunden wird, da werden alle anderen Lebewesen als Geschöpfe verstanden, denen Gott als seinen Nächsten nahe ist. Das und keine bestimmte Qualität oder Eigenschaft der anderen, anderen Menschen oder anderen Lebewesen, verpflichtet uns zu einem respektvollen und würdewahrenden Umgang miteinander.

Auch Gott wird nicht erst dadurch zum Dritten, dass er anerkannt wird, Menschen also sich selbst als Geschöpfe und Gott als ihren Schöpfer verstehen. Nur weil er ihr Schöpfer ist, kann er vielmehr zu Recht so anerkannt werden, und er bleibt es auch dann, wenn er nicht so anerkannt wird. Ohne Gott wären wir nicht da. Nur weil wir *da* sind, können und müssen wir uns so oder anders bestimmen, uns also eine kontingente Identität aufbauen und bei ihr behaften lassen. Alle Bestimmungen, die wir uns zuschreiben, kommen uns nur zu, weil wir da sind. *Dass wir da sind,* ist aber keine dieser Bestimmungen, die wir verantworten könnten oder rechtfertigen müssten, sondern die Voraussetzung aller selbstbestimmten Identitätsbildung und fremdbestimmten Identitätszuschreibung. Im Unterschied zu Geschichte, Gesetz, Sicherheitsbedürfnis, Freiheitswille oder Tod ist Gott aber ein Dritter, der nicht erst mit dem Menschen oder dem Leben in Erscheinung tritt, sondern der sich von allem, was ist, als Schöpfer unterscheidet, ohne den es also auch kein Leben, keine Geschichte, kein Gesetz, keine Sicherheit, keine Freiheit und keinen Tod gäbe. Ohne Gott gäbe es nichts anderes als Gott – es gäbe nichts von Gott verschiedenes Mögliches und Wirkliches, es gäbe aber auch nicht einfach nichts, weil es ohne Gott keinen Kontrast zwischen Sein und Nichts gäbe.

Diese Grundvoraussetzung ihres Lebens symbolisieren Menschen im Gottesgedanken. Dass wir da sind und da sein können, verdanken wir nicht uns selbst oder anderen wie uns, sondern Gott. Das ist die negative Erfahrungsgrundlage aller Rede von Gott: Wir sind nicht durch uns selbst da. Das für sich genommen ist noch nicht genug, um von Gott zu reden. Um das zu tun, müssen andere Erfahrungen und Einsichten noch hinzutreten. Aber wo von Gott gesprochen wird, ist das immer mitgesagt. Entsprechend wird mit ›Gott‹ in vielen Kulturen die existenzielle Grunderfahrung symbolisiert, dass man sein Dasein nicht sich selbst oder seinesgleichen verdankt und es allein oder durch Unterstützung anderer, die auf Unterstützung angewiesen sind, nicht erhalten kann. Wir leben. Aber wir brauchen zum Leben Hilfe, Trost und Glück, die wir uns nicht selbst verschaffen können. Wir sind da. Aber wir hätten auch nicht da sein können, waren nicht immer da und werden es auch nicht immer sein. Dass wir da sind, unterscheidet uns von allem bloß Möglichen und wird auch dann wahr gewesen sein, wenn wir nicht mehr da sind. Das gilt auch von der Wahrheit, dass wir uns nicht selbst ins Dasein gebracht haben und dass wir uns daher die Möglichkeit, da sein zu können, nicht selbst zuschreiben können. Wir waren nicht zuerst eine Möglichkeit und sind dann eine Wirklichkeit geworden. Sondern wir sind dadurch möglich geworden, dass wir wirklich wurden. All unsere Möglichkeiten beginnen mit unserem Dasein, aber unser Dasein beginnt mit Gott. Gott hat uns allen die Grenze der Endlichkeit gesetzt, aber nicht als Kennzeichen unserer Unvollkommenheit, sondern als Auszeichnung, die uns ein selbstbestimmtes Leben in Gemeinschaft mit anderen ermöglicht. Wir sind. Aber wir haben uns nicht selbst ins Dasein gebracht. Deshalb leben wir gemeinsam dann recht, also der uns unverfügbaren Gegebenheit und Tiefenpassivität unseres Daseins[409] entsprechend, wenn wir das bei uns und allen anderen anerkennen und würdigen: Wir sind, wie sie, endliche Freiheitswesen, die sich nicht sich selbst verdanken, aber sich selbst eine Lebensform geben können und müssen und sich die geben sollten, in der sie menschlich miteinander leben können und wollen.[410] Das existenzielle Kriterium eines menschlichen Miteinanderlebens der Menschen ist, die Kontingenz und Tiefenpassivität des eigenen Daseins als Gottes gute Gabe und Ermächtigung zum eigenbestimmten Leben in der Gemeinschaft anderer anzuerkennen, für die das gleiche gilt.[411] Denn nur wo das geschieht, ist Eigenermächtigung keine Willkür, sondern eine selbstkritische Begrenzung und Qualifizierung der eigenen Machtträume, Identitätswünsche und Selbsterhaltungsbemühungen, die anderen das gleiche Recht zuerkennt und ihre gleiche Würde respektiert.

8 Bürger als Menschen

Unter den politischen Herrschaftsformen gibt es keine, die das besser ermöglichen und bestätigen würde als eine Demokratie, in der das Volk *demos* und nicht *ochlos* ist, seine Bedingtheit, Grenzen, Fragilität, Gefährdung und Verbesserungsnotwendigkeit also anerkennt und nicht ignoriert.[412] Das zeigt sich deutlich in den beiden Dimensionen dessen, was im Bürgersein mitgesetzt ist – die Mitgliedschaft in der Menschheit als Mensch unter Menschen (*als*-Bestimmung) und die Mitgliedschaft in der Schöpfung als Geschöpf unter Geschöpfen (*dass*-Bestimmung). Es gibt keine Bürger, die nicht auch Menschen wären. Und sie wären keine Bürger, wenn sie nicht existieren würden. Beides klingt trivial, ist es aber nicht. Demokratien setzen das konkrete *Dasein* ihrer Bürger voraus, über das sie nicht verfügen können, und sie müssen an jedem Punkt das *Sosein* ihrer Bürger *als Menschen* berücksichtigen, von dem sie nie absehen dürfen. Beides markiert Grenzen dessen, was eine Demokratie gestalten kann. Greift sie ins Dasein ihrer Bürger ein, überschreitet sie ihre Kompetenz, und kommt sie mit dem Menschsein ihrer Bürger in Konflikt, wird sie ihrer Verantwortung nicht gerecht.

Keine Demokratie kann davon absehen, dass es sie nicht gäbe, wenn es keine Menschen gäbe. Sie kann darüber befinden, wer unter welchen Bedingungen Bürger sein kann. Aber es liegt nicht in ihrer Macht, für das Dasein ihrer Bürger zu sorgen, also zu bewirken, dass es Menschen gibt, die Bürger sein können und wollen.[413] Sie trägt Verantwortung für das Sosein ihrer Bürger, aber nicht für ihr Dasein. Gäbe es keine Menschen, die Bürger sein können und wollen, gäbe es auch keine Demokratie. Aber dafür zu sorgen, dass es sie gibt, liegt nicht in ihrer Macht. Keine Demokratie kann ausblenden, dass ihre Bürger auch Mitglieder der Menschheit sind, also nicht nur politische oder bürgerliche Rechte und Pflichten in ihrem Gemeinwesen haben, sondern auch universale moralische Rechte und Pflichten in der Menschheit. *Als Menschen* stehen sie noch einmal anders in der Pflicht als sie es *als Bürger* tun. Bürger haben Bürgerrechte in einem Staat, Menschen haben Menschenrechte, auch wenn sie staatenlos sind. Bürger können sich in ihrem Staat (aber nicht in jedem anderen Staat auch) auf ihre Bürgerrechte berufen, jeder Mensch dagegen kann überall seine Menschrechte geltend machen (oder sollte das doch können). Bürgerrechte gelten lokal, Menschenrechte global.

Demokratische Verfassungen bringen das in den Grundrechten zum Ausdruck, die den Bürgern *als Menschen* und nicht nur als Bürgern dieses Staates zustehen. »Moralische Pflichten enden nicht an nationalen Grenzen, und wir sind durch die Anerkennung und Anteilnahme mit allen anderen Menschen verbunden«, wie Martha Nussbaum zu Recht hervorhebt.[414] Das Bestimmungsgefälle darf dabei nicht umgekehrt werden: die Rechte und Pflichten als Bürger müssen mit den Rechten und Pflichten als Menschen so zusammenstimmen, dass die Menschheitsrechte und -pflichten stets gewahrt bleiben. Nichts kann für Bürger politisch recht sein, was für Menschen moralisch nicht recht ist. Das Umgekehrte aber gilt nicht. Die Menschenrechte dürfen nicht durch die Bürgerrechte eingeschränkt oder umdefiniert werden. Sie werden auch so lange nicht mit ihnen identisch sein, als es verschiedene Staaten gibt, in denen man nicht gleichzeitig volle Bürgerrechte haben kann. Der Postnationalismus irrt sich gründlich, wenn er Weltoffenheit und universale Menschlichkeit mit der Überwindung des Staates gleichsetzt. Nur in Staaten gibt es Bürgerrechte, nur in ihnen werden die Menschenrechte geschützt. Ohne Staaten gibt es keine Rechtsstaatlichkeit, keine Sozialstaatlichkeit und keine Demokratie. Staaten aber gibt es nur im Plural, und die Existenz verschiedener (demokratischer) Staaten schlägt sich in differenten Bürgerrechten nieder, die Individuen im einen aber nicht im anderen Staat zukommen. Franzosen dürfen in Frankreich, aber nicht in

Deutschland wählen, auch wenn beide Bürger eines demokratischen Gemeinwesens sind. Die Existenz verschiedener Staaten und ihrer jeweiligen politischen Rechte und Pflichten hebt aber nicht die Gemeinsamkeit der Menschheit auf, an der die Bürger eines jeden Staates teilhaben. Eine Demokratie gerät unausweichlich in eine Krise, wenn sie diese moralische Menschheitsdimension auszublenden versucht, ihren Bürgern also nur nationale, aber nicht auch transnationale Verpflichtungen zugesteht. Sie gerät aber auch umgekehrt in eine Krise, wenn sie diese moralische Menschheitsdimension mit den politischen Bürgerpflichten gleichsetzt und damit die Differenz zwischen Staaten und der Menschheit verwischt oder aufhebt. Nicht jeder Mensch hat *als Mensch* ein Bleiberecht in jedem Staat. Das haben nur dessen Bürger. Und deshalb muss man Bürger werden, um daran teilhaben zu können.

Staaten müssen daher regeln, wie Menschen zu Bürgern werden können. Diese Regeln setzten Unterschiede zwischen denen, die Bürger eines Staates sind, und denen, die das nicht sind. Aber diese Regeln dürfen nicht der Anlass werden, diese Differenzen im Menschsein der Bürger und Nichtbürger angelegt zu sehen.[415] Menschen sind nicht nur solche, die Bürger sein können oder das nicht sein können. Wird die Menschheit dadurch definiert, dass sie alle umfasst, die Bürger eines Staates werden können oder nicht werden können, dann wird sie vom Staat her gedacht. Doch auf diese Weise kommt die Menschheit immer gespalten und nicht als Einheit in den Blick. Nietzsche brachte das auf seine Weise zum Ausdruck, indem er die Differenz zwischen Bürgern und Nichtbürgern *in* jedem Gemeinwesen und nicht nur *zwischen* verschiedenen Gemeinwesen angelegt sah. Es gibt keine einheitliche Menschheit, sondern nur Herrenmenschen und Herdenmenschen[416], und jeder Staat ist dadurch charakterisiert, dass seine Bürgerschaft so in Regierende und Regierte differenziert ist. Die kulturelle Differenz zwischen Griechen und Barbaren wird damit politisch in den Staat eingetragen und in der Differenz zwischen Herren und Sklaven, Vornehmen und Nichtvornehmen, Aristokratie und Pöbel festgeschrieben.[417]

Das ändert sich nicht allein schon dadurch, dass man von einem aristokratischen zu einem demokratischen Regierungssystem wechselt. Auch dort gilt, und nicht nur im antiken Polis-Kontext, dass nicht jeder Mensch qua Mensch Bürger einer Stadt ist. Wird hinzugesetzt, dass jeder Mensch in einem Staat leben müsse, also als *animal sociale* nicht gemeinschafts- und staatenlos sein könne[418], dann wird die Pluralität der Staaten anthropologisch festgeschrieben, weil de facto nicht alle Menschen Bürger im selben Staat sind und der postnationale kosmopolitische Einheitsstaat aller Menschen allenfalls ein orientierender Grenzbegriff der Einheit der Nationen, aber kein realpolitisches Ziel eines einzigen demokratischen Gemeinwesens für alle ist.[419]

9 Die Einheit der Menschheit

Die Einheit der Menschen wird daher in der Regel auch nicht kosmopolitisch gedacht, sondern kosmopolitische Utopien werden im Rekurs auf die Einheit der Menschheit begründet. Diogenes nannte sich einen Kosmopoliten, weil er sich allein auf das bezog, was er mit allen anderen Menschen teilte, unabhängig davon, ob sie Griechen oder Nichtgriechen, Männer oder Frauen, Freie oder Sklaven sind.[420] Die Einheit der Menschheit aber wird hauptsächlich auf drei Wegen begründet: *essentialistisch* im Hinblick auf substantielle Gemeinsamkeiten, die alle Menschen als Menschen teilen; *retrospektiv* durch die gemeinsame Herkunft aller Menschen; oder *prospektiv* durch die gemeinsame Zukunft der Menschheit.

Seit der Antike ist der essentialistische Ansatz der Haupt-
weg der Philosophie. Um den Menschen als Menschen gerecht
zu werden, muss man sich an dem ausrichten, was »uns allen
gemeinsam ist, und nicht an Merkmalen wie Herkunft, Status,
Klasse und Geschlecht, die uns voneinander trennen.«[421] Was
aber bleibt übrig, wenn man von allem absieht, was Menschen
voneinander unterscheidet? Die klassische Antwort der europäischen Tradition war: die Vernunft. Aber diese Antwort ist
heute aus vielen Gründen fragwürdig geworden. Zum einen
ist das, was ›Vernunft‹ genannt wird, keineswegs eine einheitliche Größe bei verschiedenen Menschen. Zum anderen wird der
Differenz zwischen Menschen und Engeln (oder übermenschli-
chen Wesen) nicht Rechnung getragen, die in der europäischen
Denktradition lange bestimmend war. Zum dritten wird die
Differenz zwischen Menschen und anderen Tieren überbetont,
die auch in vieler Hinsicht vernunftgeleiteter sind, als man lange angenommen hatte. Zum vierten wird eine Differenz in die
Menschheit eingeführt, weil sie ›Menschen‹ aus der Menschheit
ausschließt, die noch nicht vernünftig sind (Kinder), nicht mehr
vernünftig sind (Alte) oder nie vernünftig sein konnten (Kran-
ke, Behinderte).

Das ändert sich auch nicht grundlegend, wenn man wie
Martha Nussbaum in kritischer Wendung gegen die europäische Vernunft- und Moraltradition einen »Fähigkeitsansatz«
vertritt, der vom »Wert und der Würde empfindungsfähi-
ger Körper« ausgeht und sich aktiv gegen die Abwertung von
»unvernünftigen Tieren« wendet.[422] »Wenn der Mensch Würde hat, dann hat er sie [...], weil er über komplizierte Fähigkeiten für ein empfindungsfähiges Leben verfügt, das danach
strebt sich zu entwickeln. Aber das gilt auch für andere Tiere.«[423]
Doch Würde undifferenziert mit Wert gleichzusetzen und sie
zu pluralisieren, indem man von den »vielen verschiedenen
Erscheinungsformen«[424] von Würde spricht, führt nicht weiter. Der Fehler ist es, Würde durch eine Menge von (notwen-

digen und/oder hinreichenden) Eigenschaften zu definieren, die ein Wesen haben muss, um als Mensch gelten zu können. Wie Nussbaum richtig sieht, gerät man damit in ein Dilemma. Wer darauf besteht, »dass zumindest einige menschliche Fähigkeiten vorhanden sein müssen, damit ein Wesen als gleichwertig behandelt werden sollte«, der rechnet damit, dass nicht alle diesen Kriterien genügen. Damit werden aber nicht nur Wesen ausgeschlossen, die keine Menschen sind, weil sie es gar nicht sein könnten, sondern auch solche, die es sein könnten, aber faktisch nicht sind. Auch für Nussbaum muss man mindestens »Wahrnehmung, emotionale Fähigkeiten und die Fähigkeit, sich zu bewegen« besitzen, um »den gleichen Respekt« zu verdienen.[425] Das genügt vielleicht zu verhindern, dass »Menschen mit schweren kognitiven Behinderungen« ausgeschlossen werden.[426] Aber wenn man alles auf basale Empfindungsfähigkeit reduziert, dann kann man andere Lebewesen – andere Tiere, aber auch Pflanzen – nicht mehr ausschließen. Der Fähigkeitsansatz allein taugt daher nicht dazu, das gemeinsame Menschliche zu bestimmen: Er schließt immer entweder zu wenige oder zu viele ein. Man muss schon wissen, was Menschen sind, um mit ihm vernünftig arbeiten zu können.

Das ist nicht nur ein definitorisches Defizit, sondern hat konkrete Folgen. Wo Empfindungsfähigkeit zur Basiskategorie wird, ist es nur ein kleiner Schritt, *Empathie* zum moralischen Grundwert zu machen. Das ist in der zeitgenössischen Kultur weithin geschehen. Ein guter Mensch zeichnet sich nach verbreiteter Überzeugung nicht durch die Fähigkeit aus, vernünftig urteilen zu können, sondern emphatisch zu sein, sich also in das Empfinden der anderen hineinversetzen zu können. Doch die für Menschen zentrale Fähigkeit, emotional und kognitiv den Gesichtspunkt der anderen einzunehmen, also so zu empfinden, wie sie, und die Welt so zu sehen, wie sie es tun, ist moralisch ganz ambivalent. Wo die gegenwärtig herrschende Moral meint, ans Ziel gekommen zu sein, beginnen die wirklichen Probleme erst.

Je besser ich mich in den anderen hineinzuversetzen vermag, desto besser kann ich ihn verstehen, und je besser ich ihn verstehe, desto besser kann ich ihm helfen – oder ihn ausnützen und manipulieren. Niemand ist schon deshalb moralisch gut, weil er emphatisch ist. Das ist eine alte Einsicht: Niemand ist emphatischer als der Teufel. Niemand kann sich so in andere hineinversetzen, wie er. Aber was immer man von ihm halten mag, er ist nicht das Paradigma der Moral. Empathie ist missbrauchbar, und sie wird politisch ständig missbraucht. Weder Emphatiefähigkeit noch Empathiewilligkeit zeichnen einen Menschen als moralisch aus. Moral steht und fällt mit eigenverantwortlicher Freiheit. Die aber beginnt dort, wo man seine Irrtumswahrscheinlichkeit und Selbsttäuschungsbereitschaft kennt, sich der Missbrauchbarkeit der eigenen Wünsche und Absichten stellt und nach Kriterien fragt, mit denen man sich selbst ins Wort und in den Arm fallen, also Nein zu seinen eigenen Neigungen, Wünschen, Interessen und Absichten sagen kann. Wer sich mit Empathie begnügt, hat sich der moralischen Herausforderung des Lebens noch nicht gestellt. Die Würde des Menschen lässt sich weder über Empfindungsfähigkeit noch Empathiefähigkeit zureichend definieren. Man sollte sie gar nicht definieren, wie das in GG Artikel 1 der Fall ist, weil sich nicht in der Definition, sondern im gelebten Leben entscheidet, was darunter je und je verstanden wird und werden muss, um Unmenschlichkeit auszuschließen.

Ebenso verbreitet wie der essentialistische Versuch, die Einheit der Menschheit im Rückgang auf geteilte Fertigkeiten und Eigenschaften der Menschen zu bestimmen, ist der *retrospektive Weg*.[427] Er sucht diese Einheit als eine gemeinsame Herkunft zu konzipieren. Wie man die Identität eines Menschen bestimmen kann, indem man ihn als Kind seiner Eltern definiert (Tochter von X, Sohn von Y, McX oder O'Brian), so versucht man die Einheit der Menschheit durch ihren gemeinsamen Ursprung zu bestimmen. Alle Menschen sind gleich, weil sie dieselbe Herkunft haben. Man kann diese Herkunft religiös bestimmen, indem man auf Adam und Eva verweist, oder genetisch, indem man alle Variationen des Menschseins auf die afrikanischen Ursprünge der vielfältigen und komplexen Menschheitsgeschichte zurückführt. So oder so wird die Einheit der Menschheit in ihrem gemeinsamen Woher gesehen, das alle Differenzen übersteigt, durch die Menschen sich konkret voneinander unterscheiden. Wie der essentialistische Ansatz die Differenzen von Herkunft, Status, Klasse und Geschlecht zu überwinden sucht, indem er nach gemeinsamen Merkmalen aller Menschen fragt, so sieht der retrospektive Ansatz die alle Differenzen überwölbende Gemeinsamkeit aller Menschen in ihrer *gemeinsamen Herkunft*. Die Einheit der Menschheit liegt in ihrem Anfang, ihre geschichtliche Entwicklung vollzieht sich als Entfaltung ihrer Vielheit und Verschiedenheit.

Doch auch dieser Weg scheitert. Die Menschheit hat keine einlinige genealogische Geschichte, die auf einen gemeinsamen Ursprung aller zurückführt.[428] Sie hat vielmehr vielfältige Anfänge und komplexe und verschlungene Vereinigungspfade, die zu dem geführt haben, was wir heute Menschen nennen. Es gab Fehlentwicklungen, Sackgassen und Umwege, Abbrüche, Rückschläge und Neuanfänge. Nicht jeder Weg hat weitergeführt, und nicht alle Wege sind Teil der Geschichte der Menschheit geworden. Aber jeder Einheitsknoten der Menschheitsgeschichte ist das Ergebnis einer Verknüpfung von Verschiedenem zu Einem. Die Einheit ist immer das Zweite, nicht das Erste. Sie ist keine Wirklichkeit, von der die Menschheit herkommt, sondern eine Möglichkeit, auf die sie zugeht. Sie liegt nicht am Anfang, sondern am Ende, nicht in der Herkunft, sondern in der Zukunft. Die Menschheit hat nicht eine Wurzel, sondern viele. Nur insofern diese zu einer Einheit zusammenwachsen, ist sie eine, indem sie eine wird.

Das Prinzip der Einheit der Menschheit ist dann aber nicht retrospektiv in ihren Anfängen zu suchen, sondern *prospektiv* in dem, was sie aus all der Vielfalt, die sie war und ist, in Zukunft wird. Ihre Einheit liegt nicht hinter ihr, sondern vor ihr. Das ist der Ansatz des dritten Wegs.

10 Menschen als Geschöpfe

Eine seiner prominentesten Ausprägungen hat dieser Weg in der christlichen Tradition gefunden. Anders als ihr meist unterstellt wird, ist diese nicht retrospektiv, sondern prospektiv orientiert, und zwar so, dass die Menschheit ihre Einheit nicht von Anfang an hat oder durch sich selbst und ihr eigenes Tun schafft (sie macht sich nicht selbst), sondern durch die Gegenwart und das Wirken Gottes erhält (sie wird durch Gottes Zuwendung). Menschen werden zu Menschen durch das, was Gott in ihrem Leben wirkt. Das Prinzip ihrer Einheit ist also nicht in ihr selbst und ihrer geschichtlichen Genealogie zu finden, sondern in dem, dem sie sich verdankt: ihrem Schöpfer. Die Einheit der Menschheit liegt darin, dass Gott in ihr am Werk ist.

Ist das wahr, dann war es immer schon wahr. Das Christentum bringt also nichts Neues in die Welt, was nicht zuvor auch schon gegolten hätte und nicht auch dort gelten würde, wo man nichts davon weiß. Es macht vielmehr klar, was die Welt und die Geschichte der Menschheit im Innersten zusammenhält: die wirksame Gegenwart der Liebe Gottes. Diese Wahrheit ist in und durch Jesus Christus und das Wirken seines Geistes als Wahrheit der ganzen Menschheit deutlich geworden und wird sich in Zukunft für alle so erweisen. Das ist die Spannung zwischen dem *Schon Jetzt* und *Noch Nicht*, das die Dynamik der christlichen Welt- und Lebenssicht bestimmt. Was wahr ist, wird immer wahr gewesen sein. Was als wahr erkannt wird, wird immer so erkannt worden sein. Und das Christentum ist diejenige Bewegung, die das auf der ganzen Welt bekannt macht – also zum Ausdruck bringt, dass erkannt wurde, was im Hinblick auf die Welt, das Leben und das menschliche Leben wahr ist und immer wahr gewesen sein wird: dass sie Gottes Schöpfung sind, die sich Gottes Zuwendung verdanken.

Das *Immer Schon, Schon Jetzt* und *Noch Nicht* sind im Christentum daher auf eigentümliche Weise verknüpft. Das zeigt sich gerade auch in der christlichen Sicht der Einheit der Menschheit. Zwar kennt das Christentum aus der biblischen Tradition auch die Einheit der Herkunft, die in der Erzählung von Adam und Eva in den ersten Kapiteln der Genesis ihren wirkkräftigen Ausdruck gefunden hat. Doch auch da ist der entscheidende Punkt, dass der eigentliche Akteur nicht der Mensch, sondern Gott ist. Gott schafft Adam, Gott stellt ihm seine Partnerin an die Seite und Gott hält die Menschen auch dann am Leben, kleidet sie und kümmert sich um sie, als sie sich dazu verführen ließen, sein zu wollen wie Gott und damit das ganze Schöpfungswerk gefährdeten, indem sie die Grundunterscheidung der gesamten Schöpfung, die zwischen Schöpfer und Geschöpf, in Frage stellten. Wo immer die Menschen ohne Gott zu handeln beginnen, gehen die Dinge schief, wie die alttestamentlichen Texte immer wieder erzählen. Wer sein will wie Gott, meint auch ohne Gott leben zu können. Das aber ist ein folgenreicher Irrtum. Damit gefährden Menschen nicht nur sich selbst, sondern die Existenzstrukturen alles Lebens, und sie verstellen sich die Sicht auf ihren eigenen Ursprung, der sie doch bleibend bestimmt. Nicht die Menschen schaffen sich ihr Dasein, ihre Identität und ihre Geschichte, sondern Gott schenkt ihnen Dasein, stiftet ihre Identität, indem er ihnen den Auftrag zu Benennung und Wahrung der Ordnung der Schöpfung gibt, und ermöglicht ihnen in der Folge der Generationen eine Menschheit zu bilden, die auch dort weiterbesteht, wo die einzelnen ihr endliches Leben beenden müssen. Da zu sein, ist ein Geschenk, leben zu können eine Gabe, diese Gabe anzuerkennen, ein Akt der Freiheit, die ihre eigene Passivität als ihre eigentliche Stärke erkennt und praktiziert, indem sie sich ganz auf Gott verlässt – also nicht auf sich setzt, sondern auf den, der sie setzt.

Die zentrale Einsicht dieser Tradition, die fürsorgende Schöpferaktivität Gottes (Schöpfer) und die passive Bestimmtheit und das unverdiente Beschenktwerden des Menschen durch Gott (Geschöpf), wird im Christentum aufgenommen und pointiert mit der Einsicht der Jesustradition verknüpft, dass sich Gottes gute Herrschaft in der Gegenwart Jesu zu manifestieren beginnt. Die tradierte Unterscheidung zwischen Schöpfer und Geschöpf wird dabei so fortbestimmt, dass das Verhältnis der Geschöpfe zum Schöpfer am Ort des Menschen durch die Differenz zwischen Glauben und Unglauben präzisiert wird. Menschen sind diejenigen Geschöpfe, die im Unglauben existieren (also Gottes Gegenwart ignorieren), aber im Glauben existieren (also sich an Gottes Gegenwart ausrichten) könnten. Kein Mensch ist davon ausgenommen. Als Geschöpf existiert jeder Mensch vielmehr im Unglauben oder im Glauben – im Unglauben von sich aus, im Glauben durch Gott. Die Einheit der Menschheit liegt darin, dass es keinen Menschen gibt, für den das nicht gilt. Der Mensch kann nicht wählen, als Geschöpf zu existieren oder nicht. Aber er kann und muss als Geschöpf wählen, wie er sich zum Schöpfer verhält, ob er lebt, indem er auf Gottes Gegenwart setzt, oder indem er sie ignoriert. Weil faktisch jeder Mensch das zweite tut, wird das erste nur dadurch möglich, dass es einem Menschen als Um- und Neuorientierung seines Lebens widerfährt. Die Tiefenpassivität des Daseins (das kein Mensch in irgendeiner Weise sich selbst verdankt) und die Passivität des Glaubens (die jeder nur Gott verdankt) entsprechen sich daher so, dass der Glaube als Modus des Daseins dessen passive Grundbestimmtheit als Bestimmtheit des Lebensvollzugs dieses Daseins wiederholt und damit deutlich macht. Der Glaube ist derjenige Modus der Existenz, in dem deren passiver Grundcharakter im aktiven Vollzug des Lebens zum Ausdruck kommt. Menschen verdanken ihr Dasein nicht sich selbst, auch nicht ihren Eltern, sondern dem Schöpfer, der ihnen durch ihre Eltern Leben schenkt, und sie leben erst dann recht, wenn sie das nicht ausblenden, sondern sich daran ausrichten – nicht deshalb, weil sie das von sich aus tun könnten oder wollten, sondern weil sie es durch Gottes Wirken nicht unterlassen können, es zu tun. Wer glaubt, kann nicht anders, auch wenn er nicht glauben müsste. Und wer nicht glaubt, könnte anders, aber kann es nicht.

Paulus bringt das dadurch zum Ausdruck, dass er dem ›alten‹ Menschen Adam den ›neuen‹ Menschen Christus entgegensetzt, in dem das, was bei Adam hätte der Fall sein können, aber nicht war und ist, nicht nur Möglichkeit bleibt, sondern durch Gottes Wirken Wirklichkeit wird. Sowohl Adam wie Christus stehen dabei für die ganze Menschheit – die alte, von Gott geschiedene (Adam) und die neue, mit Gott geeinte (Christus). Die Einheit der Menschheit wird dabei nicht nur in der sozialen Metaphorik des Volkes zum Ausdruck gebracht, die auch für die ›alte‹ Menschheit gilt, sondern vor allem in den intimeren Bildern der Familie, also in Denk-, Darstellungs- und Ausdrucksformen, die ihre Evidenz aus der Erfahrung eines jeden Menschen beziehen. Die Beziehungen in der Familie sind anders als die im Volk Beziehungen in der ersten und zweiten Person Singular und Plural (ich, du, wir, ihr), nicht Beziehungen in der dritten Person (er, sie, sie). Jeder ist direkt als individueller Mensch beteiligt und nicht nur als ein Fall unter anderen über einen sozialen Kontrakt einbezogen. Anders als die soziale Mitgliedschaft in der Rechtsgemeinschaft eines Volkes kann man die biologische Zugehörigkeit zu seiner Familie nicht beenden. Man kann sich von ihr abwenden, sie ignorieren, sich von ihr entfernen, aber man wird sie nicht los, man bleibt ihr Glied, auch wenn man nichts davon weiß oder wissen will und so lebt, als gäbe es sie nicht. Die Zugehörigkeit zu einer Familie, zu Eltern, Geschwistern, Verwandten ist kein Resultat eigener Entscheidung, sondern Voraussetzung aller Entscheidungen, die man als Einzel-

ner im Leben treffen kann.[429] Sie ist ein genetisches Faktum,
das jedes menschliche Leben charakterisiert. Aber sie begründet
auch Vertrauensverhältnisse, bei denen man behaftet werden
kann, und Rechte und Pflichten, die in einzelnen Gesellschaften
und Kulturen unterschiedlich ausgestaltet sind.

Gesichtspunkte wie diese sind zu beachten, wenn man verstehen will, was es heißt, die Menschheit nicht als Kollektiv von
Individuen oder als Vertragsgemeinschaft von Einzelnen zu
betrachten, sondern als Familie, zu der man vor allem eigenen
Entscheiden gehört. Sie ist mit dem eigenen Dasein gesetzt und
tritt nicht erst sekundär zu diesem hinzu. Wird die Einheit der
Menschheit darin gesehen, dass sie *eine Familie* ist, dann gehört
jeder Mensch zu ihr, unabhängig davon, wie er sich dazu verhält. Jeder Mensch ist Mitmensch, alle sind familiär miteinander
verbunden und niemand kann sich davon lossagen. Menschlichkeit ist gelebte Mitmenschlichkeit und die Ausgrenzung anderer
immer ein Verstoß gegen die eigene Menschlichkeit. Durch ihr
bloßes Dasein sind die Menschen miteinander verbunden. Das
schließt nicht aus, dass sie in anderen Beziehungen zu denen stehen, die nicht mehr da sind, die mit ihnen da sind und die nach
ihnen da sein werden. Aber die unterschiedlichen Verhältnisse
zu Vergangenem, Gegenwärtigem und Zukünftigem betreffen
das Handeln, nicht das Sein der Menschen. Sie sind auch Mitmenschen derer, mit denen sie nicht mehr oder noch nicht in
aktive Beziehungen treten können. Die *Einheit* der Menschheit
ist nicht Resultat dessen, was die einzelnen Menschen tun oder
nicht tun. Sie gehören zur Menschheit, was immer sie tun oder
lassen. In dieser Zugehörigkeit besteht ihre Würde. Deshalb ist
diese im strengen Sinn unantastbar. Man kann sie nicht verlieren und nicht gewinnen. Man hat sie, ob man das anerkennt
oder nicht. Man hat sie nicht, weil man bestimmte Fähigkeiten
hätte, bei deren Fehlen man sie nicht hätte. Man hat sie nicht
aufgrund seines Soseins, sondern seines bloßen Daseins. Man
kann nicht da sein und sie nicht haben. Die Würde eines Men-

schen zu missachten, heißt, sich an seinem Dasein zu vergehen. Denn zu dieser Würde gehört, dass man sein Dasein nicht sich selbst verdankt, sondern dem, dem auch alle anderen ihr Dasein und Daseinkönnen verdanken. Damit ist eine Differenz gesetzt zwischen dem, dass man da ist (Dasein), und dem, wie man da ist (Sosein), die es erlaubt, die Menschlichkeit der Menschen darin zu sehen, dass sie in ihrem Sosein ihrem Dasein entsprechen (Wahrsein), indem sie die eigene Geschöpflichkeit und die aller anderen anerkennen und sich gemeinsam als Geschöpfe ihrem Schöpfer gegenüber verantwortlich wissen für das, wie sie leben und mit sich, miteinander und mit anderen umgehen.

Im Christentum kommt noch etwas weiteres dazu. Die Menschheit ist *eine als Familie.* Ihre Einheit verdankt sie aber keinem ihrer Mitglieder, auch nicht allen zusammen, sondern dem, ohne den es sie nicht gäbe. Ihr Zentrum und Haupt ist kein Mensch, sondern Gott. Menschen sind Gottes Geschöpfe und Repräsentanten (im Alten Testament) oder sie sind seine Söhne, Töchter, Kinder und Erben (im Neuen Testament). Im ersten Fall wird Gott als Herr und Stifter eines Bundes verehrt, der ein Sozialleben seines Volkes ermöglicht und dessen Ordnung eines guten Zusammenlebens begründet. Im zweiten Fall wird er im Gefolge Jesu als Vater angerufen, der sich liebend und fürsorgend um seine Kinder kümmert. Nicht mehr primär das Volk, sondern die Familie ist im Christentum das Denkmodell. Das ist keine familiäre Verengung und Verkürzung, sondern eine Öffnung und Ausweitung seiner Sichtweise. Erst durch diesen Rückgang auf die elementare Sozialeinheit menschlichen Lebens konnte das Christentum universal und inklusiv werden. Erst dadurch wird Gott so universal gedacht, dass *mein Gott* nicht mehr Gegensatz zu *eurem Gott* oder dem *Gott der anderen* ist. Mit diesem Gegensatz löst sich aber auch der zwischen den Anhängern unseres Gottes und den Anhängern anderer Götter auf. Es gibt viele Abgötter (Idole), es gibt auch viele verschiedene Verehrer des einen Gottes, aber es gibt nur einen Gott.

Alle Unterschiede zwischen den Menschen, auch die religiösen, werden dadurch überboten, dass sie alle zu diesem einen Gott gehören.

Nicht mehr der Gegensatz zwischen Israel und den Völkern steht damit im Zentrum, sondern die universale Einbeziehung aller Menschen in die Familien- und Erbgemeinschaft mit Gott, dem Vater. Es ist gerade die Universalisierung der Gottesbeziehung auf die Einbeziehung aller Menschen hin, die zur Zentralstellung der Familienmetaphorik im Christentum führt. Das so konstituierte Wir ist nicht mehr exklusiv und unterscheidet zwischen sich und ›den anderen‹ (Israel/Völker), sondern inklusiv und umfasst alle Menschen, weil es sich an keiner irdischen Größe, sondern am Schöpfer orientiert. Jeder Mensch ist, wer er ist, im Unterschied zu allen anderen. Aber alle Menschen sind, was sie sind, im Unterschied zu Gott.

Das sehen nicht alle Menschen so. Sie verstehen sich nicht als Gottes Geschöpfe, und sie verstehen auch die anderen nicht als ihre Mitgeschöpfe. Deshalb orientiert sich das Christentum im Blick auf die eine Menschheit an einer Unterscheidung, die die Menschheit nicht in Gruppen unterteilt, sondern jeden Menschen in zweifacher Hinsicht charakterisiert: so, wie er in den Blick kommt, wenn er sein Leben nicht an Gottes Gegenwart orientiert (Unglauben), und so, wie er in den Blick kommt, wenn er sein Leben daran orientiert (Glauben). Erst vom Glauben her wird der Unglaube freilich als Unglaube thematisierbar. Er sieht sich nicht selbst so, und er hat von sich aus auch keinen Anlass, sich so zu sehen. Er lässt sich deskriptiv nicht substantiieren und vom Glauben phänomenal unterscheiden. Was wie Glauben aussieht, kann Unglauben sein, und was für Unglauben gehalten wird, kann Gauben sein. Die Unterscheidung zwischen Glauben und Unglauben ist keine deskriptive Differenz, die Menschen in einer Drittpersonperspektive aufgrund phänomenaler Merkmale in Gruppen zu klassifizieren erlaubte, sondern eine Orientierungsdifferenz, die einem hilft, sein Leben in Erstpersonperspektive an Gottes Gegenwart auszurichten und sich und alles übrige im Licht dieser Gegenwart zu beurteilen.

Das geschieht nicht von selbst, und es geschieht auch nicht aus eigener Initiative. Die Wende zum Glauben kann nicht von Seiten der Menschen kommen (sonst könnte man Glaubende und Nichtglaubende als zwei verschiedene Gruppen von Menschen unterscheiden), sondern sie muss von dem her kommen, an dem sich der Glaube orientiert. Wer glaubt, glaubt an den, dem sich sein Glaube verdankt. Dieser ist nicht das Resultat eigener Bemühung, sondern eine zugespielte Möglichkeit, die das Leben verändert, indem es eine neue Sicht auf alles eröffnet. Diese Sicht resultiert in einem differenzierten Verhalten gegenüber sich selbst und der ganzen Menschheit am Leitfaden der Unterscheidung von Glauben und Unglauben. Dem Leben wird dadurch nicht nur ein neuer Aspekt hinzugefügt, sondern es wird alles in neuer Weise gesehen und beurteilt, nicht nur so, wie man es von sich her kannte, sondern auch so, wie es sich jetzt erschließt.

Auch die Einheit der Menschheit wird damit zweifach bestimmt, als Einheit im Unglauben und als Einheit im Glauben. Die Einheit im Unglauben ist das, was Menschen sind und aus sich machen, ohne auf Gottes Gegenwart zu setzen. Die Einheit im Glauben ist das, was Gott aus Menschen im Unglauben macht, indem er sie für seine Gegenwart öffnet. Für das erste steht bei Paulus Adam, für das zweite Christus. Die Einheit der Menschheit in Adam ist das, was Menschen aus sich selbst machen. Die Einheit der Menschen in Christus ist das, was Gott aus ihnen macht. Zur ersten Einheit gehört man, indem man als Mensch da ist. Zur zweiten Einheit kann man gehören, indem man dazu wird, was man als Mensch sein kann und sein soll. Die Einheit der Menschheit im Adam-Sein ist daher immer ein Menschsein, das unter seinen Möglichkeiten bleibt. Die Einheit der Menschheit im Christus-Sein dagegen ist ein Menschsein, das Möglichketen realisiert, die es nicht sich selbst verdankt, sondern die ihm zugespielt werden. Erst wenn man seine Aktivitäten als Mensch an dieser passiven Vorgabe ausrichtet, führen diese Aktivitäten nicht in die selbstverblendete Isolation der Menschen von der Quelle ihres Seins, sondern zum dankbaren Leben aus dieser Quelle. Man wird, was man von Gott her sein kann, und man macht sich nicht zu dem, was man ohne Gott sein zu können meint. Im Christentum wird das Adam-Sein der Menschheit daher als ein Sein zum Tod gesehen, weil es blind ist gegenüber der Quelle des Lebens. Dagegen wird das Christus-Sein der Menschen als ein Werden zum ewigen Leben gesehen, weil es sich als Geöffnetwerden für Gottes Gegenwart und als Einbeziehung in das ewige Leben der Liebe Gottes vollzieht. Anlass zur Hoffnung bietet nicht die Adam-Einheit der Menschheit, sondern allein ihre Christus-Einheit. Denn alles selbsterzeugte Sein endet im Tod, aber alles gotterzeugte Werden führt ins Leben.

Mit dieser doppelten Sicht der Einheit der Menschheit ändert sich auch das, was man unter Kosmopolitismus versteht. Eine Einheit, die sich dem eigenen Machen verdankt, wird nie über eine prekäre und stets gefährdete Balance der Gegensätze der Nationen und Menschen hinausgelangen. Jede so erreichte politische Einheit ist nur so lange aufrecht zu erhalten, als sie sich gegen den Verfall in konkurrierende Gegensätze schützen kann. Die Einheit, die sich Gottes Gabe verdankt, ist dagegen dem Konkurrenzverhalten der Menschen entzogen. Keiner hat an ihr mehr teil als ein anderer. Und das nicht, weil aller Menschen die gleichen basalen Fertigkeiten hätten, aufgrund derer sie zu einer Menschheit gehörten. Sondern weil alle durch die gleiche Gabe mit allen anderen verbunden sind, die jeden einzelnen und alle zusammen zu Nächsten Gottes macht. Menschen sind nicht nur Mitmenschen, die um knappe Güter konkurrieren, um sich am Leben zu erhalten. Sondern Menschen sind auch Nächste Gottes, die von der unerschöpflichen Gabe der Liebe Gottes leben, die dieser jedem zugänglich macht.

Der Kosmopolitismus der Adam-Einheit der Menschheit ist daher stets mit der Eindämmung der desaströsen Auswirkungen menschlicher Fertigkeiten und menschlichen Konkurrenzstrebens befasst. Er versucht als politischer Kosmopolitismus, ein Zusammenleben konkurrierender Menschen durch Eindämmung des Bösen durch Regeln und Sanktionen zu ermöglichen. Der Kosmopolitismus der Christus-Einheit der Menschheit dagegen baut nicht auf geteilte Fertigkeiten und gemeinsame Aktivitäten, sondern auf die allen zugespielte Gabe des Lebens, über die niemand verfügt. Sie ist als christlicher Kosmopolitismus keine Einheit der Empfindungsfähigen, die minimale Fähigkeiten des Lebens auf Zeit haben, sondern eine Einheit der Möglichkeitsoffenen, die mehr werden, als sie selbst aus sich zu machen vermögen, und als endliche Lebewesen nicht von anderem Leben, sondern von Gottes Liebe leben. Nicht Empathie ist der Kitt, der diese Gemeinschaft zusammenhält, sondern Dankbarkeit gegenüber Gott. Denn diese distanziert einen Menschen so von sich selbst, dass er sich als Gottes Geschöpf von seinem eigenen Wollen, Wünschen und Wissen unterscheiden kann und diese Unterscheidung auch im Verhalten zu allen anderen in Rechnung stellt, indem er sich und alle anderen als Gottes Nächste würdigt, respektiert und behandelt. Das heißt nicht, dass man sich nichts zutraut. Aber man erhofft alles von Gott und setzt darauf, dass das Gute, das man zustande bringt, ihm und seiner Zuwendung und nicht den eigenen Fähigkeiten geschuldet ist. Wer alles Gute von Gott erwartet, tut alles, was er kann, um dem nicht im Weg zu stehen. Gott wirkt nichts ohne Mittel. Nur insofern es von Gott in Gebrauch genommen wird, ist es ein Mittel, das Gutes wirkt. Und nur als Mittel des Guten können auch wir Gutes wirken. Zum Mittel des Guten kann man sich aber selbst nicht machen, sondern dazu kann man nur werden. Wo Gottes Gegenwart nicht widerfährt, wird sie auch nicht erfahren. Und wo Gott Menschen nicht zum Ort seines Wirkens macht, werden diese auch nichts Gutes bewirken.

11 Demokratie und Gott

Keine Demokratie kann ausblenden, dass sie ein Projekt ihrer Bürger ist, dass ihre Bürger Menschen sind, dass Menschen Lebewesen unter Lebewesen sind und dass es Lebewesen nur so gibt, dass es sie auch nicht hätte geben können. Wie das Bürgersein das Menschsein einschließt und damit als politische Wirklichkeit eine kosmopolitische Dimension hat, so gibt es kein Lebewesen, das nicht durch anderes da wäre, und kein Dasein, das nicht den Charakter des Geschaffenseins besäße. Bürger sind Menschen, die nicht nur keine Bürger hätten sein können, sondern die es überhaupt nicht hätte geben können. Beides, ihr Menschsein und ihr Dasein, steht nicht zu ihrer Disposition. Sie gehen allem, was sie sein und tun können, voraus. Nur weil wir Menschen sind, können wir versuchen, unser Dasein zu gestalten, und nur weil wir da sind, können wir versuchen, unser Menschsein zu gestalten. Wir können uns zwar durch eigenes Entscheiden so oder so bestimmen und unser Leben entsprechend gestalten, wir können uns aber nicht selbst ins Dasein bringen. Wir können uns in überschaubarem Rahmen zwar so oder anders entscheiden, aber nur, wenn es die einschlägigen Möglichkeiten und Optionen gibt, zwischen denen wir uns entscheiden können. Wir bleiben darauf angewiesen, dass wir da sind und uns Möglichkeiten zugespielt werden, die wir ergreifen oder verfehlen können. Und wir können allenfalls hinauszögern, aber nicht verhindern, dass dies nicht auf Dauer der Fall sein wird, weil wir nicht immer da sind, sondern sterben werden. Unser Dasein ist nicht das Resultat unserer eigenen Entscheidung, sondern Voraussetzung all unseres Entscheidens. Auch die Möglichkeiten, die uns zugänglich sind, sind nicht das Ergebnis unseres Entscheidens, sondern dessen Ermöglichungsbedingungen. Das Leben, das wir führen, ist in grundlegender Hinsicht nicht in unserer Verfügungsgewalt, sondern eine Gabe, von der wir zehren und die wir pflegen müssen.

Die Macht, der diese Gabe zu verdanken ist, wird im Christentum – und nicht nur da – ›Gott‹ genannt. Gott ist derjenige, der uns im Sein konkret lokalisiert (Da-Sein) und uns die Möglichkeiten zuspielt, ohne die wir unser Leben nicht verantwortlich gestalten könnten. Wir könnten auch nicht da sein, wir waren lange nicht da und wir werden einmal nicht mehr da sein. Dass wir da sind, können wir daher in keiner Weise uns selbst zuschreiben, weder uns als Individuen noch uns als Menschheit. Unser Dasein ist nicht das Ergebnis eines Übergangs, in dem wir vom Möglichsein zum Wirklichsein wechseln, sondern dass wir da sein können (Möglichkeit), ergibt sich erst daraus, dass wir da sind (Wirklichkeit). Wir sind nicht zuerst möglich und dann wirklich, sondern unsere Möglichkeit zu sein zeigt sich erst dann, wenn wir wirklich sind. Es bedarf keines ›etwas‹, keiner ›Seele‹ keines ›Selbst‹, das da sein muss, damit sich ein Wechsel vom Möglichsein zum Wirklichsein vollziehen kann. Nicht wir haben uns vom Möglichen zum Wirklichen verändert, als wir auf die Welt gekommen sind, sondern die Welt hat sich verändert. Nicht in unserer, sondern in ihrer Wirklichkeit gründet unsere Möglichkeit. Für ihre Möglichkeit aber gilt Ähnliches: Die Welt ist nicht zuerst möglich und wird dann wirklich, sondern indem sie wirklich wird, erweist sie sich als möglich. Auch ihre Wirklichkeit ist daher nicht das Resultat eines Übergangs vom Möglichsein zum Wirklichsein, sondern eines Werdens, das der Welt nur passiv, nicht aktiv zugeschrieben werden kann (sie wird, aber sie macht sich nicht und sie ist in keiner Weise aktiv an ihrem Werden beteiligt – ihrem Werden zur Welt, nicht ihrem Werden als Welt). Dass sie wird, ist daher nur dann als Machen bzw. als Tatsache verstehbar, wenn man sie dem Tun eines anderen als der Welt zuschreiben kann. Und dieses andere wird in der philosophischen und theologischen Tradition ›Gott‹ genannt.

Das ist kein missglückter Gottesbeweis, sondern eine Erläuterung dessen, was in diesem Zusammenhang mit ›Gott‹ gemeint ist. Dass es die Welt gibt, ist das Korrelat der Wirklichkeit, die ›Gott‹ genannt wird. Und dass wir da sind, ist das Korrelat dessen, dass Gott uns da sein lässt, also dafür sorgt, dass es möglich ist und wirklich wird, dass wir da sind. Gott ist die Wirklichkeit der Möglichkeiten, die in der Welt aktualisiert oder nicht aktualisiert werden. Dass wir da sind, ist nicht unmöglich, sondern möglich. Mit dieser Möglichkeit der Welt ist auch Gottes Wirklichkeit gesetzt. Weil Gott ist, sind wir möglich. Nicht umgekehrt. Nicht wir machen Gott möglich, sondern Gott macht uns möglich. Ohne Gott wäre auch keine Welt, aber Gott könnte auch ohne eine Welt sein.

Gott ist deshalb nicht erst dort präsent, wo man das bemerkt und anerkennt, sondern man kann es nur bemerken und anerkennen, weil Gott vorgängig präsent ist. Niemand muss das tun und nie werden das alle so sehen. Aber wo es geschieht, orientieren Menschen sich an einer Wirklichkeit, die ihre Freiheit nicht begrenzt, sondern ermöglicht. Die Anerkennung dieser Wirklichkeit ist keine heteronome Unterwerfung unter einen fremden Willen, sondern eine kritische Selbstbegrenzung der eigenen Freiheit im Akt der freien Selbstkonstitution durch die Selbstunterscheidung der eigenen Souveränität von der des Schöpfers, dem sich alles Mögliche und alles Dasein verdankt. Menschen sind nicht Nächste Gottes, weil sie sich so sehen, sondern sie können sich so sehen, weil sie es sind. Ihr Dasein geht jedem konstruktiven Akt der Menschen voraus. Wenn man nur da ist, weil Gott sich einem zum Nächsten macht, dann gilt das auch dann, wenn man es ignoriert: Nur wer da ist, kann sich eine Welt bauen, und da ist nur, wem Gott zum Nächsten wird. Deshalb kann man sich an seinen Mitmenschen und Mitgeschöpfen nicht vergehen, ohne sich dabei immer auch am Schöpfer zu vergehen, der diesen näher ist als irgendein anderer oder sie sich selbst. Und das ist auch dann so, wenn man nichts davon weiß oder wissen will.

Wer da ist, ist es durch Gottes Gegenwart. Man kann das ignorieren und bestreiten. Aber nur wenn man da ist. Deshalb ist es vernünftig, das nicht zu tun, wenn man nicht in einen pragmatischen Selbstwiderspruch geraten will. Wenn man es aber anerkennt und akzeptiert, dann sieht man nicht nur manches, sondern alles anders. Wer sich an Gottes Gegenwart orientiert, der sieht sich und alle anderen als Nächste Gottes und damit durch eine Gleichheit bestimmt, die sich nicht uns selbst verdankt und damit einseitig, fragwürdig und kulturell bedingt ist, sondern all dem voraus- und zugrunde liegt, was wir selbst und andere aus uns machen, weil sie in dem besteht, was uns ins Dasein bringt und im Dasein erhält. Es ist eine Existenz-Gleichheit, keine Bestimmungsgleichheit. Jeder ist, was er ist, und nicht etwas anderes. Das unterscheidet uns alle voneinander, und es erlaubt uns nie mehr als relative Familienähnlichkeiten zwischen uns zu entdecken. Universale Gleichheit gibt es nicht im Hinblick auf unsere Aktivitäten, sondern nur im Hinblick auf die für uns konstitutiven existenziellen Passivitäten – unser Dasein, unseren Ort in der Geschichte, unseren Tod. Wir sind. Aber niemand entkommt dem Tod, niemand kann aus seiner Geschichte aussteigen, niemand hat sich selbst ins Dasein gebracht. Alle verdanken ihr Dasein vielmehr Gott, dem Urgrund alles Möglichen – oder wie immer man diesen Dritten nennen mag.[430]

Darum sind wir gut beraten, so zu leben, dass wir uns in der Orientierung an Gott nicht von anderen sagen lassen, wie wir zu leben haben, sondern uns selbst Gesetze geben, vor denen wir alle rechtlich und politisch gleich sind. Diese Gesetze müssen für alle in gleicher Weise gelten, können also nicht die Anerkennung Gottes voraussetzen, fordern oder erforderlich machen, sie aber auch nicht ausschließen, verbieten oder unmöglich machen. Auch wenn sie nicht möglich wären ohne Gott, müssen sie auch für die zustimmungsfähig sein, die von Gott nichts wissen oder wissen wollen und Gott nicht kennen oder anerkennen. Aber sie dürfen das nicht so tun, dass sie das Umgekehrte erforderlich machen. Man muss ihnen zustimmen können, wenn man mit

Gottes Gegenwart rechnet, aber auch, wenn man das nicht tut. Eine zentrale Bedingung dafür ist, dass sie formal legitimiert sind, also in einem geregelten Verfahren gesetzt wurden, auf das sich die entsprechende Rechtsgemeinschaft verständigt hat und das alle Betroffenen in die Verantwortung für die Geltung dieser Gesetze einbindet.

Hier hat das »We, the People« seinen unverzichtbaren Ort. Nur wer sich selbst Gesetze geben kann, ist frei, und nur wer beachtet, dass wir nicht frei sind, willkürlich über uns selbst zu bestimmen, sondern die Bedingungen zu respektieren haben, unter denen wir existieren, ist vernünftig im Gebrauch seiner Freiheit. Das gilt vor allem im Hinblick auf das, was man nicht durch Regeln zu bewirken vermag, und dazu gehört sowohl die Bereitschaft, sich an Gottes Gegenwart zu orientieren, als auch die Möglichkeit, die Orientierung an Gottes Gegenwart für unmöglich, unvernünftig oder illegitim zu erweisen. Gottes- und Nächstenliebe lassen sich gesetzlich nicht erzwingen, aber auch nicht verbieten. Man kann allenfalls regeln, wie sie zu leben bzw. nicht zu leben sind. Dass man das eine oder das andere tut, ist staatlich nicht erzwingbar, sondern steht in der freien Entscheidung eines jeden Einzelnen. Nicht weil dieser das eine oder andere frei wählen könnte (man kann nicht durch eigenen Entschluss glauben, hoffen oder lieben), sondern weil man nur am Ort des Einzelnen konkret einsehen kann, dass man nicht aus eigener Vernunft und Kraft, sondern nur durch Gottes Geist zu solchem Glauben, Hoffen und Lieben bewegt werden kann. Menschen können Gott und die Nächsten lieben wie sich selbst oder sie können es nicht tun, aber kein Gesetz kann ihnen das eine oder das andere vorschreiben oder verbieten.

Vernünftige Gesetze sollten daher berücksichtigen, dass Bürger gute Gründe haben können, sich nicht an Gottes Gegenwart zu orientieren, weil sich diese nicht unwidersprechlich bemerkbar macht, dass sie aber auch gute Gründe haben können, das zu tun, weil wir alle ins Dasein gekommen sind, ohne gefragt

worden zu sein, weil wir alle in einer Geschichte stehen, über
die wir nicht verfügen, und weil wir alle auf den Tod zugehen,
den wir hinausschieben können, aber nicht zu verhindern vermögen. Wir sind endliche Wesen mit unterschiedlichen Anfängen, Chancen und Lebensbedingungen, aber demselben unver-
meidlichen Ende. Niemand hat ein größeres Recht da zu sein als
irgendein anderer, und niemand wird im Tod weniger tot sein als
irgendein anderer. Sofern es überhaupt anthropologisch Gleichheit für uns gibt, besteht sie am Anfang unseres Lebens und
wird am Ende des Lebens wieder erreicht. Beides liegt jenseits
unserer Handlungsoptionen. Unterschiedslos gleich sind wir am
Anfang unseres Lebens, zu dem wir nichts beitragen, und am
Ende, an dem wir nichts mehr beitragen können. Solange wir
handeln können, sind wir verschieden, gleich sind wir nur da, wo
wir nichts tun können. Unsere Gleichheit gründet nicht in unseren Aktivitäten, sondern in der uns gemeinsamen Passivität.

Das sollten wir auch im politischen Raum nicht vergessen. Das heißt nicht, dass man vorschreiben könnte, sollte oder
müsste, sie ernst zu nehmen. Aber man muss sensibel bleiben
für die berechtigte Möglichkeit, dass Menschen das tun oder
dass sie es nicht tun. Nur wenn die Möglichkeit und das Recht,
die Priorität existenzieller Passivität aus freier Überzeugung
anzuerkennen oder nicht anzuerkennen, nicht aus den Augen
verloren wird, setzen wir die gesetzlichen Regelungen unseres
Gemeinwesens nicht absolut, sondern anerkennen die Möglichkeit und das Recht jedes einzelnen Menschen, sich in seinen
Selbstbestimmungsakten an einer Realität zu orientieren, ohne
die wir nicht sind, nicht wären und nicht sein könnten, oder das
nicht zu tun. Man mag das eine oder das andere für falsch halten. Aber nicht, ob man das eine oder das andere tut, ist entscheidend, sondern was von beiden wahr ist. Denn daran entscheidet
sich, ob man ein falsches oder ein rechtes Leben lebt, sich selbst
und sein eigenes Entscheiden absolut setzt, oder bereit ist, sich
und seine Entscheidungen kritisch in Frage stellen zu lassen.

Wo politische Herrschaft das in Erinnerung hält, also mit der Möglichkeit ihrer eigenen Fehlorientierung rechnet, bleibt sie für die Gefahr sensibel, von einer Demokratie zur Ochlokratie zu werden. Sie weiß, dass sie mehr sein kann und sollte als bloße Willkürherrschaft. Aus theologischer Sicht ist sie das, wenn sie nicht für oder gegen die Orientierung an Gott plädiert, was ihr nicht zusteht, sondern das Menschsein ihrer Bürger ernst nimmt und berücksichtigt, dass diese nicht existieren können, ohne mit Gottes Gegenwart zu rechnen oder das nicht zu tun. Das ernst zu nehmen heißt, die Grenzen staatlicher Regulierungskompetenz zu beachten, zwischen den Aufgaben des Staates und den Herausforderungen der Gesellschaft zu unterscheiden und mit der Möglichkeit zu rechnen, dass nicht nur ein Leben ohne Beachtung Gottes, sondern auch ein Leben in der Orientierung an Gottes Gegenwart das richtige Leben sein könnte. Diese Möglichkeit anzuerkennen heißt, nicht von vornherein auszuschließen, dass es eine Wirklichkeit geben könnte, an der sich entscheidet, ob diese Möglichkeit oder ihr Gegenteil wahr ist, und zwar unabhängig davon, was Menschen für vernünftig oder unvernünftig, sinnvoll oder nicht sinnvoll halten.

Wo mit der Möglichkeit einer solchen Wirklichkeit gerechnet wird, bedarf es keines Konstrukts einer ›öffentlichen Vernunft‹ und keiner fragwürdigen Unterscheidung von Öffentlichem und Privatem, um allen den Raum zur Anerkennung der Legitimität politischer Herrschaft zu eröffnen. Mit welchen Argumenten das geschieht, ist nicht entscheidend, und ob diese von allen anerkannt werden können, auch nicht. Entscheidend ist nicht, dass alle in einer Weise argumentieren, die für alle nachvollziehbar ist, sondern dass sich ihre Argumente an einer Wirklichkeit messen lassen, über die niemand verfügt und an der sie scheitern können. Man muss auch nicht zuerst diese Wirklichkeit anerkennen und dann nach den entsprechenden Argumenten suchen. Man muss vielmehr jedes Argument daraufhin befragen können, wo es mit der in ihr in Anspruch

285

genommenen Wirklichkeit in Konflikt geraten könnte. Was müsste der Fall sein, damit es nicht zutrifft? Ist das der Fall oder nicht? Und was müsste der Fall sein, damit es zutreffen könnte?

Wer in dieser selbstkritischen Weise auf die Möglichkeit der Wirklichkeit setzt, der sich die eigene Möglichkeit und jede andere Möglichkeit verdankt, lässt jedem die Freiheit, sich im eigenen Lebensvollzug konkret zu entscheiden, ob er sich daran orientieren will oder nicht. Niemand kann sich dieser freien Entscheidung entziehen, weil man es nur tun oder nicht tun kann, aber nicht weder das eine noch das andere zu tun vermag. Menschen haben die Möglichkeit, sich so oder anders zu entscheiden, aber sie haben keine Möglichkeit, sich nicht zu entscheiden. Auf der Ebene des Staates und der Ebene seiner Bürger sind die Optionen daher genau gegenläufig. Während der Staat keine Entscheidungsmacht hat in Fragen der letzten Lebensorientierung, können sich seine Bürger als Menschen dieser Entscheidung nicht entziehen. Der Staat ist daher gut beraten, beides zur beachten: dass er selbst in Fragen der Lebensorientierung an letzter Wirklichkeit keine Kompetenz hat, während sie für seine Bürger existenziell unvermeidlich sind.[431] Nicht wie sie ihre Entscheidung rechtfertigen, ist dabei entscheidend, sondern welche Entscheidung sie treffen und wie sie ihr Leben und Zusammenleben mit anderen bestimmt. Ihre Entscheidung und nicht erst ihre Rechtfertigung dafür hat Auswirkungen auf das Leben einer Gesellschaft. Dieses Leben sieht anders aus, wenn sich die Menschen an Gottes Gegenwart orientieren, als wenn sie das nicht tun. Was hier vorzuziehen ist, wird sehr unterschiedlich beurteilt. Aber weder das eine noch das andere lässt sich vorschreiben oder einfordern. Es handelt sich um eine fundamentale Freiheitsentscheidung jedes einzelnen Menschen, die ihnen weder der Staat noch die Gesellschaft abnehmen kann und darf.

Das zuzugestehen ändert nichts an der Regierungsform und den Verantwortungsverhältnissen der Demokratie. Demokratien bauen nicht auf Wahrheiten, sondern auf die geregelte Übergabe von Macht, sie kennen keine Majestäten, sondern Mehrheiten und Minderheiten. Die Mehrheiten sind aber nicht immer die, die recht haben, und die Minderheiten nicht die, die falsch liegen. Was heute mehrheitsfähige Meinung ist, muss es morgen nicht mehr sein. Immer ist daher damit zu rechnen, dass die Minderheit von heute die Mehrheit von morgen sein könnte. Und dass auch diese Minderheitenmeinung falsch sein könnte. Diese kritische Zurückhaltung gegenüber allem Prinzipiellen und Dogmatischen prägt den Charakter des Zusammenlebens der Menschen in einer Demokratie.[432] Es verpflichtet jeden zum Respekt den Entscheidungen der anderen gegenüber. Man mag sie für falsch halten. Aber man toleriert sie. Man kann sie kritisieren. Aber man verbietet sie nicht. Wer in die Freiheit anderer einzugreifen versucht, stellt seine eigene Freiheit zur Disposition.[433] Und wer auf seiner eigenen Freiheit besteht, kann sie auch anderen nicht absprechen.

Diese kritische weltanschauliche Offenheit ist das bessere Modell als das fragwürdige Konzept einer ›öffentlichen Vernunft‹, das man meint verpflichtend machen zu müssen, weil mit ihm eine deliberative Demokratie steht oder fällt. Es ist kritisch offen für alle weltanschaulichen Positionen. Es berücksichtigt, dass Demokratie auf Mehrheit, nicht auf Wahrheit beruht[434] und trägt auch unter heutigen Kommunikationsbedingungen, in denen nicht das bessere Argument, sondern die effektivere Weise, Mehrheiten für gesetzliche Regelungen zu erzielen, ausschlaggebend sind. Aber es unterstellt auch nicht, dass alle ›irgendwie‹ recht haben oder dass die Mehrheitsmeinung wahr und die Minderheitsmeinung falsch ist, sondern setzt darauf, dass die Wirklichkeit erweisen wird, was wahr ist und was nicht. Menschen können sich irren. Aber könnten sie das nicht, könnte auch niemand recht haben. Darauf baut eine liberale Demokratie. Deshalb unterscheidet sie kritisch zwischen den Aufgaben, Rechten und Pflichten der Allgemeinheit und denen ihrer Bürger als Bürger, als Menschen und als Lebewesen, die nicht nur da sein können, sondern da sind, und die deshalb ihre Rechte und Freiheiten nicht nur in Anspruch nehmen können, sondern praktizieren müssen. Weil das so ist, sind wir nicht nur verantwortlich für das, was wir tun, sondern auch für das, was wir unterlassen. Aber wir sind nicht verantwortlich dafür, dass wir da sind. Das ist, wenn man es recht versteht, eine gute Nachricht. Denn wie immer wir uns dazu verhalten: Weil wir da sind, wird es immer wahr gewesen sein, *dass* wir da waren. Wenigstens darüber brauchen wir uns nicht mehr zu streiten. Und auch nicht darüber, dass wir dafür verantwortlich sind, *wie* wir da waren – in dem, was wir getan, und in dem, was wir unterlassen haben.

Anhang

ENDNOTEN

[1]   M. Weber, Wirtschaft und Gesellschaft. Grundriß der verstehenden Soziologie. Studienausgabe. Tübingen 1990, Kap. III, 1, § 2 konstruiert von hier aus seine drei Idealtypen legitimer Herrschaft. Die Anerkennung von Herrschaft kann sich auf den Glauben der Beherrschten an die herausragenden Eigenschaften eines Herrschers gründen (charismatische Herrschaft), an die Geltung und Heiligkeit von Traditionen (traditionale Herrschhaft) oder an die Rechtmäßigkeit und Vernünftigkeit der durch Gesetz etablierten Ordnung (legale Herrschaft). Die Typen schließen sich nicht gegenseitig aus, sondern lassen sich in verschiedenen Weisen kombinieren. Das ist in der Regel auch der Fall.

[2]   Vgl. H. Schelsky, Politische Herrschaft, in: Ders., Die Arbeit tun die anderen, Wiesbaden 1975, 19–38.

[3]   Hegel hat die Dialektik dieser asymmetrischen Anerkennungsverhältnisse in seiner Analyse des Verhältnisses von Herrschaft und Knechtschaft in klassischer Weise dargelegt. G. F. W. Hegel, Phänomenologie des Geistes, Werke, Bd. 3, 145–155.

[4]   Emotionale Resonanz darf nicht als Vertrauen (im Sinn des Sich-Verlassens) missverstanden werden. Sie besteht nicht nur dort, wo die Regierten der Regierung vertrauen (trust), solange es keine guten Gründe gibt, das nicht (mehr) zu tun. Sie kann auch dort bestehen, wo die Regierten der Regierung misstrauen (mistrust), solange es keine guten Gründe gibt, das nicht zu tun. Demokratische Staatsordnungen stützen ihre Akzeptanz durch die Bevölkerung nicht auf die positive Übereinstimmung zwischen Legislative, Exekutive und Judikative, sondern gerade auf das organisierte Misstrauen zwischen ihnen (distrust). Und die emotionale Resonanz geht verloren, wenn die Bevölkerung den Eindruck hat, dass die checks and balances im politischen System nicht mehr funktionieren.

[5]   Das gilt von der Polis bis zu komplexen Gebilden wie der Europäischen Union. Dass es den Staat auch theologisch neu zu würdigen gilt, betonen zu Recht A. Dietz/J. Dochhorn/A. B. Kunze/L. Schwienhorst-Schönberger, Wiederentdeckung des Staates in der Theologie, Leipzig 2020.

[6]   https://www.juraforum.de/lexikon/staat (Zugriff: 16.11.2021).

[7]   In der Moderne sind das heute in den westlichen Staaten nicht nur Männer, sondern alle Menschen, die Mitglieder des Staatswesens sind. Ich werde im Folgenden daher ›Bürger‹ generisch und nicht gegendert gebrauchen. Vgl. für viele Gründe dafür F. Payr, Von Menschen und Mensch•innen, Wiesbaden 2021, 53–57. Mein zentrales Argument ist, dass es um Menschen (Frauen und Männer) als Bürger geht und nicht um Bürger als Frauen und Männer.

[8]   Auch deshalb sind nie alle Menschen auf Seiten der Bevölkerung in das gemeinsame politische Projekt emotional einbezogen. Fehlt aber ein gemeinsamer emotionaler Fokus, werden auch die anderen

Gemeinsamkeiten gefährdet. Nicht die ethnische Homogenität der Bevölkerung, wie nationalkonservative Staatstheoretiker immer wieder argumentieren, aber auch nicht nur die rationale Zustimmung zu einer politischen Ordnung, wie der Liberalismus meint, sondern diese emotionale Signifikanz des Staates ist für das Funktionieren politischer Herrschaft und politische Zusammenleben der Menschen einer diversen und pluralen Gesellschaft wichtig. Wer nur aus Vernunftgründen einen Staat akzeptiert, bleibt emotional heimatlos. Welche destruktive Kraft das Fehlen einer emotionalen Bindung entfalten kann, hat der Brexit gezeigt. Gegen nationale Emotionen kommen bloße Vernunftgründe nicht an. Die europäische Union wird erst dann zu einem gemeinsamen Projekt aller Europäer, wenn nicht nur die Vernunft dafür spricht (das ist immer notwendig), sondern wenn sie auch zum emotionalen Fokus der Menschen wird. Nur dann werden sie sich auch unter schwierigen Bedingungen für sie einsetzen und sie nicht nur kalkulierend unterstützen, solange sie davon finanziell, wirtschaftlich, sozial oder politisch profitieren.

[9] Die Bezeichnungen wechseln und vor allem die Demokratie wird nicht immer unter die guten, sondern oft auch unter die entarteten Staatsformen gerechnet.

[10] Eine liberale Demokratie steht nach R. de Weck, Die Kraft der Demokratie. Eine Antwort auf die autoritären Reaktionäre, Berlin 2020, 10–11 »für alles, was zur Freiheit beiträgt: eine Demokratie, in der die Menschen in gleicher Freiheit und freier Gleichheit leben; faire Wahlen und Abstimmungen; die Menschenrechte, den Rechtsstaat; das Aufteilen der Staatsmacht zwischen den Bürgerinnen und Bügern, dem Parlament, der Regierung und der unabhängigen Justiz, um Übermacht zu verhindern; den (vorerst verlorenen) Kampf von Kartellbehörden gegen wirtschaftliche Übermacht; die Freiheit zu forschen und die Erkenntnisse in die Debatte einzubringen; die Freiheit des Worts, der Meinung, der Medien und der Künste, um diese erkenntnisorientierte Debatte zu ermöglichen; die Freiheit, aus der Debatte politische Schlüsse zu ziehen und selbst Politik zu machen oder sich vertreten zu lassen: durch Parteien und Organisationen, die ebenfalls in freier Gleichheit und gleicher Freiheit wirken.«

[11] Vgl. I. Blühdorn, Simulative Demokratie. Neue Politik nach der postdemokratischen Wende, Berlin 2013; A. Bogner, Die Epistemisierung des Politischen. Wie die Macht des Wissens die Demokratie gefährdet, Stuttgart ²2021, Kap. 3; H. Richter/B. Ulrich, Wie zerbrechlich ist die Demokratie?, Die Zeit Nr. 33, 12. August 2021, 3.

[12] Vgl. schon J. A. Schumpeter, Kapitalismus, Sozialismus und Demokratie, Tübingen ⁹2018, 427 f.

[13] M. Rosecker/B. Müller (Hg.), Gleichheit. Fragen der Identität, Ähnlichkeit, Vielfalt und Differenz, Wiener Neustadt 2007. Wie fragwürdig es ist, von Gleichheit zu reden, ohne klarzustellen, in welcher Hinsicht bzw. im Hinblick worauf Gleichheit gefordert bzw. Ungleichheit beklagt wird, zeigen die Ausführungen von H. Richter/B. Ulrich, Wie zerbrechlich ist die Demokratie? Die Demokratie verheißt nicht einfach »Freiheit und Gleichheit für alle«, sondern Freiheit und Gleichheit für alle Bürger, also alle Männer und Frauen als Bürger, und nicht in allen anderen Hinsichten.

[14] Dass das weder ein notwendiges noch ein hinreichendes Kriterium ist, liegt auf der Hand. Nicht alles, was die Gleichheit in einer Gruppe von

Menschen begründet, ist gerecht. Dass alle Parlamentarier gewählt sind, heißt nicht, dass es gerecht ist, dass sie und keine anderen gewählt wurden. Und dass alle Insassen eines Gefängnisses gleich sind, insofern sie durch ein Gericht dazu verurteilt wurden, heißt nicht, dass dieses Urteil in jedem Fall gerecht ist oder dass es gerecht wäre, dass sie zu einer Gefängnisstrafe verurteilt wurden. Aber auch nicht nur das ist gerecht, was die Gleichheit einer Gruppe von Menschen begründet. Dass manche Schüler mehr Mathematikunterricht erhalten als andere, kann gerechter sein, um die Schwächeren zu fördern, als alle gleich zu behandeln. Als Faustregel kann gelten, dass die Bemühung um Gleichheit per se nicht zur Gerechtigkeit führt (sie kann auch Gleichheit im Unrechten oder Nichtgerechten sein), sondern dass nur aus Gerechtigkeit auch die rechte Gleichheit entspringen kann. Ist Gleichheit nicht in Gerechtigkeit gegründet, wird sie ambivalent, und ist Gerechtigkeit nicht in Freiheit gegründet, wird sie fragwürdig, Wie es ohne Freiheit keine wirkliche Gerechtigkeit gibt, so gibt es ohne Gerechtigkeit keine wahre Gleichheit. Gleichheit im positiven Sinn ist Realisierung von Gerechtigkeit, und Gerechtigkeit im positiven Sinn ist Realisierung von Freiheit. Wird versucht, Gerechtigkeit auf Kosten von Freiheit zu verwirklichen, wird beides zerstört, und wird versucht, Gleichheit auf Kosten von Gerechtigkeit herzustellen, wird das Gegenteil von dem erzielt, was man beabsichtigt.

[15] Das geschieht durch die Wahl von Abgeordneten für den Bundestag, die parlamentarische Vertretung des Volkes. Die Staatsform der Bundesrepublik ist insofern eine repräsentative parlamentarische Demokratie. Vgl. P. Badura, Die parlamentarische Demokratie, in: J. Isensee/P. Kirchhof (Hg.), Handbuch des Staatsrechts der Bundesrepublik Deutschland. Band II, Heidelberg ³2004, 497–540; H. Dreier, Das Problem der Volkssouveränität, in: A. Stekeler-Weithofer/B. Zabel (Hg.), Philosophie der Republik, Tübingen 2018, 37–56.

[16] Vgl. J.-W. Müller, Freiheit, Gleichheit, Ungewissheit. Wie schafft man Demokratie? Aus dem Englischen von M. Bischoff, Berlin 2021, Kap. 1.

[17] Es ist wichtig zu beachten, dass das Sozialstaatsprinzip zur Verfassung der Bundesrepublik Deutschland als liberaler Staat gehört. Es ist der Demokratie- und Freiheitsordnung nach- und zugeordnet, nicht umgekehrt. Was sich verändert, wenn sich die Gewichte auf den Parteienstaat und den Wohlfahrtsstaat verlagern, hat besonders Dieter Grimm immer wieder kritisch reflektiert. Vgl. L. Viellechner (Hg.), Demokratischer Konstitutionalismus. Dieter Grimms Verständnis von Staat und Verfassung, Baden-Baden 2021.

[18] H. Dreier, Art. 20 (Republik), in: Ders. (Hg.), Grundgesetz-Kommentar, Bd. 2, Tübingen ²2006, 11–25; K. Nowrot, Das Republikprinzip in der Rechtsordnungengemeinschaft: methodische Annäherungen an die Normalität eines Verfassungsprinzips, Tübingen 2014.

[19] N. Luhmann, Moderne Systemtheorien als Form gesamtgesellschaftlicher Analyse, in: J. Habermas / N. Luhmann (Hg.), Theorie der Gesellschaft oder Sozialtechnologie, Frankfurt am Main 1971, 7–24: »Gesellschaft ist dasjenige Sozialsystem, das die letzterreichbare Form funktionaler Differenzierung institutionalisiert« (15).

[20] https://de.wikipedia.org/wiki/Gesellschaft (Zugriff: 25.02.2021).

21 N. Luhmann, Die Gesellschaft der Gesellschaft, Frankfurt am Main 1998, 15.

22 Ebd.

23 AaO., 13–15.

24 Das heißt nicht, dass es Individuen erst in der Neuzeit gäbe. Die Prozesse sind komplizierter, aber die Dialektik von Gesellschaft, Gruppen und Einzelgliedern der Gesellschaft gibt es überall, wo Menschen in dauerhafter Weise Gruppen bilden und ein gemeinsames Leben organisieren. Vgl. u.a. A. Torrance/J. Zachhuber (Hg.), Individuality in Late Antiquity, Farnham, Surrey and Burlington, VT 2014.

25 In der Umwelt des Gesellschaftssystems gibt es »keine Familien, keinen Adel, keine Politik, keine Wirtschaft«, sondern »die interne Differenzierung« dient immer »zugleich der Ausdifferenzierung des Gesellschaftssystems« (aaO., 14). Die Differenz zwischen System und Umwelt ist daher nicht rigid, sondern wird durch Ausdifferenzierung des Systems immer neu justiert.

26 Das schließt nicht aus, dass es vor aller Augen zerfallende Städte wie Beirut und ›failed states‹ wie den Libanon, Bosnien oder Libyen gibt, die keine Lösung ihrer politischen Krisen finden können, weil die Gesellschaft zutiefst gespalten ist – im Libanon ähnlich wie in Bosnien entlang religiöser Clan-Linien. Das politische System kann diese gesellschaftliche Spaltung nicht überwinden, weil es sie unter pseudo-demokratischen Bedingungen durch Proporz- und Repräsentanzregeln ständig reproduziert.

27 J. Butler, Körper von Gewicht. Die diskursiven Grenzen des Geschlechts, Frankfurt am Main [10]2019; Europäische Kommission, Union der Gleichheit: LGBTIQ-Gleichstellungsstrategie 2020–2025 (https://ec.europa.eu/info/sites/info/files/lgbtiq_factsheet_2020-2025_de.pdf).

28 Facebook hat 2014 die Möglichkeit angeboten, zwischen 60 Geschlechtsoptionen zu wählen (https://www.swr.de/swr2/wissen/broadcastcontrib-swr-11336.html; https://at.wikimannia.org/60_Geschlechtsidentit%C3%A4ten). Andere ermöglichen freie Geschlechtswahl, etwa in Chile, Queer.de 13. 9. 2018 (https://www.queer.de/detail.php?article_id=31937). Vgl. https://www.bmfsfj.de/resource/blob/114066/8a02a557eab695bf7179ff2e92d0ab28/imag-band-8-geschlechtervielfalt-im-recht-data.pdf; https://www.gruene-bundestag.de/themen/lesben-schwule/selbstbestimmung-fuer-alle.

29 J. Butler, Gender Trouble: Feminism and the Subversion of Identity. Routledge, New York u. a. 1990; deutsch: Das Unbehagen der Geschlechter, Frankfurt am Main 1991, 25 f.

30 Chr. Türcke, Natur und Gender. Kritik eines Machbarkeitswahns, München 2021.

31 Vgl. M. Wittig, One is not born a Woman (https://medium.com/@thinobiafalx/monique-wittig-one-is-not-born-a-woman-74ed2fce4165); dies., The Mark of Gender (https://www.cirsde.unito.it/sites/c555/files/allegati/22-01-2016/wittig_-_the_mark_of_gender.pdf).

32 Vgl. A. Engel, Wider die Eindeutigkeit. Sexualität und Geschlecht im Fokus queerer Politik der Repräsentation, Frankfurt am Main 2002.

33 A. Escalante, Beyond Negativity: What Comes After Gender Nihilism?:
    »The impulse to simply create more and more identity categories can only
    be understood as a liberating political project if we understand the project of
    placing people into identity categories on the basis of gender and sexuality
    to be a politically liberatory act in the first place.« (https://medium.com/@
    alysonescalante/beyond-negativity-what-comes-after-gender-nihilism-
    bbd80a5fc05d); dies., »Gender Nihilism: An Anti-Manifesto.« Libcom, 22
    June 2016, libcom.org/library/gender-nihilism-anti-manifesto.

34 Vgl. A. Mayer, Adams Apfel und Evas. Wie die Gene unser Leben
    bestimmen und warum Frauen anders sind als Männer, München
    ³2015. Das gilt auch für Versuche, die Begriff ›Mutter‹ und ›Vater‹ aus
    Gesetzestexten zu tilgen und sie durch Wendungen wie »die Person, die
    das Kind geboren hat« zu ersetzen. Vgl. B. Schmid, Und jetzt gehen sie auf
    die Mutter los, NZZ 7.5.2021 (https://www.nzz.ch/gesellschaft/soziale-
    gerechtigkeit-wie-der-mutterbegriff-in-bedraengnis-geraet-ld.1615222).

35 Das gilt nicht nur für die, die nicht mehr wissen, wie sie sich ausdrücken
    sollen, sondern auch für die, die ihre Unterscheidungen allen anderen in
    allen Sphären aufdrängen wollen.

36 Es gibt gute Gründe, von Gesellschaft nur im Singular zu reden, also
    durchgehend die Weltgesellschaft damit zu meinen. Vgl. R. Stichweh, Das
    Konzept der Weltgesellschaft. Genese und Strukturbildung eines globalen
    Gesellschaftssystems (https://www.fiw.uni-bonn.de/demokratieforschung/
    personen/stichweh/pdfs/65_stw_das-konzept-der-weltgesellschaft.pdf);
    ders., Die Weltgesellschaft. Soziologische Analysen, Frankfurt am Main
    2000. Doch die globale Perspektive muss sich auch im Lokalen bewähren.
    Meine Analyse ist an der Lokalität der Probleme interessiert und
    konzentriert sich daher vor allem auf Debatten in den USA und Europa.
    Inwiefern sich das in globaler Perspektive an anderen Lokalitäten anders
    oder nicht anders darstellt, wäre gesondert zu prüfen.

37 Zum Begriff der Zivilgesellschaft vgl. J. Habermas, Faktizität und
    Geltung. Beiträge zur Diskurstheorie des Rechts und des demokratischen
    Rechtsstaats, Frankfurt am Main ²1992, 443 f; V. Heins, Das Andere der
    Zivilgesellschaft. Zur Archäologie eines Begriffs, Bielefeld 2002.

38 Man hat versucht, dem mit der Unterscheidung eines normativen
    Öffentlichkeitsbegriffs der staatlichen Öffentlichkeit und eines sozialen
    Öffentlichkeitsbegriffs einer weiteren, zivilgesellschaftlichen Öffentlichkeit
    Rechnung zu tragen. Doch damit lässt sich das Abschleifen der Differenz
    zwischen ihnen nicht aufhalten, weil die Situation immer schon komplexer
    war und im Zuge der gesellschaftlichen Ausdifferenzierung nicht weniger
    komplex geworden ist. Da diese Ausdifferenzierung nicht linear verläuft,
    sondern von verschiedenen Punkten aus eintreten kann, spreche ich im
    Folgenden nicht von Subsystemen oder Teilbereichen der Gesellschaft,
    sondern von gesellschaftlichen Sphären, die durch ihre jeweiligen
    Problemstellungen, Leitunterscheidungen und Verfahren konstituiert sind.

39 Vgl. I. U. Dalferth, Religionsfixierte Moderne? Der lange Weg vom
    säkularen Zeitalter zur post-säkularen Welt, Denkströme. Journal der
    Sächsischen Akademie der Wissenschaften 7 (2011), 9–32. Im politisch-
    rechtlichen Bereich wird Säkularität häufig durch folgende Merkmale
    definiert: die Gewährung von positiver und negativer Religionsfreiheit,
    die Vermeidung der Identifizierung des Staates mit einer bestimmten

Religionsgemeinschaft, der Verzicht auf Begründungen durch Bezug auf Transzendenz und die Enthaltung gegenüber aller Einmischung in den Streit um religiöse Wahrheitsfragen. Jeder dieser Punkte lässt sich rechtfertigen oder in Frage stellen, aber nicht durch dieselben Argumente, weil es jeweils um andere Gegensätze geht.

[40] Der Freiheitsgedanke ist das Ideal, in dem sich die Möglichkeit der Orientierung am moralisch Guten ausdrückt (Moralformel). Der Gottesgedanke ist das Ideal, das die Welt als Einheit eines Kontingenzzusammenhangs in den Blick rückt (Transzendenzformel). Der Unsterblichkeitsgedanke ist das Ideal, das die Möglichkeit der Ausrichtung auf eine Identität formuliert, die ihre letzte Pointe nicht in dem hat, was wir aktiv aus uns machen, sondern in dem, was uns passiv Gutes widerfährt (Geschöpflichkeitsformel).

[41] Vgl. Chr. Schicha/I. Stapf/S. Sell (Hg.), Medien und Wahrheit. Medienethische Perspektiven auf Desinformation, Lügen und ›Fake News‹, Baden-Baden 2021; Bogner, Epistemisierung des Politischen, 52–57 spricht deshalb von Wahrheit als einer notwendigen Fiktion: »Die moderne oder modische Verabschiedung eines überindividuellen, objektiven Wahrheitsbegriffs stellt für die Demokratie darum eine ähnlich schwerwiegende Gefahr dar wie die historisch überholte Idee absoluter Wahrheit. Die Idee objektiver Wahrheit ist für liberale Demokratien eine notwendige Funktion.« (57)

[42] Die Digitalisierung von Unterscheidungsmustern mittels der Grundunterscheidung von 0 und 1, die definitorische Zurückführung der logischen Konnektoren (Negation, Konjunktion, Disjunktion, Implikation) auf den Sheffer Stroke (vgl. H. M. Sheffer, A set of five independent postulates for Boolean algebras, with application to logical constants, in: Transactions of the American Mathematical Society 14 [1913], 481–488) oder die Reduzierbarkeit mehrwertiger auf zweiwertige Logiken (vgl. U. Blau, Die Logik der Unbestimmtheiten und Paradoxien, Heidelberg 2008, 191–290) – wo eine Entscheidung nicht nur zwischen wahr und falsch stattfindet, sondern weitere Werte umfasst, wird die endgültige binäre Unterscheidung an eine andere Stelle verlagert – sind Beispiele für das Gesagte.

[43] Vgl. dazu die Analyse der Zeichenstruktur in I. U. Dalferth, Die Kunst des Verstehens. Grundzüge einer Hermeneutik der Kommunikation durch Texte, Tübingen 2017, 107 f; ders., The Priority of the Possible. Outlines of a Contemplative Philosophy of Orientation, Newcastle upon Tyne 2021, chap. 4.

[44] Diese Differenz ist selbst in der Mathematik entscheidend. Die Analysis wurde von den Menschen nicht erfunden, sondern gefunden. Die Zahl π, der Integralsatz von Stokes, Exponentialfunktionen, die Integrale der Physik, Sinus, Cosinus, die Funktionentheorie und vieles mehr sind keine Erfindungen, sondern Entdeckungen, setzen also eine Differenz zwischen Gemachtem und Gefundenem voraus.

[45] K. Merle, Religion in der Öffentlichkeit. Digitalisierung als Herausforderung für kirchliche Kommunikationskulturen, Berlin 2019, bes. Kap. 2 und 3.

46   F. Lechner/J. Boli, The Globalization Reader, Malden, MA [4]2012, 4. Vgl.
     auch U. Beck, What is Globalization?, Malden, MA 2000, 9, der zwischen
     globalism, globality, und globalization unterscheidet.

47   D. Held/A. Mc Grew/D. Goldbatt/J. Perraton, Global Transformations:
     Politics, Economics, and Culture, Stanford, CA 1999, 15.

48   E. Pariser, The Filter Bubble, New York 2011, 6.

49   Daran können auch globalisierende Betrachtungsweisen nicht ändern, die
     angesichts der ökologischen Krisen vom Ende des Anthropozäns reden und
     das Erdgeschehen damit aus der privilegierten Perspektive der Menschen
     betrachten oder, wie Donna J. Haraway, Staying with the Trouble. Making
     Kin in the Chthulucene, San Diego 2016, sich eine Zukunft der Menschen
     nur im Chthuluzän in enger Vernetzung und im nichtprivilegierten
     Miteinander mit anderen Lebewesen vorstellen können.

50   Wenn immer weniger Menschen am wachsenden Wohlstand partizipieren
     und immer mehr den Eindruck bekommen, auf die Seite der ökonomischen
     und politischen Verlierer zu geraten und durch Wahlen nichts daran ändern
     zu können, wächst die Wahrscheinlichkeit, dass sie den gesellschaftlichen
     Konsens nicht mehr mittragen, sich vom politischen System abwenden und
     populistischen Übervereinfachungen folgen. Vgl. A. Przeworski, Crises of
     Democracy, Cambridge 2019.

51   P. Zaphiries/Ch. S. Ang, Preface, in: Social Computing and Virtual
     Communities, hg. v. P. Zaphiries/ Ch. S. Ang, Boca Raton, FL 2010, v.

52   R. Clarke, Ethics and the Internet: The Cyberspace Behaviour of People,
     Communities and Organisations, Business & Professional Ethics Journal,
     Vol. 18, No. 3/4, Selected Papers from the 1999 Conference for the
     Australian Association for Professional and Applied Ethics (1999), 158
     (https://www.jstor.org/stable/27801104).

53   M. Mies, No Commons Without a Community, Community Development
     Journal Vol. 49, Supplement 1 (2014), 15 (https://www.jstor.org/
     stable/10.2307/26166212).

54   Ebd.

55   Vgl. C. Fourest, Generation Beleidigt. A. d. Franz. von A. Carstiuc/M.
     Feldon/Ch. Hesse, Berlin 2020.

56   M. Mueller, Will the Internet Fragment? Cambridge, UK: Polity Press,
     2017, 1.

57   L. Hebron/J. F. Stack, Globalization: Debunking the Myths, Lanham
     [3]2009, 19.

58   Shuo-Yan Chou, The Fourth Industrial Revolution, Journal of
     International Affairs, Vol. 72, No. 1 (2019), 113 (https://www.jstor.org/
     stable/10.2307/26588346)

59   AaO., 118.

60   J. Balzer, Eine Gender-Kritik für die kurze Aufmerksamkeitsspanne, DLF
     Kultur 6.2.2021 (https://www.deutschlandfunkkultur.de/christoph-tuercke-
     natur-und-gender-eine-gender-kritik-fuer.1270.de.html?dram:article_
     id=492035).

61   Die Gender-Debatte ist exemplarisch für diese ideologisch verblendete
     Zugangsweise, die mit dem moralisierenden Argument der

»Geschlechtergerechtigkeit« Grammatik- und Sprachstrukturen zerstört, um die Sprache und durch diese Kultur und Gesellschaft willkürlich umzugestalten. Vgl. J. Bayer, Sprachen wandeln sich immer – aber nie in Richtung Unfug, NZZ 10.4.2019 (https://www.nzz.ch/feuilleton/die-geschlechtergerechte-sprache-macht-linguistische-denkfehler-ld.1472991); ders., Missverständnisse der sogenannten »gendergerechten« Sprache, Frauenfeld, 06-01-2020.

[62] H. Richter, Aufbruch in die Moderne – Reform und Massenpolitisierung im Kaiserreich, Berlin 2021 zeigt das schon für das späte 19. Jahrhundert auf. Die deutsche Demokratie ist nicht nur an ihren Gegnern von außen gescheitert, sondern hat in ihrer Entwicklung selbst zu dem beigetragen, was zu ihrem Scheitern geführt hat. Zum Streit um diese Sichtweise vgl. P. Bahners, Eine umgekehrte Dolchstoßlegende, FAZ 20.3.2021 (https://www.faz.net/aktuell/feuilleton/debatten/masslose-kritik-an-der-historikerin-hedwig-richter-17248489.html). Vgl. zur Weimarer Reichsverfassung R. Voigt (Hg.), Aufbruch zur Demokratie. Die Weimarer Reichsverfassung las Bauplan für eine demokratische Republik, Baden-Baden 2020.

[63] A. de Tocqueville, Über die Demokratie in Amerika, Bd. 2, Stuttgart 1962, 203 f. Vgl. O. Hídalgo, Unbehagliche Moderne: Tocqueville und die Frage der Religion in der Politik, Frankfurt/New York 2006; J. Voelz, Wendungen des Neids: Emerson und Tocqueville zum Paradox einer demokratischen Leidenschaft, WestEnd. Neue Zeitschrift für Sozialforschung 1 (2017), 141–154.

[64] Vgl. dazu A. Müller, States, Human Rights, and Distant Strangers: The Normative Justification of Extraterritorial Obligations in Human Rights Law (Diss. Zürich 2020) und auf der anderen Seite K. Steiner/B. Kannowski (Hg.), Regional Human Rights. International and Regional Human Rights: Friends or Foe? Baden-Baden 2021.

[65] Vgl. aus sozialphilosophischer Perspektive die ganz unterschiedlichen Darstellungen des Verhältnisses von Religion und Moderne in J. Habermas, Auch eine Geschichte der Philosophie, Berlin 2020; H. Joas, Die Macht des Heiligen. Eine Alternative zur Geschichte von der Entzauberung, Berlin 2019; und P. Sloterdijk, Den Himmel zum Sprechen bringen. Über Theopoesie, Berlin 2020.

[66] https://www.interfaith-calendar.org/ (Zugriff: 16.11.2021).

[67] Vgl. für die Church of Satan deren website: https://www.churchofsatan.com/: »Founded on April 30, 1966 c.e. by Anton Szandor LaVey, we are the first above-ground organization in history openly dedicated to the acceptance of Man's true nature–that of a carnal beast, living in a cosmos that is indifferent to our existence. To us, Satan is the symbol that best suits the nature of we who are carnal by birth–people who feel no battles raging between our thoughts and feelings, we who do not embrace the concept of a soul imprisoned in a body. He represents pride, liberty, and individualism–qualities often defined as Evil by those who worship external deities, who feel there is a war between their minds and emotions.«

[68] Vgl. die Diskussion um den Equality Act (*congress.gov/bill/117th-congress/house-bill/5/text*) und seine Auswirkungen auf die im First Amendment garantierte Religionsfreiheit als Freiheit, religiöse Überzeugungen nicht nur zu haben oder nicht zu haben, sondern sie auch zu leben und zu praktizieren. Vgl. https://www.congress.gov/116/bills/hr5/BILLS-

116hr5rfs.pdf; https://blogs.lcms.org/2021/lcms-presidents-statement-on-the-equality-act/?utm_source=rss&utm_medium=rss&utm_campaign=lcms-presidents-statement-on-the-equality-act&fbclid=IwAR1R6NOwVwF7XGvJvq9z2qa7vuH4QlNLxMNFtbbkBVAKYhwhkYZMr7Ov_fromthepresidentoftheLutheranChurchMissouri-Synod.

69 https://de.wikipedia.org/wiki/Gettysburg_Address (Zugriff 16.11.2021).

70 Anderes als éthnos (ἔθνος) meint demos (δῆμος) in der Antike nicht einfach in ethnologischem Sinn das Volk, sondern im politischen Sinn das Staatsvolk, also die Vollbürger einer Gemeinde bzw. eines Gemeinwesens. Vgl. H. Volkmann, Demos, in: Der Kleine Pauly, Bd. 1, Stuttgart 1964, Sp. 1482; H. G. Liddell/R. Scott, A Greek-English Lexicon (http://www.perseus.tufts.edu/text?doc=Perseus:text:1999.04.0057:entry=D.H.%3Dmos1). Der Begriff des demos umfasst dabei nicht nur das numerische Moment der Vielheit, sondern auch das sozioökonomische Moment der nicht Reichen bzw. wenig oder nichts Besitzenden und das rechtliche Moment der freien und gleichen Bürger. In diesem Sinn ist die Demokratie die einzige Regierungsform, die nicht nur einen oder einige (Monarch, Aristokraten), sondern alle Bürger des staatlichen Gemeinwesens in gleicher Weise in die politische Herrschaft einbezieht.

71 Es gibt Formen direkter Demokratie, in der das Volk selbst politische Sachfragen entscheidet, und Formen indirekter, mittelbarer oder repräsentativer bzw. parlamentarischer Demokratie, in der gewählte Volksvertreter das in Eigenverantwortung tun. ›Das Volk‹ ist dabei keine Einzelinstanz mit homogenem Willen, sondern eine Totalität von Individuen mit gleichen Rechten und Pflichten, aber durchaus divergierendem Willen. Diese Vielzahl unterschiedlicher Willen in vernünftiger und gerechter Weise zu berücksichtigen, ist die Aufgabe, vor der jede Form der Demokratie steht. Radikaldemokratische und partizipatorische Formen der Demokratie suchen das Problem anders zu lösen als repräsentative Demokratieformen. Doch für jede Lösung gilt, dass nicht überall, wo der Ruf »Wir sind das Volk« erschallt, der Souverän zu hören ist. Vgl. M. Neubauer/M. Stange/C. Resske/F. Doktor (Hg.), Im Namen des Volkes. Zur Kritik politischer Repräsentation, Tübingen 2021; Ph. Manow, (Ent-)Demokratisierung der Demokratie, Frankfurt 2020.

72 Die Größe des Territoriums, auf dem Wahlen stattfinden, die Zahl der Wahlberechtigten und die Technologie des Abgebens und Zählens der Stimmen ist deshalb von erheblicher Bedeutung für das Funktionieren einer Demokratie. Was in Stadtstaaten durch die Versammlung der Bürger auf dem Marktplatz entschieden werden kann, stellt in Großflächenstaaten vor erhebliche organisatorische Schwierigkeiten. Repräsentative Demokratieformen und die Pluralität politischer Parteien sind eine Weise, auf diese Schwierigkeiten zu reagieren. Vgl. H. Dreier, Republik und Demokratie in den Federalist Papers, in: Republik – Rechtsverhältnis – Rechtskultur, hg. v. Katharina Gräfin von Schlieffen, Tübingen 2018, 23–38.

73 Es gibt auch andere Verfahren, mit denen sich Demokratien gegen ihre Feinde verteidigen. Dazu gehören etwa das ›containment‹, also der Versuch, die demokratische Ordnung durch den Zusammenschluss der demokratischen Parteien gegen nichtdemokratische Kräfte zu verteidigen, oder der Wettkampf der politischen Ideen, der im gesellschaftlichen Diskurs darauf hinwirkt, dass demokratische Ideen gegenüber undemokratischen

Ideologien nicht ins Hintertreffen geraten. Das erste hängt daran, dass zwischen demokratischen und undemokratischen Parteien einigermaßen klar unterschieden werden kann, was nicht immer der Fall ist (vgl. Ungarns illiberale Demokratie). Und das andere setzt voraus, dass es in der Gesellschaft eine Mehrheit demokratisch gesinnter Menschen gibt, die sich an den öffentlichen Debatten beteiligen, was auch nicht selbstverständlich ist. Vgl. D. Ziblatt, Conservative Parties and the Birth of Democracy, Cambridge 2017; S. Leviotsky/D. Ziblatt, How Democracies Die, New York 2018.

74 Das kann in Form des Wahlrechts sein, das in definierten Zeiträumen ausgeübt wird, oder in Form eines Petitionsrechts, das dem Volk auch während der Amtszeit einer Regierung Handlungsmöglichkeiten bietet, oder in Form eines Vetorechts gegen die Entscheidungen der Volksvertreter, wie in der Schweiz.

75 Vgl. R. Schröder, Wer war das Volk – Wer ist das Volk?, Frankfurter Allgemeine Zeitung (FAZ) Nr. 101 (2. Mai 2017), 7.

76 Nach Carl Schmitt ist bekanntlich derjenige Souverän, der über den Ausnahmezustand entscheidet, also einen Bürgerkrieg vermeiden oder beenden kann. Das Volk, das im Bürgerkrieg gegen sich selbst kämpft, scheint dazu per definitionem nicht in der Lage. Das öffnet Tor und Tür für autoritäre Souveränitätskonzeptionen, in denen nicht das Volk, sondern eine Macht ausübender Entscheider als Souverän agiert. Vgl. C. Schmitt, Politische Theologie. Vier Kapitel zur Lehre von der Souveränität (1922), Berlin ⁹2009; H. Kalmo/Q. Skinner, Sovereignty in Fragments: The Past, Present, and Future of a Contested Concept, Cambridge 2010; R. A. Klein, Depotenzierung der Souveränität. Religion und politische Ideologie bei Claude Lefort, Slavoj Žižek und Karl Barth, Tübingen 2016; C. D. Ullrich, Sovereignty and Event: The Political in John D. Caputo's Radical Theology, Tübingen 2021.

77 »We, the People of the United States« ist der vielzitierte Anfang der Präambel der Verfassung der Vereinigten Staaten von Amerika.

78 Das gilt für die Figur eines ›Willens des Volkes‹ überhaupt und nicht nur in dem Sinn, dass es eine Fiktion sei, die westlichen Formen der parlamentarischen repräsentativen Demokratie würden ›den Willen des Volkes‹ zum Ausdruck bringen, wie H. Laski, Democracy in Crisis, London 1933 kritisierte. Vgl. P. Lamb, Harold Laski: Problems of Democracy, the Sovereign State, and International Society, New York 2004, 45–69. Für Laski war die liberale Demokratie viel zu eng mit dem Kapitalismus verbunden. Liberale Demokratien, so kritisierte er, würden die freie Debatte und politische Deliberation ins Zentrum stellen und nicht den Willen der Massen. Er sah die Kur des Übels im Staatssozialismus. Carl Schmitt, der auch die enge Verbindung von liberaler Demokratie und Kapitalismus kritisierte, sah die Lösung ebenfalls in einer autoritäreren Regierungsform, nämlich der Diktatur, die die bedrohte Ordnung wieder herstellt. In beiden Fällen führt die Diagnose der Krise der Demokratie zum Postulat einer autoritäreren Regierungsform, wenn auch in gegenläufige Richtung (die Masse vs. der Souverän, der über den Ausnahmezustand entscheidet). Vgl. R. A. Klein, ›Theologie als Politik‹. Carl Schmitts Romantikkritik im Kontext des Postliberalismus, in: M. Moxter (Hg.), Untergänge – Umbrüche – Anfänge. Zur Lage von Theologie und Religionsphilosophie

in der frühen Weimarer Republik, Tübingen 2021; R. A. Klein/D. Finkelde (Hg.), Souveränität und Subversion. Figurationen des Politisch-Imaginären, Freiburg 2015. Man kann das Argument allerdings auch umdrehen und individuelle Handlungssubjekte grundsätzlich als Repräsentanten kollektiver Handlungsfähigkeit verstehen. Vgl. Th. Telios, Das Subjekt als Gemeinwesen. Zur Konstitution kollektiver Handlungsfähigkeit, Baden-Baden 2021. Auch dieser Ansatz kann aber nicht vermeiden, das »We, the People« als Inanspruchnahme einer postulierten fiktionalen und nicht konkreten realen Autorität zu verstehen.

[79] Das so bezeichnete Wir des Volkes ist keine organische oder gar mythische Größe. Es ist auch »keine irgendwie homogene, substantiell gleichartige Größe«, sondern schließt die ganze Vielfalt und Gegensätzlichkeit von Ansichten, Interessen, Überzeugungen und Werthaltungen von Menschen in einer pluralen und diversen Gesellschaft ein. Aufgrund seiner verfassungsrechtlichen Formalität ist dieses Verständnis von ›Volk‹ »immun gegen völkische Aufladungen und ethnische Engführungen.« (H. Dreier, Vom Schwinden der Demokratie, in: Die Zukunft der Demokratie. Kritik und Plädoyer, hg. v. Friedrich Wilhelm Graf/Heinrich Meier, München 2018, 33). Das Prinzip der Volkssouveränität beschreibt daher keinen empirischen Sachverhalt, sondern »stellt ein Legitimitätsprinzip dar, das sein Profil nicht zuletzt durch das erhält, was mit ihm abgewiesen wird. Staatliche Herrschaft gründet sich nach diesem Prinzip nicht auf eine metaphysische oder sakrale Instanz, nicht auf die Blaublütigkeit alter Adelsgeschlechter, nicht auf geheiligte Traditionen, nicht auf das Charisma überragender Führergestalten oder das Gottesgnadentum eines Monarchen, sondern allein auf den Willen der zum Staatsvolk zusammengefaßten Individuen.« (AaO., 29–30).

[80] In diesem Zusammenhang wäre insbesondere auch die Rolle der Parteien in den modernen Demokratien zu bedenken. Das muss in diesem Essay aber ausgeblendet bleiben. Vgl. E. Wiesendahl, Parteien und Demokratie, Wiesbaden 1980, 163–260; K. von Beyme, Parteien im Prozeß der demokratischen Konsolidierung, in: W. Merkel et al. (eds.), Systemwechsel 3, Wiesbaden 1997, 23–56; O. Niedermayer, Die Rolle und Funktionen von Parteien in der deutschen Demokratie (https://www.bpb.de/politik/grundfragen/parteien-in-deutschland/42035/rolle-und-funktionen).

[81] Vgl. H. Vorländer, Demokratie. Geschichte, Formen, Theorien, München ⁴2020.

[82] Sloterdijk, Den Himmel zum Sprechen bringen, 13.

[83] Vgl. Ch. Mouffe, Für einen linken Populismus. Aus dem Englischen von Richard Barth, Berlin 2018.

[84] Während die Zahl der Demokratien seit 1970 stetig gewachsen ist, ist sie seit Beginn des neuen Jahrtausends zurückgegangen. Vgl. L. Diamond, Facing up to the democratic recession, Journal of Democracy 26 (2015) 141–155. Einige wichtige Gründe dafür analysieren S. Levitsky/D. Ziblatt, How Democracies Die; Y. Mounk, The People Versus Democracy: Why Our Freedom Is in Danger and How to Save It, Cambridge, Mass. 2018.

[85] Pol. 562b, 2–3; B. Stegemann, Das Gespenst des Populismus. Ein Essay zur politischen Dramaturgie, Berlin 2017. R. Dahrendorf, Acht Anmerkungen zum Populismus (https://www.aspeninstitute.de/wp-content/uploads/A4_FNF_DAHRENDORF_lay.pdf), hat zu Recht die Schwierigkeit der

Unterscheidung zwischen Populismus und Demokratie betont: »Des einen Populismus ist des anderen Demokratie, und umgekehrt.« Für ihn bestand die Differenz letztlich im Umgang mit der Komplexität der Bezugnahme auf das Volk: »Populismus ist einfach, Demokratie ist komplex: das ist am Ende vielleicht das wichtigste Unterscheidungsmerkmal zwischen den beiden Formen des Bezuges auf das Volk.« Vgl. dazu auch A. Akel, Strukturmerkmale extremistischer und populistischer Ideologien. Gemeinsamkeiten und Unterschiede, Baden-Baden 2021; J. Schaefer, Die Sprache der Populisten. Eine politikwissenschaftlich-politolinguistische Analyse, Baden-Baden 2021.

[86] Pol. 558c, 5–6. Das Demokratieverständnis ändert sich radikal, wenn man wie C. Schmitt, Die geistesgeschichtliche Lage des heutigen Parlamentarismus (1923), Berlin ⁹2010 genau hier ansetzt und behauptet: »Jede wirkliche Demokratie beruht darauf, daß nicht nur Gleiches gleich, sondern, mit unvermeidlicher Konsequenz, das Nichtgleiche nicht gleich behandelt wird. Zur Demokratie gehört also notwendig erstens Homogenität und zweitens – nötigenfalls – die Ausscheidung oder Vernichtung des Heterogenen.« (13–14) Wo die Homogenität des Staatsvolkes als Voraussetzung von Demokratie angesehen wird, wird »die Ausscheidung oder Vernichtung des Heterogenen« zum politischen Postulat. Nur die auf Homogenität bauende identitäre Demokratie sei wirklich Demokratie, liberale Demokratie mit ihrer Idee der »Menschengleichheit« dagegen sei die Perversion der Demokratie, weil die Idee der allgemeinen Gleichheit aller Menschen »die Gleichheit ihres Wertes und ihrer Substanz beraubt« (16). Insbesondere unterschlägt sie den Freund-Feind-Gegensatz im Kern des Politischen, den Carl Schmitt mit der Dialektik von Homogenität und Heterogenität umschrieb. Vgl. R. Voigt (Hg.), Freund-Feind-Denken. Carl Schmitts Kategorie des Politischen, Baden-Baden ²2021.

[87] Pol. 557b.

[88] Dieser Begriff findet sich erst bei Polybios. Vgl. J. Ober, The original meaning of »democracy«: Capacity to do things, not majority rule, Princeton/Stanford Working Papers in Classics 2007, 2–5; K.-W. Welwei, Demokratie und Masse bei Polybios, Historia 15 (1966), 282–301.

[89] Pol. 562b, 9–12.

[90] K. Mittermaier/M. Mair, Demokratie.–Die Geschichte einer politischen Idee von Platon bis heute, Darmstadt 1995, 24. Vgl. Pol. 562a, 1–563e, 1.

[91] Vgl. B. Guggenberger, Demokratie/Demokratietheorie, in: D. Nohlen (Hg.), Lexikon der Politik, Band 1: Politische Theorien. Directmedia, Berlin 2004, 36; T. Bevc, Politische Theorie, UTB Basics, 2012, 60.

[92] Pol. 564b, 4–7.

[93] Mittermaier/Mair, Demokratie, 24.

[94] Pol. 565a, 1–569c, 8.

[95] Pol. 569c, 1–4.

[96] Im sechsten Buch seiner Historien beschreibt Polybios einen Kreislauf der Verfassungen (Pol. 6,4,3–5). Vgl. P. Scholz, ›Demokratie in hellenistischer Zeit‹ im Licht der literarischen Überlieferung, in: C. Mann/P. Scholz (Hg.),

Demokratie im Hellenismus. Von der Herrschaft des Volkes zur Herrschaft der Honoratioren? Berlin 2010, 28–55.

[97] Vgl. Polybios 6,4,6; 6,4,10; 6,57,9.

[98] Pol. 558c, 5–6.

[99] Pol. 557b, 4–6.

[100] K. A. Raaflaub, Des freien Bürgers Recht der freien Rede. Ein Beitrag zur Begriffs- und Sozialgeschichte der athenischen Demokratie, in: W. Eck (Hg.), Studien zur antiken Sozialgeschichte. Festschrift Friedrich Vittinghoff, Köln/Wien 1980, 7–57. Dass dabei stets die ökonomische Basis derer mitzubedenken ist, die zur freien Rede berechtigt und in der Lage sind, ist nicht zu vergessen. Man muss es sich leisten können, den Mund aufzumachen, und nicht jeder kann oder will die Konsequenzen freier Rede tragen.

[101] Im Anschluss an Roosevelt kennzeichnet Sloterdijk jede »authentische Demokratie« durch vier zentrale Freiheiten: die Meinungsfreiheit, die Religionsfreiheit, die Freiheit von Not und die Freiheit von Furcht. Vorländer, Demokratie, 200.

[102] Man kann das tun, indem man andere Ansichten direkt bestraft und sanktioniert, man kann es aber auch tun, indem man eine gesellschaftliche Situation erzeugt, in der das Risiko einer abweichenden Ansicht so groß wird, dass man es vernünftigerweise nicht mehr auf sich nehmen kann, wenn man Schaden von sich, seiner Familie oder seiner Gruppe abhalten will. Das erste ist in politischen Diktaturen üblich, das zweite ist auch in liberalen Traditionen zu finden, in denen die Hauptmedien ihre Aufgabe nicht mehr in der Bereitstellung von Informationen, der kritischen Analyse von Hintergründen und der Schaffung von Öffentlichkeiten sehen, sondern im Kampf für eine für gut gehaltene Sache. Jeder kann dann zwar alles sagen, aber niemand sollte sich Illusionen über die Folgen einer öffentlich geäußerten abweichenden Meinung machen. Meinungsdiktaturen sind keineswegs nur auf politische Diktaturen beschränkt, und ihre Durchsetzungsmechanismen sind nicht weniger rabiat.

[103] K. Zydatiss, Cancel Culture. Demokratie in Gefahr, Münster 2021.

[104] M.P. Saffon/N. Urbinati, Procedural democracy, the bulwark of equal liberty, Political Theory 41 (2013), 441–481.

[105] J. Bessette, Deliberative Democracy: The Majority Principle in Republican Government, in: R. Goldwin/W. Shambra (Hg.), How Democratic is the Constitution?, Washington D.C. 1980, 102–116; S. Chambers, Deliberative Democratic Theory, Annual Review of Political Science 6 (2003), 307–326; J. S. Dryzek, Theory, Evidence, and the Tasks of Deliberation, in: S.W. Rosenberg (Hg.), Deliberation, Participation and Democracy, London 2007.

[106] G. Arlen, Aristotle and the Problem of Oligarchic Harm: Insights for Democracy, European Journal of Political Theory 18 (2019), 393–414; ders./E. Rossi, Is This What Democracy Looks Like (Never Mind Epistocracy), Inquiry (2018) (DOI: 10.1080/0020174X.2018.1502924); ders./ E. Rossi, Must Realists Be Pessimists About Democracy: Responding to Oligarchic and Epistemic Challenges, Moral Philosophy and Politics (2020) (DOI: DOI: 10.1515/mopp-2019-0060); ders., Democracy and the Challenge of Oligarchy: A Research Overview, Fellow Kolloquium Forschungskolleg Humanwissenschaften, Bad Homburg, 12.11.2020.

[107] Vgl. M. J. Sandel, The Tyranny of Merit. What's Become of the Common Good, New York 2020.

[108] An vielen Orten der Welt gibt es daher Formen der Demokratie, die im Übergang zu nichtdemokratischen Staatsformen sind, weil sie zentrale demokratische Prinzipien verkürzen oder verfälschen, etwa »in Singapur die obrigkeitliche Demokratie, auf den Philippinen die polizeiliche, in Russland die gelenkte, in der Türkei die repressive, in Ungarn und Polen die illiberale Demokratie.« de Weck, Die Kraft der Demokratie, 13.

[109] Partizipative Demokratien stoßen an ihre Grenzen, wo sie Massendemokratien werden. Prozedurale Demokratien kommen in Schwierigkeiten, wo neue Technologien die demokratischen Verfahren unterminieren und an den Rand drängen. Beide Probleme können mit Hilfe digitaler Kommunikationstechnologien und die Fortschreibung und Anpassung rechtlicher Regelungen bearbeitet werden.

[110] Vgl. für die folgenden Überlegungen R. W. Mittendorf, Peircean Epistemic Democracy: Truth, Pluralism, and Religion (Claremont 2020), bes. Kap. 2. Meine Überlegungen sind im Zusammenhang der Betreuung dieser Arbeit entstanden.

[111] J. Rawls, Political Liberalism, New York: Columbia University Press 2005, 12. Vgl. C. Eberle, Religious Conviction in Liberal Politics, New York 2002, 54; K. Vallier, Public Justification (https://plato.stanford.edu/entries/justification-public/).

[112] G. Gaus, Public Reason Liberalism (http://www.gaus.biz/PublicReasonLiberalism.pdf); C. Larmoree, Public Reason, in: S. Freeman (Hg.), The Cambridge Companion to Rawls, Cambridge 2002, 368–393; Mittendorf, Peircean Epistemic Democracy, 15–16.

[113] Cf. J. Bohman, Public Deliberation: Pluralism, Complexity, and Democracy, Cambridge, MA 1996; J. S. Dryzek, Foundations and Frontiers of Deliberative Governance, Oxford 2010, 23.

[114] Anders C. Lafont, Unverkürzte Demokratie. Eine Theorie deliberativer Bürgerbeteiligung. Aus dem Amerikanischen von Bettina Engels und Michael Adrian, Berlin 2021. Ihr Plädoyer für eine partizipatorische Konzeption öffentlicher Vernunft, in der sich die Bürger den Entscheidungen ihrer Repräsentanten widersetzen können, wird von O. Höffe, Ist die Demokratie am Ende? – Nein, aber sie muss sich weiterentwickeln, wenn sie zukunftsfähig bleiben will, NZZ 29.06.2021 zu Recht als realitätsfern kritisiert. Bürgerbeteiligung sollte nicht gegen die repräsentative Selbstregulierung der Demokratie ausgespielt werden, weil sie immer wieder dazu führt, dass durch widerstreitende Bürgergruppierungen wichtige Entscheidungen verhindert und unmöglich gemacht werden.

[115] I. M. Young, Inclusion and Democracy, New York 2000, 5–6.

[116] A. Gutmann/D. Thompson, Why Deliberative Democracy?, New Jersey 2004, 3.

[117] G. Gaus, Reason, Justification, and Consensus: Why Democracy Can't Have it All, in: J. Bohman/W. Rehg (Hg.), Deliberative Democracy, Cambridge MA 1997, 205–242; ders., Justificatory Liberalism: An Essay on Epistemology and Political Theory, New York 1996; ders., The Order of Public Reason, New York 2011.

[118] Pluralismus meint hier mehr als nur die faktische Pluralität vielfältiger Gruppen, Meinungen, Positionen und Orientierungshaltungen. Im Horizont einer pluralistischen Gesellschaft wird Vielfalt und Diversität nicht nur als Faktum hingenommen (Pluralität), sondern ausdrücklich gewollt und zugelassen (Pluralismus). Vgl. E. Herms, Pluralismus aus Prinzip, in: Ders., Kirche für die Welt. Lage und Aufgabe der evangelischen Kirche im vereinigten Deutschland, Tübingen 1995, 467–485; E. Fraenkel, Der Pluralismus als Strukturelement der freiheitlich-rechtsstaatlichen Demokratie, in: ders., Deutschland und die westlichen Demokratien, Baden-Baden [9]2011, 256–280.

[119] Vgl. als ein Beispiel für viele: M. Amjahid, Unter Weißen: Was es heißt, privilegiert zu sein. Berlin/München 2017; ders., Der weiße Fleck. Eine Anleitung zu antirassistischem Denken, München 2021.

[120] Niemand hat das in jüngster Vergangenheit gekonnter ausgenutzt als Trump. Sein Umgang mit Argumenten, Fakten und Wahrheiten ist kein Beleg für das Scheitern von Demokratie, sondern bestätigt, worauf es bei dieser politisch entscheidend ankommt: um das Gewinnen von Mehrheiten, nicht um die Vernünftigkeit oder Moralität der Argumente, die man dazu anführt – wenn man das überhaupt tut.

[121] Dass dies nicht besagt, dass man auf den Leitgedanken der Wahrheit verzichten kann, betont Bogner, Epistemisierung des Politischen, 37–57 zu Recht. Ohne Wahrheitsbezug kann man noch nicht einmal ernsthaft streiten, weil es nur noch Meinungsäußerungen gibt, die man nicht von der Sache her, sondern allenfalls von ihren moralischen Voraussetzungen und politischen Folgen her kritisieren kann.

[122] Vgl. J. Früchtl, Demokratie der Gefühle. Ein ästhetisches Plädoyer, Hamburg 2021.

[123] H. Dreier, Zur Rolle der Religion in der Öffentlichkeit – verfassungsrechtlich betrachtet, ZPTh 40 (2020), 170.

[124] AaO., 171.

[125] AaO., 171.

[126] Zu weiteren Aspekten der Debatte vgl die von Dreier zitierten Publikationen: M. Breul, Religion in der politischen Öffentlichkeit, Paderborn 2015; T. Reiß, Diskurstheorie der Demokratie und Religion, Baden-Baden 2019, 19 ff. 94 ff; E. Bornemann, Die religiös-weltanschauliche Neutralität des Staates, Tübingen 2020, 54 ff.

[127] D. Goodhart, The Road to Somewhere. The Populist Revolt and the Future of Politics, London 2017; ders., Head Hand Heart: The Struggle for Dignity and Status in the 21st Century, London 2020 spricht von der Verlagerung zentraler gesellschaftlicher Aktivitäten von den ›Somewheres‹ der traditionellen Mittelklasse, die an konkreten Orten arbeiten und wirken, zu den ›Anywheres‹ der akademisch gebildeten Eliten der Wissensgesellschaft, die überall auf der Welt unterwegs sein können. Vgl. R. Putnam, Bowling Alone: The Collapse and Revival of American Community, New York 2000; P. Collier, The Future of Capitalism: Facing the New Anxieties, London 2018; A. Reckwitz, Die Gesellschaft der Singularitäten. Zum Strukturwandel der Moderne, Berlin 2017.

[128] Legitimiert wird das häufig mit dem Verweis auf Empathie, die in jüngerer Zeit zum Wert an sich geworden ist. Doch zu verstehen, wie der

andere fühlt, ist noch keine moralische Haltung, und seine Gefühle zu unterstützen, ist nicht per se schon etwas Gutes. Dazu müsste man zuerst beurteilen, ob es wirklich um etwas geht, was vernünftig oder moralisch vertretbar ist. Doch wo man sich auf Empathie beruft, geht es selten darum, ein Problem auch vom Standpunkt der anderen zu betrachten, um zu einem abgewogenen Urteil und Verhalten zu kommen, sondern darum, sich mit ihnen emotional zu solidarisieren, ohne Standpunkte, die davon differieren, noch zur Kenntnis zu nehmen. Emotionsbasierte Gemeinschaftsgesinnung erlaubt keine Kompromisse, sondern nur ein unversöhnliches Für uns oder Gegen uns. Wo kritische Urteils- und Unterscheidungskraft notwendig wäre, setzt sie auf emotionale Eindeutigkeit. Das schafft solidarische Zufriedenheit gemeinsamer Empörung, aber macht politischen Kompromiss unmöglich.

[129]   Vgl. M. Sökefeld, Reconsidering Identity, Anthropos 96 (2001), 527–544; ders., Abrgrenzung, Ausgrenzung, Gewalt: Wie viel Identität verträgt der Mensch?, in: H. Posner/B. Reuer (Hg.), Bildung-Identität-Religion. Fragen zum Wesen des Menschen, Berlin 2004, 119–134.

[130]   F. Fukuyama, Identity: The Demand for Dignity and the Politics of Resentment. London 2018; A. Chua, Political Tribes. Group Instinct and the Fate of Nations, London 2019; H. Hansen, Linke und rechte Identitätspolitik. Ein Vergleich der poststrukturalistischen Wende im Linksextremismus mit dem Ethnopluralismus und Nominalismus der Neuen Rechte, Jahrbuch für Extremismus- und Terrorismusforschung 2019/20, Brühl 2021, 1–44.

[131]   T. Steinfeld, Das Gespenst der anderen, SZ, 28.12.2016, 13.

[132]   M. Lilla, The Once and Future Liberal. After Identity Politics, London 2018.

[133]   B. Stegemann, Die Moralfalle. Für eine Befreiung linker Politik, Berlin 2018; ders., Die Öffentlichkeit und ihre Feinde, Stuttgart 2021.

[134]   Hansen, Linke und rechte Identitätspolitik, 44.

[135]   W. Thierse, Wie viel Identität verträgt die Gesellschaft? Identitätspolitik darf nicht zum Grabenkampf werden, der den Gemeinsinn zerstört: Wir brauchen eine neue Solidarität, FAZ, 22.02.2021.

[136]   Ebd.

[137]   Vgl. A. Reckwitz, Digitalisierung und Gesellschaft der Singularitäten (https://www.outube.com/watch?v=JVSIkeolDXo).

[138]   Im Folgenden greife ich Überlegungen auf aus I. U. Dalferth, Gedeutete Gegenwart. Zur Wahrnehmung Gottes in den Erfahrungen der Zeit, Tübingen 1997, 36–56; ders., Öffentlichkeit, Universität und Theologie, in: E. Arens/ H. Hoping (Hg.), Wieviel Theologie verträgt die Öffentlichkeit? Freiburg/Basel/Wien 2000, 38–71; ders., Religion als Privatsache? Zur Öffentlichkeit von Glaube und Theologie, Theologisch-praktische Quartalschrift 149 (2001), 284–297. Ich wiederhole die dort entfalteten Überlegungen zum Öffentlichkeitsproblem, weil sie heute noch stärker zu-treffen als vor zwanzig Jahren.

[139]   Vgl. H. Kirchner, Beiträge zur Geschichte der Entstehung der Begriffe »öffentlich« und »öffentliches Recht«, Göttingen 1949; L. Hölscher, Art. Öffentlichkeit, Geschichtliche Grundbegriffe IV, Stuttgart 1978, 413–467; ders., Öffentlichkeit und Geheimnis. Eine begriffsgeschichtliche

Untersuchung zur Entstehung der Öffentlichkeit in der frühen Neuzeit, Stuttgart 1979; ders., Art. Öffentlichkeit, HWPh VI, Basel 1984, 1134–1140; H. Hofmann, Art. Öffentlich/privat, HWPh VI, 1131–1134; A. Rinken, Art. Öffentlichkeit, StL7 IV, Freiburg/Basel/Wien 1988, 138–142; J. Habermas, Strukturwandel der Öffentlichkeit (1962), Frankfurt am Main ³1993; ders., Faktizität und Geltung. Beiträge zur Diskurstheorie des Rechts und des demokratischen Rechtsstaats, Frankfurt am Main ²1992, 399–467; J. Gerhards/F. Neidhard, Strukturen und Funktionen moderner Öffentlichkeit, Berlin 1990.

140 Habermas, Strukturwandel; ders. Faktizität, 399–467.

141 Habermas, Faktizität, 443 f: »Die Zivilgesellschaft setzt sich aus jenen mehr oder weniger spontan entstandenen Vereinigungen, Organisationen und Bewegungen zusammen, welche die Resonanz, die die gesellschaftlichen Problemlagen in den privaten Lebensbereichen finden, aufnehmen, kondensieren und lautverstärkend an die politische Öffentlichkeit weiterleiten. Den Kern der Zivilgesellschaft bildet ein Assoziationswesen, das problemlösende Diskurse zu Fragen allgemeinen Interesses im Rahmen veranstalteter Öffentlichkeiten institutionalisiert.«

142 Vgl. A. MacIntyre, Die Idee einer gebildeten Öffentlichkeit, in: J. Oelkers (Hg.), Aufklärung, Bildung und Öffentlichkeit. Pädagogische Beiträge zur Moderne, Weinheim/Basel 1993, 25–44; W. Feinberg, Die öffentliche Verantwortung der öffentlichen Bildung, in: Oelkers, Aufklärung, 45–57.

143 A. Gestrich, Absolutismus und Öffentlichkeit. Politische Kommunikation in Deutschland zu Beginn des 18. Jahrhundert, Göttingen 1994, 11.

144 Daß »der Begriff der ›öffentlichen Meinung‹ […] seit Jahrzehnten zu den mysteriösesten Begriffen der Sozialwissenschaften« gehört, wird immer wieder betont. Neidhardt, Öffentlichkeit, 25 ff; S. Herbst, The Meaning of Public Opinion: Citizens‹ Constructions of Political Reality, Media, Culture and Society 15, (1993), 437–454.

145 P. Donges, Technische Möglichkeiten und soziale Schranken elektronischer Öffentlichkeit, in: O. Jarren/K. Imhof/R. Blum (Hg.), Zerfall der Öffentlichkeit? Wiesbaden 2000, 255–265. (https://doi.org/10.1007/978-3-663-07953-8_18)

146 Das »Gelingen öffentlicher Kommunikation« bemisst sich »nicht per se an der ›Herstellung von Allgemeinheit‹, sondern an formalen Kriterien des Zustandekommens einer *qualifizierten* öffentlichen Meinung« (Habermas, Faktizität, 438, meine Hervorhebung).

147 Habermas, Faktizität, 138.

148 AaO., 435 ff.

149 Vgl. I. U. Dalferth, Die Kunst des Verstehens. Grundzüge einer Hermeneutik der Kommunikation durch Texte, Tübingen 2018, 5 f, 15–17.

150 Habermas beschreibt die »Öffentliche Meinung als staatsrechtliche Fiktion« (Strukturwandel, § 24, 343 ff), an der trotz der damit verknüpften Probleme »in einem komparativen Sinne festzuhalten [sei], weil die Verfassungsrealität des Sozialstaates als der Prozeß begriffen werden muß, in dessen Verlaufe eine politisch fungierende Öffentlichkeit verwirklicht, nämlich der Vollzug sozialer Gewalt und politischer Herrschaft dem demokratischen Öffentlichkeitsgebot effektiv unterstellt wird« (aaO., 353).

Die Fiktion ist empirisch relevant und entsprechend zu gebrauchen. Vgl. auch die selbstkritische Kommentierung in: Ders., Vorwort zur Neuauflage 1990, aaO., 31 ff sowie die kritische Diskussion ihrer Grundannahmen und deren empirischer Relevanz in B. Peters, Der Sinn von Öffentlichkeit, in: F. Neidhardt (Hg.), Öffentlichkeit, Öffentliche Meinung, Soziale Bewegung, Opladen 1994, 51–70.

151 Vgl. die Arbeiten von M. Walzer, Zweifel und Einmischung. Gesellschaftskritik im 20. Jahrhundert, Frankfurt am Main 1991; ders., Sphären der Gerechtigkeit. Ein Plädoyer für Pluralität und Gleichheit, Frankfurt am Main u.a. 1992; ders., Kritik und Gemeinsinn. Drei Wege der Gerechtigkeit, Frankfurt am Main 1993; D. L. Miller/ders. (Hg.), Pluralism, Justice, and Equality, Oxford u.a. 1995; ders., Zivile Gesellschaft und amerikanische Demokratie, Frankfurt am Main 1996; ders., Über Toleranz. Von der Zivilisierung der Differenz, Hamburg 1998.

152 Habermas, Faktizität, 437 spricht schon in den 90er Jahren von einer zunehmenden Entspezialisierung und »Laienorientierung«.

153 Ebd. Habermas spricht von der »Abkoppelung der kommunizierten Meinungen von konkreten Handlungsverpflichtungen«.

154 AaO., 437.

155 Vgl. Peters, Der Sinn von Öffentlichkeit, 46 f.

156 Dass die »normativen Ansprüche des ›Diskursmodells‹ öffentlicher Kommunikation […] unter den strukturellen Bedingungen moderner Öffentlichkeit nur sehr begrenzt erfüllt« werden, wird von Neidhardt, Öffentlichkeit, 38 nicht zu Unrecht hervorgehoben. Die empirische Wirklichkeit sieht anders aus. B. Peters spricht diesem Modell daher »eine heuristische Funktion« zu, da es zu beschreiben erlaubt, »wo, in welcher Form, in welchem Grad die realen Verhältnisse sich den Eigenschaften des Modells annähern oder davon abweichen« (aaO. 50 f). Doch auch über eine solche heuristische Funktion des Diskursmodells lässt sich streiten, wenn seine Normierungen inkonsistent sind und/oder ihnen als irreführenden Generalisierungen einer bestimmten Art von Öffentlichkeit zur Kommunikationsstruktur von Öffentlichkeit überhaupt mit Gründen zu misstrauen ist.

157 Habermas, Faktizität, 365.

158 Habermas, Vorwort zur Neuauflage, in: Ders., Strukturwandel, 40.

159 Einige werden von Habermas, Faktizität, 437 ff auch benannt.

160 AaO., 437.

161 Gegen Habermas, Faktizität, 139. Deshalb ist es eine höchst problematische Abstraktion, wenn der Öffentlichkeitsbegriff von »den konkreten Schauplätzen eines anwesenden Publikums« abgelöst und auf die »medienvermittelte virtuelle Gegenwart von verstreuten Lesern, Zuhörern oder Zuschauern« ausgedehnt wird (437). Dieser Vorgang ist kein Zugewinn an Öffentlichkeit, sondern die Auflösung von Öffentlichkeit in eine Vielzahl von lokalen Privaträumen.

162 AaO., 436.

163 Habermas ist angesichts der technologischen Expansion der digitalen Kommunikation und der globalen Verbreitung der Sozialen Medien

schon länger deutlich zurückhaltender geworden in der Bewertung dieser Entwicklungen.

164 Habermas, Faktizität, 443 f.

165 AaO., 452.

166 AaO., 451 f.

167 AaO., 452.

168 »Ich glaube nicht, daß ich mir Illusionen mache über den Zustand einer Öffentlichkeit, in der kommerzialisierte Massenmedien den Takt angeben. […] Es stimmt, die politische Öffentlichkeit ist Teil einer weiteren kulturellen Öffentlichkeit, und beide sind heute an die verschmutzten Kanäle des Privatfernsehens angeschlossen.« Es gibt doch Alternativen! Jürgen Habermas antwortet auf Fragen nach den Chancen von Rot-Grün, der Ära Kohl und der Zukunft des Nationalstaates, Die Zeit 42 (1998), 14. Sein Urteil hat sich angesichts des Anschwellens von *hate speech* und *fake news* in sozialen Netzwerken und auf digitalen Plattformen inzwischen zu einem skeptischen Pessimismus gesteigert. Vgl. J. Habermas, Überlegungen und Hypothesen zu einem erneuten Strukturwandel der politischen Öffentlichkeit, Sonderband Leviathan 37: Ein neuer Strukturwandel der Öffentlichkeit? (2021), 470–500. Der Text ist erst nach Abschluß meines Manuskriptes erschienen.

169 Habermas, Faktizität, 443.

170 AaO., 442.

171 Vgl. die Analysen in §§ 21–23 von Habermas, Strukturwandel.

172 Vgl. Yun Kwon Yoo, Globalization and Human Subjectivity. Insights from Hegel's Phenomenology of Spirit, Eugene, Oregon 2021.

173 Niedhardt, Öffentlichkeit, 13.

174 AaO., 18

175 An diesem Punkt setzt auch der alternative Entwurf von M. Nussbaum, Political Emotions: Why Love Matters for Justice, Harvard 2015 an. Die Entwürfe von Habermas und Rawls sind zu einseitig auf kognitives Argumentieren ausgerichtet und unterschätzen die Bedeutung politischer Emotionen in der Demokratie. Weil es dort aber um das Wollen der Bürger geht und nicht um die Vernünftigkeit ihres Wollens, sind emotionsorientierte Strategien effektiver als vernunftbasierte rationale Verfahren. Vor allem Demokratien in Großflächenstaaten funktionieren nicht durch überzeugende Argumente, sondern durch das Erregen mehrheitsbeschaffender Emotionen.

176 Habermas, Faktizität, 140.

177 Ebd.

178 AaO., 452.

179 AaO., 443.

180 AaO., 446.

181 Vgl. J. Kormann, »Der Laizismus hat in Frankreich die Religion ersetzt« (https://www.nzz.ch/international/olivier-roy-ueber-frankreichs-kampf-gegen-islamistischen-terror-ld.1601932): »Der Laizismus hat in Frankreich die Religion ersetzt. Wir sind von einem juristischen Konzept zur Trennung

von Kirche und Staat, das sehr gut war, zu einem ideologischen Laizismus übergegangen. Früher gab es einen Konflikt zwischen der Republik und der katholischen Kirche, aber nicht zwischen der Republik und der Religion. Heute ist der Laizismus antireligiös. Das Gesetz [zur Stärkung republikanischer Prinzipien] wird aus dem Säkularismus eine Ideologie des Staates machen.«

[182] Vgl. Die kritischen Reaktionen auf J. Rawls, A Theory of Justice, Harvard ²1999 von u.a. M. J. Sandel, Liberalism and the Limits of Justice, Cambridge ²1998; A. Etzioni, The Limits of Privacy, New York 1999; ders., The New Normal: Finding a Balance Between Individual Rights and the Common Good, Abington/New York 2015; U. Bohmann/H. Rosa, Das Gute und das Rechte. Die kommunitaristischen Demokratietheorien, in: O. W. Lembcke/C. Ritzi/G. S. Schaal (Hg.), Zeitgenössische Demokratietheorie, Band 1: Normative Demokratietheorien, Wiesbaden 2012, 127–155.

[183] Vgl. J. Fischher, Am moralischen Reißbrett, FAZ 255, 1. November 2016, 6: »Moralisierung des Politischen ist für eine Demokratie verheerend. Ein demokratisches Gemeinwesen hat seine politische Grundlage im Wollen seiner Bürger und nicht im Sollen der Moral. Dies ist der Grund, warum es einen Unterschied gibt zwischen dem politisch Richtigen und dem moralisch Gebotenen und warum beides nicht einfach in eins geworfen werden darf. Die Moral gewinnt politisch Einfluss, indem sie im Prozess der politischen Willensbildung in das Wollen der Bürger aufgenommen wird […]. Doch wird alles verkehrt, wenn dieses Verhältnis von politischem Wollen und moralischem Sollen umgedreht wird in dem Sinne, dass die Moral darüber entscheidet, welchen Einfluss das Wollen der Bürger auf politische Entscheidungen haben darf, etwa nach dem Motto, dass es, was die Aufnahme von Flüchtlingen betrifft, in Anbetracht der weltweiten Flüchtlingsnot gar nicht mehr um das Wollen oder Nichtwollen der Bürger geht, sondern nur noch um ein moralisches Müssen.«

[184] Vgl. O. Kallscheuer, Ein amerikanischer Gesellschaftskritiker. Michael Walzers kommunitärer Liberalismus, in: M. Walzer, Kritik und Gemeinsinn, Frankfurt am Main 1993, 144 ff.

[185] Habermas, Faktizität, 443 f.

[186] Vgl. die Arbeiten von E. Herms, Erfahrbare Kirche. Beiträge zur Ekklesiologie, Tübingen 1990; ders., Gesellschaft gestalten. Beiträge zur evangelischen Sozialethik, Tübingen 1991; ders., Kirche für die Welt. Lage und Aufgaben der evangelischen Kirchen im vereinigten Deutschland, Tübingen 1995; ders., Schleiermachers Erbe, in: I. U. Dalferth/Ph. Stoellger (Hg.), The Concept of Religion, Zürich 1998, 3–32.

[187] Weder der Frage nach der Vollständigkeit noch der nach der Adäquatheit dieser Grundaufgaben menschlichen Lebens kann hier nachgegangen werden. Gerade an der Beantwortung dieser Fragen entscheidet sich aber die Überzeugungskraft der Schleiermacher-Hermschen Argumentation.

[188] Herms, Kirche für die Welt, 192 ff.

[189] Herms, Gesellschaft gestalten, 56–94.

[190] Herms, Kirche für die Welt, 211 ff.

[191] Besteht die gesellschaftliche Leitdifferenz der Öffentlichkeitssphäre der Religion – wie Schleiermacher meinte – in der Differenz von Priestern und Laien, dann sind die Kirchen durch diese Differenz charakterisiert

und repräsentieren nicht nur eine ihrer beiden Seiten. Das ist anders bei den Gewerkschaften. Die gesellschaftliche Leitdifferenz der Öffentlichkeitssphäre der Wirtschaft, die Differenz zwischen Arbeitgebern und Arbeitnehmern, wird von den Gewerkschaften gerade nicht repräsentiert, sondern diese vertreten nur die eine Seite dieser Differenz. Kirchen und Gewerkschaften spielen daher eine unterschiedliche Rolle bezüglich der für ihre jeweiligen Öffentlichkeitssphären konstitutiven Leitdifferenzen.

192 Deshalb ist die Entdeckung der Menschenrechte in der Moderne unlöslich verbunden mit der Kritik der Sklaverei.

193 F. Tönnies, Gemeinschaft und Gesellschaft. Abhandlung des Communismus und des Socialismus als empirischer Culturformen. Berlin, 1887 (https://www.deutschestextarchiv.de/book/show/toennies_gemeinschaft_1887); ders., Geist der Neuzeit, Leipzig 1935, neu in Ferdinand Tönnies Gesamtausgabe, Bd. 22, hg. v. L. Clausen, Berlin/New York 1998.

194 M. Haus, Kommunitarismus. Einführung und Analyse, Wiesbaden 2003; W. Reese-Schäfer (Hg.), Handbuch Kommunitarismus, Wiesbaden 2018.

195 S. Lange, Auf der Suche nach der guten Gesellschaft – Der Kommunitarismus Amitai Etzionis, in: U. Schimank/U.Volkmann (Hg.), Soziologische Gegenwartsdiagnosen, Opladen 2000, 277–291.

196 Das ist kein Auftrag zur undifferenzierten Gleichbehandlung aller, die sich zu Recht oder zu Unrecht diskriminiert fühlen. Nur an immer mehr an den gesellschaftlichen Rand gedrängte Gruppierungen zu erinnern, ist nicht per se ein Zeichen für eine höhere Gerechtigkeitssensibilität, sondern kann auch besagen, dass man den Kompass für die wichtigen Unterscheidungen verloren hat. Wie M. Wolffsohn, Im Geschichtsverständnis der Grünen zeigt sich die ganze Scheinmoral, NZZ 21.06.2021 zu Recht herausstellt: Wer dafür eintritt, »durch eine zentrale Erinnerungs- und Lernstätte« an alle zu erinnern, denen in der deutschen Geschichte kolonialistisches Unrecht widerfahren ist, ohne gleichzeitig klarzustellen, was die wirklich identitätsrelevanten und politisch erinnerungsbestimmenden Unrechtstaten in der deutschen Geschichte waren, der verharmlost den Antisemitismus zum einem Fall von Unrecht unter anderen und betreibt moralisierende Vergleichgültigung, die in der gegenwärtigen gesellschaftlichen Debattenlage vergangenheitsbezogen desorientiert und nicht zukunftsweisend orientiert. Alle Gräueltaten, koloniale und nicht-koloniale, sind zu benennen und so gut es geht aufzuarbeiten. Wiedergutmachen lässt sich keine. Aber nicht alle können in gleicher Weise das staatliche Gedenken bestimmen, weil das nicht mehr wäre als die unverbindliche Äußerung, alles Böse der eigenen Geschichte nicht zu vergessen. Ein solches Erinnern zieht dem Erinnern seinen politischen Stachel, weil es nur noch moralisch ist und keine konkreten politischen Konsequenzen mehr nahelegt. Vgl. zu dieser Debatte A. Dirk Moses, The Problems of Genocide. Permanent Security and the Language of Transgression, Cambridge 2021; ders., Der Katechismus der Deutschen, in: Geschichte der Gegenwart, 23. Mai 2021 (https://geschichtedergegenwart.ch/der-katechismus-der-deutschen/); S. Friedländer, Ein fundamentales Verbrechen, Die Zeit Nr. 28, 8. Juli 2021 (https://www.zeit.de/2021/28/holocaust-gedenken-erinnerungskultur-genozid-kolonialverbrechen); A.

Dirk Moses, Gedenkt endlich auch der Opfer kolonialer Gräueltaten!, Die Zeit Nr. 29, 15. Juli 2021, 50.

197 J. Fischer, Was ist Identitätspolitik? Über einen Irrtum und seine Folgen. Zeitzeichen.net, März 2021 (https://www.zeitzeichen.net/node/8959); A. Weidhas, Das Virus der Identitätspolitik. Die Gendersprache als Signum eines neuen Irrationalismus, in: Im Anfang war das Wort. Sprache, Politik, Reigion, hg. von Th. A. Seidel u. S. Kleinschmidt, Leipzig 2022 (im Druck).

198 Fischer, Was ist Identitätspolitik?

199 Das wird zur Zeit politisch systematisch vernebelt. Vgl. die von der letzten Merkel-Regierung betriebene Bundesstiftung Gleichstellung, die derzeit im Bundestag debattiert wird (A. Schneider, Stiftung für Gleichstellung kommt: Auch die Union erliegt dem Irrglauben, Gerechtigkeit durch Gleichheit herstellen zu können, https://www.nzz.ch/international/stiftung-fuer-gleichstellung-union-verraet-das-leistungsprinzip-ld.1608768).

200 Analoges zu den Menschenrechten gilt auch für die Bürgerrechte im Staat. Die Gleichberechtigung aller Bürger ist auch hier nicht mit ihrer Gleichstellung zu verwechseln. Zu Recht betont M. Sommer: Die »Rechtsgleichheit der Bürger, garantiert nicht Verteilungs- und nicht einmal Chancengerechtigkeit. Sie aber ist, lassen wir uns nicht täuschen, all ihren Defekten zum Trotz Voraussetzung für etwas noch Wichtigeres: die liberale Demokratie. Ihr Verschwinden wäre der erste Kollateralschaden des identitätspolitischen Neo-Tribalismus.« (Cicero, 10.6.2020, https://www.cicero.de/innenpolitik/proteste-rassismus-spaltung-identitaetspolitik-schwarze).

201 Vgl. J. Joffe, Hier die Woke-Aktivisten, dort der Wohlfühlstaat: wie die Bürger ihre Freiheit langsam, aber sicher preisgeben, NZZ, 27.03.2021 (https://www.nzz.ch/feuilleton/josej-joffe-ueber-wokness-wohlfahrtsstaat-und-liberalismus-ld.1608066).

202 Schneider, Stiftung für Gleichstellung.

203 R. Mohr, In Deutschland breitet sich ein stilles Duckmäusertum aus, NZZ 15.07.2021 (https://www.nzz.ch/meinung/wahlen-in-deutschland-es-breitet-sich-duckmaeusertum-aus-ld.1635222).

204 https://www.bundesverfassungsgericht.de/SharedDocs/Entscheidungen/DE/2000/02/rk20000217_1bvr048499.html.

205 Deshalb ist so wichtig, wer sich aktiv an Kommunikationen beteiligt und beteiligen kann – und zwar in qualifizierter Weise, die sich u.a. darin ausprägt, dass die Beiträge zur Debatte auch von anderen zur Kenntnis genommen und aus eigener Einsicht beachtet werden.

206 Neidhardt, Öffentlichkeit, 21.

207 E. Jüngel, Barth-Studien, Zürich/Köln 1982, 148.

208 Gorgias 474, a7–b1.

209 Politeia 454, a4–9.

210 Jürgel, Barth-Studien, 149.

211 Ebd.

212 H. Blumenberg, Paradigmen der Metaphorologie, ABG 6 (1960), 55; ders., Die nackte Wahrheit, hg. v. R. Zill, Berlin 2019; Ph. Stoellger,

Metapher und Lebenswelt. Hans Blumenbergs Metaphorologie als hermeneutische Phänomenologie geschichtlicher Lebenswelten und ihr religionsphänomenologischer Horizont, Tübingen 2000, 151.

213 Blumenberg, Paradigmen, ebd.; Stoellger, Metapher, 150.

214 Öffentlich ist dieses Thema, weil es alle angeht und deshalb auch angehen sollte. Die »allgemeine öffentliche Selbstverständigung [ist] nicht zu beschränken auf unmittelbar entscheidungsbedürftige oder -fähige praktische Fragen«, sondern vollzieht sich auch in »Debatten über allgemeinere Orientierungen, normative Prinzipien und Werte […], das Verhältnis zur kollektiven Vergangenheit und kollektive Aspirationen für die Zukunft« (Peters, Der Sinn von Öffentlichkeit, 45f.), und betrifft damit auch das, was sich in unseren Lebens- und Kommunikationsvollzügen nur implizit und für uns nicht direkt wahrnehmbar ausdrückt: Gott.

215 Theologie am Ort öffentlicher Wissenschaft ist daher etwas anderes als öffentliche Theologie, »die Reflexion der öffentlichen Bedeutung christlicher Orientierungen in gegenwärtigen Gesellschaften« (https://www.uni-bamberg.de/fs-oet/was-ist-oeffentliche-theologie/). Öffentliche Theologie in diesem Sinn hat die Rolle des Christentums in der Gesellschaft im Blick, Theologie am Ort öffentlicher Wissenschaft bringt die grundlegende Öffentlichkeit vor Gott in allen menschlichen Lebens- und Denkvollzügen zur Geltung. Die eine beschäftigt sich mit der Kulturform einer bestimmten Religion, die andere mit der Erkundung und kritischen Beurteilung von allem im Licht der Gegenwart Gottes.

216 Zum argumentativen Grundcharakter der Theologie vgl. I. U. Dalferth, Theology and Philosophy, Oxford 1988, Part I; ders., Jenseits von Mythos und Logos. Die christologische Transformation der Theologie, Freiburg/Basel/Wien 1993.

217 Vgl. D. Tracy, The Analogical Imagination. Christian Theology and the Culture of Pluralism, New York/Chicago 1991; I. U. Dalferth, Kombinatorische Theologie. Probleme Theologischer Rationalität, Freiburg/Basel/Wien 1991, Kap. 1; R. F. Thiemann, Constructing a Public Theology. The Church in a Pluralistic Culture, Louisville, KY 1991.

218 Vgl. Huber, Kirche und Öffentlichkeit, 295–379. Dass anderswo, etwa in Thailand, ›Theologie‹ nicht an Universitäten gelehrt wird, wird mit recht ausdrücklich bedauert von Ch. Nagavarja, The Plight of the Humanities in Thailand, Mitteilungen der Alexander von Humboldt Stiftung, Nr. 65. (1995), 6 f.

219 U. Berner, Religionswissenschaft und Religionsphilosophie, ZfR 5 (1997), 149–178. Ich rede von Wahrheitsüberzeugungen und nicht von Wahrheitsansprüchen, weil es nicht um Hypothesen geht, die an der Wirklichkeit geprüft und dann akzeptiert oder verworfen werden, sondern um lebensleitende Überzeugungen, in denen es um eine Einstellung zu allem Wirklichen und Möglichen geht, die sich nicht von denen abgelöst betrachten lässt, die diese Einstellung vertreten. Ein Wahrheitsanspruch ist immer eine Behauptung über die Wirklichkeit, die auch andere so vertreten können müssen. Eine Wahrheitsüberzeugung ist der Ausdruck dessen, was sich im Leben eines Menschen als haltbar, belastbar und vertrauenswürdig erwiesen hat, ohne dass dies auch im Leben anderer Menschen so sein müsste.

220 Vgl. I. U. Dalferth, Deus Praesens. Gotts Gegenwart und christlicher Glaube, Tübingen 2021, Teil I.

221 Die Anerkennung anderer auch unter Bedingungen des Dissenses mit ihren Überzeugungen setzt die kritische Prüfung und Diskussion dieser Überzeugungen voraus. Zu einer solchen zwischen Person und Überzeugung differenzierenden Anerkennung kommt es nicht, wo allein nach den Verdrängungs- und Durchsetzungsverfahren gesellschaftlicher und politischer Kräftespiele agiert wird, auch wenn diese nicht immer die extremen Formen physischer und psychischer Vernichtung Andersdenker annehmen müssen. Die diskursive Prüfung von Überzeugungen braucht gesellschaftliche Orte, die nicht - oder wenigstens nicht unmittelbar - den Durchsetzungsmechanismen gesellschaftlicher Macht ausgesetzt sind. Im Unterschied zu anderen Bereichen der Öffentlichkeit sind Universitäten bei uns solche Orte, wo - zumindest idealtypisch gesprochen - diskursive und nicht nichtdiskursive Kommunikationsformen dominieren. Die einzige ›Macht‹, die hier eine legitime Rolle spielt, ist die ›Macht der Wahrheit‹, die sich im Argument äußert und auf Überzeugung zielt. Anders als etwa bei strategischen Verhandlungen geht es also nicht darum, »durch wechselseitige Angebote oder Drohungen zu einer Vereinbarung zu kommen«, »Widerspruch […] mit Achtungsentzug« zu sanktionieren oder statt der »Prüfung der Überzeugungskraft von Argumenten« mit »Vermutungen und Urteilen über verborgene Motive des Diskussionspartners« zu agieren (Peters, Der Sinn von Öffentlichkeit, 65–67). Dass faktisch all das auch dort vorkommt, spricht nicht dagegen, dass dieser besondere Bereich der Gesellschaft am Ideal eines öffentlichen Sach-Diskurses gemessen wird und zu messen ist, der für die Gesellschaft insgesamt aufgrund der Komplexität unterschiedlichster Kommunikationsformen, des stets bestehenden Entscheidungsdrucks und der Knappheit an Zeit und Ressourcen kein brauchbares Ideal darstellt.

222 Chr. Möllers, Grenzen der Ausdifferenzierung. Zur Verfassungstheorie der Religion in der Demokratie, Zeitschrift für evangelisches Kirchenrecht 59 (2014), 121.

223 Dreier, Recht und Religion, 61–62.

224 Das Argument lautet nicht: Wer p bestreitet, setzt das, was er bestreitet, als Wirklichkeit – das wäre Unsinn. Das Argument konstatiert keinen semantischen, sondern einen pragmatischen Sachverhalt: Wer p bestreitet, kann das nur tun, indem er das, was er bestreitet, im Akt des Bestreitens in Anspruch nimmt. Der Sprecher sagt nichts semantisch Widersprüchliches, sondern begeht einen existenziellen Selbstwiderspruch wie der, der ›Ich schlafe‹, ›Ich bin tot‹ oder ›Ich existiere nicht‹ sagt. Natürlich kann man immer einen Kontext konstruieren, in dem das sinnvoll gesagt werden kann. Aber als Sprechakt ist ›Ich existiere nicht‹ nicht semantisch widersprüchlich (dass ich nicht existiere, ist nicht nur möglich, sondern war der Fall und wird der Fall sein), sondern ein pragmatischer Selbstwiderspruch, weil man das in der ersten Person nicht sagen kann, ohne etwas Falsches zu sagen, da man nichts sagen könnte, wenn man nicht existieren würde.

225 Zur Problematik des Begriffs vgl. H. Blumenberg, Matthäuspassion, Frankfurt am Main 1988, 7–20.

226 Dalferth, Deus Praesens.

227 K. Barth, Kirche und Theologie, in: Ders., Die Theologie und die Kirche. Gesammelte Vorträge, Bd. 2, München 1928, 319.

228 Vgl. Ch. Polke, Öffentliche Religion in der Demokratie. Eine Untersuchung zur weltanschaulichen Neutralität des Staates, Leipzig 2009. Diese Neutralität wird gegenwärtig von verschiedener Seite in Frage gestellt. Wo der Staat selbst zum Vertreter bestimmter Gruppeninteressen wird, trägt er zur Unterminierung seiner Neutralität bei und stellt seine Akzeptanz in Frage. Das gilt nicht nur für autoritäre Regime, sondern auch für demokratische Staaten. Bisher war es, wie J. Jessen, Nebenan lauert der Nachbar, Die Zeit Nr. 35, 26. August 2021 meint, »eine Sache sozialistischer oder anderer Diktaturen, dem Bürger einen bestimmten Lebensstil vorzuschreiben, bestimmte sprachliche Ausdrucksformen zu fordern, Bücher zu verbieten oder umzuschreiben. […] Gewählte Regierungen (die ja auch wieder abgewählt werden können) hüteten sich im Namen einer vorgeblichen Wahrheit die Andersdenkenden bis in ihre Haushaltsführung und ihren Sprachgebrauch hinein zu verfolgen. Jetzt sieht es so aus, als könne es auch in der parlamentarischen Demokratie zu weitgehender Bevormundung und Gängelung kommen: wenn die Regierungsbildung durch Milieus bestimmt wird, die sich oder gar die ganze Welt in einem Not- und Ausnahmezustand wähnen, der geradezu danach schreit, die Minderheiten, die sie für den Notstand verantwortlich machen (Klimasünder, Impfverweigerer, ‚alte weiße Männer‘), zu gängeln und umzuerziehen.« (https://www.zeit.de/2021/35/demokratie-privatleben-politik-polarisierung-gesellschaft-klima-gendern-impfung). Man muss dieser Diagnose nicht an jedem Punkt zustimmen, um die Gefahr zu sehen, dass die Neutralität des Staates keine Selbstverständlichkeit ist, sondern in der Auseinandersetzung mit starken Gegentendenzen immer wieder neu gewonnen und gesichert werden muss.

229 Vgl. S. Huster, Die ethische Neutralität des Staates, Tübingen 2002, 98 ff, 652 ff.

230 Dreier, Recht und Religion, 59.

231 J. Rawls, A Theory of Justice: Revised Edition, Oxford 1999; Mittendorf, Peircean Epistemic Democracy, 20–21.

232 Rawls, A Theory of Justice, 221–227. Vgl. J. Rawls, Justice as Fairness: A Restatement, Cambridge, MA 2001.

233 J. Rawls, Political Liberalism, New York 2005, 36–37; Mittendorf, Peircean Epistemic Democracy, 22–24; S. Lynch, The Fact of Diversity and Reasonable Pluralism, Journal of Moral Philosophy 6 (2009), 70–93.

234 Vgl. Stout, Democracy and Tradition, 72.

235 Rawls, Political Liberalism, 15.

236 AaO., 218.

237 J. Habermas, Religion in der Öffentlichkeit, in: Ders. Zwischen Naturalismus und Religion. Philosophische Aufsätze, Frankfurt am Main ²2013, 125 ff.

238 J. S. Fishkin / R.C. Luskin, Experimenting with a democratic ideal: Deliberative polling and public opinion, Acta Politica 40 (2005), 284–298.

239 Mittendorf, Peircean Epistemic Democracy, 13.

240 N. Wolterstorff / R. Audi, Religion in the Public Square, Lanham 1997;
     Sandel, Liberalism and the Limits of Justice; C. Eberle, Religious Conviction
     in Liberal Politics, Cambridge 2002.

241 Chr. Möllers, Religiöse Freiheit als Gefahr?, Veröffentlichungen der
     Vereinigung der Deutschen Staatsrechtslehrer 68 (2009), 47–93, 58 Anm.
     58. Vgl. ders., Die drei Gewalten. Legitimation der Gewaltengliederung
     in Verfassungsstaat, europäischer Integration und Internationalisierung,
     Weilerswist 2008, 63 ff.

242 Dreier, Recht und Religion, 60. Dort auch die Verweise auf Möllers.

243 Vgl. S. Grotefld, Religiöse Überzeugungen im liberalen Staat.
     Protestantische Ethik und die Anforderungen öffentlicher Vernunft,
     Stuttgart 2006; Polke, Öffentliche Religion in der Demokratie; H. Kreß,
     Ethik der Rechtsordnung. Staat, Grundrechte und Religionen im Licht der
     Rechtsethik, Stuttgart u.a. 2012.

244 T. Nagel, Moral Conflict and Political Legitimacy, Philosophy and Public
     Affairs 16 (1987), 227; ders., Equality and Partiality, New York 1991;
     Mittendorf, Peircean Epistemic Democracy, 17.

245 Nagel, Moral Conflict, 230.

246 B. Ackerman, Why Dialogue?, Journal of Philosophy 86 (1989), 16–27.

247 C. Larmore, Patterns of Moral Complexity, Cambridge 1987, 53.

248 J. Cohen, Moral Pluralism and Political Consensus, in: D. Copp / J.
     Hampton / J. Roemer (Hg.), The Idea of Democracy, New York 1993.

249 Mittendorf, Peircean Epistemic Democracy, 18.

250 Das ist nicht nur dort die Gefahr, wo Staaten offiziell zu Vertretern
     einer Ideologie werden, sondern auch dort, wo sie aus moralischen
     Motiven zum Kampf gegen das jeweilige Böse bzw. für das jeweilige Gute
     missbraucht werden. Wo der Staat zum Sachwalter gruppenspezifischer
     Partikularinteressen wird, wird seine Neutralität unterminiert und seine
     demokratische Akzeptanz geschwächt. Die Feinde der Demokratie sind
     daher nicht immer nur die, die so bezeichnet werden, sondern immer
     wieder auch die, die andere so bezeichnen, wenn sie andere Ansichten
     vertreten als sie selbst.

251 R. Audi, Democratic Authority and the Separation of Church and State,
     New York 2011, 39; Mittendorf, Peircean Epistemic Democracy, 19.

252 Audi, Democratic Authority, 65.

253 Das Argument ist also nicht nur, dass es unklug ist, etwas Strittiges durch
     etwas noch Strittigeres rechtfertigen zu wollen, sondern dass es unethisch
     ist, in öffentlichen Deliberationsprozessen anderen Argumente zuzumuten,
     die diese nicht selbst haben (könnten).

254 Dreier, Religion und Recht, 61, Anm. 47.

255 J. Rawls, The Idea of Public Reason Revisited, University of Chicago Law
     Review 64 (1997), 765–807.

256 AaO., 776.

257 P. F. D'Arcais, Elf Thesen zur Laizität. Die Unbeugsamkeit der Freiheit als
     Überlebensfrage der Demokratie, Lettre International 110 (2015), 13–16.

258 AaO., 13.

259   Vgl. P. Neal, Is Political Liberalism Hostile to Religion?, in: S. P. Young (Hg.), Reflections on Rawls, Surrey 2009, 153–175.

260   Vgl. zum Folgenden J. Quong, Public Reason, in: E. N. Zalta (Hg.), The Stanford Encyclopedia of Philosophy (2017 Edition), (https://plato. stanford.edu/entries/public-reason/); Mittendorf, Peircean Epistemic Democracy, 27–42.

261   J. Habermas, Religion in the Public Sphere, European Journal of Philosophy 14 (2006), 8.

262   J. Stout, Democracy and Tradition, Princeton 2004, 72; Mittendorf, Peircean Epistemic Democracy, 35–37.

263   I. Young, Inclusion and Democracy, Oxford 2000; S. Benhabib, Situating the Self, New York 1996; dies., The Claims of Culture: Equality and Diversity in the Global Era, Princeton 2002; N. Fraser, Rethinking the Public Sphere, in: C. Calhoun (Hg.), Habermas and the Public Sphere, Cambridge 1992, 109–142.

264   S. Benhabib, Situating the Self, New York 1996, 82.

265   Sandel, Liberalism and the Limits of Justice.

266   AaO., 217.

267   Mittendorf, Peircean Epistemic Democracy, 37–38.

268   M. Schwartzman, The Completeness of Public Reason, Politics, Philosophy, & Economics 3 (2004), 191–220.

269   K. Greenawalt, Religious Convictions and Political Choice, New York 1988; Mittendorf, Peircean Epistemic Democracy, 39–40.

270   D. Enoch, The Disorder of Public Reason, Ethics 123 (2013), 141–176; ders., Against Public Reason, in: D. Sobel / P. Vallentyne / S. Wall (Hg.), Oxford Studies in Political Philosophy (Volume 1), Oxford 2015, 112–142.

271   S. Wall, Is Public Justification Self-Defeating? American Philosophical Quarterly 39 (2002), 385–394; ders., Public Reason and Moral Authoritarianism, The Philosophical Quarterly 63 (2013), 160–169.

272   F. Mang, Public Reason Can Be Reasonably Rejected, Social Theory and Practice 43 (2017), 343–367.

273   Enoch, Disorder, 170–73; J. Raz, Disagreement in Politics, The American Journal of Jurisprudence 43 (1998), 29–30.

274   Rawls, Political Liberalism, 63; vgl. S. Lynch, The Fact of Diversity and Reasonable Pluralism, Journal of Moral Philosophy 6 (2009), 70–93.

275   Rawls, Political Liberalism, 100 f.

276   J. Hacke, Ein Land aus Stuck, Die Zeit Nr. 36, 2. September 2021, 53.

277   Bundesministerium für Familie, Senioren, Frauen und Jugend, Demokratie leben! (https://www.demokratie-leben.de/das-programm); Die Bundesregierung, Strategie der Bundesregierung zur Extremismusprävention und Demokratieförderung: »Die Bundesregierung versteht unter Demokratieförderung Angebote, Strukturen und Verfahren, die demokratisches Denken und Handeln stärken, eine demokratische politische Kultur auf Grundlage der wertegebundenen Verfassung fördern und entsprechende Bildungsprozesse und Formen des Engagements anregen. Dazu gehören zum einen Maßnahmen, die demokratieförderliche

Rahmenbedingungen und Strukturen aufrechterhalten und verbessern, beispielsweise in Form des Ausbaus von Beteiligungskulturen und -verfahren sowie die Stärkung von Personen in ihrer Urteilskraft und Teilhabe in demokratischen Prozessen und in ihrer Handlungskompetenz gegenüber demokratiefeindlichen Haltungen. Einen wichtigen Beitrag hierzu leistet ein diskursiver Demokratieschutz, der darauf beruht, dass gesellschaftliche und politische Akteure in einer Demokratie mit aufklärenden Argumenten ihre Werte darlegen und verteidigen. Eine besondere Rolle spielt hierbei die politische Bildung. Sie vermittelt das Grundgerüst der Demokratie und die Prinzipien der demokratischen Entscheidungsfindung. Außerdem befördert politische Bildung eine aktive Beschäftigung mit und die Steigerung der Akzeptanz von humanitären und demokratischen Grundwerten. Darüber hinaus gehört zur Demokratieförderung auch die Unterstützung all jener, die sich proaktiv demokratisch im Sinne einer aufgeklärten Bürgergesellschaft engagieren. Die beste Form der Demokratieförderung und der Stärkung des gesellschaftlichen Zusammenhalts ist die Bereitschaft der Bürgerinnen und Bürger, sich für unser demokratisches System, das Gemeinwesen und für einen toleranten Umgang miteinander einzusetzen.« (https://www.bmfsfj.de/blob/109002/5278d578ff8c59a19d4bef9fe4c034d8/strategie-der-bundesregierung-zur-extremismuspraevention-und-demokratiefoerderung-data.pdf) (16.5.2021)

[278] Demokratisierung hat es immer mit der Gestaltung von Herrschaftsstrukturen zu tun und ist insofern ein gesellschaftspolitisches Programm, das autoritäre durch partizipative Herrschaftsstrukturen zu ersetzen sucht. In diesem Sinn definiert F. Vilmar, Strategien der Demokratisierung, Band I, Darmstadt 1973, 21 Demokratisierung als den »Inbegriff aller Aktivitäten, deren Ziel es ist, autoritäre Herrschaftsstrukturen zu ersetzen durch Formen der Herrschaftskontrolle von ›unten‹, der gesellschaftlichen Mitbestimmung, Kooperation und – wo immer möglich – durch freie Selbstbestimmung.« Doch nicht alle Lebensbereiche sind primär oder ausschließlich durch Herrschaftsbeziehungen gekennzeichnet, und wer Elternbeziehungen, Bildungsprozesse, Sportereignisse, religiöse Praxis oder wissenschaftliche Forschung vor allem oder allein unter diesem Gesichtspunkt betrachtet, wird immer nur das Abbild seines Gesichtspunkts in den Blick bekommen. Erkenntnisse gewinnt man nicht in allen Bereichen schneller noch besser, wenn alle mitreden können, ob sie qualifiziert sind oder nicht, über Wahrheit können keine Mehrheiten entscheiden und religiöse Einsicht ist nicht dann tiefer, wenn sie jedem einleuchtet. Es gilt auch hier, Unterschiede zu machen, wenn man die Idee der Demokratisierung von Herrschaftsstrukturen nicht zur Ideologie der Demokratisierung von allem und jedem verkehren will.

[279] S. Marschall, Netzöffentlichkeit – eine demokratische Alternative, in: W. Gellner / F. von Korff (Hg.), Demokratie und Internet, Baden-Baden 1998, 43–54; J. Eichenhofer, e-Privacy. Theorie und Dogmatik eines europäischen Privatschutzes im Internet-Zeitalter, Tübingen 2021.

[280] »Ich war am Anfang völlig verzaubert von den neuen Möglichkeiten der sozialen Netzwerke, wie wir sie etwa im Arabischen Frühling erlebt haben. Aber das wurde schnell enttäuscht. Wir sehen doch überall die fatalen Wirkungen einer fragmentierten Öffentlichkeit, in der Wissen und

Unwissen nicht mehr unterschieden werden, in der Desinformation und Ressentiment nicht mehr gefiltert werden. Das ist schon ein ungeheures demokratisches Problem: wenn es keinen Ort für informierte Diskurse zur Selbstverständigung mehr gibt.« C. Emke, Die Menschen immer wieder überzeugen, in: Demokratie, Schwarzrotgold. Das Magazin der Bundesregierung 2 (2021) 11.

281 Vgl. B. Stegemann, Die Öffentlichkeit und ihre Feinde, Stuttgart 2021. Dass diese pauschale Charakterisierung der angesprochenen Phänomene in jedem konkreten Fall präzisierungsbedürftig ist, liegt auf der Hand. Aber es geht mir an dieser Stelle um den Hinweis auf fragwürdige Tendenzen, nicht um eine abwägende Analyse.

282 Zum Transzendenzverständnis vgl. I. U. Dalferth, The Idea of Transcendence in: R. B. Bellah/H. Joas (Hg.), The Axial Age and Its Consequences, Cambridge, Mass./London 2012, 146–188; ders., Transzendenz und säkulare Welt, Tübingen 2015; ders., Transzendenz und Immanenz als theologische Orientierungsbegriffe, in: I. U. Dalferth/P. Bühler/A. Hunziker (eds.), Hermeneutik der Transzendenz, Tübingen 2015, 1–26.

283 »Die Philosophie muss nicht zur Verbesserung unseres Wissens von der Welt beitragen – sie soll darauf reflektieren, was diese Wissensfortschritte für uns bedeuten«: Jürgen Habermas entwirft Perspektiven eines Denkens für das 21. Jahrhundert, NZZ 14.11.2019, 3 (https://www.nzz.ch/feuilleton/juergen-habermas-im-gespraech-was-heisst-saekulares-denken-ld.1521269).

284 Vgl. Dalferth, Transzendenz und säkulare Welt, Kap. D; ders., Deus Praesens, 8 f.

285 J. Habermas, Auch eine Geschichte der Philosophie, 2 Bände, Berlin 2019. Ich zitiere mit Bandnummer (römisch) und Seitenzahl (arabisch).

286 AaO., II, 769.

287 Der Gegensatz belegt, dass Habermas' Leitdifferenz von Glauben und Wissen durchgehend an nachkantischen Problemkonstellationen orientiert ist, in der das Gottesthema (natürliche Theologie) durch das Religionsthema (empirische bzw. historische Religionsforschung) abgelöst ist.

288 Habermas, Auch eine Geschichte, II, 702.

289 AaO., II, 807.

290 AaO., II, 785.

291 AaO., II, 786.

292 AaO., II, 784, 806 u. ö.

293 AaO., II, 806. Vgl. T. W. Adorno, Vernunft und Offenbarung, in: Ders., Stichworte. Kritische Modelle 2, Frankfurt am Main 1969, 20.

294 AaO., II, 806.

295 Das gilt auch und gerade dann, wenn man mit Habermas auf dem methodischen Atheismus des philosophischen Verfahrens besteht (aaO., I, 15 Anm. 7). Dieser hat sein Recht, um nicht in einen positiven oder negativen Dogmatismus gegenüber der Gottesthematik zu verfallen. Aber er schließt nicht aus, ein philosophisches Gotteskonzept zu entwickeln,

um theistische und atheistische Positionen kritisch beurteilen zu können, ohne sich mit einer der beiden Seiten zu identifizieren. Methodischer Atheismus ist kein positioneller Atheismus, und nicht von Gott zu reden ist nicht die einzige Option, die ein methodischer Atheismus in der Philosophie zulässt. Entscheidend ist, dass man auf eine Wirklichkeit vor dem Gegensatz von Theismus und A-Theismus zurückgeht, also auf die lebensweltlichen Vollzüge, aus denen sich religiöse und nichtreligiöse Lebensformen und theistische, atheistische, antitheistische, pantheistische und transtheistische Denkformen ausdifferenzieren. In diesem Voraus muss das Gottesthema angesiedelt sein und nicht erst dort, wo es um die Auslegungsprozesse dieser Ausdifferenzierungen geht. Vor allem aber ist zu beachten, dass der methodische Atheismus dort angebracht ist, wo es um die Erklärung von Phänomenen und Sachverhalten geht, nicht aber dort, wo es um die Orientierung im Leben geht. Der Rekurs auf Gott erklärt nichts, weil er auf keine Differenzen in der Erfahrung aufbauen kann. Erklärungen legen Ursachen dar, die das Auftreten bestimmter Phänomene (Ereignisse, Sachverhalte) wahrscheinlicher machen als es ohne sie gewesen wäre. Das setzt Differenzen in der Erfahrung voraus, die Warum-Fragen der Erklärung aufwerfen. Der Rekurs auf Gott kann Fragen dieser Art nicht beantworten und daher nicht als Erklärung in Konkurrenz zu wissenschaftlichen Erklärungen fungieren, weil er nichts wahrscheinlicher macht als irgendetwas anderes. Man kann nicht sagen, das ist geschaffen und jenes ist nicht geschaffen, sondern wenn überhaupt etwas Schöpfung ist, dann ist alles Schöpfung. Die Welt als Schöpfung zu verstehen und Gott als den Schöpfer der Welt zu verstehen, ist dagegen eine Weise, sich zur Welt einzustellen und sich im Leben zu orientieren, weil sie nicht sagt, was der Fall ist und warum es so ist, sondern wie es zu verstehen ist und auf welche Weise man sich ihm gegenüber verhalten sollte. Wer Menschen als Geschöpfe versteht, wird sich ihnen gegenüber anders verhalten als derjenige, der sie als Zufallsprodukte der Evolution oder dynamische Zellhaufen betrachtet. Wer fragt, wie er sich und die Welt verstehen und in der Welt zusammen mit anderen leben soll, erhält keine Antwort, wenn man ihm erklärt, warum die Welt so ist wie sie ist. Und wem erklärt wird, warum die Welt so ist, wie sie ist, hat noch keine Antwort auf die Frage, wie er in dieser Welt leben und sich und alles übrige verstehen soll. Methodischer Atheismus ist bei der Beantwortung von Warum-Fragen der Erklärung (Warum ist das so, wie es ist?) angebracht, aber nicht bei der Suche nach Antworten auf Wie-Fragen der Orientierung (Wie soll, kann, muss ich leben, damit wir menschlich miteinander leben können und eine Insel des Sinns im Meer der Sinnlosigkeit schaffen können?). Philosophie, Wissenschaften und Theologie haben hier unterschiedliche Aufgaben, die man nicht vermischen oder gegeneinander aufrechnen sollte. Vgl. I. U. Dalferth, On Distinctions, International Journal of Philosophy of Religion 79 (2016) 171–183.

[296]   Habermas, Auch eine Geschichte, II, 807.

[297]   Vgl. B. Liebsch/B. H. F. Taureck, Trostlose Vernunft? Vier Kommentare zu Jürgen Habermas' Konstellation von Philosophie und Geschichte, Glauben und Wissen, Hamburg 2021.

[298]   I. Kant, Der einzig mögliche Beweisgrund zu einer Demonstration des Daseins Gottes, AA II, 163.

299 Vgl. I. U. Dalferth, Umsonst. Eine Erinnerung an die kreative Passivität der Menschen, Tübingen 2011, 10f.

300 Habermas, Auch eine Geschichte, II, 480.

301 AaO., II, 481.

302 AaO., II, 509.

303 Ebd.

304 AaO., II, 512.

305 AaO., II, 552.

306 AaO., II, 551.

307 Ebd.

308 Kant, Opus postumum, AA XXII, Siebentes Convolut, 55–56: „Es ist ein actives (durch) keine Sinnenvorstellung erregbares dem Menschen einwohnendes nicht als Seele denn das setzt einen Körper voraus sondern als Geist begleitendes Princip im Menschen der gleich als eine besondere Substanz nach dem Gesetze der moralisch//practischen Vernunft über ihn unwiderstehlich gebietet ihn den Menschen in Ansehung seines Thun und Lassens durch seine eigne Thaten entschuldigt oder verdammet. — Kraft dieser seiner Eigenschaft ist der moralische Mensch eine Person d.i. ein Wesen das der Rechte fähig ist dem Unrecht wiederfahren oder der es verüben kann mit Bewustseyn und unter dem categorischen Imperativ steht, zwar frey ist aber doch unter Gesetzen denen er aber sich selbst unterwirft (dictamen rationis purae) und nach dem transsc. Idealism Göttliche Gebote ausübt. Erkenntnis aller Menschenpflichten als Göttlicher Gebote»

309 Habermas, Auch eine Geschichte, II, 557.

310 AaO., II, 696.

311 AaO., II, 481.

312 AaO., II, 559.

313 Insgesamt hat seine Genealogie eher den Charakter einer Archäologie. Sie rekonstruiert nicht so sehr die geschichtliche Entwicklung des nachmetaphysischen Denkens, sondern sucht punktuelle Anfänge und Ursprünge dieses Denkens in der Geistesgeschichte des Westens aufzudecken.

314 AaO., I, 14.

315 AaO., I, 623 f u.ö.

316 AaO., I, 740.

317 AaO., I, 25.

318 AaO., I, 27.

319 AaO., II, 13 f.

320 AaO., II, 14.

321 AaO., II, 29.

322 AaO., II, 28.

323 AaO., II, 34.

324 AaO., II, 35.

[325] AaO., II, 38.

[326] AaO., II, 34.

[327] AaO., II, 36 f.

[328] AaO., II, 38.

[329] AaO., II, 56.

[330] AaO., II, 59.

[331] AaO., II, 30.

[332] Vgl. WA 39 I, 47.

[333] Habermas, aaO., II, 33.

[334] AaO., I, 164.

[335] AaO., II, 51.

[336] AaO., II, 52.

[337] AaO., II, 806.

[338] AaO., II, 806.

[339] AaO., II, 806.

[340] AaO., II, 807.

[341] Ebd. Man beachte die naturalistische Metapher!

[342] AaO., II, 699.

[343] AaO., I, 12.

[344] F. W. J. Schelling, Philosophische Briefe über ›Dogmatismus und Kriticismus‹ (1795), Schellings Werke Bd, 1, München 1927, 205–265; ders., Vom Ich als Princip der Philosophie oder über das Unbedingte im menschlichen Wissen (1795), aaO., 73–168.

[345] F. W. J. Schelling, Antikritik /1796) zu: Vom Ich als Princip der Philosophie oder über das Unbedingte im menschlichen Wissen (1795), Schellings Werke Bd, 1, München 1927, 166.

[346] Vgl. Dalferth, The Priority of the Possible.

[347] Der Umgang mit der Covid-19 Pandemie hat das nachdrücklich in Erinnerung gebracht.

[348] J. Habermas, Was heißt Universalpragmatik? (1976), in: Ders., Vorstudien und Ergänzungen zur Theorie des kommunikativen Handelns, Frankfurt am Main 1984, 353.

[349] J. Habermas, Theorie des kommunikativen Handelns, Bd. I: Handlungsrationalität und gesellschaftliche Rationalisierung, Frankfurt am Main 1981, 376 u.ö.

[350] Vgl. zum Folgenden I. U. Dalferth, Hermeneutische Urteilskraft. Urteil und Vorurteil im Prozess des Verstehens, in: Jure Zovko (Hg.), Hermeneutische Relevanz der Urteilskraf /Relevance of Hermeneutical Judgment, Zürich 2021, 15–33.

[351] Dalferth, Kunst des Verstehens, 1 f, 8–19.

[352] Zur Differenz zwischen Verstehen und Verständnis vgl. Dalferth, Die Kunst des Verstehens, 6.

353   H.-G. Gadamer, Wahrheit und Methode. Grundzüge einer philosophischen Hermeneutik, Tübingen 72010, 270–311.

354   I. Kant, Logik, AA 9, 75.

355   Ebd.

356   Ebd.

357   I. Kant, Beantwortung der Frage: Was ist Aufklärung?, AA VIII, 35.

358   Ebd.

359   Kant, Logik, AA 9, 75.

360   AaO., 76.

361   Ebd.

362   Kant, Beantwortung der Frage: Was ist Aufklärung?, AA VIII, 36.

363   Kant, Logik, AA 9, 76.

364   J. W. Goethe, Aus dem Nachlass. Über Natur und Naturwissenschaft, Nr. 295, in: Maximen und Reflexionen, Aphorismen und Aufzeichnungen. Nach den Handschriften des Goethe- und Schiller-Archivs hg. M. Hecker, Weimar 1907: »Die Sinne trügen nicht, das Urtheil trügt.«

365   Aristoteles, Kat. 4, 1b 25.

366   I. Kant, Kritik der reinen Vernunft, B 106, AA III, 93.

367   C. S. Peirce, Das Denken und die Logik des Universums. Die Vorlesungen der Cambridge Conferences von 1898, hg. K. L. Ketner, Frankfurt am Main 2002, 200–202.

368   Vgl. W. Dilthey, Der Aufbau der geschichtlichen Welt in den Geisteswissenschaften [1910], Gesammelte Schriften, Band VII, hg. B. Groethuysen, Göttingen 81992, insbesondere: »Die Kategorien des Lebens«, 228–245.

369   Vgl. R. A. Makkreel, Orientation and Judgment in Hermeneutics, Chicago / London 2015, 81–99.

370   Das ist der Leitgedanke, den Makkreel in seiner Studie verfolgt. Vgl. bes. aaO., 175–224. Auf andere Weise, aber ebenfalls im Anschluss an Kant bzw. den Neukantianismus des frühen 20. Jahrhunderts, hat A. Nygren, Meaning and Method. Prolegomena to a Scientific Philosophy of Religion and a Scientific Theology, Eugene, OR 2009 solche »contexts of meaning« auszudifferenzieren versucht, auch wenn er diese in irreführender Weise mit Wittgensteins ›Lebensformen‹ in Verbindung brachte.

371   Kant, Kritik der Urteilskraft, AA V, 174. Vgl. die Aufnahme und hermeneutische Ausarbeitung dieser Unterscheidungen bei Makkreel, Orientation and Judgment, 63–69. Makkreel spezifiziert diese Kontexte als eine reflektive Topologie von Urteilskontexten, die er mit Kant als »the field of the possible, the territory of the actual, the domain of the necessary, and the habitat of the contingent« charakterisiert (66). Ich nehme diese Unterscheidungen in modifizierter Form auf.

372   Vgl. zum Folgenden I. U. Dalferth, Mitmenschlichkeit. Das christliche Ideal der Humanität, NZSTh 62 (2020), 149–166. Es ist ein Irrtum zu meinen, dort werde ein negatives Menschenbild entwickelt. Das Gegenteil ist der Fall: Der Mensch lebt davon, dass ihm Gutes widerfahren kann. Das ist seine Stärke und keine Schwäche. Das anzuerkennen

und sich im Lebensvollzug daran zu orientieren, ist der Schlüssel zur Mitmenschlichkeit.

373 Es ist explizit damit verbunden, wenn es diesen Bezug ausdrücklich herstellt und nicht nur faktisch in Anspruch nimmt, und es ist positiv damit verbunden, wenn es diesen Bezug ausdrücklich affirmiert und nicht faktisch oder ausdrücklich negiert.

374 Dass die Moderne versucht hat, die Orientierung an Gott aus diesem Geflecht auszuschließen, belegt ihre erklärungsfokussierte Wirklichkeitsblindheit. Dass Wirkliches nicht im Rekurs auf Gott oder Transzendenz erklärt oder begründet werden kann, zeigt nicht, dass man Gott aus dem Leben ausklammern und alles Leben und Denken ›detranszendentalisieren‹ muss, sondern gerade umgekehrt, dass der Rekurs auf Gott und Transzendenz nicht zur Erklärung und Begründung von Weltlichem taugt, sondern auf andere Weise zum Leben gehört. Das etsi deus non daretur der wissenschaftlichen Moderne schließt in keiner Weise das etsi deus daretur lebensweltlicher Orientierung an Gott aus.

375 Die regelmäßig aufbrechende Frage ist die nach den common good, der fehlenden Gemeinwohlorientierung. Wo die Einzelnen nicht von vornherein in ihrem Horizont bestimmt werden, bleibt die Beziehung äußerlich und gehört nicht intrinsisch zur Sozialität des Menschen. Solidarität mit anderen wird dann stets nach dem Maß eigener Interessen und Bedürfnisse praktiziert und kann jederzeit abgebrochen werden, wo diese nicht mehr befriedigt werden.

376 Natürlich wird das nicht immer so gewollt oder empfunden, und zweifellos gibt es auch echte Sorge für und um andere, die nicht durch einen Hintergrundsegoismus motiviert ist. Aber wohin es führt, wenn z. B. Entwicklungspolitik als Kümmer- und Sorge-Politik betrieben wird und nicht als Politik zur Ermöglichung und Unterstützung von Selbsterhaltung, Selbstgestaltung und Selbstversorgung hat das vergangene Jahrhundert ausführlich demonstriert und wird von den Betroffenen nicht zu Unrecht immer wieder als Fortsetzung des Kolonialismus mit anderen Mitteln kritisiert. Vgl. Aram Ziai, Entwicklung als Ideologie? Das klassische Entwicklungsparadigma und die Post-Development-Kritik: Ein Beitrag zur Analyse des Entwicklungsdiskurses. Deutsches Übersee-Institut, Hamburg 2003; Theo Rauch, Entwicklungspolitik. Theorien, Strategien, Instrumente, Braunschweig 2009; Uwe Holtz, Entwicklungspolitisches Glossar – 66 wichtige Begriffe zur Entwicklungspolitik, Bonn 2019.

377 Das gilt auch dort, wo man sich konstruktiv und positiv auf andere bezieht und sich genuin bemüht, sich um sie zu kümmern und für sie zu sorgen. Das ist das berechtigte Moment der Patriachalismuskritik, die ja nicht kritisiert, dass man sich um die anderen sorgt, sondern dass man sie als Objekte der eigenen Fürsorge behandelt und ihnen nicht die Möglichkeit und das Recht einräumt, selbst sich nach eigenem Gutdünken zu verstehen und zu bestimmen.

378 Der ochlos kann das Resultat der Auflösung jeder individuellen Identität in eine unbestimmte Menge sein, er kann aber auch umgekehrt das Resultat einer extremen Individualisierung sein, in der alle nur noch die Summe derer sind, die nur sich ernst nehmen und alles nur auf sich beziehen. Im ersten Fall siegt die Masse über das Individuum, im zweiten Fall ist die

Masse ein Kollektiv von Individuen. Ein demos aber sind sie weder im einen noch im anderen Fall.

379 Vgl. D. Finkelde/R. A. Klein, In Need of a Master. Politics, Theology, and Radical Democracy, Berlin 2021.

380 Was Bürger als Bürger gleich macht, ist nicht identisch mit dem, was Menschen als Menschen, Bürger als Menschen oder Menschen als Geschöpfe gleich macht. Alle Bürger sind Menschen, aber nicht alle Menschen sind Bürger, und alle Menschen sind Geschöpfe, aber nicht alle Geschöpfe sind Menschen. Gleichheit und Ungleichheit bestehen gibt es daher in verschiedenen Hinsichten zwischen verschieden bestimmten Einzelnen und Gruppen. Aber sie resultieren immer daraus, dass man im Hinblick auf ein Drittes gleich bzw. ungleich ist. Etwas pauschal gesprochen kann man sagen: Philosophische Anthropologie handelt vom Menschen als Menschen am Leitfaden verschiedener Differenzen: der zwischen Mensch und Übermenschlichem (Gott, Götter, Engel) in der klassischen Periode, der zwischen Mensch und Nichtmenschlichem (Tiere, andere Lebewesen) in der Moderne, der zwischen Mensch und anderen Menschen (biologische, kulturelle, historische Unterschiede) in kulturanthropologischer Perspektive, und der zwischen Mensch und einem Ideal des Menschseins im Versuch, die Menschlichkeit des Menschen in normativer Perspektive zu bestimmen. Sozialphilosophie handelt vom Menschen als soziales Lebewesen (zoon politicon) am Leitfaden der Differenz zwischen Einzelnem und Gemeinschaft. Politische Philosophie handelt vom Menschen als Bürger am Leitfaden der Differenz zwischen Bürger und Nichtbürger. Moralphilosophie handelt vom Gutsein des Menschen am Leitfaden der Differenz zwischen Gut und Böse. Existenzphilosophie handelt vom Dasein des Menschen bzw. vom Menschen als Existierendem am Leitfaden der Differenz zwischen Sein und Nichtsein. Religionsphilosophie handelt vom Menschen als Möglichkeitswesen am Leitfaden der Differenz zwischen Immanenz und Transzendenz. Theologie handelt vom Menschen als Geschöpf am Leitfaden der Differenz zwischen Schöpfer und Geschöpf. Jede dieser Betrachtungsweisen handelt vom Menschen unter einem anderen Leitgesichtspunkt, und diese können nicht einfach gleichgesetzt oder ausgeblendet werden, wenn man vom Menschen spricht.

381 Es gibt nicht nur verschiedene Gleichheits-Diskurse, sondern auch in jedem Diskurs verschiedene Register, in denen das Thema behandelt wird. Das erste nötigt zur Frage, um welches Dritte es geht, das zweite zur Frage, wie von diesem Dritten und von anderem im Bezug darauf gesprochen wird.

382 Pränatale Bürger gibt es nicht, nichtmenschliche Bürger sind eine große Ausnahme und postmortale Bürger (Ehrenbürger) oder postmortale Korrektur für ungerecht erachteter Aberkennung der Bürgerschaft sind mehr an die Nachwelt als an die Betroffenen adressiert.

383 Man kann sich gegen die Bezeichnung ›Geschöpf‹ wehren, weil man das für eine religiöse Sichtweise hält, die man ablehnt. Man kann aber schlecht den existenziellen Sachverhalt verneinen, der mit dieser Bezeichnung zur Sprache kommt: dass man sich nicht selbst ins Dasein gebracht hat, sondern nur ist, weil man es von anderswoher geworden ist.

384 Wer kein Mensch ist, kann auch kein Bürger sein, aber nicht jeder Mensch ist auch ein Bürger. Die Rechte und Pflichten eines Bürgers lassen sich daher nicht auch jedem Menschen zusprechen, aber die Rechte und

Pflichten eines Menschen kann man auch dem nicht absprechen, der kein Bürger ist. Auf den Menschenrechten aller Bürger und Nichtbürger zu insistieren, ist etwas anderes, als Bürgerrechte für alle Menschen zu fordern.

385 In diesem Sinn ist Geschöpf ein Orientierungsbegriff, der nicht nur etwas beschreibt, sondern ein Verhalten sich und anderen gegenüber nahelegt und impliziert.

386 Man kann die Existenz ausklammern, wenn man über den Menschen nachdenkt, man kann das aber nicht tun, wenn man über sich selbst nachdenkt.

387 Vgl. I. U. Dalferth, Autonomy, Diversity and the Common Good (im Druck).

388 Nicht in jedem Fall ist das möglich. Die Verfassung kann man ändern, die gemeinsame Geschichte kann man nicht retroaktiv verändern.

389 Natürliche und soziale Sachverhalte gewinnen ihre Geltung auf unterschiedliche Weise, aber ihre Geltung fällt nicht mit der Anerkennung ihrer Geltung zusammen, sondern geht dieser voraus. Dass Menschen biologische und soziale Eltern haben, ist nicht deshalb wahr, weil es anerkannt wird, sondern kann anerkannt werden, weil es wahr ist. Ähnlich bei sozialen Sachverhalten. Gesetze gelten nicht erst dort, wo sie anerkannt werden, und für die, die sie anerkennen. Sie gelten, wenn sie durch ein akzeptiertes Verfahren auf legitime Weise in Kraft gesetzt werden, und sie gelten dann auch für die, die sie nicht anerkennen, sondern kritisieren und ändern wollen.

390 Vgl. die Analyse der Autorität bei J. M. Bochenski, Die Logik der Religion, Köln 1968, 138–146; A. Schilberg/B. Weidmann (Hg.), Macht und Autorität. Ihre Ambivalenz in Kirche und Gesellschaft, Leipzig 2021.

391 Es ist wichtig, sich klar zu machen, dass nicht alle in jeder Hinsicht betrachtet und mit anderen verglichen werden können. Deshalb ist es wichtig, den Vergleichsgesichtspunkt zu spezifizieren, unter dem man Verschiedenes oder Verschiedene vergleicht. Man kann Farben mit Farben und Äpfel mit anderem Obst vergleichen. Aber wer Farben mit Äpfeln oder Kieselsteinen vergleichen will, muss sehr genau spezifizieren, in welcher Hinsicht der Vergleich vorgenommen werden soll. Irgendein Gesichtspunkt lässt sich immer finden, und sei es nur der quantitative der Zahl. Grundsätzlich aber kann man nur Vergleichbares unter verschiedenen Gesichtspunkten verglichen, und nicht alles ist unter jedem Gesichtspunkt miteinander vergleichbar. Man kann Äpfel mit anderem Obst in verschiedener Hinsicht vergleichen, aber man kann nicht Äpfel als Obst mit Caesar als Feldherr in Gallien vergleichen, ohne sehr weit ausholen zu müssen. Wer unter einem bestimmten Gesichtspunkt Unvergleichbares vergleicht, bahnt keine Wege zu neuen Einsichten, sondern verbaut sich die Sicht auf das Offensichtliche.

392 Diese emotionale Bedeutung und die damit verbundenen Symbole und Rituale können die Überhand gewinnen und auch dann zum Festhalten an diesem Dritten verleiten, wenn dieses gar nicht mehr gilt. Reichsdeutsche sind ein Beispiel für diese Gefahr.

393 Ein bloßer Verfassungspatriotismus oder eine Wertegemeinschaft für sich genommen leisten das nicht. Sie müssen eingebunden sein in Erzählungen

und Rituale, in der sich die Mitglieder der Gemeinschaft wieder finden können und die sie in ihren unterschiedlichen Identitäten affektiv einbinden. Werte wirken erst, wo sie durch subjektive Gefühle gemeinsame körperliche Emotionen bestimmen und seelische Affekte auslösen, die es schwer machen, von ihnen abzuweichen, ohne die eigene Identität zu schädigen oder zu zerstören. Die Last Night of the Proms tut das in Großbritannien bedeutend effektiver als die Gedenkveranstaltungen für den 17. Juni 1953 in Deutschland.

394 Es ist daher problematisch, daraus, dass alle Menschen Fähigkeiten haben, die sie »im Prinzip zu Mitgliedern einer globalen moralischen Gemeinschaft machen«, zu folgern, dass sie deshalb auch »Weltbürger« sind. M. Nussbaum, Kosmopolitismus. Revision eines Ideals, Darmstadt 2020, 265. Mitgliedschaft in einer moralischen Gemeinschaft ist etwas anderes als Mitgliedschaft in einer politischen Gemeinschaft, und daraus, dass alle Bürger immer auch Menschen sind, folgt nicht, dass jeder Mensch auch überall Bürger ist. Das folgt auch nicht daraus, dass unser politisches Handeln immer auch Auswirkungen auf Menschen »in Indien, Afrika und China« hat, dass »unsere Entscheidung, ein Kind in die Welt zu setzen, […] die Weltbevölkerung« ändert und unser Verbrauch von Pepsi Cola »Einfluss auf die Lebensbedingungen der Arbeiter in Mumbai« hat (264). Dass alles Handeln von Menschen im einen Staat Auswirkungen auf Menschen in anderen Staaten hat, macht nicht alle Menschen zu Bürgern eines Staates oder alle Bürger verschiedener Staaten zu Weltbürgern. Hier geht einiges durcheinander, weil wichtige Differenzen zwischen Menschen als Menschen, Menschen als moralischen Wesen und Menschen als Bürgern verwischt werden.

395 Unklarheiten an diesem Punkt sind ein endemisches Problem kosmopolitischer und postnationaler Entwürfe. Sie sagen vom Menschen, was man nur von Bürgern sagen kann, und sie ziehen Schlussfolgerungen vom Menschsein, die die Differenzen zwischen Menschsein und Bürgersein ignorieren oder verwischen. Vgl. Nussbaum, Kosmopolitismus, bes. Kap. 7.

396 Das Müssen meint an dieser Stelle kein moralisches Sollen, sondern die Unausweichlichkeit, sich faktisch dazu zu verhalten, ob man sich dessen bewusst ist oder nicht.

397 Die Frage stellt sich bei vielen Problemen am Anfang, in der Mitte und am Ende des Lebens: bei der Leihmutterschaft, der Sterbehilfe, der Mitwirkung an Abtreibungen, dem Verstecken von ausgewiesenen Migranten, dem Folterverbot, der Wahrung der Würde auch extremer Straftäter usf. Sie stellt sich überall, wo deutlich wird, dass Recht und Moral nicht deckungsgleich sind, dass manches rechtlich legitim ist, was moralisch für viele nicht akzeptabel ist, und das manches moralisch geboten erscheint, aber gegen geltendes Recht verstößt. Der Versuch des Grundgesetzes, vom Würdegedanken ausgehend Grundrechte zu spezifizieren, gegen die keine konkrete Gesetzgebung verstoßen darf, ist ein Versuch, die Wahrscheinlichkeit von Konflikten zu minimieren und den Rahmen abzustecken, innerhalb dessen Konflikte nach einer Lösung verlangen und welche Konflikte von vornherein nicht als solche akzeptiert werden dürfen. Was immer die Menschenwürde tangiert, ist inakzeptabel, und was in einem konkreten Fall gegen die Meinungsfreiheit, Wissenschaftsfreiheit, körperliche Unversehrtheit usf. verstößt, muss genau geprüft und mit

überzeugenden Gründen auf seine Verhältnismäßigkeit im Vergleich mit anderen Grundrechten abgewogen werden.

398 Dass in einigen Kantonen der Schweiz die Taufe nicht erforderlich, sondern nur erwünscht und empfohlen ist, ist eine Anomalie, für die sich historische und theologische Gründe (Zwinglis Tauftheologie) anführen lassen, die unter Bedingungen einer ökumenischen Annäherung der Kirchen aber offenkundige Probleme schafft.

399 https://en.wikisource.org/wiki/Constitution_of_the_United_States_of_America#Amendment_I (Zugriff: 16.11.2021).

400 »Der Kongress darf kein Gesetz erlassen, das die Einrichtung einer Religion betrifft, die freie Religionsausübung verbietet, die Rede- oder Pressefreiheit oder das Recht des Volkes einschränkt, sich friedlich zu versammeln und die Regierung um die Beseitigung von Missständen zu ersuchen.« Man beachte aber, dass das Religious Freedom Restoration Amendment vom 15. September 1999 abgelehnt wurde: »To secure the people's right to acknowledge God according to the dictates of conscience: Neither the United States nor any State shall establish any official religion, but the people's right to pray and to recognize their religious beliefs, heritage, or traditions on public property, including schools, shall not be infringed. Neither the United States nor any State shall require any person to join in prayer or other religious activity, prescribe school prayers, discriminate against religion, or deny equal access to a benefit on account of religion.« Dasselbe gilt für das School Prayer Amendment vom 5. Januar 2007: »Nothing in this Constitution shall be construed to prohibit individual or group prayer in public schools or other public institutions. No person shall be required by the United States or by any State to participate in prayer. Neither the United States nor any State shall prescribe the content of any such prayer.«

401 Vgl. McCulloch v. Maryland, 4 Wheat. (17 U.S.) 316, 403 (1819) Chisholm v. Georgia, 2 Dall. (2 U.S.) 419, 471 (1793); Martin v. Hunter's Lessee, 1 Wheat. (14 U.S.) 304, 324 (1816) (https://en.wikisource.org/wiki/Constitution_of_the_United_States_of_America/Preamble_Annotations)

402 Vgl. Downes v. Bidwell, 182 U.S. 244 (1901); In re Ross, 140 U.S. 453, 464 (1891) (https://en.wikisource.org/wiki/Constitution_of_the_United_States_of_America/Preamble_Annotations).

403 Es geht also nicht darum, aufgrund einer bestehenden Regel etwas ins Werk zu setzen, sondern eine Regel zu setzen, aufgrund derer etwas ins Werk gesetzt werden kann. Das erste wäre ein Akt, der aufgrund einer bestehenden Konvention bestimmte soziale Wirkungen hat (»Ich ernenne Sie zum Präsidenten des Senats«). Das zweite ist ein Akt, in dem die Regel gesetzt wird, aufgrund derer es bestimmten Personen unter bestimmten Bedingungen gestattet ist, jemand zum Senatspräsidenten zu ernennen. Sind diese Bedingungen nicht erfüllt, bewirkt der Vollzug des Ernennungsakts nicht das, was er sagt. Nicht nur zum Vollzug von Regeln, sondern auch zur Setzung von Regeln muss man legitimiert oder autorisiert sein. Selbstautorisierung unterscheidet sich dabei von Willkür dadurch, dass es mit der Setzung auch Kriterien in Kraft setzt, an denen sich die Legitimität und damit die Gültigkeit der gesetzten Regel messen lässt. Man bringt damit zum Ausdruck, in welcher Weise das eigene Setzen nicht das Erste, sondern das Zweite gegenüber einem Ersten ist, von dem

her es sich kritisch beurteilen lässt. Auch der Versuch, in beanspruchter Autonomie eine Regel zu setzen, kann ein Ultra-Vires-Akt sein oder faktisch scheitern, wenn diese Regel unmöglich oder faktisch nicht anwendbar ist, man zur Setzung dieser Regel weder fähig noch berechtigt ist oder niemand die gesetzte Regel anerkennt oder befolgt. Man hat dann einen Akt vollzogen, aber nichts bewirkt.

[404] Wie es falsch ist, die Stimme des Gewissens mit der Stimme Gottes zu identifizieren, weil die Berufung auf das eigene Gewissen nicht die Berufung auf Gottes Willen sein kann, weil sich das Gewissen irren kann und daher immer für die Korrektur durch Gottes Willen offen sein muss, so ist auch das »We, the People« nicht die Letztinstanz aller Autorität, sondern steht seinerseits unter dem Korrekturvorbehalt, der historisch in der Rede vom Schöpfer und den Geschöpfen zum Ausdruck gebracht wird. Als Regierung »of the people, by the people, for the people« kann Demokratie nur fungieren, wenn diejenigen, die das »We, the People« deklarieren, sich ihrerseits einer Autorität unterstellen, von der her sie kritisierbar bleiben. Andernfalls ist ihre Selbstdeklaration kein Freiheitsakt, sondern ein Willkürakt, der alle, die sich die nötige Macht verschaffen können, ihrerseits zu einer solchen Deklaration einlädt. Politische Gemeinschaft wird auf diese Weise. nicht konstituiert, sondern zerstört.

[405] Auch der inklusive Gebrauch von »We, the People« ist nicht ohne eine Abgrenzung. Aber die Abgrenzung bezieht sich auf diejenigen, die nicht Bürger dieses Staates sind, nicht auf die, die als Menschen bei der Erfüllung entsprechender Bedingungen auch Bürger dieses Staates sein könnten. Besteht das »We« aus Menschen, die sich als Gottes Geschöpfe verstehen, dann ist darin eine doppelte Überschreitung der Grenzen des Staates mitgesetzt: Als Menschen gehören alle Bürger zu einer Gemeinschaft, die die Gleichheit ihrer Mitglieder durch den Bezug auf die Menschenwürde definiert und im Recht auf Grundrechte zum Ausdruck bringt. Als Geschöpfe gehören sie darüber hinaus zur Gemeinschaft all derer, die ihr Dasein nicht sich selbst, sondern dem Schöpfer verdanken, ihr Leben also als Gabe Gottes leben. Die Orientierung an der Menschenwürde als dem Dritten der Menschheit und an Gott als dem Dritten der Schöpfung sind beide Weisen, in denen die Individuen, die im »We, the People« zu Staatsgründern werden, zum Ausdruck bringen, dass sie in eine größere Gemeinschaft mit entsprechenden Verantwortlichkeiten eingebettet sind, die nicht gegen das Bürgersein ausgespielt werden kann und darf, sondern in diesem auf unterschiedliche Weise mitgesetzt sind – weil es keine Bürger gibt, die nicht Menschen wären (Menschheit), und weil es kein Dasein von Bürgern gibt, das kein Dasein von Geschöpfen wäre (Schöpfung).

[406] Es ist eines, die Freiheit der anderen als die Grenze der eigenen Freiheit zu verstehen, ein ganz anderes, die eigene Freiheit als Basis und Instrument der Förderung der Freiheit der anderen zu begreifen. Das erste sieht die Freiheit der anderen vor allem negativ, das zweite als ein Gut, von dem alle profitieren. Wo Freiheit zur Förderung von Freiheit eingesetzt wird, wird sie sittlich gebraucht. Wo sie nur negativ in der Abgrenzung zur Freiheit anderer verstanden wird, wird sie zur eingeschränkten Willkür verkürzt. Vgl. I. U. Dalferth/ E. Jüngel, Sprache als Träger von Sittlichkeit, Handbuch der christlichen Ethik, hg. v. A. Hertz/W. Korff/T. Rendtorff, Freiburg 1979, 454–473.

407 Ein solcher Zusammenschluss aus Klugheitserwägungen, um Schlimmeres zu vermeiden, ist etwas anderes als ein Zusammenschluss aus genuin geteilten Überzeugungen, die man gemeinsam besser vertreten kann als jeder für sich allein. Aber solange die Freiheit des anderen nur als Grenze der eigenen Freiheit verstanden wird, wird sie nicht als das Gleiche, sondern als das Andere der eigenen Freiheit behandelt.

408 Gott kann auch dort als Drittes fungieren, wo Religion es schon lange nicht mehr kann. Religion ist immer eine kontingente Praxis menschlichen Verhaltens zur Transzendenz und sie ist in der Moderne zu einer Praxis geworden, an der im säkularen Westen und Norden immer weniger Menschen beteiligt sind. Religion kann in westlichen Demokratien daher schon lange nicht mehr als Drittes fungieren. Gott aber kann es, denn die Einsicht in die eigene Endlichkeit, Kontingenz, Immanenz und Verantwortlichkeit anderen gegenüber ist keineswegs nur religiösen Menschen zugänglich, sondern jedem Menschen zumutbar. Daran erinnert die Transzendenzformel Gott, und damit macht sie zugleich auf die Fragilität, Endlichkeit und Schadensanfälligkeit menschlichen Lebens aufmerksam, die in keiner demokratischen Ordnung vergessen werden sollte.

409 Wir können es auslöschen, aber nur, wenn wir da sind. Uns steht immer nur der Weg vom Dasein zum Nicht-mehr-dasein offen, nicht der vom Nicht-dasein zum Dasein. Sofern unsere Würde darin besteht, ist sie strikt unantastbar: Wie können sie nur als Gabe empfangen, aber zu ihr nichts beitragen, und wir können sie nur dadurch aufheben oder verletzen, dass wir unser Dasein beschädigen oder beenden. Jeder Verstoß gegen die Würde des Menschen ist ein Verstoß gegen die Gabe des Daseins und damit, theologisch gewendet, gegen den Geber dieser Gabe: den Schöpfer.

410 Das verfassungsrechtliche Korrelat dieser Einsicht ist Art. 1 Abs. 1 GG. Die Würde des Menschen ist nicht mit der freien Selbstbestimmung gleichzusetzen und auch nicht nur das Grundrecht, Grundrechte zu haben. Es verweist vielmehr auf die unverfügbare Existenzvoraussetzung des Menschen, ohne die es keine Bestimmung, keine Selbstbestimmung und kein Recht auf Rechte geben könnte. Die Würde des Menschen ist mit dem bloßen Dasein des Menschen gegeben und in keiner Weise Resultat einer Zuschreibung oder Ergebnis einer Selbstbestimmung. Vgl. M. Nettesheim, »Leben in Würde«: Art. 1 Abs. 1 GG als Grundrecht hinter den Grundrechten, Juristenzeitung 2019, 1–11. Unser Dasein ist die Vorgabe unseres Lebens, aber kein Akt und keine Leistung desselben. Wir sind da, obgleich das auch nicht hätte der Fall sein können. Aber wir sind es nicht durch uns selbst und wir sind nicht verantwortlich dafür. Hängt unsere Würde aber daran, dann steht und fällt sie mit unserer Existenz und nicht mit dem, was wir tun und lassen. Wir müssen nichts tun, um sie zu besitzen, sondern sie ist bei allem, was wir tun oder lassen, immer schon vorausgesetzt. Jeder Angriff auf die Würde ist ein Angriff auf unsere Existenz, und jeder Angriff auf unsere Existenz ein Angriff auf unsere Würde.

411 Nur die eigene Kontingenz anzuerkennen, ist nicht genug. Man muss sie als etwas anerkennen, das die Anerkennung des kontingenten Daseins anderer unmittelbar einschließt, weil man sich selbst nicht so anerkennen kann, ohne auch andere so anzuerkennen, und umgekehrt. Eben das ist der

Fall, wo man sein Dasein als Gabe des Schöpfers und sich und alles übrige als Geschöpf Gottes versteht und anerkennt. Dass es nur so der Fall sein kann, ist damit noch nicht gesagt.

412 Das heißt nicht, dass man die conditio humana nicht verbessern sollte, wo immer das mit menschlichen Mitteln möglich ist. Aber es heißt, dass man die unaufhebbare Gegebenheit des Daseins und prinzipielle Endlichkeit des Lebens zur Kenntnis nimmt und bei allem, was man strebt und tut, berücksichtigt. Wir können in vielem besser sein, und wir sollten es auch, aber wir können uns nicht selbst gut machen oder zu etwas anderem, als wir als endliche Wesen sind.

413 Sie kann dafür sorgen, dass Menschen ihr Dasein nicht leichtfertig aufs Spiel setzen oder an ihrem Sosein so verzweifeln, dass sie aus dem Dasein scheiden. Aber sie kann sie nicht ins Dasein bringen. Wenn Menschen aufgrund ihres konkreten Soseins nicht mehr da sein wollen, oder wenn sie nur noch da sein wollen, wenn andere nicht oder nicht mehr da sind, stehen Demokratien vor einer besonderen Herausforderung. Deshalb kann es sie nicht unberührt lassen, wenn die ökonomischen Differenzen unter ihren Bürgern so groß werden, dass die Benachteiligten anfangen, den Tod dem Leben unter solchen Bedingungen vorzuziehen. Und deshalb geht es bei Debatten um die Todesstrafe oder um das Recht der Mütter zur Abtreibung von Embryonen nicht nur um beiläufige ethische Probleme, sondern um zentrale Fragen einer demokratischen Ordnung, die nicht nur das Rechtssystem oder die Mütter, sondern alle Bürger und die Legitimität der ganzen Demokratie betreffen. Es bedarf sehr guter Gründe und präzis definierte Bedingungen, um in einer Demokratie Eingriffe in das eigene oder fremde Dasein hinzunehmen, zu ermöglichen oder zu erlauben.

414 Nussbaum, Kosmopolitismus, 27–28.

415 Staaten, die festlegen, dass nur Menschen einer bestimmten Ethnie, Religion oder Hautfarbe Bürger im Vollsinn sein können, unterscheiden sich grundlegend von freiheitlichen Demokratien. Das heißt aber nicht umgekehrt, dass diese undifferenziert allen Menschen Bürgerrechte einräumen würden oder müssten, um das zu sein, was sie zu sein beanspruchen.

416 Nietzsche selbst spricht von Herren-Rasse, nicht von Herrenmenschen.

417 In diesem Sinn spricht Nietzsche von der »Herren-Rasse«: »Ich gebrauchte das Wort Staat: es versteht sich von selbst, wer damit gemeint ist – irgend ein Rudel blonder Raubthiere, eine Eroberer- und Herren-Rasse, welche, kriegerisch organisiert und mit der Kraft, zu organisieren, unbedenklich ihre furchtbaren Tatzen auf eine der Zahl nach vielleicht ungeheuer überlegene, aber noch gestaltlose, noch schweifende Bevölkerung legt.« F. Nietzsche, Zur Genealogie der Moral, Leipzig 1887, Aphorismus 17.

418 Mit dem Verschwinden der ›Wildnis‹ und der Aufteilung des gesamten bewohnbaren Bodens an private und öffentliche Hände ist es praktisch unmöglich geworden, sich ganz den (national)staatlichen Ordnungs- und Rechtssystemen zu entziehen. Wenn man nirgendwo da sein kann, ohne im Rechtsgebiets eines Staates zu sein, ist es schwierig, wenn nicht unmöglich geworden, den Staat gänzlich los zu werden und damit im strengen Sinn staatenlos zu sein.

[419] Faktisch gibt es staatenlose Menschen (Sans-Papiers), und die kosmopolitische Einheit eines Staates für alle Menschen ist nicht denkunmöglich oder selbstwidersprüchlich. Dass die Einheit der Menschheit aber postnational als kosmopolitische Einheit eines Staates zu denken ist, die Differenz zwischen Mensch und Bürger kosmopolitisch also eingezogen werden muss, ist alles andere als naheliegend. Das ist nicht nur eine politische Utopie, die die faktische Pluralität der Staaten ignoriert, sondern es ist auch keine wünschenswerte Utopie, weil damit die Einheit der Menschen auf das Politische reduziert und dieses nicht durch den alles Politische transzendierenden Gedanken der Menschheit kritisch begrenzt wird.

[420] Vgl. Diog. Laert. VI.63. Diogenes Laertius, Leben und Meinungen berühmter Philosophen, I. Band, Buch VI, hg. v. Klaus Reich, Hamburg 2008. Seine Überzeugung sei es gewesen: »Die einzige wahre Staatsordnung finde sich nur im Weltall (Kosmos).« (VI.72).

[421] Nussbaum, Kosmpolitismus 7.

[422] AaO., 25.

[423] AaO., 315.

[424] AaO., 314. Vgl. Dies., Frontiers of Justice: Disability, Nationality, Species Membership, Cambridge, Mass. 2006; dies., Human Dignity and Political Entitlements, in: Human Dignity and Bioethics: Essays Commissioned by the President's Council on Bioethics, Washington, D.C., 351–380.

[425] AaO., 314.

[426] Ebd.

[427] Genealogien sind ein Ordnungsprinzip mythischen Denkens, das aus lebensweltlichen Orientierungsanforderissen erwächst. Metaphysik löst den Mythos als rationales Ordnungsdenken ab, als wissenschaftliches Fragen sich davon abzusetzen begann. Auch metaphysisches Denken gründet daher wie mythisches Denken in lebensweltlichen Orientierungsprozessen und nicht in wissenschaftlichen Erklärungsbemühungen. Die metaphysische Frage nach dem Wesen des Menschen ersetzt daher die mythische Frage nach dem Woher der Menschen im Prozess der Ausdifferenzierung rationaler Orientierungsmuster und ist keine Alternative zur wissenschaftlichen Erklärung des Menschseins.

[428] Anfang und Ursprung heißt hier Beginn in der Zeit, also der Ereigniszusammenhang in der Geschichte, seit dem man von Menschen reden kann und muss.

[429] Man kann in eine bestimmte Familie aufgenommen werden, aber man kann nicht wählen, überhaupt in familiären Beziehungen zu stehen.

[430] Es gibt keinen logischen Schluss aus der Tatsache, dass man sein Dasein nicht sich selbst verdankt, auf die, dass man es Gott verdankt. Das erste wird auch der nicht bestreiten, der mit dem zweiten nichts anfangen kann. Aber das zweite kann niemand sagen, ohne auch das erste anzuerkennen.

[431] Aus gutem Grund sind Glaube und Konfession in den Jahrhunderten nach dem Westfälischen Frieden »von einem Staatsattribut zu einem subjektiven Grundrecht der Bürger« geworden. H. Dreier, Recht und Religion: Neutralität des Staates, in Religion und Gesellschaft. Sinnstiftungssysteme

im Konflikt, hg. v. Friedrich Wilhelm Graf/Jens-Uwe Hartmann, Berlin 2019, 54. Allerdings zu einem Grundrecht, von dessen Gebrauch man sich nicht enthalten kann, sondern das man faktisch so oder so praktiziert.

432   Vgl. Chr. Möllers, Demokratie – Zumutung und Versprechen, Berlin ³2012; ders., Freiheitsgrade. Elemente einer liberalen politischen Mechanik, Berlin 2020; ders., Die Zukunft unserer Demokratie, FAZ 21.05.2021, (https://www.faz.net/aktuell/stil/quarterly/die-zukunft-unserer-demokratie-essay-von-christoph-moellers-17348640.html)

433   Genau diese Reziprozität wird auf internationaler Ebene fahrlässig ignoriert, wo man von westlicher Seite die ›unterentwickelten‹ Menschen in »aidland« (David Mosse) mit den eigenen Werten, mit individuellen Rechten, westlichem Säkularismus und Wahlen zu beglücken sucht, ohne die »Strukturen des Sozialen und des Politischen in den einheimischen Gesellschaften« sowie »die tiefgreifenden Einflüsse von Religion, familiären Beziehungen und ethnischen Gefügen auf einheimische Gesellschaften« ernsthaft zu berücksichtigen. Man lässt sich herab auf die anderen, um deren Probleme am Leitfaden seiner eigenen Überzeugungen zu lösen. In welche Abgründe diese überhebliche »Stimmung von Machbarkeit und der Überlegenheitsduktus einer globalen Elite« führt, hat das westliche Debakel in Afghanistan traurig vor Augen geführt. Chr. Schenk/B. Korf, Die State-Building-Missionen des Westens sind gut gemeint, aber sie scheitern regelmässig an ihrem moralisch überhöhten Anspruch, NZZ 8/28/2021 (https://www.nzz.ch/feuilleton/der-westen-scheiterte-in-afghanistan-am-moralischen-anspruch-ld.1641828).

434   Dreier, Recht und Religion, 60.

Ingolf U. Dalferth
Sünde
Die Entdeckung
der Menschlichkeit

432 Seiten | 14 x 21 cm
Paperback
ISBN 978-3-374-06351-2
EUR 32,00 [D]

Der Topos der Sünde gehört nicht nur zum Kernbestand theologischer Themen, er bietet auch einen theologischen Schlüssel zum Verständnis für die Herkunftsgeschichte der kulturellen Situation unserer Gegenwart. Der international bekannte Theologe und Religionsphilosoph Ingolf U. Dalferth zeigt das am Leitfaden der Frage nach der Menschlichkeit des Menschen an exemplarischen Punkten und widerspricht damit der weitverbreiteten »Sündenvergessenheit« deutscher evangelischer Theologie.

Dalferths Problemgeschichte der Sünde kritisiert den Zweig der Aufklärungstradition, der meint, die vom Sündentopos bestimmte Interpretation der conditio humana hinter sich lassen zu können, und plädiert für eine realistische Sicht auf den Menschen. Wer an den »sündlosen« Menschen glaubt und meint, auf der Erde das Himmelreich schaffen zu können, baut an der Hölle.

EVANGELISCHE VERLAGSANSTALT
Leipzig www.eva-leipzig.de

Tel +49 (0) 341/ 7 11 41 -44   shop@eva-leipzig.de

Ingolf U. Dalferth
Wirkendes Wort
Bibel, Schrift und
Evangelium im Leben
der Kirche und im
Denken der Theologie

488 Seiten | 14 x 21 cm
Hardcover·mit
Schutzumschlag
ISBN 978-3-374-05648-4
EUR 38,00 [D]

Der international bekannte Systematiker und Religionsphilosoph Ingolf U. Dalferth bestimmt das Verständnis
von »Wort Gottes«, »Bibel«, »Schrift« und »Evangelium«
neu und stellt damit das herrschende Theologieverständ-
nis radikal infrage.
Die protestantische Theologie ist mit ihrer unkritischen
Gleichsetzung von Schrift und Bibel in die »Gutenberg-
Falle« gegangen und hat sich im Buch-Paradigma ein-
gerichtet. Die reformatorische Orientierung an Gottes
schöpferischer Gegenwart in seinem Wort und Geist
wurde ersetzt durch die historische Beschäftigung mit
Gottesvorstellungen. Dabei brachte und bringt Theologie
Interessantes ans Licht, aber am Wirken des Geistes versagen ihre Instrumentarien. Will Theologie eine Zukunft
haben, muss sie wieder lernen, sich produktiv mit den
Spuren des Geistwirkens im Leben der Menschen auseinanderzusetzen.

EVANGELISCHE VERLAGSANSTALT
Leipzig www.eva-leipzig.de

Tel +49 (0) 341/ 7 11 41 -44   shop@eva-leipzig.de